"十四五"职业教育国家规划教材

财政部规划教材
全国财政职业教育教学指导委员会推荐教材
全国高职高专院校财经类教材

U0662928

税费计算与缴纳

（第六版）

熊　瑛　徐双泉◎主编

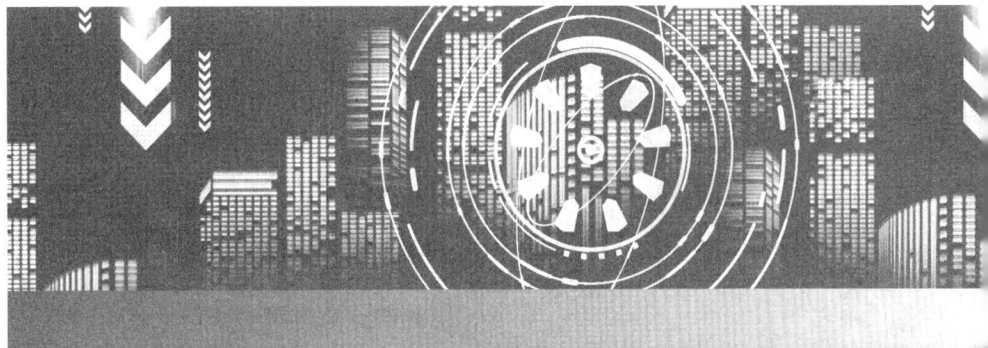

中国财经出版传媒集团

经济科学出版社
Economic Science Press
北京

图书在版编目（CIP）数据

税费计算与缴纳／熊瑛，徐双泉主编. —6 版. -- 北京：
经济科学出版社，2023.1（2024.1 重印）
财政部规划教材　全国财政职业教育教学指导委员会
推荐教材　全国高职高专院校财经类教材
ISBN 978 - 7 - 5218 - 4491 - 7

Ⅰ.①税⋯　Ⅱ.①熊⋯ ②徐⋯　Ⅲ.①税费 - 计算 - 高等职业
教育 - 教材 ②纳税 - 税收管理 - 中国 - 高等职业教育 - 教
材　Ⅳ.①F812.423

中国国家版本馆 CIP 数据核字（2023）第 014262 号

责任编辑：白留杰　杨晓莹
责任校对：隗立娜
责任印制：张佳裕

税费计算与缴纳（第六版）

主　编　熊　瑛　徐双泉
副主编　周　莉　付丽莎
经济科学出版社出版、发行　新华书店经销
社址：北京市海淀区阜成路甲 28 号　邮编：100142
教材分社电话：010 - 88191309　发行部电话：010 - 88191522
网址：www. esp. com. cn
电子邮箱：bailiujie518@126. com
天猫网店：经济科学出版社旗舰店
网址：http：//jjkxcbs. tmall. com
北京密兴印刷有限公司印装
787 × 1092　16 开　20.25 印张　380000 字
2023 年 1 月第 6 版　2024 年 1 月第 2 次印刷
ISBN 978 - 7 - 5218 - 4491 - 7　定价：59.00 元
（图书出现印装问题，本社负责调换。电话：010 - 88191510）
（版权所有　侵权必究　打击盗版　举报热线：010 - 88191661
QQ：2242791300　营销中心电话：010 - 88191537
电子邮箱：dbts@esp. com. cn）

前　言

　　《税费计算与缴纳》（第六版）是财政部规划的高职高专财经类财税、会计专业专用教材。本教材包含高职高专财经院校财税、会计专业学生应掌握的基本税法知识和技能。通过本教材的学习可以使学生具备企事业单位办税人员最基本的职业技能。

　　近年来，我国高等职业教育实现了跨越式发展，尤其是大数据元素的融入，人才培养目标逐步向职业技能型岗位人才培养方向转变，教学模式也随之向"岗课赛证融通"方向转变。为了适应这一转变，我们采用校企合作的方式，由本专业具有丰富教学经验的资深教师与长期在企业工作，具有丰富实践经验的行业专家以及第三方软件平台合作，共同编写完成了本教材。教材体现了以下特点：

　　1. 体现了课程思政。该教材以思政教育为导向，深挖专业课程中的思政教育内容，在每个项目中设计了课程思政融合点和相应案例。

　　2. 教材编排方式新颖、科学。教材编排采用多维一体的立体化形式——文字内容＋二维码数字资源＋微课视频＋网络实训软件＋网络教学资源库。

　　在教材每个项目中设计制作多处微课视频，对基础知识点由老师进行讲解，便于学生理解掌握；纳税申报实训操作部分，将网络实训软件平台链接上教材，既有手工实训操作，又增加智能申报内容，丰富教材纳税申报实训操作内容和形式；将与教材相关的税收资料以及教材中未涉及的税制改革内容利用二维码的形式进教材，方便学生查阅资料；另将网络教学资源库链接上教材，方便学生线上线下配合学习。

　　3. 体现了岗课赛证融通。教材融入了高职"智能财税"技能大赛所需的企业办税实务以及"1＋X"智能财税证书知识考核和技能训练等元素，在缴纳实训操作上，增加智能申报实训内容，将实训软件链接上教材，不仅可作为课程教学的实训平台，还可作为学生参加"1＋X"智能财税职业技能等级证书考试的培训平台，以及参加"智能财税"全国职业技能大赛的训练平台，真正做到"岗课赛证"的融通。体现了高职财经类学生的职业性和技能性。

　　4. 教材内容以及教学资源丰富。该教材案例丰富，在每个项目中都设计了大量的计税报税实务和技能训练任务，对高职学生所需的职业技能进行演练，同时该教材配套采用了网络实训平台，让学生能掌握常见税费的计算技能以及企业报税工作的基本操作流程和操作要领；另外教材的每个项目中插入了视频、音频资源和网络教学资源库，从多个维度丰富并完善教学资源。

　　5. 体现了校企合作。该教材编写团队是由校内、校外专任教师与行业专家、企业能工巧匠相结合，并且融入了第三方的软件实训平台，能够较为准确地把握行业的最新发展动向以及教材内容的取舍，具有较强的实用性和针对性，以更好地适应高职院校实用性和应用性人才培养的需要。

　　本教材由江西财经职业学院的熊瑛教授、徐双泉教授共同担任主编。其中项目一、项目二由江西财经职业学院的熊瑛教授以及九江市国税局的卢荣涛共同编写，导言部分以及项目三由经济科学出版社的白留杰负责编写，项目四、项目七由江西财经职业学院的徐双泉教授以及九江国税局的侯勇共同编写，项目五由江西财经职业学院的周莉老师编写，项目六由经济科学出版社的白留杰和四川财经职业学院的祝刚教授共同编写，智能申报网络实训平台由第三方中联教育股份有限公司提供，网络教学资源库由江西财经职业学院熊瑛、周莉、徐双泉、付丽莎、夏予、洪丽、李姊韩、罗惠方等多位老师共同建设开发。

由于我们的水平有限，加上我国的税法还处于不断地完善之中，因此，教材中疏漏之处在所难免，敬请读者批评指正。

编　者
2022 年 11 月

目 录

认识税收

■ 知识目标

1. 了解税收和税法的相关知识。
2. 掌握税法构成要素。
3. 熟悉我国现行税法体系。

■ 能力目标

1. 能区分税收与税法。
2. 能联系实际分析税法构成要素。
3. 能联系实际分清国税和地税征管范围。

■ 思政融合

税收与国家利益、行业（企业）利益和个人利益息息相关。

1. 保障国计民生安全。党的二十大报告指出，我们深入贯彻以人民为中心的发展思想，在幼有所育、学有所教、劳有所得、病有所医、老有所养、住有所居、弱有所扶上持续用力，建成世界上规模最大的教育体系、社会保障体系、医疗卫生体系，人民群众获得感、幸福感、安全感更加充实、更有保障、更可持续，共同富裕取得新成效。而这些在税收政策上都有明显体现。

2. 保证国家财政收入。税收是国家财政收入的主要来源，我国95%以上的财政收入来自税收。税收在鼓励企业技术创新、鼓励节能环保、扶持小型微利企业发展、调节个人收入分配等方面发挥了重要作用。

3. 调节企业经济行为。税收是国家调控经济的重要手段，党的二十大报告指出，加大税收、社会保障、转移支付等的调节力度。企业经营的各个环节都与税收相关，材料采购涉及增值税、关税及印花税等；产品及服务的销售涉及增值税、消费税、城建税、教育费附加、印花税等；利润的实现涉及企业所得税；企业的土地、房屋、车辆涉及城镇土地使用税、房产税、车船税；企业排污需要缴纳环境保护税。

4. 引导个人生活方式。个人生活的方方面面涉及税收，党的二十大报告指出，倡导绿色消费，推动形成绿色低碳的生产方式和生活方式。个人工资收入要缴个人所得税；买房、卖房、出租房屋要缴税；买车、用车、卖车要缴税；用闲余资金投资股票、基金要缴税；八小时以外的兼职收入要缴税；中奖收入要缴税。个人购买的每一件商品和服务都包含了税金：我们吃的每一顿饭、看的每一场电影、穿的每一件衣服……都在缴税，甚至是睡觉时都在缴税，因为脸上用了护肤品而空调或暖气正在运转。这是因为许多企业往往将税钱加在商品的价格中，一环环悄悄转嫁给消费者。可以说：我们的生活与税收息息相关，国家利用税收政策引导个人进行绿色消费，推动形成绿色低碳的生产方式和生活方式。

一、税收与税法

(一) 税收的概念与特征

税收是国家为了满足社会公共需要,凭借政治权力,按照法律所规定的标准和程序,强制、无偿地参与国民收入的分配,以取得国家财政收入的一种形式。

税收具有无偿性、强制性和固定性的形式特征。它是区别税收与其他财政收入的主要标志,也是古今中外税收的共性。

1. 税收的无偿性,是指国家征税后,税款即成为财政收入,既不需要偿还,也不需要对纳税人付出任何代价。

2. 税收的强制性,是指国家税收以法律形式规定征纳双方的权利与义务,具有法律的权威性。在税收法律法规规定的范围内,任何单位和个人都必须依法纳税。否则,就要受到法律的制裁。

3. 税收的固定性,是指国家通过法律形式预先规定了征税对象、纳税人、征税额度和征税方法等;征纳双方都要共同遵守,不能随意变动。

税收"三性"相辅相成、缺一不可。其中,无偿性是核心;强制性是保障;固定性是对强制性和无偿性的一种规范和约束。

(二) 税法的概念与特点

税法是指国家制定的用以调整国家与纳税人之间在征纳税方面权利与义务关系的法律规范的总称。税法具有以下特点:从立法过程看,税法属于制定法;从法律性质看,税法属于义务性法规;从内容看,税法具有综合性。

【案例·分析题】

分析确定下列各项中,属于税收形式特征表现的有哪些。

A. 强制性　　　　B. 无偿性　　　　C. 稳定性　　　　D. 固定性

应税分析:税收具有无偿性、强制性和固定性的形式特征,ABD 属于税收的形式特征。

(三) 税收法律关系

1. 税收法律关系的概念与特点。税收法律关系是指税法所确认和调整的,国家与纳税人之间在税收分配过程中形成的权利义务关系。税收法律关系有以下特点:税收法律关系主体的一方只能是国家;税收法律关系体现国家单方面的意志;税收法律关系的主体权利义务关系具有不对等性;税收法律关系具有财产所有权或支配权单向转移的性质。

2. 税收法律关系的构成。税收法律关系由主体、客体、内容三部分构成。

(1) 主体,即税收法律关系中享有权利和承担义务的当事人。在我国,税收法律关系的主体包括征税主体与纳税主体。

（2）客体，即税收法律关系主体的权利、义务所共同指向的对象，也就是征税对象。征税对象主要包括收入、财产、所得、资源、行为等。

（3）内容，主体双方所享有的权利和所应承担的义务。它规定权利主体可以有什么行为，不可以有什么行为，若违反了这些规定，须承担相应的法律责任。

[知识链接] 征税主体、纳税主体的权利与义务，请扫描二维码。

二、税法构成要素

（一）征税对象

征税对象又称"课税对象"，是指对什么征税。征税对象是税法最基本的要素，它体现着不同税种的界限，决定着不同的税种名称。如：增值税的征税对象为增值额；企业所得税的征税对象为企业所得额等。与征税对象相关的概念有税目、计税依据等。

1. 税目，是指税法规定应当征税的具体物品、行业或项目。它是征税对象的具体化，反映了具体的征税范围，体现了征税的广度。我国现行税法体系中的消费税、资源税等税种都有具体的税目税率表。

2. 计税依据，是指计算应纳税额的依据。它是征税对象在量上的具体化。计税依据有两种形式：一是从价计征，即以征税对象的价值量（如销售额、所得额）为依据计算应纳税额；二是从量计征，即以征税对象的实物量（如数量、重量、容量、面积）为依据计算应纳税额。

（二）纳税人

纳税人又称"纳税义务人"或"纳税主体"，是指税法中规定的直接负有纳税义务的单位和个人。纳税人可以是法人，也可以是自然人。法人是指依法成立并能独立地行使法定权利和承担法律义务的社会组织；自然人是指依法享有民事权利并承担民事义务的个人。与纳税人相关的概念有扣缴义务人、负税人等。

1. 扣缴义务人，是指税法规定负有代扣代缴、代收代缴税款义务的单位和个人。扣缴义务人并不是纳税义务人，为了加强税收的源泉控制，防止税款的流失，简化征税手续，有的税种需要规定扣缴义务人。如个人所得税以支付所得的单位或者个人为扣缴义务人。

2. 负税人，是指税收的实际负担者。纳税人是由国家税法规定的，而负税人则是在社会经济活动中所形成的。纳税人和负税人的不一致是由税负转嫁引起的。在税负不能转嫁的条件下，负税人也就是纳税人；在税负能够转嫁的条件下，负税人不等于纳税人。

【案例·分析题】

分析确定下列各项中，符合税法规定的纳税人的单位和个人有哪些。

A. 直接负有纳税义务的单位和个人　　B. 最终负担税款的单位和个人

C. 代收代缴税款的单位和个人　　　D. 承担纳税担保的单位和个人

应税分析： 纳税人是指税法中规定的直接负有纳税义务的单位和个人，A 符合税法规定。

（三）税率

税率是指应纳税额与征税对象之间的比例，是计算应纳税额的尺度，体现了征税的深度。税率是税法的核心要素，直接反映着国家的有关经济政策，关系着国家财政收入的多少和纳税人税收负担的高低。我国现行税率有以下几种形式：

1. 比例税率，是指同一征税对象，不论数额大小，只规定一个比例的税率。在具体运用上，比例税率又可以采取单一比例税率、差别比例税率、幅度比例税率等多种形式。

比例税率的优点是计算简便，便于征管；其不足之处在于不能体现量能负担的原则，调节收入的适应性不强。一般适用于对流转额的征税。

2. 累进税率，是指按征税对象数额的大小，划分若干等级，不同等级规定高低不同的税率，征税对象数额越大税率越高。与比例税率相比，累进税率更符合税收公平的要求，它对调节纳税人的利润和收入有明显的作用，因此更适宜于对所得额的征税。

我国现行税法中采用的累进税率有超额累进税率和超率累进税率两种具体形式。

（1）超额累进税率，是指把征税对象按数额的大小分成若干个等级，每个等级规定一个税率，税率依次提高，每一纳税人的征税对象则依所属等级同时使用几个等级的税率分别计算，将计算结果相加后得出应纳税额。我国目前采用这种税率的税种有个人所得税（见表 0 - 1）。

表 0 - 1　　　　　　　超额累进税率表（综合所得年税率表）

级数	全年应纳税所得额	税率（％）	速算扣除数（元）
1	不超过 36 000 元的	3	0
2	超过 36 000 元至 144 000 元的部分	10	2 520
3	超过 144 000 元至 300 000 元的部分	20	16 920
—	—	—	—

【案例·计算题】

甲为我国个人所得税的纳税人。2021 年甲纳税人全年综合所得 120 000 元，按超额累进税率的方法计算甲全年综合所得应纳个人所得税额。

应税计算： 甲纳税人应纳税额为：①36 000 × 3% = 1 080（元）；②（120 000 - 36 000）× 10% = 8 400（元）

全年应纳税额合计：1 080 + 8 400 = 9 480（元）

超额累进税率具有税收负担合理的优点，但明显的缺点是计算复杂。在实际工作中，超额累进税率计税采用"速算扣除数"的简便计算方法，计算公式如下：

超额累进的应纳税额＝征税对象的全部数额×所达到级距税率－本级距速算扣除数

依上例，甲纳税人可用"速算扣除数"的办法计算应纳税额：

应税计算：甲纳税人应纳税额＝120 000×10%－2 520＝9 480（元）

（2）超率累进税率。超率累进税率与超额累进税率原理相同，只是累进的依据不是征税对象的数额，而是征税对象的某种比率。目前我国采用超率累进税率的只有土地增值税。

3. 定额税率又称固定税额，是指按征税对象的计量单位直接规定一个固定的税额，而不是规定征收比例。一般适用于从量计征的税种。

定额税率的优点是计算简便，税额不因征税对象价值量的增加而增加；缺点是由于定额税率的应纳税额与征税对象的价值无关，不能使国家财政收入随国民收入增长而同步增长。

【案例·分析题】
分析确定我国个人所得税的工资薪金所得采用的税率形式。
A. 全额累进税率   B. 超额累进税率
C. 超率累进税率   D. 比例税率

应税分析：我国个人所得税的工资薪金所得采用的税率形式是超额累进税率。

（四）纳税环节

纳税环节，是指税法中规定的征税对象从生产到消费流转过程中应当缴纳税款的环节。合理地确定税款缴纳环节，不仅关系到税制结构和整个税制的布局问题，而且对于控制税源，保证国家财政收入，平衡地区间的收入，便利纳税人缴纳税款等方面都有十分重要的意义。

流转税纳税环节的确定，从征收角度看，分单环节课征和多环节课征两种类型。单环节课征，就是只选定一个具体环节课税，这种类型称为"一次课征制"。如现行消费税和资源税都是选择在商品流转整个过程中的某一个环节课征。多环节课征就是选定两个以上环节课税。这种类型称为"多次课征制"，如现行增值税。

（五）纳税期限

纳税期限是指税法规定的纳税人向国家缴纳税款的期限。各个税种都需要明确规定纳税期限，这是税收的固定性和强制性在时间上的体现。我国现行税法中规定的纳税期限主要有以下几种形式：

1. 按期纳税，即以 1 个月或一个季度为纳税期限，如现行增值税、消费税等。

2. 按次纳税，即以纳税人发生纳税行为的次数确定纳税期限，如现行契税、印花税和个人所得税中偶然所得的纳税等。

3. 按年纳税，即以一个年度为纳税期限，如现行企业所得税。

应用提示

纳税期限包含两层含义，一是纳税义务发生时间，指纳税人取得应税收入或发生纳税行为应当承担纳税义务的起始时间；二是纳税申报期，指纳税期满后纳税人办理纳税手续、解缴税款的时间。

（六）减税、免税

减税、免税，是指在税法中对某些纳税人和征税对象采取减少征税或者免予征税的特殊规定。减税是对应纳税额少征一部分税款；免税则是对应纳税额全部免征。我国现行税法中规定的减税免税有以下三种形式：

1. 税基式减免，是指通过直接缩小计税依据方式实现的减免税，包括起征点、免征额、项目扣除和跨期结转等。

[知识链接] 起征点与免征额的区别，请扫描二维码。

【案例·计算题】

某纳税人某月取得应税收入 3 000 元，税率为 10%，假定起征点和免征额均为 2 000 元，则按起征点和免征额办法计算的应纳税额分别是多少？

应税计算： 按起征点计算的应纳税额 = 3 000 × 10% = 300（元）

按免征额计算的应纳税额 =（3 000 - 2 000）× 10% = 100（元）

2. 税率式减免，是指通过直接降低税率的方式实现的减免税。包括重新确定税率、选用其他税率和规定零税率等。如现行企业所得税中对小型微利企业实行低税率优惠。

3. 税额式减免，是指通过直接减少应纳税额的方式实现的减免税。包括全部免征、减半征收、核定减征率以及核定减征税额等。如，个人所得税中对稿酬所得可按应纳税额减征 30%。

文本：起征点与免征额的区别

三、我国现行税法体系

（一）税收实体法体系

我国现行税收实体法包括 18 个税种及附加，具体为：增值税、消费税、关税、企业所得税、个人所得税、资源税、城镇土地使用税、房产税、契税、车船税、印花税、土地增值税、车辆购置税、耕地占用税、烟叶税、环境保护税、城市维护建设税、教育费附加（包括地方教育附加）。将上述税种按照一定标准进行分类有助于对各个税种的把握、判断和区分。

1. 按照征税对象的不同，税法可分为流转税税法、所得税税法、财产税税法、行为税税法以及资源税税法五大类。流转税税法，是指以商品流转额和非商品流转额为征税对象征收的一类税法，包括增值税、消费税等；所得税税法，是指以纳税人的所得额为征税对象征收的一类税法，包括企业所得税、个人所得税；财产税税法，是指以纳税人所有或属其支配的财产为征税对象征收的一类税法，包括房产税、契税、车船税等；行为税税法，是指以纳税人的某些特定行为为征税对象征收的一类税法，包括印花税、车辆购置税等；资源税税法，是指以各种自然资源为征税对象征收的一类税法，包括资源税、城镇土地使用税等。

2. 按照税收收入归属的不同，税法可分为中央税税法、地方税税法、中央与地方共享税税法。中央税属于中央政府的财政收入，如消费税、关税等；地方税属于各级地方政府的财政收入，如城市维护建设税、城镇土地使用税等；中央与地方共享税属于中央政府和地方政府的共同收入，如增值税。

3. 按照税收与价格关系的不同，税法可分为价内税税法与价外税税法。价内税是指税金是价格的组成部分，必须按含税价计税，如消费税、资源税等；价外税是指税金是价格的一个附加额或附加比例，必须按不含税价计税，如增值税。

【案例·分析题】

分析确定下列各税种，属于流转税的有哪些。

A. 关税　　　　　B. 房产税　　　　　C. 消费税　　　　　D. 增值税

应税分析： 流转税税法包括增值税、消费税、关税等税法，ACD 属于流转税，房产税属于财产税。

（二）税收程序法体系

除税收实体法外，我国对税收征收管理适用的法律制度，是按照税收管理机关的不同而分别规定的，具体情况见表0-2。

表0-2　　　　　　　　　　　　税收程序法体系

税收管理机关	适用的税收程序法	
税务机关	税收征收管理法	税收程序法还包括 行政复议法；行政处罚法；行政诉讼法；国家赔偿法等
海关	1. 海关法 2. 进出口关税条例	

教学资源库

本教材的配套在线课程《税费计算与智能申报》，建立在超星学习通平台。

在线课程超星学习通平台网址：

https：//mooc1-gray. chaoxing. com/course-ans/ps/215910758

账号：15179294752

密码：zhouli19850315

登录网址，单击进入课程，填写账号、密码登录，进入《税费计算与智能申报》课程门中，即可阅读全部课程资源——教案、章节、资料、作业、考试、讨论等，单击需要学习的内容，即可配合教材，进行在线课程学习。

认识税收技能训练题

一、应税选择（单选题）

1. 宪法规定我国公民有依法纳税的义务，这体现了税收的（　　）特征。

A. 强制性　　　　B. 无偿性　　　　C. 固定性　　　　D. 有偿性

2. 税收是国家取得财政收入的一种重要工具，其本质是一种（　　）。

A. 分配关系　　　B. 社会关系　　　C. 阶级关系　　　D. 生产关系

3. 下列关于税收的说法中，正确的是（　　）。

A. 税收是国家取得财政收入的一种重要工具，其本质是一种生产关系

B. 税收分配是基于生产要素进行的分配

C. 国家课税的目的是满足社会公共需求，以及弥补市场失灵、促进公平分配的需要

D. 国家行使职能不需要财政收入的保证

4. 车船税属于（　　）。

A. 流转税　　　　B. 财产税　　　　C. 资源税　　　　D. 行为税

5. 税法的构成要素中，（　　）是计算应纳税额的尺度。

A. 税目　　　　　B. 税率　　　　　C. 计税依据　　　D. 征税人

6. 下列职权中不属于税务机关职权的是（　　）。

A. 税收检查权　　　　　　　　　B. 税收行政立法权

C. 代位权和撤销权　　　　　　　D. 税收法律立法权

二、应税选择（多选题）

1. 以下选项属于税收特征的有（　　）。

A. 无偿性　　　　B. 固定性　　　　C. 义务性　　　　D. 强制性

2. 下列关于税法特点的表述中，不正确的有（　　）。

A. 从立法过程来看，税法属于制定法

B. 从法律性质来看，税法属于义务性法规

C. 从内容上看，税法具有综合性

D. 从法律性质来看，税法属于授权性法规

3. 下列各项中，属于流转税的有（　　）。

A. 增值税　　　　B. 消费税　　　　C. 资源税　　　　D. 关税

4. 下列属于税收法律关系主体的有（　　）。

A. 海关　　　　　　　　　　　B. 税务机关

C. 纳税担保人　　　　　　　　D. 负有纳税义务的自然人

5. 关于税收法律关系的特点，下列表述正确的有（　　　）。

A. 作为征税主体的一方只能是征税机关

B. 税收法律关系的成立、变更等以主体双方意思表示一致为要件

C. 权利义务关系具有对等性

D. 具有财产所有权单向转移的性质

6. 下列各项中属于税基式减免方式的有（　　　）。

A. 全部免征　　　B. 减半征收　　　C. 免征额　　　　D. 起征点

三、应税判断

1. 目前个人所得税中工资薪金所得采用的税率是超率累进税率。（　　　）

2. 税额式减免，是指通过减少一部分税额或免除全部税额来实现减免税的一种形式。

3. 税收的无偿性是指国家征税后，税款成为国家的财政收入，但国家不直接向具体的纳税人支付任何报酬。　　　　　　　　　　　　　　　　（　　　）

4. 税法上规定的纳税人是指最终承担税款的单位和个人。　　　（　　　）

5. 税收法律关系的权利主体是指代表国家行使征税职责的税务机关或者海关。　　　　　　　　　　　　　　　　　　　　　　　　　　　（　　　）

6. 起征点是征税对象达到一定数额开始征税的起点。超过起征点时，只就超过的部分征税。　　　　　　　　　　　　　　　　　　　　　　（　　　）

项目一

增值税计算与缴纳

■ 项目认知

增值税是以商品（含应税劳务、服务）在流转过程中产生的增值额作为计税依据而征收的一种流转税。增值税之所以能够在世界上众多国家推广，是因为其有效解决了商品在流转过程中的重复征税问题。我国 1994 年在生产和流通领域全面实施生产型增值税，2009 年将生产型转为消费型增值税，自 2016 年 5 月 1 日起，在全国范围内全面推开"营改增"试点，自此营业税退出历史舞台。

增值税具有以下特点：（1）税不重征；（2）普遍征收；（3）凭票扣税；（4）实行价外税；（5）税负具有转嫁性。

■ 知识目标

1. 掌握增值税的征税范围、纳税人及适用税率规定。
2. 掌握增值税应纳税额的计算方法。
3. 掌握进口及出口货物的增值税处理。
4. 熟悉增值税申报缴纳。

■ 能力目标

1. 能判断哪些业务应当征收增值税。
2. 能根据资料正确计算增值税一般纳税人及小规模纳税人应纳的增值税。
3. 能正确计算生产企业和外贸企业的增值税出口退税。
4. 能结合具体案例，办理企业增值税的申报缴纳工作。
5. 能根据需要查阅相关资料。

■ 思政融合

增值税作为我国第一大税种，蕴藏着丰富的思想政治资源。

1. 减税降费，惠民强国，助力中国梦。党的二十大报告指出，党中央、国务院持续深入推进减税降费，支持小微企业和个体工商户的发展。减税降费将是我国增值税改革的主旋律。

2016 年 5 月 1 日，"营改增"全面试点完成，实现了增值税对货物服务的全覆盖，从此营业税退出了历史舞台。全面"营改增"后，增值税改革以减档降税为主。

2019 年 4 月 1 日起增值税迎来大规模减税，主要内容包括四项：降低税率、扩大抵扣、留抵退税、加计抵减。国家通过实施以上措施，确保制造业等主要行业税负明显降低，确保部分行业税负有所降低，确保所有行业税负只减不增。此次增值税改革以制造业为减税重点。制造业适用税率下调 3 个百分点，是下降幅度最大的行业之一，制造业期末留抵税额占比最高，将是这项政策的最大受益对象。增值税税率降低，不仅让企业直接受益，由于商品价格中含的税相应减少，商品价格有所降低，一大波民生用品迎来降价潮，油价、电价、天然气、小汽车等价格纷纷下调，让普通老百姓也从此次减税中获益。切实将增值税改革的红利全部让利于群众。

增值税改革，不仅仅是一项税制改革，更超越税制本身，不仅是减轻负担、纾解民生焦虑的惠民之举，同时也是促进结构调整、催生发展内生动力的有效措施，在实现中国梦的宏伟蓝图中，为我国的经济建设做出了贡献。

2. 为民生工程、国家安全保驾护航。党的二十大报告指出，将"深入贯彻以人民为中心的发展思想，作为党和国家事业取得历史性成就、发生历史性变革的重要因素"。增值税的税收政策，为基本民生和国家安全保驾护航。

对于与居民生活密切相关的行业或商品比如粮食、食用植物油等初级农产品、图书报纸等文化产品以及农药化肥农机农膜等农业生产资料的生产销售实施增值税低税率；在农业生产流通中，对于农民销售自产农产品免征增值税，企业购买免税农产品可以抵扣进项税额，降低了企业的农产品采购成本，部分农产品在流通领域免征增值税、农牧保险、农业各项服务免征增值税等优惠政策，以确保民生、粮食资源等安全生产。

3. 支持小微企业发展、保护居民就业、保护市场主体。党的二十大报告提出，支持中小微企业发展。主要体现在对小微企业的叠加式优惠政策。由于受冠状肺炎疫情影响，企业效益差，生存困难，国家从宏观层面实施大规模的减税，帮助企业渡过难关。比如，对于受疫情影响大旅游、餐饮、电影放映等行业推出减免税、延长亏损结转年限等措施，帮助企业恢复生产；疫情期间，小规模纳税人的征收率由 3% 减按 1% 征收；自 2022 年 4 月 1 日至 2022 年 12 月 31 日，增值税小规模纳税人适用 3% 征收率的应税销售收入免征增值税等；为支持小微企业发展，自 2021 年 4 月 1 日至 2022 年 12 月 31 日，增值税小规模纳税人月销售额不超过 15 万元（按季纳税 45 万元）的，免征增值税。

微课视频 1-1：增值税概述。观看视频，请扫描二维码。

任务一　增值税基本要素

一、征税范围

（一）征税范围的一般规定

微课视频 1-2：增值税征税范围的一般规定。观看视频，请扫描二维码。

我国现行增值税的征税范围包括五大类：在我国境内销售或进口货物、销售劳务、销售服务、销售无形资产以及销售不动产。

1. 销售或进口货物。

（1）销售货物：是指有偿转让货物的所有权。

货物是指除土地、房屋等不动产以外的有形动产，包括电力、热力和气体。有偿是指从购买方取得货币、货物或者其他经济利益（下同）。

（2）进口货物：是指申报进入我国海关境内的货物。只要是报关进口的应税货物，均属于增值税征税范围，在进口环节缴纳增值税（享受免税政策的货物除外），进口货物的增值税由海关代征。

【案例·分析题】

分析确定下列项目中，哪些属于增值税销售货物征税范围。

A. 天然气管道安装　　　　　　B. 销售天然气

C. 销售自来水　　　　　　　　D. 销售电力

应税分析：BCD 属于销售货物，增值税货物是指除土地、房屋等不动产以外的有形动产，包括电力、热力和气体。A 天然气管道安装属于提供建筑安装服务。

2. 销售劳务，是指有偿提供加工、修理修配劳务。

加工是指受托加工货物，即委托方提供原料及主要材料，受托方按照委托方的要求制造货物并收取加工费的业务；修理修配是指受托对损伤和丧失功能的货物进行修复，使其恢复原状和功能的业务。

单位或个体户聘用的员工为本单位或雇主提供加工、修理修配劳务不包括在内。

【案例·分析题】

分析确定纳税人下列行为中，哪些属于增值税销售劳务。

A. 汽车修配劳务　　　　　　　B. 有形动产租赁服务

C. 服装加工劳务 　　　　　　　 D. 邮政服务

应税分析： 销售劳务包括提供加工和修理修配劳务，AC 属于增值税销售劳务，B 有形动产租赁服务和 D 邮政服务属于增值税现代服务业范畴。

3. 销售服务，是指有偿提供服务。包括交通运输服务、邮政服务、电信服务、建筑服务、金融服务、现代服务和生活服务。具体征税范围见表 1-1。

表 1-1　　　　　　　　　　**销售服务、无形资产、不动产具体征税范围**

销售服务	交通运输服务	陆路运输、水路运输、航空运输、管道运输 以下业务属交通运输服务：（1）水路运输的程租、期租业务，航空运输的湿租业务以及航天运输服务；（2）出租车公司向使用本公司出租车的司机收取的管理费用；（3）无运输工具承运业务
	邮政服务	邮政普遍服务、邮政特殊服务、其他邮政服务 包括函件、包裹等邮件寄递，邮票发行、报刊发行和邮政汇兑等业务活动；机要通信、盲人读物和革命烈士遗物的寄递等业务活动；邮册等邮品销售、邮政代理等业务活动
	电信服务	1. 基础电信服务：提供语音通话服务的业务活动，以及出租或者出售带宽、波长等网络元素的业务活动 2. 增值电信服务：提供短信和彩信服务、电子数据和信息的传输及应用服务、互联网接入服务等业务活动 卫星电视信号落地转接服务，属于增值电信服务
	建筑服务	1. 工程服务：新建、改建各种建筑物、构筑物的工程作业 2. 安装服务：生产设备、动力设备、起重设备、运输设备、传动设备、医疗实验设备以及其他各种设备、设施的装配、安置的工程作业 固定电话、有线电视、宽带、水、电、气等经营者向用户收取的安装费、初装费、开户费、扩容费以及类似收费，属于安装服务 3. 修缮服务：对建筑物、构筑物进行修补、加固、养护、改善的工程作业 4. 装饰服务：对建筑物、构筑物进行修饰装修的工程作业 5. 其他建筑服务：上列工程作业之外的各种工程作业服务。如钻井（打井）、拆除建筑物或者构筑物、平整土地、园林绿化、疏浚（不包括航道疏浚）、搭脚手架、爆破、矿山穿孔、表面附着物剥离和清理等工程作业
	金融服务	1. 贷款服务：将资金贷给他人使用而取得利息收入的业务活动 融资性售后回租、罚息、贴现等业务取得的利息收入；以货币资金投资收取的固定利润或者保底利润，属于贷款服务 2. 直接收费金融服务：为货币资金融通及其他金融业务提供相关服务并且收取费用的业务活动。包括提供货币兑换、账户管理、信用卡、信用证、财务担保、资产、信托、基金管理、资金结算、金融支付等服务 3. 保险服务：包括人身保险服务和财产保险服务 4. 金融商品转让：转让外汇、有价证券、非货物期货和其他金融商品所有权

续表

销售服务	现代服务	1. 研发和技术服务：包括研发服务、合同能源管理服务、工程勘察勘探服务、专业技术服务 2. 信息技术服务：包括软件服务、电路设计及测试服务、信息系统服务、业务流程管理服务和信息系统增值服务 3. 文化创意服务：包括设计服务、知识产权服务、广告服务和会议展览服务 4. 物流辅助服务：包括航空服务、港口码头服务、货运客运场站服务、打捞救助服务、装卸搬运服务、仓储服务和收派服务 5. 租赁服务：包括融资租赁服务（不含融资性售后回租）和经营租赁服务 不动产或有形动产的广告位出租属于经营租赁服务；车辆停放、道路通行服务（包括过路费、过桥费、过闸费等）等按照不动产经营租赁服务缴纳增值税 6. 鉴证咨询服务：包括认证服务、鉴证服务和咨询服务 翻译服务和市场调查服务属于咨询服务 7. 广播影视服务：包括广播影视节目（作品）的制作服务、发行服务和播映（含放映）服务 8. 商务辅助服务：企业管理服务、经纪代理服务、人力资源服务、安保服务 9. 其他现代服务：是指除上述服务以外的现代服务
	生活服务	文化体育服务、教育医疗服务、旅游娱乐服务、餐饮住宿服务、居民日常服务、其他生活服务 居民日常服务：市容市政管理、家政、婚庆、养老、殡葬、照料护理、救助救济、美容美发、按摩、桑拿、氧吧、足疗、沐浴、洗染、摄影扩印等服务
销售无形资产		转让无形资产所有权或者使用权的业务活动。无形资产，包括技术、商标、著作权、商誉、自然资源使用权和其他权益性无形资产 自然资源使用权包括土地使用权、海域使用权、探矿、采矿权、取水权和其他自然资源使用权 其他权益性无形资产包括基础设施资产经营权、公共事业特许权、配额、经营权（包括特许经营权、连锁经营权、其他经营权）、经销权、分销权、代理权、会员权、席位权、网络游戏虚拟道具、域名、名称权、肖像权、冠名权、转会费等
销售不动产		转让不动产所有权的业务活动。不动产包括建筑物、构筑物等 转让建筑物有限产权或者永久使用权的，转让在建的建筑物或者构筑物所有权的，以及在转让建筑物或者构筑物时一并转让其所占土地的使用权的，属于销售不动产

【案例·分析题】

分析确定下列项目中，哪些属于增值税销售服务征税范围。

A. 商标和著作权转让服务　　　　　B. 代理记账服务

C. 不动产租赁服务　　　　　　　　D. 无运输工具承运业务

应税分析：BCD 属于销售服务，其中代理记账属于商务辅助服务，不动产租赁属于租赁服务，无运输工具承运业务属于交通运输服务。A 商标和著作权转让服务属于销售无形资产。

4. 销售无形资产，是指有偿转让无形资产所有权或者使用权的业务活动。具体征税范围见表1-1。

无形资产，包括专利技术和非专利技术、商标、著作权、商誉、自然资源使用权和其他权益性无形资产。

【案例·分析题】

分析确定下列无形资产中，哪些属于销售无形资产——自然资源使用权的征税范围。

A. 土地使用权　　B. 海域使用权　　C. 代理权　　　　D. 采矿权

应税分析： ABD 属于自然资源使用权。C 代理权属于其他权益性无形资产。

5. 销售不动产，是指有偿转让不动产所有权的业务活动。包括建筑物、构筑物等。具体征税范围见表 1-1。

【案例·分析题】

分析确定下列项目中，哪些属于增值税销售不动产行为。

A. 建筑物广告位出租　　　　　　B. 销售建筑物底层商铺
C. 转让高速公路经营权　　　　　D. 转让国有土地使用权

应税分析： B 属于销售不动产，AC 项属于不动产经营租赁，D 属于销售无形资产。

【案例·分析题】

分析确定纳税人下列行为中，哪些属于增值税的征收范围。

A. 甲公司将房屋与乙公司土地交换
B. 银行将房屋出租给饭店，不收租金，由银行在饭店就餐抵账
C. 房地产开发企业委托建筑公司建造房屋，以房屋冲抵工程款
D. 运输公司免费为汽车修理公司提供运输服务，汽车修理公司为其免费提供汽车维修作为回报

应税分析： ABCD 都属于增值税的征收范围。增值税有偿是指取得货币、货物或者其他经济利益。A 中房屋所有权与土地使用权互换属于其他经济利益，B 中以房屋出租的租金冲抵饮食服务就餐费，C 中以房屋所有权冲抵工程款，D 中以运输服务收入冲抵汽车维修服务收入都属于其他经济利益，属于增值税征税范围。

6. 不属于增值税征税范围的非经营活动和增值税不征税项目。

不属于增值税征税范围的非经营活动包括：

(1) 行政单位收取的同时满足以下条件的政府性基金或者行政事业性收费。

①由国务院或者财政部批准设立的政府性基金，由国务院或者省级人民政府及其财政、价格主管部门批准设立的行政事业性收费；

②收取时开具省级以上（含省级）财政部门监（印）制的财政票据；

③所收款项全额上缴财政。

（2）单位或者个体工商户聘用的员工为本单位或者雇主提供取得工资的服务。

（3）单位或者个体工商户为聘用的员工提供服务。

（4）财政部和国家税务总局规定的其他情形。

增值税不征税项目包括：

（1）根据国家指令无偿提供的铁路运输服务、航空运输服务等用于公益事业的服务。

（2）存款利息。

（3）被保险人获得的保险赔付。

（4）房地产主管部门或者其指定机构、公积金管理中心、开发企业以及物业管理单位代收的住宅专项维修资金。

（5）在资产重组过程中，通过合并、分立、出售、置换等方式，将全部或者部分实物资产以及与其相关联的债权、负债和劳动力一并转让给其他单位和个人，其中涉及的不动产、土地使用权转让行为以及货物转让，不征收增值税。

【案例·分析题】

分析确定纳税人下列行为中，哪些不属于增值税征税范围的非经营活动。

A. 共青团收取的团员费

B. 职工张某在本单位建筑工地提供建筑服务

C. 企业为聘用的员工提供免费接送上下班服务

D. 甲运输公司向乙企业提供交通运输服务

应税分析： ABC 是不属于增值税征收范围的非经营活动；D 甲运输公司向乙企业提供交通运输服务，属于增值税征税范围的销售运输服务。

【案例·分析题】

下列各项中，属于不征增值税的项目有哪些。

A. 存款利息　　　B. 贷款利息　　　C. 保险赔款　　　D. 土地使用权转让

应税分析： A 存款利息；C 保险赔款属于不征增值税项目，不征增值税；B 贷款利息应征增值税；企业资产重组中整体资产转让涉及的土地使用权不征增值税，土地使用权转让应按无形资产转让征收增值税。

7. 在境内销售货物、销售服务、无形资产或者不动产，是指：

（1）销售货物的起运地或所在地在境内；

（2）服务（租赁不动产除外）或者无形资产（自然资源使用权除外）的销售方或者购买方在境内；

（3）所销售或者租赁的不动产在境内；

（4）所销售自然资源使用权的自然资源在境内。

应用提示

境外单位或个人向境内单位或个人提供下列行为，不属于境内应税行为。

1. 销售完全在境外发生的应税服务；
2. 销售完全在境外使用的无形资产；
3. 出租完全在境外使用的有形动产；
4. 财政部和国家税务总局规定的其他情形。

【案例·分析题】

分析确定境外单位的下列行为中，哪些不属于境内应税行为。

A. 境外工程公司到境内给境内单位提供工程勘探服务

B. 境外咨询公司给境内企业开拓境内、外市场进行实地调研并提出合理化建议

C. 日本汽车租赁公司向赴日旅游的中国居民出租小汽车供其在日本期间的自驾游

D. 英国公司将其在中国境内的办公楼出租给韩国某公司

应税分析： C属于境外单位的完全境外行为，不属于境内应税行为。AB购买方在境内；D所销售的不动产在境内，都属于境内应税行为。

（二）征税范围的特殊规定

1. 视同销售行为，是一种特殊的销售行为，是指不论会计核算如何处理，从税收的角度为了计税的需要作为销售、确认收入计算缴纳税款的商品、劳务或服务的转移行为。

单位或个体工商户的下列行为，视同发生应税销售行为，征收增值税。

（1）将货物交付其他单位或者个人代销；

（2）销售代销货物；

（3）设有两个以上机构并实行统一核算的纳税人，将货物从一个机构移送其他机构用于销售，但相关机构设在同一县（市）的除外；

（4）将自产、委托加工的货物用于集体福利或者个人消费；

（5）将自产、委托加工或者购进的货物作为投资，提供给其他单位或者个体工商户；

（6）将自产、委托加工或者购进的货物分配给股东或者投资者；

（7）将自产、委托加工或者购进的货物无偿赠送其他单位或者个人；

（8）单位或者个体工商户向其他单位或者个人无偿销售应税服务、无偿转让无形资产或者不动产，但用于公益事业或者以社会公众为对象的除外；

（9）财政部和国家税务总局规定的其他情形。

上述视同销售行为，可以归纳为以下四类：

第一类：代销货物，包括委托代销和受托代销业务，均视同销售缴纳增值税；其中受托方销售代销货物行为按视同销售缴纳增值税，其收取的代理手续费

收入按现代服务缴纳增值税。

第二类：内部移送货物同时具备三个条件的，应视同销售缴纳增值税，一是相关机构统一核算；二是相关机构不在同一县市；三是移送的目的用于销售。用于销售，是指受货机构发生以下情形之一的经营行为：①向购货方开具发票；②向购货方收取货款。

第三类：自用货物根据不同来源确定视同销售：企业内部自用包括集体福利或者个人消费，外部自用包括用于投资、分配或者无偿赠送，下同。

对于自产、委托加工的货物，改变其生产用途，无论是用于企业内部还是用于企业外部，均视同销售缴纳增值税；对于外购的货物，改变生产用途，用于企业内部，不能抵扣进项税额，做进项税额转出；用于企业外部，则视同销售缴纳增值税。

第四类：属于无偿提供应税服务、无偿转让无形资产或者销售不动产，用于公益事业或者以社会公众为对象的除外。

【案例·分析题】
分析确定下列各项中，哪些属于增值税视同销售行为。
A. 将外购货物分配给投资者
B. 将外购货物用于集体福利
C. 将加工收回的货物赠送给其他单位
D. 将自产货物用于对外投资

应税分析： ACD 属于增值税视同销售行为，自产、委托加工的货物，改变其生产用途，一律视同销售，外购货物改变其生产用途，用于对外投资、分红、赠送等方面应视同销售，而 B 选项按税法规定外购货物用于集体福利或者个人消费，不属于增值税视同销售行为，应作为不能抵扣的进项税处理。

2. 混合销售行为。一项销售行为如果既涉及服务又涉及货物，为混合销售。

根据税法规定，从事货物的生产、批发或者零售的单位和个体工商户的混合销售行为，按照销售货物缴纳增值税；其他单位和个体工商户混合销售行为，按照销售服务缴纳增值税。

3. 兼营行为。纳税人的经营范围包括销售货物、加工修理修配劳务、服务、无形资产或者不动产等适用不同税率或者征收率的，为兼营行为。兼营行为应当分别核算适用不同税率或者征收率的销售额，兼有不同税率和征收率的销售货物、加工修理修配劳务、服务、无形资产或者不动产，未分别核算销售额的，从高适用税率。

混合销售强调的是在同一项销售行为中存在着两类经营项目的混合，销售货款及劳务（或服务）价款是同时从一个购买方取得；兼营行为强调的是在同一纳税人的经营活动中存在着两类经营项目。

【案例·分析题】

分析确定下列各项中，哪些属于增值税混合销售行为，哪些属于兼营增值税非应税行为。

A. 空调厂销售空调并提供安装服务

B. 饭店提供餐饮服务并销售酒水

C. 商场既销售货物又提供快餐服务

D. 计算机公司销售计算机并负责培训

应税分析： ABD 属于混合销售行为，其中 AD 两项主行为是销售货物，按照销售货物缴纳增值税，B 项主行为是提供餐饮服务，按照销售服务缴纳增值税；而 C 项属于兼营行为，应当分别核算适用不同税率或者征收率的销售额。

（三）增值税的税收优惠

1. 增值税的免税项目。

（1）内销货物免税项目。

①农业生产者销售的自产农产品；②避孕药品和用具；③古旧图书；④个体工商户以外的其他个人销售自己使用过的物品。

（2）进口货物免税项目。

①直接用于科学研究、科学试验和教学的进口仪器、设备；②外国政府、国际组织无偿援助的进口物资和设备；③由残疾人的组织直接进口供残疾人专用的物品。

（3）生活服务业免税项目。

①托儿所、幼儿园、养老机构、残疾人福利机构提供的保育和教育服务、养老服务、育养服务以及婚姻介绍服务和殡葬服务。

②残疾人员本人为社会提供的服务；学生勤工俭学提供的服务；个人转让著作权。

③医疗机构提供的医疗服务。

④从事学历教育的学校提供的教育服务；举办进修班、培训班取得的全部归该学校所有的收入；政府举办的职业学校设立的为在校学生提供实习场所的企业，从事"现代服务"（不含融资租赁服务、广告服务和其他现代服务）、"生活服务"（不含文化体育服务、其他生活服务和桑拿、氧吧）业务活动取得的收入。

⑤纪念馆、博物馆、文化馆、文物保护单位管理机构、美术馆、展览馆、书画院、图书馆在自己的场所提供文化体育服务取得的第一道门票收入。

⑥寺院、宫观、清真寺和教堂举办文化、宗教活动的门票收入。

⑦福利彩票、体育彩票的发行收入。

⑧家政服务企业由员工制家政服务员提供家政服务取得的收入。

⑨提供社区养老、抚育、家政等服务取得的收入。

（4）现代服务业免税项目。

①农业机耕、排灌、病虫害防治、植物保护、农牧保险以及相关技术培训业

务，家禽、牲畜、水生动物的配种和疾病防治。

②纳税人提供技术转让、技术开发和与之相关的技术咨询、技术服务。

（5）金融业免税项目。

①部分利息收入免税。金融机构农户小额贷款（2016年12月31日前）；国家助学贷款；国债、地方政府债；人民银行对金融机构的贷款；住房公积金管理中心住房公积金贷款等。

②被撤销金融机构以货物、不动产、无形资产、有价证券、票据等财产清偿债务。

③金融同业往来利息收入；部分金融商品转让收入；金融企业发放贷款后，自结息日起90天后发生的应收未收利息暂不缴纳增值税，待实际收到利息时按规定缴纳增值税。

④经批准从事融资租赁业务的一般纳税人，提供有形动产融资租赁服务和有形动产融资性售后回租服务，对其增值税实际税负超过3%的部分实行增值税即征即退政策。

⑤下列保险项目免征增值税：保险公司开办的一年期以上人身保险产品取得的保费收入；为出口货物提供的保险服务，包括出口货物保险和出口信用保险；农牧保险及相关技术培训业务。

（6）房地产业免税项目。

①个人销售自建自用住房。

②公共租赁住房经营管理单位出租公共租赁住房（2018年12月31日前）；军队空余房产租赁收入。

③企业、行政事业单位按房改成本价、标准价出售住房取得的收入。

④涉及家庭财产分割的个人无偿转让不动产、土地使用权。

⑤将土地使用权转让给农业生产者用于农业生产；土地所有者出让土地使用权和土地使用者将土地使用权归还给土地所有者。

⑥北京、上海、广州、深圳市之外地区，个人将购买不足2年的住房对外销售的，按照5%的征收率全额缴纳增值税；个人将购买2年以上（含2年）的住房对外销售的，免征增值税。

北京、上海、广州、深圳，个人将购买不足2年的住房对外销售的，按照5%的征收率全额缴纳增值税；个人将购买2年以上（含2年）的非普通住房对外销售的，以销售收入减去购买住房价款后的差额按照5%的征收率缴纳增值税；个人将购买2年以上（含2年）的普通住房对外销售的，免征增值税。

（7）无形资产转让（不含土地使用权）免税项目。县级以上地方人民政府或自然资源行政主管部门出让、转让或收回自然资源使用权（不含土地使用权）。

【案例·分析题】

下列各项中，属于免征增值税的项目有哪些？

A. 提供社区养老服务　　　　　B. 医疗机构提供医疗服务

C. 销售避孕药品和用具　　　　D. 电信公司提供语音通话服务

应税分析：ABC 符合税法免税规定，免征增值税；D 电信公司提供语音通话服务属于电信服务的基础电信服务，应征增值税。

2. 跨境行为免征增值税的政策规定。境内的单位和个人销售的下列服务和无形资产免征增值税，但财政部和国家税务总局规定适用增值税零税率的除外。

（1）下列服务：

①工程项目在境外的建筑服务。

②工程项目在境外的工程监理服务。

③工程、矿产资源在境外的工程勘察勘探服务。

④会议展览地点在境外的会议展览服务。

⑤存储地点在境外的仓储服务。

⑥标的物在境外使用的有形动产租赁服务。

⑦在境外提供的广播影视节目（作品）的播映服务。

⑧在境外提供的文化体育服务、教育医疗服务、旅游服务。

（2）为出口货物提供的邮政服务、收派服务、保险服务。

为出口货物提供的保险服务，包括出口货物保险和出口信用保险。

（3）向境外单位提供的完全在境外消费的下列服务和无形资产：

①电信服务；②知识产权服务；③物流辅助服务（仓储服务、收派服务除外）；④鉴证咨询服务；⑤专业技术服务；⑥商务辅助服务；⑦广告投放地在境外的广告服务；⑧无形资产。

（4）以无运输工具承运方式提供的国际运输服务。

（5）为境外单位之间的货币资金融通及其他金融业务提供的直接收费金融服务，且该服务与境内的货物、无形资产和不动产无关。

（6）财政部和国家税务总局规定的其他服务。

3. 增值税的起征点。为了照顾低收入纳税人生产经营和生活方面的困难，我国现行增值税设置了起征点的规定。个人发生应税行为的销售额未达到增值税起征点的，免征增值税；达到起征点的，全额计算缴纳增值税。

增值税起征点的幅度规定如下：

（1）按期纳税的：为月销售额 5 000～20 000 元（含本数）；

（2）按次纳税的：为每次（日）销售额 300～500 元（含本数）。

省、自治区、直辖市财政厅（局）和国家税务总局应在规定的幅度内，根据实际情况确定本地区适用的起征点，并报财政部、国家税务总局备案。

应用提示 适用增值税起征点应注意的问题

1. 增值税起征点不适用于登记为一般纳税人的个体工商户。

2. 为支持小微企业发展，自 2021 年 4 月 1 日至 2022 年 12 月 31 日，增值税小规模纳税人月销售额不超过 15 万元（按季纳税 45 万元）的，免征增值税；其他个人采取一次性收取租金形式出租不动产，取得的租金收入，可在租金对应的租赁期内平均分摊，分摊后的月租金收入不超过 15 万元的，可享受小微企业免征增值税的优惠政策。

3. 适用增值税差额征收政策的，以差额后的销售额确定是否可以享受 15 万元以下免征增值税政策。

4. 增值税纳税人购置税控装置的特殊规定。为减轻纳税人负担，经国务院批准，自 2011 年 12 月 1 日起，增值税纳税人购买增值税税控系统专用设备支付的费用以及缴纳的技术维护费（以下称二项费用）可在增值税应纳税额中全额抵减。具体内容如下：

（1）增值税纳税人 2011 年 12 月 1 日（含，下同）以后初次购买增值税税控系统专用设备（包括分开票机）支付的费用，可凭购买增值税税控系统专用设备取得的增值税专用发票，在增值税应纳税额中全额抵减（抵减额为价税合计额），不足抵减的可结转下期继续抵减。

增值税税控系统包括：增值税防伪税控系统、货物运输业增值税专用发票税控系统、机动车销售统一发票税控系统和公路、内河货物运输业发票税控系统。

增值税防伪税控系统的专用设备包括金税卡、IC 卡、读卡器或金税盘和报税盘；货物运输业增值税专用发票税控系统专用设备包括税控盘和报税盘；机动车销售统一发票税控系统和公路、内河货物运输业发票税控系统专用设备包括税控盘和传输盘。

（2）增值税纳税人 2011 年 12 月 1 日以后缴纳的技术维护费（不含补缴的 2011 年 11 月 30 日以前的技术维护费），可凭技术维护服务单位开具的技术维护费发票，在增值税应纳税额中全额抵减，不足抵减的可结转下期继续抵减。

（3）增值税一般纳税人支付的二项费用在增值税应纳税额中全额抵减的，其增值税专用发票不作为增值税抵扣凭证，其进项税额不得从销项税额中抵扣。

二、纳税人

（一）纳税人的基本规定

根据《增值税暂行条例》的规定，凡在中华人民共和国境内销售或者进口货物、提供应税加工、修理修配劳务、销售服务、无形资产或者不动产的单位和个人都是增值税纳税义务人。单位，是指企业、行政单位、事业单位、军事单位、社会团体及其他单位。个人，是指个体工商户和其他个人。

单位租赁或承包给其他单位或个人经营的，以承租人或承包人为纳税人。承包人以发包人名义对外经营并由发包人承担相关法律责任的，以该发包人为纳税人。

资管产品运营过程中发生的增值税应税行为，以资管产品管理人为增值税纳税人。

（二）一般纳税人与小规模纳税人的划分

微课视频 1－3：一般纳税人与小规模纳税人。观看视频，请扫描二维码。

划分一般纳税人和小规模纳税人的基本依据是纳税人的会计核算是否健全，

以及年应税销售额的大小。

1. 小规模纳税人的登记及管理。

（1）小规模纳税人的认定标准。小规模纳税人是指年应税销售额在规定标准以下，且会计核算不健全的增值税纳税人。

按照现行规定，从事货物生产、批发或零售、提供应税劳务、销售服务、无形资产或者不动产的纳税人，年应税销售额在 500 万元（含）以下的，为增值税小规模纳税人。

📝 **应用提示** 小规模纳税人认定标准注意事项

1. 会计核算不健全，是指不能按照国家统一的会计制度规定设置账簿，根据合法、有效凭证核算。

2. 年应税销售额，是指纳税人在连续不超过 12 个月的经营期内累计应征增值税销售额（不含税），包括纳税申报销售额、稽查查补销售额、纳税评估调整销售额、税务机关代开发票销售额和免税销售额以及规定允许从销售额中差额扣除的部分，不包括小规模纳税人偶然发生的转让不动产的销售额。

（2）小规模纳税人的管理。小规模纳税人实行简易办法征收增值税，一般不使用增值税专用发票。但可向税务机关申请代开增值税专用发票。

自 2020 年 2 月 1 日起小规模纳税人（其他个人除外）可以选择使用增值税发票管理系统自行开具增值税专用发票。选择自行开票的，税务机关不再为其开专票。

【案例·分析题】

下列各项中，只能被认定为增值税小规模纳税人的有哪些？

A. 年应税销售额 510 万元且会计核算健全的个体经营者

B. 年应税销售额 30 万元且会计核算不健全的工业企业

C. 年应税服务额 300 万元且会计核算不健全的交通运输企业

D. 年应税销售额 400 万元且会计核算不健全的商业企业

应税分析：BCD 只能认定为小规模纳税人。自 2018 年 5 月 1 日起，工业企业、商业企业以及营改增行业纳税人年应税销售额的认定标准统一为 500 万元。

2. 一般纳税人的登记及管理。

（1）一般纳税人的认定标准。

①年应税销售额超过小规模纳税人标准的企业和企业性单位为一般纳税人，应当向税务机关申请一般纳税人资格认定。

②小规模纳税人会计核算健全，能够提供准确税务资料的，可以向主管税务机关申请一般纳税人资格认定，成为一般纳税人。

一般纳税人实行登记制，除另有规定外，应当向税务机关办理登记手续。

应用提示　纳税人资格认定的特殊规定

1. 年应税销售额超过规定标准的其他个人，不属于一般纳税人；

2. 不经常发生应税行为的单位和个体工商户可选择按小规模纳税人纳税；

3. 兼有销售货物、提供加工修理劳务和应税行为，且不经常发生销售货物、提供加工修理劳务和应税行为的单位和个体工商户可选择按小规模纳税人纳税。

【案例·分析题】

某商业批发企业兼营应税服务项目，假设分别存在下列四种情形，判断是否需要办理一般纳税人认定：

A. 批发零售业务年销售额 520 万元，应税服务年销售额 400 万元

B. 批发零售业务年销售额 100 万元，应税服务年销售额 505 万元

C. 批发零售业务年销售额 100 万元，应税服务年销售额 450 万元

D. 批发零售业务年销售额 400 万元，一次性转让办公楼销售额 800 万元

应税分析： AB 需要办理一般纳税人认定；CD 不需要。企业兼营行为中，不论是销售货物还是销售服务，只要有一项经营行为超过标准，就应当向税务机关申请一般纳税人资格认定，另小规模纳税人偶然发生的转让不动产的销售额，不计入应税行为年销售额。

【案例·分析题】

年应税销售额包含下列哪些内容？

A. 进行纳税申报的销售额　　　　B. 稽查查补的销售额

C. 纳税评估调整增加的销售额　　D. 免税销售额

应税分析： ABCD 都包括。按照税法规定，年应税销售额包括纳税申报销售额、稽查查补销售额、纳税评估调整销售额、税务机关代开发票销售额和免税销售额。

（2）一般纳税人的管理。

①纳税人自一般纳税人生效之日起，按照增值税一般计税方法计算应纳税额，并可以按照规定领用增值税专用发票，财政部、国家税务总局另有规定的除外。

②纳税人登记为一般纳税人后，不得转为小规模纳税人。国家税务总局另有规定的除外。

③对符合一般纳税人条件而不申请办理一般纳税人认定手续的纳税人，应按销售额依照增值税税率计算应纳税额，不得抵扣进项税额，也不得使用专用发票（含税控机动车销售统一发票）。

【案例·分析题】

某家电修理厂会计核算健全，2022 年营业额 520 万元，接到税务机关告知后一直未向主管税务机关申请增值税一般纳税人认定。2023 年 1 月，该厂提供修

理劳务并收取修理费价税合计 22.6 万元；购进的修理零配件等均取得增值税专用发票，对应的增值税税款合计 2 万元。该厂 2023 年 1 月应如何计算缴纳增值税？

应税分析： 该厂 2022 年应税营业额 520 万元，符合一般纳税人认定条件而不申请办理一般纳税人认定手续，应按销售额依照增值税税率计算应纳税额，不得抵扣进项税额。

应税计算： 该厂 2023 年 1 月应纳增值税 = 22.6 ÷（1 + 13%）× 13% = 2.6（万元）

（三）扣缴义务人

境外单位或个人在境内发生应税行为，在境内未设有经营机构的，以其境内代理人为扣缴义务人；在境内没有代理人的，以购买方为扣缴义务人。

三、税率

微课视频 1 − 4：增值税税率与征收率。观看视频，请扫描二维码。

视频：增值税税率与征收率

（一）增值税适用税率

1. 适用基本税率 13%：销售或进口货物（列举货物除外）、提供加工、修理修配劳务、提供有形动产租赁服务。

2. 适用税率 9% 的货物：

（1）粮食等农业产品、食用植物油、食用盐、鲜奶；

（2）自来水、暖气、冷气、热水、煤气、液化气、天然气、二甲醚、沼气、居民用煤炭制品；

（3）图书、报刊、电子出版物、音像制品；

（4）饲料、化肥、农药、农机、农膜；

（5）国务院规定的其他货物。

3. 适用税率 9% 的服务、无形资产、不动产：交通运输服务、邮政服务、基础电信服务、建筑服务、不动产租赁服务，销售不动产，转让土地使用权。

4. 适用税率 6% 的服务、无形资产：金融服务、现代服务（租赁服务除外）、生活服务、增值电信服务、销售无形资产（土地使用权除外）。

5. 零税率：纳税人出口货物或提供跨境应税行为。具体规定见本项目任务三"增值税出口货物退（免）税"。

【案例·分析题】

下列货物销售中，适用 9% 增值税税率的有哪些？

A. 生产销售渔业的捕捞机械   B. 食品店加工方便面销售

C. 粮食加工厂加工玉米面销售   D. 食品加工厂生产的蔬菜罐头销售

应税分析：A 渔业的捕捞机械属于农机，C 玉米面属于初级农产品，其增值税税率是 9%；方便面、蔬菜罐头，其增值税税率是 13%。

【案例·分析题】

下列销售服务中，适用 6% 增值税税率的有哪些？

A. 提供交通运输服务　　　　　　　B. 提供有形动产租赁服务

C. 提供餐饮住宿服务　　　　　　　D. 提供建筑安装服务

应税分析：C 提供餐饮服务，其增值税税率是 6%；A 提供交通运输，D 建筑安装服务，其增值税税率是 9%；B 提供有形动产租赁，其增值税税率是 13%。

（二）增值税征收率

1. 小规模纳税人适用的征收率。

（1）适用 3% 征收率：小规模纳税人销售货物、提供劳务、销售服务、转让无形资产行为，征收率为 3%。

（2）适用 5% 征收率：小规模纳税人销售不动产、提供不动产经营租赁服务（除试点前开工的高速公路车辆通行费）、转让土地使用权、选择差额纳税劳务派遣和安保服务，征收率为 5%。

（3）小规模纳税人销售自己使用过的固定资产和旧货在 3% 基础上减按 2% 征收率计税，应税销售额 = 含税销售额 ÷（1 + 3%）；应纳税额 = 销售额 × 2%。

（4）小规模纳税人销售自己使用过的除固定资产以外的其他物品，征收率为 3%。

2. 一般纳税人简易计税适用的征收率。

（1）适用 3% 征收率：一般纳税人适用简易计税方法计税的销售货物、提供劳务、销售服务、转让无形资产行为，征收率为 3%；

（2）适用 5% 征收率：销售不动产、不动产经营租赁服务（除试点前开工的高速公路车辆通行费）、转让土地使用权、选择差额纳税劳务派遣和安保服务，征收率为 5%。

（3）一般纳税人销售旧货以及销售自用过的未抵扣进项税的固定资产按简易办法在 3% 的基础上减按 2% 征收增值税。

任务二　增值税应纳税额的计算

增值税的计税方法，包括一般计税方法、简易计税方法和扣缴计税方法。

1. 一般纳税人发生应税行为适用一般计税方法计税。

$$应纳税额 = 当期销项税额 - 当期进项税额$$

2. 小规模纳税人发生应税行为适用简易计税方法计税；一般纳税人发生规

定的特定应税行为，可以选择适用简易计税方法计税。

$$应纳税额 = 销售额 × 征收率（不能抵扣进项税额）$$

3. 境外单位或者个人在境内发生应税行为，在境内未设有经营机构的，扣缴义务人按照下列公式计算应扣缴税额：

$$应扣缴税额 = 购买方支付的价款 ÷ （1 + 税率） × 税率$$

计算应扣缴税额时，无论购买方或扣缴义务人是一般纳税人还是小规模纳税人，一律按照境外单位或个人发生应税行为的适用税率予以计算。

一、一般计税方法应纳税额的计算

增值税一般纳税人销售货物、提供应税劳务和应税行为适用一般计税方法，当期应纳增值税额的大小，取决于当期销项税额和当期进项税额两个因素。应纳税额的计算公式为：

$$当期应纳增值税 = 当期销项税额 - 当期进项税额$$

当期销项税额小于当期进项税额不足抵扣时，其不足部分可以结转下期继续抵扣。

（一）销项税额的计算

1. 销项税额的概念及计算公式。销项税额是指纳税人销售货物或者提供应税劳务、应税行为，按照销售额和税法规定的税率计算并向购买方收取的增值税税额。销项税额的计算公式为：

$$销项税额 = 销售额 × 适用税率$$

2. 应税销售额的确定。

微课视频 1 - 5： 一般销售方式下的销售额。观看视频，请扫描二维码。

（1）一般销售方式下的应税销售额。应税销售额是指纳税人销售货物或者提供应税劳务、应税行为向购买方收取的全部价款和价外费用。应税销售额计算公式如下：

视频：一般销售方式下的销售额

$$应税销售额 = 全部价款 + 价外费用$$

理解应税销售额应注意两点：

①应税销售额不包括向买方收取的销项税额（简称不含税销售额）。如果销售额含增值税，则换算成不含税销售额。换算公式为：

$$不含税销售额 = 含税销售额 ÷ （1 + 增值税税率）$$

②价外费用的理解。

价外费用：是指价外向购买方收取的手续费、补贴、基金、集资费、返还利润、奖励费、违约金（延期付款利息）、包装费、包装物租金、储备费、优质

费、运输装卸费、代收款项、代垫款项及其他各种性质的价外收费。凡价外费用，无论会计制度如何核算，均应并入销售额计算应纳税额。

价外费用不包括下列项目：

一是代收代缴的消费税；二是代为收取并符合条件的政府性基金或者行政事业性收费；三是销售货物的同时代办保险等而向购买方收取的保险费，以及向购买方收取的代购买方缴纳的车辆购置税、车辆牌照费；四是以委托方名义开具发票代委托方收取的款项。

【案例·计算题】

某机械厂（一般纳税人），2022年2月销售机电产品一批，开具增值税专用发票注明销售金额600 000元，同时从购买方取得价外补贴22 600元，计算该厂应计提的销项税额。

应税计算： 销项税额 $= [600\,000 + 22\,600 \div (1 + 13\%)] \times 13\% = 80\,600$（元）

（2）特殊销售方式下的应税销售额

①采取折扣折让方式销售。纳税人销售过程中的折扣折让分为三种：折扣销售、销售折扣和销售折让。具体如表1-2所示。

表1-2   折扣折让方式销售的内容及税务处理

折扣方式	折扣内容	税务处理
折扣销售	因购买方多买而给予的折扣	同一发票"金额栏"分别注明销售额和折扣额的，可从销售额中扣除折扣额 另开发票的或未在同一发票"金额栏"分别注明的，不得从销售额中扣除折扣额
销售折扣	因购买方提前付款而给予的折扣	销售折扣不得从销售额中扣除
销售折让	因货物品种、质量等原因给予的价格折让	销售折让可以从销售额中扣除，但必须提供合法凭证

【案例·计算题】

某服装厂将10 000件衬衣销售给B商场，每件售价80元（不含税），由于B商场购买数量较多，该厂决定给予七折优惠，开票时该厂将销售额与折扣额未开在同一张专用发票上。计算该服装厂应计提的销项税额。

应税分析： 折扣销售，同一发票"金额栏"分别注明销售额和折扣额的，可从销售额中扣除折扣额；该厂开票时将销售额与折扣额未开在同一张专用发票上，不得从销售额中扣除折扣额。

应税计算： 销项税额 $= 10\,000 \times 80 \times 13\% = 104\,000$（元）

②以旧换新方式销售。纳税人采取以旧换新方式销售货物的，应按新货物的

同期销售价格确定销售额，不得扣减旧货物的收购价格。

但是对金银首饰以旧换新业务，可以按销售方实际收取的不含增值税的全部价款征收增值税。

【案例·计算题】

某银行下属金店为增值税一般纳税人，2022年3月通过以旧换新方式，以足金新项链100克（含税价每克150元），从消费者手中换回足金旧项链100克（含税价每克138.7元），找回价款1 130元，计算该金店应计提的销项税额。

应税分析： 金银首饰以旧换新，允许按实际收取的不含税价款计税。

应税计算： 销项税额 = 1 130 ÷ (1 + 13%) × 13% = 130（元）

③还本销售方式销售。这种方式实际上是一种筹资，是以货物换取资金的使用价值，到期还本不付息的方法。纳税人采取还本销售方式销售货物，其销售额就是货物的销售价格，不得从销售额中减除还本支出。

④以物易物方式销售。以物易物是指购销双方不是以货币结算，而是以同等价款的货物相互结算，实现货物购销的一种方式。

以物易物双方都应作购销处理，以各自发出的货物核算销售额并计算销项税额，以各自收到的货物按规定核算购货额并计算进项税额。在以物易物活动中，应分别开具合法的票据，如收到的货物不能取得相应的增值税专用发票或其他合法票据的，不能抵扣进项税额。

⑤包装物押金。纳税人为销售货物而出租、出借包装物收取的押金，单独记账核算的，且时间在1年以内，又未过期的，不并入销售额征税；但对因逾期未收回包装物不再退还的押金，应按所包装货物的适用税率计算增值税款。

但是对销售除啤酒、黄酒外的其他酒类产品而收取的包装物押金，无论是否返还以及会计上如何核算，均应并入当期销售额征收增值税。

注意："逾期"是指按合同约定实际逾期或以1年为期限，对收取1年以上的押金，无论是否退还均并入销售额征税。另外，包装物押金是含税收入，在并入销售额征税时，需要将该押金换算为不含税收入。

【案例·计算题】

某粮食批发企业（一般纳税人）本月向某粮店销售大米、面粉等，收取大米、面粉袋押金1 000元，另没收一批已过期限，尚未收回的大米、面粉袋押金763元，计算该企业押金应计算的销项税额。

应税分析： 一般货物的押金在收取时不计税，逾期未收回的押金，应并入销售额计征增值税。

应税计算： 销项税额 = 763 ÷ (1 + 9%) × 9% = 63（元）

（3）视同销售行为应税销售额的确定。

税法规定，纳税人发生应税行为价格明显偏低或者偏高且不具有合理商业目的的，或者发生视同销售行为而无销售额的，主管税务机关有权按照下列顺序确定销售额：

①按照纳税人最近时期销售同类货物、销售同类服务、无形资产或者不动产的平均价格确定。

②按照其他纳税人最近时期销售同类货物、销售同类服务、无形资产或者不动产的平均价格确定。

③按照组成计税价格确定。组成计税价格的公式为：

$$组成计税价格 = 成本 \times (1 + 成本利润率)$$

销售货物，成本利润率为10%；提供应税行为，成本利润率由国家税务总局确定。

属于应征消费税的货物，其组成计税价格应加计消费税税额。计算公式为：

组成计税价格 = 成本 × (1 + 成本利润率) + 消费税税额，成本利润率由国家税务总局确定。

不具有合理商业目的，是指以谋取税收利益为主要目的，通过人为安排，减少、免除、推迟缴纳增值税税款，或者增加退还增值税税款。

【案例·计算题】

某衬衣厂2022年2月对外销售自产衬衣800件，每件不含税售价80元，成本价60元；当月该厂还将200件衬衣无偿赠送给福利院，计算该厂应计提的销项税额。

应税分析： 将自产货物用于无偿赠送，视同销售征收增值税，计税时有同类产品售价，按同类产品售价计税。

应税计算： 销项税额 = 1 000 × 80 × 13% = 10 400（元）

【案例·计算题】

某食品厂2022年9月特制中秋月饼3 000盒全部发给本厂职工，已知每盒月饼的单位成本为70元，无同类产品售价，计算该厂的销项税额。

应税分析： 将自产货物用于职工福利，视同销售征收增值税，计税时没有同类产品售价，按组成计税价格计税。

应税计算：

组成计税价格 = 3 000 × 70 × (1 + 10%) = 231 000（元）

销项税额 = 231 000 × 13% = 30 030（元）

（4）差额征税应税销售额的确定。

①金融商品转让：按照卖出价扣除买入价后的余额为销售额。转让金融商品出现的正负差，按盈亏相抵后的余额为销售额。若相抵后出现负差，可结转下一纳税期与下期转让金融商品销售额相抵，但年末时仍出现负差的，不得转入下一个会计年度。

②经纪代理服务：扣除向委托方收取并代为支付的政府性基金。

③签证代理服务：扣除向服务接受方收取并代为支付给外交部和外国驻华使（领）馆的签证费、认证费。

④航空运输服务：不包括代收的机建费和代收航空客票而代收转付的价款。

⑤客运场站服务：扣除支付给承运方的运费。

⑥旅游服务，选择差额计税的：扣除住宿、餐饮、交通、签证、门票和接团费。

⑦经批准的融资租赁：扣除支付的借款利息、发行债券利息和车辆购置税；融资性售后回租：全部价款和价外费用（不含本金）扣除支付的借款利息、发行债券利息。

⑧房地产企业销售其开发的房地产（不包括选择简易计税项目）：扣除向政府部门支付的土地价款。

⑨纳税人提供建筑服务适用简易计税的，以取得全部价款和价外费用扣除支付的分包款后的余额，按照3%的征收率计算缴纳增值税。

⑩电信企业通过手机短信公益特服号为公益性机构接受捐款：扣除支付给公益性机构捐款后的余额为销售额。

⑪提供劳务派遣服务、安全保护服务，选择差额纳税：扣除代用工单位支付给劳务派遣员工的工资、福利和为其办理社会保险及住房公积金后的余额为销售额，按照简易计税方法依5%的征收率计算缴纳增值税。

⑫提供物业管理服务：向服务接收方收取的自来水水费，以扣除其对外支付的自来水水费后的余额为销售额，按照简易计税办法依3%的征收率计算缴纳增值税。

差额计税允许扣除的项目不得开具增值税专用发票。

（二）进项税额的抵扣

纳税人购进货物、接受应税劳务（或服务）支付或者负担的增值税额，为进项税额。不是纳税人所支付的所有进项税额都可以从销项税额中抵扣，税法对准予抵扣进项税额和不能抵扣进项税额的范围作了严格规定。

按照税法规定，准予抵扣的进项税额必须取得合法凭证，否则不能抵扣进项税额。

1. 准予从销项税额中抵扣的进项税额。

微课视频 1-6：准予抵扣的进项税额。观看视频，请扫描二维码。

（1）纳税人国内购进货物、劳务、服务、无形资产、不动产：按照从销售方取得的增值税专用发票（含税控机动车销售统一发票）上注明的增值税额抵扣。

视频：准予抵扣的进项税额

【案例·分析题】

增值税纳税人发生下列情形，允许从当期销项税额中抵扣进项税的有哪些？

A. 购进货物取得增值税专用发票

B. 支付加工费取得增值税普通发票

C. 购进货物支付运费取得增值税专用发票

D. 购进不动产取得增值税专用发票

应税分析：ACD 允许抵扣进项税额，增值税法律规定纳税人国内购进货物、劳务、服务、无形资产、不动产：按照从销售方取得的增值税专用发票（含税控机动车销售统一发票）上注明的增值税额抵扣；选项 B 支付加工费取得增值税普通发票，不得抵扣进项税。

（2）纳税人进口货物：按照从海关取得的海关进口增值税专用缴款书上注明的增值税额抵扣。

（3）纳税人从境外单位或者个人购进服务、无形资产或者不动产：按照自税务机关或者扣缴义务人取得的解缴税款的完税凭证上注明的增值税额抵扣；

（4）纳税人支付的道路、桥闸通行费，按以下方式分别抵扣：

①支付道路通行费：按照收费公路通行费增值税电子普通发票上注明的增值税税额抵扣；

②支付桥、闸通行费：按通行费发票（不含财政票据）计算进项税额：

$$可抵扣进项税额 = 桥、闸通行费发票注明的金额 \div (1 + 5\%) \times 5\%$$

桥闸通行费，是指有关单位依法或依规设立并收取的过路、过桥和过闸费用。

（5）纳税人购进国内旅客运输服务，按以下方式分别抵扣：

①取得增值税专用发票的：进项税额为发票上注明的增值税税额；

②取得增值税电子普通发票的：进项税额为发票上注明的增值税税额；

③取得注明旅客身份信息的航空运输电子客票行程单的，计算抵扣进项税额：

$$进项税额 = (票价 + 燃油附加费) \div (1 + 9\%) \times 9\%$$

④取得注明旅客身份信息的铁路车票的，计算抵扣进项税额：

$$进项税额 = 票面金额 \div (1 + 9\%) \times 9\%$$

⑤取得注明旅客身份信息的公路、水路等其他客票的，计算抵扣进项税额：

$$进项税额 = 票面金额 \div (1 + 3\%) \times 3\%$$

【案例·实务题】

某增值税一般纳税人 2022 年 4 月所属期发生以下业务：

（1）购进旅客运输服务，取得增值税专用发票 1 份，票面金额 10 万元，税额 0.9 万元；

（2）购进旅客运输服务，取得增值税电子普通发票 1 份，票面注明税额 900 元；

（3）购进旅客运输服务，取得注明旅客身份信息的航空运输电子客票行程单 1 份，票价 800 元，燃油附加费 50 元；

（4）购进旅客运输服务，取得注明旅客身份信息的铁路车票 1 份，票面金额 240 元；

（5）购进旅客运输服务，取得注明旅客身份信息的公路客票 1 份，票面金额 103 元；

假设上述抵扣凭证均合法有效，符合法定形式，填写 2022 年 4 月税款所属期《增值税纳税申报表附列资料（二）》（本期进项税额明细）。

应税分析：业务（1）增值税专用发票，进项税额 9 000 元

业务（2）~（5）对应其他抵扣凭证，进项税额 $= 900 + (800 + 50) \div (1 + 9\%) \times 9\% + 240 \div (1 + 9\%) \times 9\% + 103 \div (1 + 3\%) \times 3\% = 993$（元）

合计可抵扣进项税额 $= 9\,000 + 993 = 9\,993$（元）

填写方法见表 1 – 3：

（1）增值税专用发票对应进项税额，填入第 1 栏；

（2）其他扣税凭证对应进项税额，填入第 8b 栏；

（3）第 10 栏，作为统计栏，包括第 1 栏的增值税专用发票和第 8b 栏中其他扣税凭证。

表 1 – 3 　　　　　　　　增值税纳税申报表附列资料（二）

（本期进项税额明细）

税款所属时间：　　年　月　日至　　年　月　日

纳税人名称：（公章）　　　　　　　　　　　　　　　　金额单位：元至角分

一、申报抵扣的进项税额				
项目	栏次	份数	金额	税额
（一）认证相符的增值税专用发票	1 = 2 + 3			9 000
其中：本期认证相符且本期申报抵扣	2			
前期认证相符且本期申报抵扣	3			
（二）其他扣税凭证	4 = 5 + 6 + 7 + 8a + 8b			
其中：海关进口增值税专用缴款书	5			
农产品收购发票或者销售发票	6			
代扣代缴税收缴款凭证	7	—	—	
加计扣除农产品进项税额	8a	—	—	
其他	8b			993
（三）本期用于购建不动产的扣税凭证	9			
（四）本期用于抵扣的旅客运输服务扣税凭证	10			9 993
（五）外贸企业进项税额抵扣证明	11	—	—	
当期申报抵扣进项税额合计	12 = 1 + 4 + 11			

（6）纳税人购进农产品，按以下方式分别抵扣：

①取得增值税专用发票的：进项税额为发票上注明的增值税税额；

②取得海关进口增值税专用缴款书的：进项税额为缴款书上注明的增值税税额；

③从小规模纳税人处取得3%专用发票的，计算抵扣进项税：进项税额＝专用发票注明的不含税金额×9%扣除率，填入《增值税一般纳税人纳税申报表》附表二第6栏"农产品收购发票或者销售发票"中；

④取得（开具）农产品销售（收购）发票的，计算抵扣进项税：进项税额＝发票上注明的买价×9%扣除率；

⑤购进农产品生产销售或委托加工13%税率货物，按照10%的扣除率计算抵扣进项税额：进项税额＝发票上注明的买价×10%扣除率。

【案例·计算题】

某水果批发超市，本年7月发生以下原料采购行为：

（1）从一般纳税人经销商处购进农产品取得专用发票，注明金额为1万元，税额为900元，价税合计10 900元。

（2）从小规模纳税人经销商处购进农产品取得代开专用发票，注明金额为2万元，税额为600元，价税合计20 600元。

（3）向农民收购农产品10 000元，自行开具收购发票金额为10 000元。

（4）从农民专业合作社购入农产品30 000元，取得销售发票金额为30 000元。

计算该水果批发超市当月允许抵扣的进项税额。

应税分析：

购进农产品，取得专用发票的，进项税额为发票上注明的增值税税额；取得代开专票和农产品收购（销售）发票的，按规定的公式计算抵扣进项税额。

应税计算：

专票凭票直接抵扣进项税＝900（元）

计算抵扣进项税额＝20 000×9%＋10 000×9%＋30 000×9%＝5 400（元）

本月允许抵扣的进项税额＝900＋5 400＝6 300（元）

【案例·计算题】

将上例的水果批发超市改为家具生产企业，且购进的农产品全部用于生产家具销售，家具生产企业为深加工企业，扣除率10%，则计算如下：

专票凭票抵扣进项税＝900（元）

计算抵扣进项税＝（20 000＋10 000＋30 000）×10%＝6 000（元）

本月允许抵扣的进项税额＝900＋6 000＝6 900（元）

[知识拓展] 部分行业试行农产品增值税进项税额核定扣除办法的规定，请扫描二维码。

2. 不得从销项税额中抵扣的进项税额。下列情形的进项税额不得从销项税额中抵扣：

（1）用于四个项目的购进货物、劳务、服务、无形资产和不动产。

四个项目：简易计税方法计税项目、免征增值税项目、集体福利或者个人消费。

其中涉及的固定资产、无形资产、不动产，仅指专用于上述项目的固定资产、无形资产（不包括其他权益性无形资产）、不动产。发生兼用于上述不得抵扣项目情况的，该进项税额准予全额抵扣。

纳税人购进其他权益性无形资产，无论是专用还是用于上述不得抵扣项目，均可以抵扣进项税额。

自2018年1月1日起，纳税人租入的固定资产和不动产兼用于不能抵扣进项税的项目，其进项税额允许全额抵扣。

纳税人的交际应酬消费属于个人消费。

应用提示

按照规定不得抵扣且未抵扣进项税额的固定资产、无形资产、不动产，发生用途改变，用于允许抵扣进项税额的应税项目，可在用途改变的次月，计算抵扣进项税额。上述可以抵扣的进项税额应取得合法有效的增值税扣税凭证。

$$可抵扣的进项税额 = 固定资产、无形资产、不动产净值 \div (1 + 适用税率)$$
$$\times 适用税率$$

【案例·分析题】

某生产企业（增值税一般纳税人）的下列进项税额，不得抵扣进项税额的有哪几项？

A. 购买涂料装修职工浴室

B. 购买一项专利权兼用于应税和免税项目

C. 支付应税产品仓库电费

D. 购买原材料用于免税产品生产

应税分析：AD不能抵扣，购进货物用于集体福利和免税项目，按税法规定不能抵扣进项税，B购买一项专利权兼用于应税和免税项目，可以抵扣，按税法规定固定资产、无形资产、不动产，专用于简易计税、免税等项目的，不得抵扣进项税，兼用可以抵扣，C生产应税产品购进，可以抵扣。

（2）发生的四种情形的非正常损失。具体包括：

①非正常损失的购进货物，以及相关的加工修理修配劳务和交通运输服务；

②非正常损失的在产品、产成品所耗用的购进货物（不包括固定资产）、加工修理修配劳务和交通运输服务；

③正常损失的不动产，以及该不动产所耗用的购进货物、设计服务和建筑服务；

④正常损失的不动产在建工程所耗用的购进货物、设计服务和建筑服务。

📝 **应用提示**

非正常损失，是指因管理不善造成货物被盗、丢失、霉烂变质，以及因违反法律法规造成货物或者不动产被依法收缴、销毁、拆除的情形。

货物，是指构成不动产实体的材料和设备，包括建筑装饰材料和给排水、采暖、卫生、通风、照明、通讯、煤气、消防、中央空调、电梯、电气、智能化楼宇设备及配套设施。

纳税人新建、改建、扩建、修缮、装饰不动产，均属于不动产在建工程。

（3）购进的四项服务：贷款服务、餐饮服务、居民日常服务和娱乐服务。纳税人接受贷款服务向贷款方支付的与该笔贷款直接相关的投融资顾问费、手续费、咨询费等费用，其进项税额均不得从销项税额中抵扣。

（4）财政部和国家税务总局规定的其他情形。

【案例·计算题】

某生产企业本年7月购进业务如下：外购一批原材料用于生产，取得专用发票，价款200 000元，增值税26 000元；外购一批床单用于职工福利，取得专用发票，价款10 000元，增值税1 300元；外购一批食品用于交际应酬，取得专用发票，价款3 000元，增值税390元；外购一批办公用品用于管理部门使用，取得专用发票，价款4 000元，增值税520元；购进修缮办公楼用的基建材料，取得专用发票，价款32 000元，增值税4 160元；职工报销差旅费，取得航空运输电子客票行程单，注明票价1 000元，机场建设费120元，燃油费附加80元，其他税费300元，合计1 500元。要求计算该企业当月允许抵扣的进项税额。

应税分析： 按税法规定，企业职工福利和交际应酬的购进货物，其进项税额均不得从销项税额中抵扣；另外自2019年4月1日起，购进不动产及不动产在建工程允许一次性扣除，购进国内旅客运输服务的进项税额允许按规定计算抵扣。

应税计算：

该企业当月可抵扣的进项税额 = 26 000 + 520 + 4 160 + （1 000 + 80）÷（1 + 9%）×9% = 30 769.17（元）

3. 进项税额转出的处理。增值税一般纳税人将已抵扣进项税额的购进货物或应税劳务、应税服务和无形资产、不动产，改变用途用于不得抵扣进项税额的项目，或者外购货物劳务等发生非正常损失等情形时，应当将该项购进货物或者应税劳务、应税服务和无形资产、不动产的进项税额从当期进项税额中转出。

📝 **应用提示**

一般纳税人因购进货物、劳务、服务、无形资产和不动产退回或折让而从销售方收回的增值税税额，应从发生当期的进项税额中转出；对商业企业向供货方收取的与商品销售数量、销售额挂钩的各种返还收入，均应按平销返利行为的有关规定冲减当期增值税进项税额。

进项税额转出应根据不同的情形采用以下计算方法：

（1）实际成本法。实际成本法适用于外购货物或应税劳务、应税服务和无形资产、不动产，改变用途以及外购货物劳务等发生非正常损失的情形，具体计算公式为：

$$应转出的进项税 = 实际成本 \times 外购货物的增值税税率$$

如果是按农产品销售（或收购）发票计算抵扣的农产品，进项税转出适用还原计算法，计算公式为：

$$应转出的进项税 = 账面成本 \div (1 - 扣除率) \times 扣除率$$

【案例·计算题】

某企业将库存材料用于选择按简易计税方法计税项目，实际成本为 51 000 元（其中含运费 1 000 元），转出的进项税额为：

应税分析：企业将库存材料，用于选择按简易计税方法计税项目，属于不能抵扣的进项税，已经抵扣进项税的，应作进项税额转出处理，计入成本的运费适用税率为 9%，应分开计算转出。

应税计算：

应转出的进项税额 = 50 000 × 13% + 1 000 × 9% = 6 500 + 90 = 6 590（元）

将上例中的库存材料改为库存的免税农产品，其他条件不变，则：

应转出的进项税额 = 50 000 ÷ (1 - 9%) × 9% + 1 000 × 9% = 5 035.05（元）

（2）进项税额转出的其他计算方法见表 1 - 4。

表 1 - 4　　　　　　　　　进项税额转出的其他计算方法

计算方法	适用范围	计算公式
成本比例法	适用于非正常损失的在产品、产成品所耗用的购进货物或应税劳务的情形	应转出的进项税额 = 损失产品的实际成本 × 外购货物占产品成本的比例 × 外购货物的增值税税率
收入比例法	适用于纳税人兼营免税项目或非增值税应税劳务而无法划分不得抵扣的进项税额的情形	应转出的进项税 = 当月无法划分的全部进项税额 ×（当月免税项目销售额、非增值税应税劳务营业额合计 ÷ 当月全部销售额、营业额合计）
净值计算法	已抵扣进项税额的固定资产、无形资产，发生不得抵扣进项税规定情形的	应转出的进项税额 = 无形资产或者不动产净值 × 适用税率
净值率计算法	已抵扣进项税额的不动产，发生不得抵扣进项税规定情形的	应转出的进项税额 = 已抵扣进项税 × 不动产净值率

【案例·计算题】

2020 年 8 月某服装厂因管理不善造成产品仓库被盗，共损失产品账面价值

80 000 元，当月总的生产成本为 420 000 元，其中耗用外购原材料的价值为 300 000 元，计算应转出的进项税额。

应税分析：企业发生的非正常损失不能抵扣进项税额，应作进项税转出处理，按成本比例法计算非正常损失的在产品、产成品所耗用的购进货物应转出的进项税。

应税计算：

①损失产品成本中所耗外购货物的购进额 = 80 000 × （300 000 ÷ 420 000） = 57 142.86（元）

②应转出进项税额 = 57 142.86 × 13% = 7 428.57（元）

4. 加计抵减的规定。自 2019 年 4 月 1 日起，符合条件的从事生产、生活性服务业一般纳税人按照当期可抵扣进项税额加计 10%，抵减当期应纳税额，当期未抵减完的，可结转下期继续递减。

符合条件，是指提供邮政服务、电信、现代服务、生活服务取得的销售额占全部销售额的比重超过 50% 的一般纳税人。

2019 年 10 月 1 日起，允许生活性服务业纳税人适用加计抵减 15% 政策。

生活性服务业纳税人，是指提供生活服务取得的销售额占全部销售额的比重超过 50% 的纳税人。

【案例·计算题】

某生活服务业增值税一般纳税人 2017 年 1 月设立，当月登记为增值税一般纳税人。2022 年 4 月税款所属期增值税数据如下：

（1）一般计税方法销项税额 10 万元，进项税额 5 万元，上期留抵税额 4.6 万元；

（2）简易计税方法销售额 100 万元，假设该增值税一般纳税人当期符合加计抵减政策，不考虑其他因素，计算 2022 年 4 月应纳税额。（假定以上数字均不含税）

应税计算：

（1）当期计提加计抵减额 = 当期可抵扣进项税额 × 15% = 50 000 × 15% = 7 500（元）

（2）纳税人一般计税方法下的应纳税额 = 100 000 − 50 000 − 46 000 = 4 000（元）

（3）当期可抵减加计抵减额 = 4 000（元）

结转下期继续抵减额 = 7 500 − 4 000 = 3 500（元）

（4）纳税人当期简易计税办法计算的应纳税额 = 1 000 000 × 3% = 30 000（元）

当期应纳税额合计：0 + 30 000 = 30 000（元）

5. 增值税期末留抵税额退税的规定。计算应纳税额时进项税额不足抵扣，有两种处理方式：

（1）结转抵扣。由于增值税实行购进扣税法，有时企业当期购进的货物、劳务、服务、无形资产、不动产很多，在计算应纳税额时会出现当期销项税额小于当期进项税额而不足抵扣情况。根据税法规定，当期销项税额不足抵扣进项税额的部分可以结转下期继续抵扣。

（2）退还增量留抵税额。

自 2019 年 4 月 1 日起，试行增值税期末留抵税额退税制度。

增量留抵税额是指与 2019 年 3 月底相比新增加的期末留抵税额。

同时符合以下条件的纳税人，可以向主管税务机关申请退还增量留抵税额：

①自 2019 年 4 月税款所属期起，连续六个月（按季纳税的，连续两个季度）增量留抵税额均大于零，且第六个月增量留抵税额不低于 50 万元；

②纳税信用等级为 A 级或者 B 级；

③申请退税前 36 个月未发生骗取留抵退税、出口退税或虚开专用发票情形的；

④申请退税前 36 个月未因偷税被税务机关处罚两次及以上的；

⑤自 2019 年 4 月 1 日起未享受即征即退、先征后返（退）政策的。

计算公式如下：

$$允许退还的增量留抵税额 = 增量留抵税额 × 进项构成比例 × 60\%$$

进项构成比例，为 2019 年 4 月至申请退税前一税款所属期内已抵扣的增值税专用发票（含税控机动车销售统一发票）、海关进口增值税专用缴款书、解缴税款完税凭证、"增值税专用发票"字样全面数字化的电子发票和纳入进项抵扣凭证范围的收费公路通行费增值税电子普通发票所注明的增值税额占同期全部已抵扣进项税额的比重。

自 2019 年 6 月 1 日起，对部分先进制造业纳税人的留抵退税进行了政策调整，将第①条件简化为"增量留抵税额大于零"，取消了连续六个月和 50 万元的退税门槛；在计算退税额的公式中，取消了 60% 的系数比例，对先进制造业企业按月全额退还增值税增量留抵税额。其他条件不变。

部分先进制造业纳税人，是指按照《国民经济行业分类》，生产并销售非金属矿物制品、通用设备、专用设备及计算机、通信和其他电子设备销售额占全部销售额的比重超过 50% 的纳税人。计算公式如下：

$$允许退还的增量留抵税额 = 增量留抵税额 × 进项构成比例$$

为支持小微企业和制造业等行业发展，提振市场主体信心、激发市场主体活力，2022 年 3 月 21 日，财政部和国家税务总局联合发布《关于进一步加大增值税期末留抵退税政策实施力度的公告》，明确了小微企业和制造业等行业留抵退税政策。小微企业和制造业等行业留抵退税政策的适用主体不仅指企业，还包括按照一般计税方法计税的个体工商户。小微企业留抵退税政策和制造业等行业留抵退税政策的适用主体如果重叠，纳税人可以自主选择适用。具体内容如下：

（1）将先进制造业按月退还增量留抵税额的政策范围扩大到所有小微企业

和六个重点行业，并作为一项长期性政策。

（2）对所有符合条件的小微企业和制造业等行业企业在 2019 年 4 月 1 日前形成的存量留抵税额予以退还。这项存量留抵退税政策是一次性政策。

（3）对小微企业阶段性取消"连续六个月增量留抵税额大于零，且第六个月不低于 50 万元"的退税门槛，执行期限为 2022 年 12 月 31 日前。

[知识链接] 增值税的会计处理，请扫描二维码。

文本：增值税的会计处理

（三）一般计税方法应纳税额计算应用举例

一般纳税人销售货物或者提供应税劳务和应税服务适用一般计税方法。其计算公式为：

$$当期应纳增值税税额 = 当期销项税额 - 当期进项税额$$

【案例·综合计算题】

某生产企业为增值税一般纳税人，适用增值税税率：销售货物 13%，交通运输业 9%。8 月的有关生产经营业务如下：

（1）销售甲产品给某大商场，开具增值税专用发票，取得不含税销售额 80 万元。

（2）销售乙产品，开具普通发票，取得含税销售额 29 万元。

（3）将试制的一批应税新产品用于赠送客户，成本价为 20 万元，成本利润率为 10%，该新产品无同类产品市场销售价格。

（4）销售 2008 年购进的机器设备一台（购进时未抵扣进项税额），开具普通发票。取得含税销售额 10.3 万元；该机器设备的账面原值为 12 万元。

（5）购进货物取得增值税专用发票，注明价款 60 万元、进项税额 7.8 万元；另外支付购货运费 6 万元，取得运输公司开具的增值税专用发票。

（6）向农业生产者购进免税农产品一批用于生产 13% 税率产品销售，支付收购价 30 万元，支付给运输单位的运费 5 万元，取得增值税专用发票。本月下旬将购进农产品的 20% 用于职工福利。

（7）职工报销差旅费，取得注明旅客身份信息的航空运输电子客票行程单 1 张，注明票价 800 元，机场建设费 80 元，燃油费附加 50 元，其他税费 320 元，合计 1 250 元。取得注明旅客身份信息的火车票 1 张，票价 560 元。

以上购进货物相关票据均符合税法的规定，当月已通过税务机关认证。增值税税率：销售货物 13%，交通运输 9%，购进农产品深加工扣除率 10%。计算该企业 8 月应纳增值税。

应税分析： 一般纳税人销售货物或者应税劳务（服务），适用一般计税法。

应税计算：

（1）销售甲产品销项税 $= 80 \times 13\% = 10.4$（万元）

（2）销售乙产品销项税 $= 29 \div (1 + 13\%) \times 13\% = 3.34$（万元）

（3）自用新产品销项税 $= 20 \times (1 + 10\%) \times 13\% = 2.86$（万元）

（4）销售自用机器设备简易计税应纳税额 = 10.3 ÷ (1 + 3%) × 2% = 0.2（万元）

（5）外购货物抵扣进项税 = 7.8 + 6 × 9% = 8.34（万元）

（6）外购免税农产品抵扣进项税 = (30 × 10% + 5 × 9%) × (1 − 20%) = 2.76（万元）

（7）报销差旅费的进项税 = [(800 + 50) ÷ (1 + 9%) × 9% + 560 ÷ (1 + 9%) × 9%] ÷ 10 000 = 0.012（万元）

（8）当期销项税额合计 = 10.4 + 3.34 + 2.86 = 16.6（万元）

（9）当期进项税额合计 = 8.34 + 2.76 + 0.012 = 11.112（万元）

（10）当期应纳增值税合计 = 16.6 − 11.112 + 简易计税应纳税额 0.2 = 5.688（万元）

【案例·综合计算题】

某商业企业为增值税一般纳税人，适用增值税税率：销售货物 13%，交通运输业 9%。3 月留抵税额 2 000 元，4 月发生下列业务：

（1）购入 A 商品一批，取得增值税专用发票，注明价款 10 000 元，税款 1 300 元；

（2）3 个月前从农民手中收购的一批粮食因管理不善发生霉烂变质，账面成本 5 400 元；

（3）从农民手中收购小麦 1 吨，收购凭证上注明收购价款 1 500 元；

（4）从小规模纳税人处购买 B 商品一批，取得税务机关代开的专用发票，价款 30 000 元，税款 900 元，款已付，货物未入库，发票已认证；

（5）购买建材用于修缮仓库，取得增值税专用发票，注明价款 20 000 元，税款 2 600 元；

（6）零售日用商品，取得含税销售收入 150 000 元；

（7）将 2 个月前购入的一批布料捐赠受灾地区，账面成本 20 000 元，同类产品不含税销售价格 30 000 元。

以上购进货物相关票据均符合税法的规定，当月已通过税务机关认证，购进农产品直接销售扣除率 9%。要求计算该企业 4 月应纳增值税税额。

应税计算：

（1）A 商品进项税 = 1 300（元）

（2）粮食霉烂变质转出进项税 = 5 400 ÷ (1 − 9%) × 9% = 534.07（元）

（3）小麦进项税 = 1 500 × 9% = 135（元）

（4）B 商品进项税 = 900（元）

（5）购买建材用于修缮仓库抵扣进项税 = 2 600（元）

（6）零售商品销项税 = 150 000 ÷ (1 + 13%) × 13% = 17 256.64（元）

（7）捐赠布料销项税 = 30 000 × 13% = 3 900（元）

（8）当期进项税合计：2 000 + 1 300 − 534.07 + 135 + 900 + 2 600 = 6 400.93（元）

（9）当期销项税合计：17 256.64 + 3 900 = 21 156.64（元）

（10）当期应纳增值税 = 21 156.64 – 6 400.93 = 14 755.71（元）

【案例·综合计算题】

某金融机构为增值税一般纳税人，增值税税率：金融服务6%，销售货物13%，销售不动产9%。2022年第二季度该金融机构发生如下业务：

（1）出售股票收入4 000万元，结转股票成本4 500万元；

（2）利率互换业务，现金净流出35万元；

（3）融资融券利息收入7 000万元；

（4）金融经纪业务，收入16 000万元；

（5）贷款利息收入5 000万元；

（6）收到贴现利息收入8 000万元；

（7）购入办公设备，支付价款200万元；

（8）购入办公楼一栋，支付价款7 000万元，该大楼用于公司办公经营；

（9）支付非贷款服务的综合咨询费400万元；

上述收入和支付价款均为含税价款，其中购进业务，均按规定取得了增值税专用发票，计算该金融机构6月应纳增值税。

应税计算：

（1）金融商品转让销售额 =（4 000 – 4 500 – 35）= –535（万元），可结转到下期，与下期金融商品转让销售额相抵。

（2）贷款服务销售额 = 7 000 + 5 000 + 8 000 = 20 000（万元）

（3）经纪业务收入 = 16 000（万元）

（4）购入办公设备的进项税 = 200 ÷（1 + 13%）× 13% = 23.01（万元）

（5）购入办公楼：允许抵扣的进项税 = 7 000 ÷（1 + 9%）× 9% = 577.98（万元）

（6）支付咨询费的进项税 = 400 ÷（1 + 6%）× 6% = 22.64（万元）

（7）当期销项税额 =（20 000 + 16 000）÷（1 + 6%）× 6% = 2 038（万元）

（8）当期进项税额 = 23.01 + 577.98 + 22.64 = 623.63（万元）

（9）应纳增值税 = 2 038 – 623.63 = 1 414.37（万元）

应用提示　一般纳税人简易计税办法的税收政策

1. 一般纳税人适用简易计税办法的项目

（1）销售自己使用过未抵扣进项税的固定资产，在3%基础上减按2%计算缴纳增值税。

（2）旧货经营单位销售旧货，在3%基础上减按2%计算缴纳增值税。

（3）寄售商店代销寄售物品、典当业死当物品销售、经批准的免税商店零售免税商品，暂按简易计税办法依照3%征收率计算缴纳增值税。

（4）自来水公司销售自来水，按简易计税办法依照3%征收率计算缴纳增值税。

（5）资管产品管理人运营资管产品过程中发生的增值税应税行为，暂适用简易计税方法，按照3%的征收率缴纳增值税。

（6）提供物业管理服务的纳税人，向服务接受方收取的自来水费，以扣除其对外支付的自来水费后的余额为销售额，按照简易计税方法依3%的征收率计算缴纳增值税。

2. 一般纳税人可以选择简易计税办法的项目

（1）一般纳税人选择简易计税办法适用3%征收率的项目

①县级及县级以下小型水力发电单位生产的电力。

②自产建筑用和生产建筑材料所用的砂、土、石料。

③以自采的砂、土、石料或其他矿物连续生产的砖、瓦、石灰（不含黏土实心砖、瓦）。

④用微生物、微生物代谢产物、动物毒素、人或动物的血液或组织制成的生物制品。

⑤自产的自来水。

⑥自产的商品混凝土（仅限于以水泥为原料生产的水泥混凝土）。

⑦单采血浆站销售非临床用人体血液。

⑧药品经营企业销售生物制品。

⑨公共交通运输服务。

⑩经认定的动漫相关服务。

⑪电影放映服务、仓储服务、装卸搬运服务、收派服务和文化体育服务。

⑫提供非学历教育、教育辅助服务。

⑬选择按简易法计税的建筑服务（包括清包工、甲供料、老项目）；销售电梯的同时提供安装服务，其安装服务可以按照甲供工程选择适用简易计税方法计税。

⑭增值税一般纳税人生产销售和批发、零售抗癌药品以及罕见病药品。

（2）一般纳税人选择简易计税办法适用5%征收率的项目

①一般纳税人销售、出租2016年4月30日前取得的不动产、土地使用权。

②房地产开发企业销售2016年4月30日前自行开发的房地产。

③试点前开工的一级公路、二级公路、桥、闸通行费。

④一般纳税人提供人力资源外包服务。

一般纳税人提供财政部和国家税务总局规定的特定应税项目，可以选择适用简易计税方法计税，但一经选择，36个月内不得变更。

【案例·计算题】

甲建筑公司为增值税一般纳税人，2023年月1日以清包工方式承接A工程项目（或为甲供工程提供建筑服务），6月30日发包方按工程进度支付工程价款206万元，该项目当月发生工程成本为100万元，其中购买材料、动力、机械等取得增值税专用发票上注明的金额为50万元。对A工程项目甲建筑公司选用简易计税方法计算应纳税额，计算该公司6月应纳增值税。

应税分析： 企业以清包工方式提供建筑服务或为甲供工程提供建筑服务可以选用简易计税方式，其进项税额不能抵扣。应纳税额＝销售额×征收率。

应税计算：

应税销售额＝206÷（1＋3%）＝200（万元）

应纳增值税＝200×3%＝6（万元）

二、小规模纳税人应纳税额的计算

（一）应纳税额的计算公式

小规模纳税人销售货物或者应税劳务（服务），实行按照销售额和征收率计算应纳税额的简易办法，不得抵扣进项税额。其应纳税额的计算公式为：

$$应纳税额 = 销售额 \times 征收率$$

销售额是销售货物或提供应税劳务向购买方收取的全部价款和价外费用，但是不包括收取的增值税税额。

（二）含税销售额的换算

由于小规模纳税人在销售货物或应税劳务时，一般只能开具普通发票，取得的销售收入均为含税销售额。因此在计税时，需要将其换算为不含税的销售额。换算公式为：

$$不含税销售额 = 含税销售额 \div (1 + 征收率)$$

应用提示 小规模纳税人应纳税额计算应注意的问题

1. 小规模纳税人购置税控收款机所支付的税款准予从增值税应纳税额中抵扣。

2. 小规模纳税人销售自己使用过的固定资产和旧货减按2%征收率计税。

应税销售额 = 含税销售额 ÷ (1 + 3%)；应纳税额 = 销售额 × 2%

（三）小规模纳税人应纳税额计算实例

【案例·计算题】

某汽车修理厂为增值税小规模纳税人，主要从事汽车修理和装潢业务。2022年3月提供汽车修理业务取得收入21 000元，销售汽车装饰用品取得收入15 000元；本月经主管税务机关核准购进税控收款机一台取得专用发票，注明价款5 000元，增值税650元；购进修理用配件，取得普通发票，注明价款16 000元。计算该厂3月应纳增值税。

应税分析：小规模纳税人销售货物或者应税劳务，实行简易计税，不得抵扣进项税额。

应税计算：

（1）应税销售额 = (21 000 + 15 000) ÷ (1 + 3%) = 34 951.46（元）

（2）税控收款机可抵扣的税额 = 650（元）

（3）应纳增值税 = 34 951.46 × 3% － 650 = 398.54（元）

【案例·计算题】

馨月宾馆为增值税小规模纳税人，2020年6月取得住宿服务收入51.5万元，该项目当月发生经营成本为35万元，其中购买宾馆日用品、清洗布草、添置电器等取得增值税专用发票上注明的税额合计2万元；本月还将自己使用过的一辆货车销售给某个体户，开具普通发票，票面金额为2.06万元。计算该宾馆6月应纳增值税。

应税分析： 小规模纳税人适用简易计税方法按照3%的征收率计税，进项税额不能抵扣；小规模纳税人销售自己使用过的固定资产在3%基础上减按2%征收率计税。

（1）住宿收入应税销售额 = 51.5 ÷（1 + 3%）= 50（万元）

（2）自用固定资产应税销售额 = 2.06 ÷（1 + 3%）= 2（万元）

（3）应纳增值税 = 50 × 3% + 2 × 2% = 1.54（万元）

任务三　增值税进出口货物劳务、跨境应税行为征税及退（免）税

一、进口货物征税

（一）进口货物的征税范围

根据《增值税暂行条例》的规定，申报进入中华人民共和国海关境内的货物，均应缴纳增值税。

确定一项货物是否属于进口货物，必须首先看其是否有报关进口手续。只要是报关进境的应税货物，不论是自行采购还是国外捐赠；不论是用于贸易，还是自用或其他用途，均应按照规定缴纳进口环节的增值税（免税进口的货物除外）。

[知识链接] 进口货物免征增值税的规定，请扫描二维码。

文本：进口货物免征增值税的规定

（二）进口货物的纳税人

进口货物增值税的纳税义务人为进口货物的收货人或办理报关手续的单位和个人，包括国内一切从事进口业务的企业事业单位、机关团体和个人。

代理进口货物以海关开具的完税凭证上的纳税人为增值税纳税人。

（三）进口货物的适用税率

进口货物增值税税率与增值税一般纳税人在国内销售同类货物的税率相同。

（四）进口货物应纳税额的计算

纳税人进口货物，无论是一般纳税人还是小规模纳税人，均应按照组成计税价格和适用的税率计算应纳税额，不得抵扣发生在境外的各种税金。其计算

公式为：

$$应纳进口增值税税额 = 组成计税价格 \times 增值税税率$$

组成计税价格的构成分两种情况：

1. 如果进口货物不征消费税，组成计税价格的计算公式为：

$$组成计税价格 = 关税完税价格 + 关税$$

2. 如果进口货物征消费税，组成计税价格的计算公式为：

$$组成计税价格 = 关税完税价格 + 关税 + 消费税$$

关税完税价格（到岸价格）= 境外货价 + 货物运抵我国关境输入地点起卸前的包装费、运费、保险费和其他劳务费等费用。其中，运费和保险费必不可少。

【案例·计算题】

某进出口公司 1 月从国外进口货物一批，海关审定的关税完税价为 500 万元，关税税率为 20%，增值税税率为 13%，计算该公司进口货物应纳增值税。

应税计算：

（1）组成计税价格 = 500 × (1 + 20%) = 600（万元）

（2）应纳增值税 = 600 × 13% = 78（万元）

二、出口货物劳务、跨境应税行为退（免）税

根据《增值税暂行条例》的规定，出口货物、劳务、服务适用零税率，以鼓励出口。即在国际贸易业务中，对出口货物劳务出口环节应征的增值税予以免税，对其在国内各生产环节和流转环节按税法规定已缴纳的增值税予以退税。

（一）出口货物劳务、跨境应税行为退（免）税政策

1. 又免又退。出口免税是指货物劳务在出口销售环节免征增值税和消费税；出口退税是指对出口货物在出口前实际负担的税款予以退还。

又免又退适用下列企业或货物：一般纳税人的生产企业自营出口或委托外贸企业代理出口的自产货物；有出口经营权的外贸企业收购后直接出口或委托其他外贸企业代理出口的货物；特定项目出口货物（出口企业对外承包、境外投资的出口货物等）、特定方式出口货物等（对外补偿贸易、小额贸易、港澳台贸易等）。

2. 只免不退。出口免税与第 1 项含义相同。出口不退税是指出口货物劳务在出口的前一道环节是免税的，出口时无须退税。

只免不退适用下列企业或货物：小规模纳税人的生产企业自营出口或委托外贸企业代理出口的自产货物；外贸企业从小规模纳税人购进并持普通发票的货物

出口；外贸企业直接购进国家规定的免税货物（包括免税农产品）出口、计划内出口的卷烟、来料加工复出口货物等。

3. 不免不退。出口不免税是指对国家限制或禁止出口的某些货物劳务在出口时视同内销征税，出口不退税是指对出口货物劳务不退还出口前所负担的税款。

不免不退适用下列出口货物：国家计划外出口的原油；援外出口货物以及国家禁止出口的货物（包括天然牛黄、麝香、铜及铜基合金等）、提供虚假备案单证的货物、增值税退税凭证有伪造或内容不实的货物等。

境内单位和个人销售的下列服务和无形资产，适用增值税零税率：

1. 国际运输服务以及航天运输服务。国际运输服务，是指：①在境内载运旅客或者货物出境；②在境外载运旅客或者货物入境；③在境外载运旅客或者货物。

2. 向境外单位提供的完全在境外消费的服务。包括：研发服务；合同能源管理服务；设计服务；广播影视节目的制作和发行服务；软件服务；电路设计及测试服务；信息系统服务；业务流程管理服务；离岸服务外包业务；转让技术。

［知识拓展］跨境应税行为适用增值税零税率和免征增值税的具体规定，请扫描二维码。

文本：跨境应税行为适用增值税率和免征增值税的规定

（二）出口货物劳务、跨境应税行为退（免）税的必备条件

1. 必须是属于增值税或消费税征税范围的货物劳务；
2. 必须是报关离境的货物劳务；
3. 必须是在财务上作销售处理的货物劳务；
4. 必须是出口收汇并已核销的货物劳务。

（三）出口货物劳务、跨境应税行为退税率

1. 退税率的一般规定。现行出口货物劳务的增值税退税率由国家规定，除规定的退税率外，出口货物的退税率为其适用税率。国家税务总局根据上述规定将退税率通过出口货物劳务退税率文库予以发布，供征纳双方执行。

2. 跨境应税行为的退税率。跨境应税行为的退税率为销售服务、销售无形资产适用的增值税税率。

3. 退税率的特殊规定。

（1）外贸企业购进按简易办法征税以及从小规模纳税人购进的出口货物，其退税率分别为简易办法实际执行的征收率、小规模纳税人征收率。上述货物取得增值税专用发票的，退税率按照从低的原则确定。

（2）出口企业委托加工修理修配劳务，其加工修理修配费用的退税率，为出口货物的退税率。

适用不同退税率的货物、劳务以及应税服务，应分开报关、核算并申报退免税；未分开报关、核算或划分不清的，从低适用退税率。

（四）出口货物劳务退（免）税的计算方法

出口退（免）增值税的计算方法，包括生产企业"免、抵、退"税计算方法、外贸企业"免、退"税计算方法以及"不免不退"应纳税额计算方法等。

境内单位和个人提供适用增值税零税率的服务或者无形资产，如果属于适用简易计税方法的，实行免征增值税办法。如果属于适用一般计税方法的，生产企业实行免抵退税办法，外贸企业外购服务或者无形资产出口实行免退税办法，外贸企业直接将服务或自行研发的无形资产出口，视同生产企业连同其出口货物统一实行免抵退税办法。

1. 一般纳税人的生产企业出口货物劳务、跨境应税行为："免、抵、退"税的计算。一般纳税人的生产企业自营或委托外贸企业代理出口自产货物劳务，除另有规定外，增值税一律实行免、抵、退税管理办法。

（1）"免、抵、退"税的含义。"免"税，是指对生产企业出口的自产货物劳务，在出口时免征本企业生产销售环节增值税；"抵"税，是指生产企业出口自产货物劳务所耗用的原材料、零部件、燃料、动力等所含应予退还的进项税额，抵顶内销货物的应纳税额；"退"税是指生产企业出口的自产货物劳务在当月内应抵顶的进项税额大于应纳税额时，对未抵顶完的部分予以退税。

（2）"免、抵、退"税的计算步骤。

第一步：当期不得免抵税额(剔税)=出口货物离岸价格×(征税率−退税率)

根据"当期不得免抵税额"，相关会计处理为：

借：主营业务成本

　　贷：应交税费——应交增值税（进项税额转出）

第二步：当期应纳税额(抵税)=内销货物的销项税额−(当期进项税额−不得免抵税额)−上期留抵税额

应用提示

如果应纳税额为正数，说明企业出口应退税额已在内销货物应纳税额中全部抵扣，内销货物应纳税额抵顶出口应退税额后，还有余额，企业需要缴纳增值税，相关会计处理为：

借：应交税费——应交增值税（转出未交增值税）

　　贷：应交税费——未交增值税

如果应纳税额为负数，说明企业内销货物应纳税额不足抵顶出口应退税额，对未抵完部分，企业可申请出口退税。

第三步：当期免抵退税额（限额尺度）=出口货物离岸价格×退税率

第四步：比较当期期末留抵税额和当期免抵退税额，两者相比，从低退税。

当期应退税额 = 当期期末留抵税额和当期免抵退税额中较小的数额

当期免抵税额 = 当期免抵退税额 − 当期应退税额

期末留抵税额 = 当期期末留抵税额 − 当期应退税额

注：此处期末留抵税额为未抵完的进项税，结转下期，也是当期增值税纳税

申报表中"期末留抵税额"。

根据"当期免抵税额"，相关会计处理为：

借：应交税费——应交增值税（出口抵减内销产品应纳税额）

贷：应交税费——应交增值税（出口退税）

根据"当期应退税额"，相关会计处理为：

借：应收出口退税款

贷：应交税费——应交增值税（出口退税）

这笔分录，才是真正的退税。根据"当期应退税额"的计算过程可得知，退的是期末未抵扣完的留抵进项税额。由此可见，"出口退税"贷方专栏核算的是"当期应退税额"和"当期免抵税额"之和，即税法中规定的当期免抵退税额（出口货物离岸价格×退税率）。

📔 应用提示

若出口企业生产出口货物的原料中含有免税进口材料，该材料的价格不得免抵和退税。故上述公式中的出口销售额应减除免税进口料件的金额。生产企业采用"实耗法"计算进料加工免税进口料件金额。

当期进料加工出口货物耗用的免税进口料件金额 = 出口货物离岸价×计划分配率

计划分配率 = 计划进口总值÷计划出口总值×100%

【案例·计算题】

某自营出口的生产企业为增值税一般纳税人，出口货物征税率为13%，退税率为12%，2月发生下列业务：当月购进原材料增值税专用发票上注明价款100万元，当月验收入库。内销货物不含税收入50万元，出口货物离岸价格180万元。上期留抵税额6万元。计算2月出口货物应退税额及免抵税额。

应税计算：

（1）当期不得免抵税额 = 180×（13% － 12%）= 1.8（万元）

（2）当期应纳税额 = 50×13% －（100×13% － 1.8）－6 = －10.7（万元）

（3）当期免抵退税额 = 180×12% = 21.6（万元）

（4）当期应退税额 = 10.7（万元）

（5）当期免抵税额 = 21.6 － 10.7 = 10.9（万元）

依上例，假设内销货物不含税收入为200万元，其他条件不变，则该企业2月出口货物应退税额及免抵税额计算如下：

（1）当期免抵退税不得免抵的税额 = 180×（13% － 12%）= 1.8（万元）

（2）当期应纳税额 = 200×13% －（100×13% － 1.8）－6 = 8.8（万元）>0，不需退税

（3）当期免抵退税额 = 180×12% = 21.6（万元）

（4）当期应退税额 = 0

（5）当期免抵税额 =21.6 − 0 =21.6（万元）

【案例·计算题】

某自营出口的生产企业为增值税一般纳税人，出口货物的征税率为13%，退税率为12%。3月发生下列业务：国内采购原材料取得专用发票上注明的价款200万元，增值税26万元，货已入库。当月进料加工免税进口料件的组成计税价格为20万元，该企业采用"实耗法"计算进料加工出口货物耗用的免税进口料件金额，计划分配率为20%。内销货物不含税收入80万元，出口货物离岸价120万元。计算3月出口货物应退税额及免抵税额。

应税计算：

（1）当期进料加工出口货物耗用的免税进口料件金额 =120 ×20% =24（万元）

（2）当期免抵退税不得免抵的税额 =（120 −24）×（13% −12%）=0.96（万元）

（3）当期应纳税额 =80 ×13% −（26 −0.96）=−14.64（万元）

（4）当期免抵退税额 =（120 −24）×12% =11.52（万元）

（5）当期应退税额 =11.52（万元）

（6）期末留抵税额 =14.64 −11.52 =3.12（万元）

2. 外贸企业出口货物劳务"免、退税"的计算。外贸企业出口货物销售环节的增值税免征；出口退税的计税依据与生产企业出口退税的计税依据有所不同。

（1）外贸企业出口一般货物：出口应退增值税的计算，依据购进出口货物增值税专用发票上所注明的购进金额和退税率计算。

应退税额 =购进货物专用发票上注明的不含税购进金额 ×退税率

（2）外贸企业出口委托加工修理修配货物：出口应退增值税的计税依据，为加工修理修配费用增值税专用发票注明的金额。

应退税额 =购进加工劳务专用发票注明的原材料及加工修理费金额 ×退税率

应用提示

外贸企业委托加工提供原材料，应将原材料作价销售给受托方，受托方收取加工修理费用开具专用发票时，应将委托方提供的原材料与加工修理修配费用一起开具。

【案例·计算题】

某外贸公司3月10日购进电风扇700台，不含税单价为148元/台（已取得增值税专用发票）。3月30日，将外购的700台电风扇报关出口，离岸单价20美元/台，此笔出口已收汇并做销售处理（美元与人民币比价为1∶6，退税率为12%）。计算外贸公司应退增值税。

应税计算：应退增值税 =700 ×148 ×12% =12 432（元）

【案例·计算题】

某外贸公司从某棉麻公司购进棉花 50 吨，取得的增值税专用发票上注明价款 90 万元，增值税 0.9 万元，委托某棉纱厂加工棉纱出口，合同约定需支付不含税加工费 30 万元，本月将加工的棉纱收回，受托方将原材料成本并入加工费中并开具了增值税专用发票。收回的棉纱全部出口，出口离岸价格 40 万美元（美元与人民币比价为 1∶6，棉纱的出口退税率为 13%）。计算该外贸公司出口应退增值税。

应税计算： 应退增值税 =（90 + 30）× 13% = 15.6（万元）

任务四　增值税申报缴纳

一、纳税义务发生时间

纳税人发生销售货物、提供劳务、销售服务、无形资产、不动产并收讫销售款项或者取得索取销售款项凭据的当天；先开具发票的，为开具发票的当天。

收讫销售款项，是指纳税人销售货物、销售劳务、销售服务、无形资产、不动产过程中或者完成后收到款项；取得索取销售款项凭据的当天，是指书面合同确定的付款日期；未签订书面合同或者书面合同未确定付款日期的，为应税行为完成的当天。

纳税义务发生时间的具体规定如下：

（一）销售货物、劳务

1. 采取直接收款方式销售的，为收到销售款或取得索取销售凭证的当天。

2. 托收承付和委托银行收款方式：为发出货物并办妥托收手续的当天。

3. 赊销和分期收款方式：为合同约定的收款日期的当天；无书面合同或书面合同没有约定收款日期的，为货物发出的当天。

4. 预收货款方式：货物发出的当天。但生产周期超过 12 个月的大型机械设备、船舶、飞机等货物，为收到预收款或者书面合同约定的收款日期的当天。

5. 委托代销方式：为收到代销清单的当天或收到全部或部分货款的当天或发出代销商品满 180 天的当天。

6. 纳税人发生视同销售行为的，为货物移送使用的当天。

7. 进口货物：为进口报关的当天。

8. 增值税扣缴义务发生时间为纳税人增值税纳税义务发生的当天。

（二）销售服务、无形资产、不动产

1. 纳税人提供租赁服务采取预收款方式的，其纳税义务发生时间为收到预收款的当天。

2. 纳税人从事金融商品转让的,为金融商品所有权转移的当天。

3. 纳税人发生视同销售行为的,为销售服务、无形资产转让完成的当天或者不动产权属变更的当天。

4. 增值税扣缴义务发生时间为纳税人增值税纳税义务发生的当天。

二、纳税期限

1. 增值税纳税期限分别为 1 日、3 日、5 日、10 日、15 日,1 个月或 1 个季度。纳税人的具体纳税期限,由主管税务机关根据纳税人应纳税额大小分别核定,以 1 个季度为纳税期限的规定适用于小规模纳税人、银行、财务公司、信托投资公司、信用社,以及财政部和国家税务总局规定的其他纳税人。不能按照固定期限纳税的,可以按次纳税。具体期限如下:

纳税人以 1 个月或 1 个季度为一期纳税的,自期满之日起 15 日内申报纳税;以 1 日、3 日、5 日、10 日、15 日为一期纳税的,自期满之日起 5 日内预缴税款,次月 1 日起 15 日内,申报纳税并结清上月应纳税款。

2. 进口货物:海关填发进口货物增值税专用缴款书之日起 15 日内缴纳税款。

3. 出口货物:按月办理出口退税。

三、纳税地点

1. 固定业户的纳税地点。

(1) 固定业户应当向其机构所在地主管税务机关申报纳税。

(2) 总分机构不在同一县(市),分别向各自所在地主管税务机关申报纳税。

(3) 固定业户到外县(市)销售货物或应税劳务:应当向其机构所在地的主管税务机关申请开具外出经营活动税收管理证明,并向其机构所在地的主管税务机关申报纳税;未开具证明的,应当向销售地或者劳务发生地的主管税务机关申报纳税;未向销售地或者劳务发生地的主管税务机关申报纳税的,由其机构所在地的主管税务机关补征税款。

2. 非固定业户的纳税地点。非固定业户销售货物或者销售服务、无形资产和不动产,应当向销售地或者劳务发生地的主管税务机关申报纳税;未向销售地或者劳务发生地的主管税务机关申报纳税的,由其机构所在地或者居住地的主管税务机关补征税款。

3. 进口货物的纳税地点。进口货物,应当向报关地海关申报纳税。

4. 其他个人提供建筑服务,销售或者租赁不动产,转让自然资源使用权,应向建筑服务发生地、不动产所在地、自然资源所在地主管税务机关申报纳税。

5. 纳税人跨县(市)提供建筑服务,在建筑服务发生地预缴税款后,向机构所在地主管税务机关进行纳税申报。

6. 纳税人提供建筑服务取得预收款,应在建筑服务发生地预缴增值税。按照现行规定无须在建筑服务发生地预缴增值税的项目，纳税人收到预收款时在机构所在地预缴增值税。

7. 纳税人销售不动产，在不动产所在地预缴税款后，向机构所在地主管税务机关进行纳税申报。

8. 纳税人提供经营租赁不动产服务，在不动产所在地预缴税款后，向机构所在地主管税务机关进行纳税申报。

9. 扣缴义务人应当向其机构所在地或者居住地主管税务机关申报缴纳扣缴的税款。

四、纳税申报资料

1. 《增值税纳税申报表（一般纳税人适用)》；《增值税纳税申报表（小规模纳税人适用)》及附列资料。

《增值税纳税申报表（一般纳税人适用)》包括三部分。①主表；②附表，附列资料一：本期销售情况明细，附列资料二：本期进项税额明细，附列资料三：服务、不动产和无形资产扣除项目明细，附列资料四：税额抵减情况表；③增值税减免税申报明细表。

2. 《资产负债表》和《损益表》。

3. 《成品油购销存情况明细表》（发生成品油零售业务的纳税人填报）。

4. 主管税务机关规定的其他必报资料。

五、增值税专用发票的管理

增值税纳税人发生应税销售行为，应使用增值税发票管理新系统开具增值税专用发票。

（一）增值税专用发票的联次

增值税专用发票由基本联次或者基本联次附加其他联次构成，基本联次分为三联：发票联、抵扣联和记账联。发票联，作为购买方核算采购成本和增值税进项税额的记账凭证；抵扣联，作为购买方报送主管税务机关认证和留存备查的凭证；记账联，作为销售方核算销售收入和增值税销项税额的记账凭证。其他联次用途，由一般纳税人自行确定。

（二）增值税专用发票的领购

一般纳税人凭《发票领购簿》、IC 卡和经办人身份证明领购增值税专用发票。一般纳税人有下列情形之一者，不得领购使用专用发票：

1. 会计核算不健全，不能向税务机关准确提供增值税销项税额、进项税额、应纳税额数据及其他有关增值税税务资料的。

2. 有《中华人民共和国税收征收管理法》规定税收违法行为，拒不接受税务机关处理的。

3. 有以下行为，经税务机关责令限期改正而仍未改正的：虚开增值税专用发票；私自印制增值税专用发票；向税务机关以外的单位和个人买取增值税专用发票；借用他人增值税专用发票；未按规定开具增值税专用发票；未按规定保管增值税专用发票和专用设备；未按规定申请办理防伪税控系统变更发行；未按规定接受税务机关检查。

有以上情形的一般纳税人，如已领购增值税专用发票，主管税务机关应暂扣其结存的增值税专用发票和 IC 卡。

（三）增值税专用发票的开具范围

一般纳税人销售货物或者提供应税劳务，应向购买方开具增值税专用发票。一般纳税人销售货物或者提供应税劳务可以汇总开具增值税专用发票。汇总开具增值税专用发票的，同时使用防伪税控系统开具销售或者提供应税劳务清单，并加盖财务专用章或者发票专用章。

增值税小规模纳税人（其他个人除外）发生增值税应税行为，需要开具增值税专用发票的，可以自愿使用增值税发票管理系统自行开具。选择自行开具增值税专用发票的小规模纳税人，税务机关不再为其代开增值税专用发票。

小规模纳税人销售其取得的不动产，需要开具增值税专用发票的，应当按照有关规定，向税务机关申请代开增值税专用发票。

一般纳税人有下列销售情形的，不得开具增值税专用发票：

1. 向消费者个人销售货物、劳务、服务、无形资产或者不动产；

2. 适用免征增值税项目或不征增值税项目；

3. 其他个人（即自然人）销售货物、劳务、服务、无形资产不得代开增值税专用发票，但其他个人出租或者销售不动产除外；

4. 选择差额纳税的增值税项目；

5. 商业企业一般纳税人零售烟、酒、食品、服装、鞋帽（不包括劳保专用部分）、化妆品等消费品；

6. 商业企业向供货方收取的各种收入，一律不得开具增值税专用发票；

7. 一般纳税人销售自己使用过的不得抵扣且未抵扣进项税额的固定资产，适用简易办法依 3% 征收率减按 2% 征收增值税政策的；

8. 小规模纳税人销售自己使用过的固定资产，适用简易办法依 3% 征收率减按 2% 征收增值税政策的；

9. 纳税人销售旧货。

（四）开具增值税专用发票后发生退货或开票有误的处理

1. 增值税一般纳税人开具增值税专用发票后，发生销货退回、开票有误、应税服务中止等情形但不符合发票作废条件，或者因销货部分退回及发生销售折让，需要开具红字增值税专用发票的，按规定方法处理。

（1）购买方取得增值税专用发票已用于申报抵扣的，购买方可在增值税发票管理新系统（以下简称新系统）中填开并上传《开具红字增值税专用发票信息表》（以下简称《信息表》）。在填开《信息表》时不填写相对应的蓝字增值税专用发票信息，应暂依《信息表》所列增值税税额从当期进项税额中转出，待取得销售方开具的红字增值税专用发票后，与《信息表》一并作为记账凭证。

（2）购买方取得增值税专用发票未用于申报抵扣，但发票联或抵扣联无法退回的，购买方填开《信息表》时应填写相对应的蓝字增值税专用发票信息。

（3）销售方开具增值税专用发票尚未交付购买方，以及购买方未用于申报抵扣并将发票联及抵扣联退回的，销售方可在新系统中填开并上传《信息表》。销售方填开《信息表》时应填写相对应的蓝字增值税专用发票信息。

2. 税务机关为小规模纳税人代开增值税专用发票，需要开具红字增值税专用发票的，按照一般纳税人开具红字增值税专用发票的方法处理。

（五）新办纳税人中实行增值税专用发票电子化的有关事项

1. 适用范围。自 2020 年 12 月 31 日起，在天津、河北、上海、江苏、浙江、安徽、广东、重庆、四川、宁波和深圳 11 个地区的新办纳税人中实行专票电子化，受票方范围为全国。其中，宁波、石家庄和杭州 3 个地区已试点纳税人开具增值税电子专用发票（以下简称"电子专票"）的受票方范围扩至全国。

自 2021 年 1 月 31 日，在北京、山西、内蒙古、辽宁、吉林、黑龙江、福建、江西、山东、河南、湖北、湖南、广西、海南、贵州、云南、西藏、陕西、甘肃、青海、宁夏、新疆、大连、厦门和青岛 25 个地区的新办纳税人中实行专票电子化。受票方范围为全国。

2. 电子专票由各省税务局监制，采用电子签名代替发票专用章，属于增值税专用发票，其法律效力、基本用途、基本使用规定等与增值税纸质专用发票（以下简称"纸质专票"）相同。

3. 纳税人开具增值税专用发票时，既可以开具电子专票，也可以开具纸质专票。受票方索取纸质专票的，开票方应当开具纸质专票。

任务五　增值税计税报税实务操作

一、公司基本情况

公司注册名称：成都来青花服饰有限公司

公司注册地址、电话：成都市武侯区濯锦路 12 号 028 - 84642044

纳税人识别号：3301001DL65586134

开户银行：中国工商银行成都分行　　　　账号：33222012040333028

公司注册资本：300 万元　　公司法定代表人：萧景琰　　总经理：林殊

公司经营范围：来青花服饰有限公司是一家从事服装生产和销售为主的有限责任公司，增值税一般纳税人，销售商品增值税税率为 13%，增值税出口退税率为13%。公司采用企业会计准则，以人民币为记账本位币，成本核算采用实际成本法，固定资产采用直线法计提折旧，存货的发出和结存成本采用月末一次加权平均法，应收账款采用备抵法，所得税计算法采用资产负债表债务法。

其他信息：公司需申报缴纳和代扣代缴的税种包括：增值税、个人所得税、企业所得税等企业生产经营过程中涉及的税费，其中城建税执行7%的征收率，教育费附加执行3%的征收率。公司各税种均按时足额申报纳税，2019年12月初没有上期留抵进项税额。公司主要产品类型、单价、成本情况见表1-5。

表1-5　　　　　　　　　　　主要产品类型、单价、成本　　　　　　　单位：元

产品类型	单价（不含税）	单价（含税）	成本
羽域系列丝巾	120	135.60	20
绫袄系列大衣	800	904	200
霓裳系列连衣裙	300	339	100
香薰系列布包	100	113	10

二、2019年12月经济业务资料及计税实务操作要求

【业务1】2019年12月1日，向达衣服饰有限公司销售丝巾280件，货已发，款项尚未收到，签订的销售合同约定在2020年3月30日前还清货款，开具了增值税专用发票，注明价款33 600元，增值税4 368元。上述款项均计入应收账款账户。要求：进行销售业务的账务处理，并填制记账凭证。附：原始凭证2张，见图1-1和表1-6（本月其他业务原始凭证请扫描二维码）

图1-1　原始凭证一

表1-6　　　　　　　　原始凭证二
来青花服饰有限公司出库单

提货单位及部门：达衣有限公司　　　2019 年 12 月 1 日　　　№1912001

商品名称及规格	单位	应发数量	实发数量	单价	金额	备注
羽域丝巾	件	280	280	135.6	37 968.00	
合计	件	280	280	135.6	37 968.00	

部门经理：　　　　会计：　　　仓库主管：吴阳均　　　经办人：周红梅

第三联　财务联

附： 2019 年 12 月【业务 1】至【业务 12】原始凭证，请扫描二维码。

【业务 2】2019 年 12 月 2 日，公司决定将 30 件香薰布包作为福利发给员工，另外 50 件香薰布包直接赠送给青少年活动中心，同类产品售价 100 元/件，成本价 10 元/件。原始凭证：产品出库单、公益事业捐赠统一票据，请扫描二维码。

要求：进行货物自用的账务处理并填制记账凭证。

注：自产自用货物的账务处理。

1. 自产货物自用，如果有同类产品对外销售的，按同类产品对外平均售价计税，没有同类产品对外销售的，组成计税价格计税。

2. 将自产货物用于企业内部，只需视同销售计算增值税销项税，贷记"库存商品"和"应交税费——应交增值税（销项税额）"，所得税不需作视同销售处理；将自产货物自用，改变货物所有权的，应视同销售计算缴纳增值税，同时区分不同用途进行所得税纳税调整处理。

【业务 3】2019 年 12 月 3 日，向爱格服饰有限公司销售 150 件霓裳连衣裙，为尽快收回货款，采取现金折扣的方式销售，规定爱格公司在 10 天之内付款享受 2% 的折扣，超过 10 天付款则没有折扣。货已发，开具了增值税专用发票，注明价款 45 000 元，增值税 5 850 元。上述款项均计入应收账款账户。并收取爱格公司包装物押金 1 130 元，押金金额单独记账。原始凭证：产品出库单、增值税专用发票记账联，押金收款收据，请扫描二维码。

要求：进行销售业务的账务处理，填制记账凭证。

注：现金折扣和包装物押金的计税问题。

1. 现金折扣通常是为了鼓励购货方及时偿还货款而给予的折扣优待，现金折扣发生在销货之后，其折扣额不能从销售额中减除，应计入企业的"财务费用"。

2. 纳税人为销售货物而出租出借包装物收取的押金，单独记账、时间在 1 年内又未过期的，不并入销售额征税；但对逾期未收回不再退还的包装物押金，应按所包装货物的适用税率计算纳税。注意押金属于含税收入。

【业务 4】2019 年 12 月 4 日，上缴上期增值税 5 700 元，城建税 399 元，教

育费附加 171 元，银行转账付讫。原始凭证：中国工商银行单位客户专用回单 2 张。请扫描二维码。

要求：进行上缴税款的账务处理，填制记账凭证。

【业务 5】2019 年 12 月 10 日，公司用银行汇票购入方正公司的挂烫机 30 个，挂烫机的不含税单价为 200 元，松上公司开具了增值税专用发票注明价款 6 000 元，增值税税额 780 元。转账支付运费，并取得运输公司开具的增值税专用发票注明价款 100 元，增值税 9 元。取得的增值税专用发票均在本月通过了认证。原始凭证：增值税专用发票发票联 2 张，中国工商银行汇票 1 张，中国工商银行转账支票 1 张，入库单，请扫描二维码。

要求：进行挂烫机采购和支付运费的账务处理，填制记账凭证。

注：进货发票认证方法。

防伪税控系统用户，纳税申报前应将增值税专用发票抵扣联进行认证，取得认证清单后才能进行进项税抵扣。自 2019 年 3 月 1 日起，对增值税一般纳税人取消增值税发票的扫描认证，可以自愿使用增值税发票选择确认平台查询、选择用于申报抵扣、出口退税或者代办退税的增值税发票信息。

【业务 6】2019 年 12 月 15 日，公司采购部从南宁海尔电器专卖店（小规模纳税人）购进办公室用冰箱一台，含税价为 2 500 元，已用银行存款（公司工商银行账户）转账支付相关款项，并取得了增值税普通发票一张。原始凭证：增值税普通发票发票联、中国工商银行付款单、入库单，请扫描二维码。

要求：进行固定资产采购的账务处理，填制记账凭证。

注：一般纳税人购进货物取得普通发票，不能抵扣进项税额。

【业务 7】2019 年 12 月 24 日，公司进口一台制衣设备，缴纳进口相关税费，关税完税价格 9 090.91 元，关税税率 10%，增值税税率 13%，取得海关进口增值税专用缴款书，海关放行，该设备预计于下月安装完成后记入"固定资产"科目，目前尚未进行安装，合同约定设备款项于 2020 年 1 月 3 日支付，款项支付后对方公司的技术人员前来安装并调试设备。原始凭证：海关进口增值税专用缴款书、中国工商银行付款回单，请扫描二维码。

要求：进行进口固定资产的账务处理，填制记账凭证。

注：进口货物增值税的计算。

进口货物由海关代征进口环节的增值税。纳税人进口货物，无论是一般纳税人还是小规模纳税人，均应按照组成计税价格和适用的税率计算应纳税额，不得抵扣发生在境外的各种税金。组成计税价格＝关税完税价格＋关税税额＋消费税税额。

【业务 8】2019 年 12 月 27 日，公司上月购入大衣毛料的 50% 由于管理人员的疏忽，发生霉烂变质。损失材料的账面成本为 2 500 元，其中毛料的不含税买价 2 400 元，支付不含税的运费 100 元，均已抵扣相应的进项税。公司管理层决定由相关责任人毛爱珠承担 50% 的损失，公司负担剩下的一半损失。原始凭证：财产清查报告单、材料盘亏审批报告，请扫描二维码。

要求：进行增值税进项税转出和损失结转的账务处理，填制 2 张记账凭证。

注：进项税转出的特殊规定。

　　增值税一般纳税人将已抵扣进项税额的购进货物或应税劳务、应税服务和无形资产、不动产，改变用途用于不得抵扣进项税额的项目时，应当将该项购进货物或者应税劳务、应税服务和无形资产、不动产的进项税额从当期进项税额中转出。无法准确确定该进项税额的，按当期实际成本计算应扣减的进项税额。

　　【业务9】2019 年 12 月 29 日，公司出口绗袄系列大衣 360 件（来青花公司是自营出口的生产企业），出口货物的离岸价格 16 119.40 美元（FOB），折合人民币 108 000 元，价款以美元方式结算，公司要求对方收到货物后 10 天内付款。公司已经开具增值税普通发票，发票上的内容和出口报关单、出口收汇核销单的内容一致。出口货物增值税退税率 13%。原始凭证：出库单、出口销售增值税普通发票记账联、出口报关单、出口收汇核销单，请扫描二维码。

　　要求：进行出口货物销售的账务处理并填制记账凭证。

　　注：生产企业出口货物增值税免抵退税的计算。

　　生产企业货物出口后，必须在口岸电子执法系统出口退税子系统查询到报关单出口信息后，方能计算出口货物免抵退税。生产企业出口货物"免、抵、退税额"应根据出口货物离岸价、出口货物退税率计算。

　　【业务10】2019 年 12 月 30 日，公司将其 2007 年购入的一台制衣设备销售给云华制衣厂（纳税人识别号：230100165586134），该设备购进原价 6 000 元，累计折旧 5 340 元，出售时的账面价值为 660 元，售价 1 545 元。公司已经开具增值税普通发票，销售款项已经收到。原始凭证：增值税普通发票记账联、工商银行收款回单，请扫描二维码。

　　要求：进行固定资产清理的账务处理，填制记账凭证。

　　注：一般纳税人销售自用固定资产的计税方法。

　　一般纳税人销售自用过不得抵扣且未抵扣进项税的固定资产按简易办法依 3% 征收率减按 2% 征收增值税，不得开具增值税专用发票，应纳增值税 = 售价/（1 + 3%）× 2%；销售自己使用过已抵扣进项税额的固定资产和其他物品按正常销售货物适用税率征收，销项税额 = 售价/（1 + 13%）× 13%。

　　【业务11】2019 年 12 月 30 日，公司出纳拿到本月的电费和水费专用发票，注明电费金额 31 014.4 元，增值税 4 031.87 元，水费金额 106 950 元，增值税 9 625.5 元，已用银行存款转账支付电费 35 046.27 元，水费 116 575.5 元。本月生产车间和管理部门水电费分配情况见表 1 - 7。原始凭证：增值税专用发票的发票联 2 张、中国工商银行转账支票，请扫描二维码。

表 1 - 7　　　　　　　　　　外购水电费分配表

2019 年 12 月 31 日　　　　　　　　　　　　　　　　　　　　单位：元

受益对象	水费			电费		
	耗用量（立方）	分配率	分配金额	耗用量（度）	分配率	分配金额
生产车间	40 000			20 000		
公司管理部门	6 500			4 230		
合计	46 500			24 230		

要求：进行支付并分配本月水电费的账务处理，编制水电费分配表，填制记账凭证。

【业务12】2019年12月30日，收到3#楼本月租金63 000元，已取得银行进账单收账通知。3#楼于2014年1月1日完工交付使用，并签订租赁合同，出租该项资产。3#楼不动产出租业务企业采用简易计税法。原始凭证：房屋租金的增值税普通发票记账联、工商银行收款回单，请扫描二维码。

要求：进行本月出租业务的处理，并进行会计核算，填制1张记账凭证。

注：一般纳税人出租不动产计税的规定。

1. 一般纳税人出租其2016年4月30日前取得的不动产，可以选择适用简易计税方法，按照5%的征收率计算应纳税额。可以按适用的征收率开具增值税专用发票。

2. 一般纳税人出租其2016年5月1日后取得的不动产，适用一般计税方法计税，按照9%的税率计算销项税额。

【业务13】2019年12月31日，购进货物的专用发票认证，均为本期认证相符，且取得税务机关的专用发票认证清单；完成本月抄税任务，并根据税务局报税结果生成的清卡指令完成税控IC卡清卡。

要求：根据上述原始凭证、账户记录和认证结果清单（见图1-2），编制本月增值税应纳税额汇总计算表，进行本月出口应退税额和转出未交增值税会计核算，填制记账凭证。

成都市武侯区国家税务局
准 予 抵 扣
2019

企业名称：成都埃普花服饰有限公司　　　　　　纳税人识别号：330100165585134
发票份数统计：4份　　　金额统计：144 064.40　　　税额统计：14 446.37　　　单位：元

序号	发票号码	开票日期	销货方税号	金额	税额	认证时间
1	000379121	2019-12-10	5201759999000147	6 000	780	2019-12-31
2	41256711	2019-12-10	360403000022556	100	9	2019-12-31
3	73543210	2019-12-30	330100165586154	31 014.40	4 031.87	2019-12-31
4	76543212	2019-12-30	330100165585154	106 950	9 625.50	2019-12-31
5						
6						

图1-2　增值税专用发票认证结果清单

注：简易计税法下应纳税额计算的特殊规定。

按简易办法计算的应纳税额不作为销项税额用以抵扣进项税，当销项税不足以抵扣进项税时，简易办法计算的应纳税额即为本期的应纳税额。

注：一般纳税人出口货物免抵退税的计算。

月末根据购进货物的增值税专用发票、出口报关单、出口销售明细账、出口收汇核销单等汇总计算并向主管税务机关申报当月出口应退税额（见表1-8）。

表 1-8 　　　　增值税应纳税额汇总计算表

2019 年 12 月 31 日

	应税货物、劳务、服务名称	税率（%）	计税销售额	销项税额	发票类型	备注
一般计税法 销项税额						
	小计	—				
	购进货物、劳务、服务	税率（%）	计税金额	进项税额	发票类型	备注
进项税额						
	小计				—	—
	进项税转出	扣除率（%）	计税金额	进项税转出	发票类型	用途
			—	321	—	
简易计税法	应税货物、劳务、服务	征收率（%）	计税金额	应纳税额	发票类型	备注
	合计				—	—
	一般计税方法应纳增值税额					
	简易计税办法应纳增值税额					
	实际应纳增值税额					
	转出本月未交增值税					
	当期免抵退税额					
	内销免抵税额（或期末留抵税额）					
	出口应退税额					

【业务 14】2019 年 12 月 31 日，完成 12 月应缴纳的随征税费计算。

要求：编制应缴纳城市维护建设税与教育费附加计算表（见表 1-9），填制一张记账凭证。

注意：实行"免抵退税"办法计算出口退税的企业，当期内销免抵税额应作为城建税和教育费附加的计税依据。

表 1 - 9　　　　　　　　　应缴纳城市维护建设税与教育费附加计算表

单位：成都来青花服饰有限公司　　　　　　　　　　　　　　　　　　　　　　单位：元

税种	适用税种	计税金额	税率（%）	应缴税额
城建税	增值税			
教育费附加	增值税			

制单人：田华　　　　　　　　　　　　　　　　　　　　　　　　审核人：绪风

【业务 15】2019 年 12 月 31 日，填写增值税纳税申报表（一般纳税人适用）及其附表。

注：一般纳税人纳税申报资料（纳税人可根据实际业务选择填报）。

增值税纳税申报表（一般纳税人适用）及其附表，请扫描二维码。

文本：2019 年
增值税申报表

三、计税实务操作处理

【业务 1】

税务处理：销售货物，款项尚未收到，取得了索取货款的凭证，开具了增值税专用发票。应计征增值税销项税额。

增值税销项税额 = 4 368（元）

会计处理：确认收入并结转销货成本，填制 2 张记账凭证。

销售货物：

借：应收账款　　　　　　　　　　　　　　　　　　　　　37 968

　　贷：主营业务收入——丝巾　　　　　　　　　　　　　　　33 600

　　　　应交税费——应交增值税（销项税额）　　　　　　　　4 368

结转成本：

借：主营业务成本　　　　　　　　　　　　　　　　　　　　5 600

　　贷：库存商品——丝巾　　　　　　　　　　　　　　　　　5 600

【业务 2】

税务处理：自产自用，自产货物用于职工福利和对外赠送，应视同销售计征增值税销项税。

发放职工福利增值税销项税额 = 30 × 100 × 13% = 390（元）

对外赠送增值税销项税额 = 50 × 100 × 13% = 650（元）

会计处理：确认收入并结转成本，填制 3 张记账凭证。自产货物用于职工福利，贷记"主营业务收入"，自产货物对外赠送，贷记"库存商品"。

发放职工福利：

借：应付职工薪酬——福利费　　　　　　　　　　　　　　　3 390

　　贷：主营业务收入——香薰布包　　　　　　　　　　　　　3 000

　　　　应交税费——应交增值税（销项税额）　　　　　　　　　390

结转成本：

借：主营业务成本　　　　　　　　　　　　　　　　　　　　　300

　　贷：库存商品——香薰布包　　　　　　　　　　　　　　　　300

对外赠送：

借：营业外支出   1 150

    贷：库存商品——香薰布包   500

        应交税费——应交增值税（销项税额）   650

【业务3】

税务处理：销售货物开具增值税专用发票，应计征增值税销项税。一般产品的包装物押金在收取时不计税，作"其他应付款"，现金折扣不允许扣减销售额，待发生时记入"销售费用"。

增值税销项税额 = 45 000 × 13% = 5 850（元）

会计处理：确认收入并结转销货成本，填制 2 张记账凭证。

销售货物：

借：应收账款——爱格服饰有限公司   50 850

    贷：主营业务收入——霓裳系列连衣裙   45 000

        应交税费——应交增值税（销项税额）   5 850

结转成本：

借：主营业务成本   15 000

    贷：库存商品——霓裳系列连衣裙   15 000

收取押金：

借：银行存款   1 130

    贷：其他应付款——爱格服饰有限公司（押金）   1 130

【业务4】

税务处理：上期税款应在次月 15 日之前申报缴纳。本期缴纳上月税款。

会计处理：根据银行缴款回单，填制 1 张记账凭证。

借：应交税费——未交增值税   5 700

        ——应交城建税   399

        ——应交教育费附加   171

    贷：银行存款   6 270

【业务5】

税务处理：购进货物、支付运费取得增值税专用发票，进项税额凭票抵扣。

允许抵扣的进项税额 = 780 + 9 = 789（元）

会计处理：根据购货发票，填制 1 张记账凭证。

购入挂烫机入库：

借：固定资产——挂烫机   6 100

    应交税费——应交增值税（进项税额）   789

    贷：其他货币资金   6 780

      银行存款   109

【业务6】

税务处理：从小规模纳税人购进固定资产，只取得增值税普通发票，其进项税不能抵扣。

会计处理：根据购货发票，填制 1 张记账凭证。

购入冰箱：

借：固定资产——冰箱　　　　　　　　　　　　　　2 500

　　贷：银行存款　　　　　　　　　　　　　　　　　　2 500

【业务 7】

税务处理：进口设备取得海关进口增值税专用缴款书，进项税额凭票抵扣。

允许抵扣的进项税额 = 1 300（元）

会计处理：根据海关进口增值税专用缴款书，填制 1 张记账凭证。

购进固定资产，尚未安装：

借：在建工程——制衣设备　　　　　　　　　　　10 000

　　应交税费——应交增值税（进项税额）　　　　　1 300

　　贷：银行存款　　　　　　　　　　　　　　　　11 300

【业务 8】

税务处理：购入的货物发生非正常损失，其已经抵扣的进项税应进行转出。

应转出的进项税额 = 2 400 × 13% + 100 × 9% = 321（元）

会计处理：进行原材料损失处理，并结转损溢，填制 2 张记账凭证。

原材料霉烂变质：

借：待处理财产损溢　　　　　　　　　　　　　　2 821

　　贷：库存商品——大衣毛料　　　　　　　　　　　2 500

　　　　应交税费——应交增值税（进项税转出）　　　　321

结转待处理财产损溢：

借：管理费用　　　　　　　　　　　　　　　　1 410.5

　　其他应收款——毛爱珠　　　　　　　　　　　1 410.5

　　贷：待处理财产损溢　　　　　　　　　　　　　2 821

【业务 9】

出口货物：

借：应收账款　　　　　　　　　　　　　　　108 000

　　贷：主营业务收入——出口（绫袄系列大衣）　　108 000

结转成本：

借：主营业务成本　　　　　　　　　　　　　72 000

　　贷：库存商品——绫袄系列大衣　　　　　　　72 000

【业务 10】

税务处理：一般纳税人销售使用过的固定资产，按照简易办法在 3% 基础上减按 2% 征税，减征 1%。简易计税应纳税额贷记"应交税费——简易计税"，减征额借记"应交税费——应交增值税（减免税款）"

增值税应纳税额 = 1 545 ÷（1 + 3%）× 3% = 45（元）

增值税减征额 = 1 545 ÷（1 + 3%）× 1% = 15（元）

会计处理：进行注销固定资产、确认转让收入、计算增值税税金和结转收益的核算，填制 4 张记账凭证。

注销固定资产：

借：固定资产清理	660	
累计折旧	5 340	
贷：固定资产——制衣设备		6 000

收到银行存款：

借：银行存款	1 545	
贷：固定资产清理		1 545

计提增值税：

借：固定资产清理	45	
贷：应交税费——简易计税		45

减征1%：

借：应交税费——应交增值税（减免税款）	15	
贷：固定资产清理		15

结转损益：

借：固定资产清理	855	
贷：营业外收入		855

【业务11】

税务处理：支付本月水电费，取得增值税专用发票，凭票抵扣进项税额。

进项税额 = 4 031.87 + 9 625.5 = 13 657.37（元）

会计处理：计算并填写本月外购水电费分配表（见表1-10），进行水电费分配处理，填制1张记账凭证。

表1-10　　　　　　　　　　　外购水电费分配表

2019年12月31日　　　　　　　　　　　　　　单位：元

受益对象	水费			电费		
	耗用量（立方）	分配率	分配金额	耗用量（度）	分配率	分配金额
生产车间	40 000	2.30	92 000.00	20 000	1.28	25 600
公司管理部门	6 500	2.30	14 950.00	4 230	1.28	5 414.40
合计	46 500		106 950	24 230		31 014.40

生产车间制造费用 = 92 000 + 25 600 = 117 600（元）

管理部门管理费用 = 14 950 + 5 414.4 = 20 364.4（元）

支付并分配本月水电费：

借：制造费用——水电费	117 600	
管理费用——水电费	20 364.4	
应交税费——应交增值税（进项税额）	13 657.37	
贷：银行存款		151 621.77

【业务12】

税务处理：出租2016年4月30日之前取得的不动产，可选择简易计税，征收率为 5% 。

应交增值税 = 63 000 ÷ (1 + 5%) × 5% = 3 000（元）

会计处理：根据发票和银行进账单，进行不动产出租业务处理，填制 1 张记账凭证。

收到租金：

借：银行存款　　　　　　　　　　　　　　　　　63 000

　　贷：其他业务收入——房屋租金　　　　　　　　　60 000

　　　　应交税费——简易计税　　　　　　　　　　　3 000

【业务 13】

税务处理：月末编制本月增值税应纳税额汇总计算表（见表 1 - 11），根据购进货物的增值税专用发票、出口报关单、出口销售明细账、出口收汇核销单等汇总计算并向主管税务机关申报当月出口应退税额。

表 1 - 11　　　　　　　　　　　增值税应纳税额汇总计算表

2019 年 12 月 31 日

	应税货物、劳务、服务名称	税率（%）	计税销售额（元）	销项税额（元）	发票类型	发票号码
销项税额	羽绒丝巾	13	33 600	4 368	专票	000263211
	香薰布包	13	3 000	390	未开票	—
	香薰布包	13	5 000	650	普票	0124566
	霓裳连衣裙	13	45 000	5 850	专票	000263212
	绫袄系列大衣	*	108 000	0	普票	072314311
	小计	—	86 600 + 免税 108 000	11 258	—	—

	购进货物、劳务、服务	税率（%）	计税金额（元）	进项税额（元）	发票类型	发票号码
进项税额	运费	9	100	9	专票	000373213
	挂烫机	13	6 000	780	专票	000379121
	成衣压制机	13	10 000	1 300	海关完税凭证	
	电费	13	31 014.40	4 031.87	专票	76543212
	水费	9	106 950	9 625.50	专票	76547428
	小计		154 064.40	15 746.37	—	—

	进项税转出	扣除率（%）	计税金额（元）	进项税转出（元）	发票类型	用途
	大衣毛料	13	2 400	312	—	非正常损失
	运费	9	100	9	—	非正常损失
	绫袄系列大衣				—	
	小计		—	321	—	

（表格左侧纵向标注：一般计税法）

续表

	应税货物、劳务、服务	征收率（%）	计税金额（元）	应纳税额（元）	发票类型	发票号码
简易计税法	自用固定资产	3（减按2%）	1 500	45 − 15 = 30	普票	072314311
	出租3#楼租金	5	60 000	3 000	普票	072314312
	合计		61 500	3 030	—	—

一般计税方法应纳增值税额	11 258 − (15 746.37 − 321) = − 4 167.37
简易计税办法应纳增值税额	30 + 3 000 = 3 030
实际应纳增值税额	3 030
转出本月未交增值税	0
当期免抵退税额	108 000 × 13% = 14 040
内销免抵税额（或期末留抵税额）	9 872.63
出口应退税额	4 167.37

$$\begin{matrix} 实际应纳 \\ 增值税 \end{matrix} = \begin{matrix} 一般计税法应纳 \\ 增值税税额 \end{matrix} + \begin{matrix} 简易计税法应纳 \\ 增值税税额 \end{matrix}$$

按简易办法计算的应纳税额不作为销项税额用以抵扣进项税，当销项税不足以抵扣进项税时，简易办法计算的应纳税额即为本期的应纳税额。

一般计税法：应纳税额 = 11 258 − (15 746.37 − 321) = 11 258 − 15 425.37 = − 4 167.37（元）

当期免抵退税额 = 108 000 × 13% = 14 040（元）

当期出口应退税额 = 4 167.37（元）

内销免抵税额 = 14 040 − 4 167.37 = 9 872.63（元）

简易计税方法：应纳税额 = 30 + 3 000 = 3 030（元）

本月实际应纳增值税 = 3 030（元）

会计处理：进行本月出口应退税额会计核算，填制 1 张记账凭证。

借：其他应收款——应收补贴款（出口退税）　　　　　　　4 167.37

　　应交税费——应交增值税（出口抵减内销产品应纳税额）

　　　　　　　　　　　　　　　　　　　　　　　　　9 872.63

　　　贷：应交税费——应交增值税（出口退税）　　　　　14 040

【业务14】：2019 年 12 月 31 日，完成 12 月应缴纳的随征税费计算。

税务处理：实行"免抵退税"办法计算出口退税的企业，当期内销免抵税额应作为城建税和教育费附加的计税依据。

城建税和教育费附加的计税依据 = 9 872.63 + 3 030 = 12 902.63（元）

会计处理：编制应缴纳城市维护建设税与教育费附加计算表（见表 1 − 12），填制 1 张记账凭证。

表 1 – 12　　　　　　　应缴纳城市维护建设税与教育费附加计算表

单位：成都来青花服饰有限公司　　　　　　　　　　　　　　　　　　　单位：元

税种	适用税种	计税金额	税率（%）	应缴税额
城建税	增值税	12 902.63	7	903.18
教育费附加	增值税	12 902.63	3	387.08

制单人：田华　　　　　　　　　　　　　　　　　　　　　审核人：绪风

计提城建税、教育费附加：

借：税金及附加　　　　　　　　　　　　　1 290.26

　　贷：应交税费——应交城建税　　　　　　 903.18

　　　　　　——应交教育费附加　　　　　　 387.08

【业务 15】填写增值税纳税申报表（一般纳税人适用）及其附表。

增值税纳税申报表（一般纳税人适用）及其附表填报数据，请扫描二维码。

增值税智能申报实训

增值税智能申报实训，是利用网络实训平台"中联教育实训教学综合服务平台"进行。中联教育实训教学综合服务平台网址、打开方法如下：

1. 实训教学综合服务平台网址：sx. cailian. net

账号：17807025783

密码：tjt139277

2. 打开方法

登录中联教育实训教学综合服务平台后，单击智能财税（财税技能测评）→单击个人练习，进入技能练习模块，任选一套题，开始实训操作。

微课视频 1 – 7：增值税一般纳税人网上申报 ev 录屏 . mp4。观看视频，请扫描二维码。

教学资源库

本教材的配套在线课程《税费计算与智能申报》，建立在超星学习通平台。在线课程超星学习通平台网址：

https：//mooc1-gray. chaoxing. com/course-ans/ps/215910758

账号：15179294752

密码：zhouli19850315

登录网址，单击进入课程，填写账号、密码登录，进入《税费计算与智能申报》课程门中，即可阅读全部课程资源——教案、章节、资料、作业、考试、讨论等，单击需要学习的内容，即可配合教材，进行在线课程学习。

文本：2019 年增值税申报表

视频：增值税一般纳税人网上申报 ev 录屏

增值税技能训练题

一、应税选择（单选题）

1. 根据增值税法律制度的规定，下列项目中，不属于现代服务业的是（　　）。

A. 管道运输服务 　　　　　　　　B. 装卸搬运服务

C. 收派服务 　　　　　　　　　　D. 货运客运场站服务

2. 根据增值税法律制度的规定，下列各项中，应征收增值税的是（　　）。

A. 行政单位收取的符合条件的行政事业性收费

B. 单位聘用的员工为本单位提供取得工资的服务

C. 个体工商户为聘用的员工提供服务

D. 甲运输公司无偿向乙企业提供交通运输服务

3. 一般纳税人的下列销售服务中，适用6%增值税税率的是（　　）。

A. 提供交通运输服务 　　　　　　B. 提供有形动产租赁服务

C. 提供餐饮住宿服务 　　　　　　D. 提供园林绿化服务

4. 根据增值税法律制度的规定，下列各项中，属于增值税视同销售行为的是（　　）。

A. 将外购货物用于集体福利 　　　B. 将自产货物委托外单位加工

C. 将外购货物无偿赠送他人 　　　D. 将外购货物用于个人消费

5. 根据增值税法律制度的规定，下列各项中，不属于增值税免税项目的是（　　）。

A. 提供社区养老服务收入 　　　　B. 银行提供企业贷款利息收入

C. 提供技术转让收入 　　　　　　D. 自产自销初级农产品

6. 纳税人采取分期收款方式销售货物，合同约定了收款日期的，增值税纳税义务的发生时间为（　　）。

A. 货物发出的当天 　　　　　　　B. 合同约定的收款日期的当天

C. 收到全部货款的当天 　　　　　D. 取得索取销售额凭证的当天

7. 某农机生产企业（一般纳税人）本年10月销售自产拖拉机，取得不含税销售额200万元，为农民修理拖拉机取得现金收入15万元。本月购入农机生产零配件，取得增值税专用发票，注明价款80万元，增值税10.4万元。则该企业本月应缴纳增值税（　　）万元。

A. 9.33 　　　　　B. 7.35 　　　　　C. 17.55 　　　　　D. 8.95

8. 某果酒生产企业为增值税一般纳税人，本月销售果酒收入为128.7万元（含税），当期发出包装物收取押金为5.65万元，当期逾期未归还包装物押金为2.26万元。该企业本期应申报的销项税额为（　　）万元。

A. 15.46 　　　　B. 14.81 　　　　C. 15.07 　　　　D. 16.73

9. 对下列增值税应税行为计算销项税额时，按照全额确定销售额的是（　　）。

A. 贷款服务　　　　　　　　B. 一般纳税人提供客运场站服务

C. 经纪代理服务　　　　　　D. 金融商品转让

10. 一般纳税人的下列行为中，可以选择简易计税方法计税的是（　　）。

A. 销售 2014 年 8 月购入的房屋　　B. 出租 2016 年 8 月购入的房产

C. 提供金融商品转让服务　　　　D. 提供餐饮住宿服务

11. 某食品厂为增值税一般纳税人，本年 5 月将上月外购的副食品用于集体福利。该批外购副食品在购进时已经抵扣了进项税额，账面成本为 10 000 元（其中含运费 2 000 元）。则该食品厂 5 月应转出进项税额为（　　）元。

A. 1 100.35　　B. 1 220　　C. 1 085.49　　D. 1 300

12. 某电信企业是增值税一般纳税人，本年 9 月，提供基础电信服务，取得价税合计收入 654 万元；提供增值电信服务，取得价税合计收入 318 万元。该电信企业本月应确认的增值税销项税额是（　　）万元。

A. 55.02　　B. 80.27　　C. 72　　D. 77.94

13. 甲企业（一般纳税人）本年 10 月 16 日销售一台旧机器设备，取得含增值税销售收入 64 200 元。该设备为 2009 年 5 月购入，购入时抵扣了进项税额，则该项销售行为应纳增值税为（　　）元。

A. 0　　B. 1 136.28　　C. 7 385.84　　D. 8 855.17

14. 甲公司是增值税一般纳税人，本年 9 月取得了保本收益型理财产品的投资收益 106 万元；转让了其持有的某基金产品，卖出价为 53 万元，买入价为 42.4 万元。已知，上述金额均为含增值税金额。甲公司当月应当确认的销项税额是（　　）万元。

A. 10.176　　B. 6.6　　C. 6.996　　D. 9

15. 根据增值税法律制度的规定，下列各项中，不得抵扣进项税额的行为是（　　）。

A. 厂办公室购置办公用品　　B. 购买免税农产品支付的运费

C. 外购食用油发放给职工　　D. 生产车间购置生产用机床

16. 红星宾馆为增值税小规模纳税人，本年 8 月取得住宿服务收入 51.5 万元，该项目当月发生经营成本为 40 万元，其中购买宾馆日用品、清洗布草、添置电器等取得增值税发票上注明的税额合计 1.7 万元。该宾馆本月应缴纳的增值税为（　　）万元。

A. 1.5　　B. 1.545　　C. 2.45　　D. 2.575

17. 某船运公司为增值税一般纳税人，10 月购进船舶配件取得的增值税专用发票上注明价款 360 万元、税额 46.8 万元；开具普通发票取得的含税收入包括国内运输收入 1 090 万元、期租业务收入 218 万元、打捞收入 116.6 万元。该公司 10 月应缴纳的增值税为（　　）万元。

A. 70.83　　B. 67.8　　C. 33.84　　D. 62.14

18. 出口企业的下列业务中，不享受"出口免税并退税"政策的是（　　）。

A. 工程企业出口对外承包项目用货物

B. 外贸企业收购免税农产品出口

C. 生产企业自营出口货物

D. 生产企业委托外贸企业出口自产货物

19. 某服装厂将自产的服装作为福利发给本厂职工，该批产品制造成本共计 10 万元，成本利润率为 10%，同类产品的不含税平均售价为 18 万元，计征增值税的销售额为（　　）万元。

A. 10　　　　　　B. 10.9　　　　　C. 11　　　　　D. 18

20. 某企业为增值税小规模纳税人，10 月销售自产货物取得含税收入 103 000 元，销售自己使用过 5 年的设备一台，取得含税收入 51 500 元，当月购入货物取得的增值税专用发票上注明金额 10 000 元，增值税税额 1 300 元，则该企业当月应缴纳增值税（　　）元。

A. 3 200　　　　B. 4 500　　　　C. 4 000　　　　D. 3 000

二、应税选择（多选题）

1. 根据增值税法律制度的规定，下列各项中，属于"交通运输服务"的有（　　）。

A. 装卸搬运服务　　　　　　　　B. 水路运输的程租、期租业务

C. 航空运输的湿租业务　　　　　D. 无运输工具承运业务

2. 下列项目中，可以选择差额确定销售额计算增值税的业务包括（　　）。

A. 客运场站服务　　　　　　　　B. 旅游服务

C. 餐饮服务　　　　　　　　　　D. 经纪代理服务

3. 根据增值税法律制度的规定，下列关于纳税人购进国内旅客运输服务的说法中，正确的有（　　）。

A. 取得增值税电子普通发票的，不得抵扣进项税额

B. 取得注明旅客身份信息的航空运输电子客票行程单，进项税额 = （票价 + 燃油附加费）÷（1 + 9%）× 9%

C. 取得注明旅客身份信息的铁路车票，进项税额 = 票面金额 ÷（1 + 9%）× 9%

D. 取得注明旅客身份信息的公路客票，进项税额 = 票面金额 ÷（1 + 3%）× 3%

4. 一般纳税人购进的下列货物、服务中，不得从销项税额中抵扣进项税额的有（　　）。

A. 外购货物发生非正常损失

B. 支付的银行贷款利息

C. 将外购货物用于对外捐赠

D. 将外购货物用于按简易办法征税项目

5. 下列各项中，可以免征增值税的有（　　）。

A. 幼儿园提供的保育和教育服务

B. 养老机构提供的养老服务

C. 残疾人企业为社会提供的应税服务

D. 个人转让著作权

6. 根据增值税法律制度的规定，下列各项中，属于"租赁服务—不动产租赁服务"的有（　　）。

A. 融资性售后回租　　　　　　　B. 车辆停放服务

C. 道路通行服务　　　　　　　　D. 有形动产的广告位出租

7. 根据增值税法律制度的规定，下列各项中，属于增值税混合销售行为的有（　　）。

A. 空调厂销售空调同时提供安装服务

B. 饭店提供餐饮服务同时销售烟酒饮料

C. 计算机公司销售计算机同时负责培训

D. 超市销售货物并提供快餐服务

8. 下列应税行为中，应当按照6%的税率征收增值税的有（　　）。

A. 联通提供语音通话服务　　　　B. 不动产经营租赁服务

C. 中国移动提供短信服务　　　　D. 邮政储蓄服务

9. 下列应税行为中，应该按照"生活服务"征收增值税的有（　　）。

A. 游览场所经营索道　　　　　　B. 提供教育服务

C. 研发服务　　　　　　　　　　D. 美容美发服务

10. 增值税销售额的下列表述中，不正确的有（　　）。

A. 提供贷款服务，以提供贷款服务取得的全部利息及利息性质的收入为销售额

B. 金融商品转让，按照卖出价扣除买入价及相关税费后的余额为销售额

C. 提供客运场站服务，以取得的全部价款和价外费用为销售额

D. 提供旅游服务，只能以取得的全部价款和价外费用为销售额

11. 一般纳税人的下列行为中，可以选择简易计税方法的有（　　）。

A. 提供一般贷款服务　　　　　　B. 以清包工方式提供的建筑服务

C. 电影放映服务　　　　　　　　D. 公共交通运输服务

12. 根据增值税法律制度的规定，下列各项中，免征增值税的项目有（　　）。

A. 培训机构提供非学历教育服务

B. 保险公司为种植业提供保险业务

C. 文化馆出租房屋业务

D. 农技站提供的农业机耕及相关技术培训业务

13. 作为增值税计税依据的销售额，除包括向购买方收取的全部价款外，还包括以下价外费用（　　）。

A. 向购买方收取的销项税额　　　B. 向购买方收取的延期付款利息

C. 向购买方收取的包装物租金　　D. 向购买方收取的啤酒包装物押金

14. 根据增值税法律制度的规定，下列各项中，属于增值税法定扣税凭证的有（　　）。

A. 购进货物取得的增值税专用发票

B. 国内旅客运输服务的增值税电子普通发票

C. 购进货物取得的增值税普通发票

D. 进口货物取得的海关进口增值税专用缴款书

15. 根据增值税法律制度的规定，下列各项中，属于增值税视同销售行为的

有（   ）。

A. 将自产的货物用于对外投资　　　B. 将自产的货物用于股东分配

C. 将自产的货物用于在建工程　　　D. 将外购的货物用于集体福利

16. 根据增值税法律制度的规定，境内企业提供的下列服务中，适用零税率的有（   ）。

A. 国际运输服务

B. 向境内单位提供技术开发服务

C. 航天运输服务

D. 向境外单位提供完全在境外消费的软件服务

17. 根据增值税法律制度的规定，下列各项中，适用3%征收率减按2%征收增值税的有（   ）。

A. 纳税人销售旧货

B. 一般纳税人销售自用过未抵扣进项税的固定资产

C. 小规模纳税人销售货物

D. 小规模纳税人销售自己使用过的固定资产

18. 根据增值税法律制度的规定，下列各项中，应作为进项税额转出的有（   ）。

A. 在产品、产成品发生非正常损失　　B. 将自制货物用于本单位在建工程

C. 将加工收回的货物用于个人消费　　D. 将购进原材料用于集体福利设施

19. 根据增值税的相关规定，下列各项中，属于增值税征税范围的有（   ）。

A. 会计师事务所提供鉴证服务　　　　B. 机场提供停机坪管理服务

C. 被保险人获得的保险赔付　　　　　D. 某企业出租厂房

20. 下列各项中，关于增值税纳税义务发生时间表述正确的有（   ）。

A. 采取预收货款方式销货时，为货物发出的当天

B. 提供租赁服务采取预收款方式的，为租期届满的当天

C. 采取托收承付和委托银行收款方式销货的，为发出货物并办妥托收手续的当天

D. 采取直接收款方式销货的，为货物发出的当天

三、应税判断

1. 增值税应税销售额是指纳税人为销售货物或提供应税劳务向购买方收取的全部价款和价外费用，包括收取的销项税额。（   ）

2. 以委托代销方式销售货物，委托方如果没有收到代销清单，不需征收增值税。（   ）

3. 选择差额计税的旅游服务纳税人，向顾客收取并支付的住宿费等允许扣除费用，不得开具增值税专用发票。（   ）

4. 企业租入房屋，取得增值税专用发票，该房屋一半用作生产车间，一半用作职工食堂。则租入该房屋的进项税额不能抵扣。（   ）

5. 贷款服务，以提供贷款服务取得的全部利息及利息性质的收入为销售额。（   ）

6. 单位出售一自用小轿车，因售价低于原值，可以免征增值税。（　　）

7. 赵某于 2021 年 5 月出售自有房屋一套，售价 1 000 万元，由于销售不动产的年应税销售额超过 500 万元，因此应当登记为一般纳税人。（　　）

8. 一般纳税人采取预收款方式销售房地产项目，在收到预收款时预缴增值税。（　　）

9. 纳税人将购买的货物无偿赠送他人视同销售，但用于公益事业或者以社会公众为对象的除外。（　　）

10. 进口货物以关税完税价格作为增值税的计税依据。（　　）

11. 有线电视、宽带等经营者向用户收取的安装费以及类似收费，按照安装服务缴纳增值税。（　　）

12. 无运输工具承运业务，按照租赁服务缴纳增值税。（　　）

13. 卫星电视信号落地转接服务，不征收增值税。（　　）

14. 单位聘用的员工为本单位提供加工、修理修配劳务，应征收增值税。
（　　）

15. 个人提供应税服务的销售额未达到增值税起征点的，免征增值税；达到起征点的，就超过部分计算缴纳增值税。（　　）

四、应税计算

1. 甲服装厂为增值税一般纳税人，7 月末留抵税额为 1 500 元，8 月发生以下业务：

（1）从一般纳税人处购入 A 型面料，取得增值税专用发票，注明价款 100 000 元，增值税 13 000 元；支付购货运费，取得增值税专用发票，注明运费金额 1 000 元，增值税 90 元。

（2）从小规模纳税人处购入 B 型辅助材料，取得普通发票，注明价款 2 000 元。

（3）外购 C 型生产设备，取得增值税专用发票，注明价款 30 000 元，增值税 3 900 元。

（4）向甲商场销售西装 1 000 套，不含税单价 1 000 元/套，同时负责运输，向运输企业支付销货运费，收到的增值税专用发票注明运费金额为 2 000 元，增值税税额 180 元；本月公司业务部门领用 10 套西装用于奖励优秀员工；10 套西装因管理不善毁损。

（5）销售服装发出包装物收取押金 20 000 元，另没收逾期未退还的包装物押金 13 000 元。

（6）允许广告公司在本厂 2018 年建成的围墙上喷涂广告，价税合计收取 50 000 元；

已知：西装每件成本 300 元，成本中外购货物比例 60%。增值税税率：销售货物 13%，交通运输 9%，不动产租赁 9%，外购货物的相关发票已通过税务机关认证。

要求：

（1）计算本月外购货物允许抵扣的进项税额；

（2）计算本月销售西装和业务部门领用西装的销项税额；

（3）计算本月因管理不善毁损西装应转出的进项税额；

（4）计算本月押金应计算的销项税额；

（5）计算出租企业围墙做广告的销项税额；

（6）计算当期销项税额、进项税额以及应纳增值税合计。

2. 某电视机生产企业是增值税一般纳税人，9 月生产销售 A 型电视机，出厂不含增值税单价为 3 000 元/台，具体购销情况如下：

（1）向某商场销售 1 000 台 A 型电视机，由于商场采购量大，给予其 10% 的折扣，并将销售额和折扣额在同一张发票的金额栏内分别注明；同时，向运输企业（一般纳税人）支付运费，收到的增值税专用发票注明运费金额为 2 000 元；

（2）销售电视机发出包装物收取押金 11 300 元，另没收逾期未退还的包装物押金 13 560 元；

（3）销售本企业 2018 年购进的自用货车一辆（购进时已抵扣进项税额），取得含增值税收入 56 500 元；

（4）购进零配件取得增值税专用发票上注明金额 100 000 元、增值税税额 13 000 元；

（5）从小规模纳税人处购进工具件，支付价税合计金额 15 450 元，取得税务机关代开的增值税专用发票；

（6）从消费者个人手中收购废旧电视机，支付收购金额 10 000 元。

（7）职工报销差旅费，取得注明旅客身份信息的航空运输电子客票行程单 1 张，注明票价 1 000 元，机场建设费 110 元，燃油费附加 90 元，其他税费 250 元，合计 1 450 元。取得注明旅客身份信息的火车票 1 张，票价 654 元。

已知，增值税税率：销售货物 13%，交通运输 9%，旅客运输服务 9%，外购货物、服务的相关发票已通过税务机关认证。

要求：

（1）计算本月销售电视机的销项税额；

（2）计算本月押金应计算的销项税额；

（3）计算本月销售自用货车的增值税处理方法；

（4）计算本月外购货物允许抵扣的进项税额；

（5）计算职工报销差旅费允许抵扣的进项税额；

（6）计算当期销项税额、进项税额以及应纳增值税合计。

3. 捷达运输公司是有国际运输资质的运输公司，增值税一般纳税人，6 月经营情况如下：

（1）取得运输服务收入，开具增值税专用发票，注明运输费 320 万元、装卸费 36 万元。

（2）取得仓储服务收入，开具增值税专用发票，注明仓储收入 110 万元、装卸费 18 万元。

（3）取得国内运输服务收入，价税合计 261.6 万元；运输至香港、澳门，价税合计 51.06 万元。

（4）出租客货两用车，取得含税收入 67.8 万元。

（5）销售使用过的未抵扣过进项税额的固定资产，取得含税收入 3.09 万元。

（6）进口货车，国外成交价 160 万元，境外运费 12 万元，保险费 8 万元。

（7）国内购进轿车，取得增值税专用发票，价款 80 万元，增值税 10.4 万元；接受运输服务，取得增值税专用发票，价款 6 万元，增值税 0.54 万元。

已知，关税税率 20%；增值税税率：销售货物 13%，交通运输 9%，建筑服务 9%，现代服务 6%，不动产租赁 9%，有形动产租赁 13%，外购货物、劳务、服务的相关发票已通过税务机关认证。

要求：根据上述材料，回答下列问题。

（1）计算企业 6 月销项税额；

（2）计算企业销售自用固定资产的增值税税额；

（3）计算企业进口业务应纳的增值税；

（4）计算企业 6 月的进项税额；

（5）计算企业 6 月的增值税应纳税额。

4. 深大广告公司为增值税一般纳税人，10 月发生如下业务：

（1）取得广告代理收入 212 万元（含税），广告效果出色取得奖金 5 万元；

（2）出租摄影设备取得租赁收入 63.6 万元（含税），收取设备磨损赔偿金 8 万元；

（3）出售 2008 年购进的制图设备一台（购进时未抵扣进项税额），售价 0.3 万元（含税）；

（4）向广告发布者支付广告发布费，取得增值税专用发票上注明的税额为 4 万元；

（5）购进办公用小轿车 1 辆，取得增值税专用发票上注明的税额为 4.8 万元；

（6）购进职工集体宿舍用装修材料，取得增值税专用发票上注明的税额为 0.5 万元。为此，向运输公司支付运输费，取得增值税专用发票上注明的税额为 0.1 万元。

已知：文化创意服务增值税税率为 6%，有形动产租赁服务增值税税率为 13%。取得的增值税扣税凭证均于当月认证通过。

要求：计算该广告公司 10 月应纳增值税。

5. 某农机厂为增值税小规模纳税人，2 月发生以下业务：

（1）销售农机，开具普通发票，取得含税销售收入 100 000 元；

（2）销售自用设备一套，开具普通发票，取得含税销售收入 20 000 元；

（3）购进原材料，取得普通发票，注明价款 65 000 元；

（4）购进税控收款机一台，取得专用发票，注明价款 4 000 元，增值税 520 元；

已知：小规模纳税人的征收率为 3%，销售自己使用过的固定资产减按 2% 征收。

要求：计算该厂 2 月应纳增值税。

6. A 生产企业为有出口经营权的增值税一般纳税人，7 月末留抵税额 20 万元，8 月发生以下业务：

（1）从国内购进原材料，取得增值税专用发票，注明价款 800 万元，增值税 104 万元。

（2）出口货物的离岸价为 1 000 万元。

（3）内销货物的不含税销售额为 1 500 万元。

已知：上述货物征税率为 13%，出口退税率为 10%，上述发票均已通过认证。要求：

（1）计算本月不能免抵税额；

（2）计算本月增值税应纳税额；

（3）计算本月免抵退税税额；

（4）计算本月出口货物实际退税额；

（5）计算本月内销货物的免抵税额（或期末留抵税额）。

消费税计算与缴纳

项目认知

消费税是指以特定消费品为征税对象征收的一种税。消费税是在对货物普遍征收增值税的基础上，选择少数消费品再征一道消费税，目的在于调节产品结构、引导消费方向、保证财政收入。消费税具有以下特点：（1）征税范围具有选择性；（2）计税方法具有多样性；（3）纳税环节具有单一性；（4）属于价内税；（5）税负具有转嫁性。

知识目标

1. 熟悉消费税的征税范围、纳税人、税目及税率规定。
2. 掌握从价计税、从量计税、复合计税三种消费税的计税方法。
3. 熟悉消费税的申报缴纳。

能力目标

1. 能判断哪些业务应当征收消费税。
2. 能根据资料正确计算消费税应纳税额。
3. 能结合具体案例，分析企业消费税的缴纳情况。
4. 能根据需要查阅相关资料。

思政融合

对应税消费品征收消费税，体现了国家产业政策和消费政策的要求。

1. 坚持生态优先，绿色低碳发展。消费税具有"绿色税收"特点，能够在一定程度上发挥节能减排，节约资源的功能。党的二十大报告中指出，必须牢固树立和践行绿水青山就是金山银山的理念，站在人与自然和谐共生的高度谋划发展。明确把生态环境保护摆在突出位置，引导人们逐步树立环境保护意识，认识环境现状，解决环境问题。

（1）过度使用木制一次性筷子，客观上消耗了大量木材资源，还给环境带来污染，征收消费税，向消费者及生产者传递，要节约林木资源，保护树木，树立环保意识。

（2）对小汽车和大排量摩托车以及成品油征收消费税，车辆尾气会污染环境，而且能耗高，所以征收消费税能够控制能源消耗和调控消费结构，扩大消费税对石油产品的调控力度。同时生产者也会调整车辆生产的要素资源，比如，新能源汽车，纯电动车，从宏观层面上使产业结构实现优化。过度使用石油制品和木材，将对生态环境和经济发展产生负的外部性，对使用者征税，意味着提高他们的使用成本，国家则可以将这笔税收收入用于环境保护或研发可替代品，进而将负的外部性内部化，达到公平与效率的某种均衡。

2. 调节产品结构，引导正确消费观。通过对过度消费会对人类健康、社会秩序和生态环境造成危害的特殊消费品以及奢侈品、非生活必需品的征税，能够引导消费者的消费方向，弘扬勤俭节约中华美德。

虽然我国经济快速发展，但人均GDP仍处于不高的水平，尽管我们已经打赢了脱贫攻坚战，但是要实现共同富裕，还需要全党全国各族人民不忘初心，牢记使命。所以要教育学生珍惜当前的幸福生活，践行勤俭节约、保护环境的理念，树立社会主义核心价值观。通过对消费税税目的调整，对奢侈品和非生活必需品征收消费税，可以引导消费者及我们的学生，理性消费。

3. 调节收入分配，体现社会公平职能。消费税也稳定了财政收入，调节了分配不公。党的二十大报告指出，规范收入分配秩序，规范财富积累机制，保护合法收入，调节过高收入，取缔非法收入。通过对某些奢侈品以及特殊消费商品征收消费税，使高收入消费群体多承担一些税赋，对低收入者或基本的生活消费品不征税，使低收入者不负担或少负担税赋。

（1）游艇、高尔夫运动项目，只有少数高收入群体消费的高档消费品以及有些手表使用贵金属材料，并镶嵌宝石、钻石，价格高达万元甚至上百万元，已经超越了一般手表的计时功能，属于高档奢侈品，征收消费税对这些高档消费品进行税收调节，得到的税收收入不会很多，但亦将起到体现社会公平理念的作用。

（2）高收入阶层将较大比例收入花费在高档商品，中低收入阶层将较大比例收入花费在普通商品，即使普通商品的需求弹性小于高档商品，但对高档商品课征消费税，还是能够实现较好的收入再分配效果。

任务一　消费税基本要素

一、消费税的征税范围

我国现行消费税的征税范围包括四大类十五种产品。

第一类：过度消费会对人类健康、社会秩序、生态环境等方面造成危害的特殊消费品，如烟、酒、鞭炮、烟火、电池、涂料。

第二类：奢侈品、非生活必需品，如高档化妆品、贵重首饰及珠宝玉石、高尔夫球及球具、高档手表、游艇。

第三类：高能耗消费品，如小汽车、摩托车。

第四类：不可再生和替代的稀缺资源消费品，如成品油、木制一次性筷子、实木地板。

二、消费税的纳税环节

我国现行消费税实行单环节一次课征制度。在一个环节征收消费税以后，如果不经过再加工，在其他环节不再征收消费税。目前，消费税的纳税环节有以下几种情形：

1. 生产销售环节。纳税人生产的应税消费品，于纳税人销售时缴纳消费税。

2. 委托加工环节。委托加工的应税消费品，由受托方在向委托方交货时代收代缴消费税。委托个人加工的应税消费品，由委托方收回后缴纳消费税。

3. 进口环节。单位和个人进口应税消费品，于报关进口时缴纳消费税。进口环节缴纳的消费税由海关代征。

4. 零售环节。金银首饰、铂金首饰、钻石及钻石饰品消费税由生产销售环节改为零售环节征收。改在零售环节征收消费税的金银首饰仅限于金基、银基合金首饰以及金银和金基、银基合金的镶嵌首饰。

应用提示　卷烟、电子烟产品和超豪华小汽车加征消费税的规定

1. 烟草批发企业将卷烟销售给零售单位，再征一道 11% 的从价税和 0.005 元/支的从量税。烟草批发企业将卷烟销售给其他烟草批发企业的，不再缴纳消费税。

2. 电子烟批发企业经营电子烟批发业务，再征一道 11% 的批发环节消费税。

3. 超豪华小汽车，在生产（进口）环节按现行税率征收消费税基础上，在零售环节加征消费税，税率为 10%。

注意：国内汽车生产企业直接销售给消费者的超豪华小汽车，消费税税率按照生产环节税率和零售环节税率加总计算。应纳税额＝销售额×（生产环节税率＋零售环节税率）。

【案例·分析题】

分析确定下列各项中，属于消费税纳税环节的有哪些。

A. 生产环节　　　　B. 零售环节　　　　C. 进口环节　　　　D. 批发环节

应税分析： ABC 属于消费税的纳税环节，应税消费品的征税环节包括生产、委托加工、进口、零售四个环节，只有卷烟加征了一道批发环节消费税，要强调卷烟批发环节才属于消费税纳税环节。

【案例·分析题】

分析确定下列各项中，既征消费税又征增值税的有哪些。

A. 高尔夫球及球具的生产环节　　　　B. 高档手表的零售环节

C. 金银首饰的生产环节　　　　　　　D. 啤酒屋自产啤酒的销售环节

应税分析： AD 既征消费税又征增值税；B 高档手表属于应税消费品，在生产（进口）环节纳消费税，在零售环节不纳消费税；C 金银首饰改在零售环节纳消费税。

三、纳税人

微课视频 2 - 1： 消费税纳税人及扣缴义务人。观看视频，请扫描二维码。

在中国境内生产、委托加工和进口应税消费品的单位和个人。

在境内，是指生产、委托加工和进口属于应当缴纳消费税的消费品的起运地或者所在地在境内（仅限于大陆，不包括港澳台地区）。

视频：消费税纳税人及扣缴义务人

【案例·分析题】

分析判断在我国境内批发白酒的单位是否消费税的纳税人？

应税分析： 不是。消费税实行单环节一次课征制，只有卷烟加征了一道批发环节的消费税，白酒的生产单位才是消费税纳税人。

四、消费税的税目和税率

（一）消费税税目税率表（见表 2 -1）

表 2 -1　　　　　　　　　　　　消费税税目税率表

税目	税率
一、烟	
1. 卷烟	
（1）甲类卷烟	56% 加 0.003 元/支（生产环节）
（2）乙类卷烟	36% 加 0.003 元/支（生产环节）
（3）批发环节	11% 加 0.005 元/支
2. 雪茄烟	36%
3. 烟丝	30%
4. 电子烟	
（1）生产（进口）环节	36%
（2）批发环节	11%

税目	税率
二、酒	
1. 白酒	20% 加 0.5 元/斤（500 克或 500 毫升）
2. 黄酒	240 元/吨
3. 啤酒	
（1）甲类啤酒	250 元/吨
（2）乙类啤酒	220 元/吨
4. 其他酒	10%
三、高档化妆品	15%
四、贵重首饰及珠宝玉石	
1. 金银首饰、铂金首饰和钻石及钻石饰品	5%
2. 其他贵重首饰和珠宝玉石	10%
五、鞭炮、焰火	15%
六、成品油	
1. 汽油	1.52 元/升
2. 柴油	1.20 元/升
3. 航空煤油	1.20 元/升
4. 石脑油	1.52 元/升
5. 溶剂油	1.52 元/升
6. 润滑油	1.52 元/升
7. 燃料油	1.20 元/升
七、摩托车	
1. 排气量 250 毫升	3%
2. 排气量 250 毫升（不含 250 毫升）以上	10%
八、小汽车	
1. 乘用车	
（1）排气量 ≤1.0 升	1%
（2）1.0 升 < 排气量 ≤1.5 升	3%
（3）1.5 升 < 排气量 ≤2.0 升	5%
（4）2.0 升 < 排气量 ≤2.5 升	9%
（5）2.5 升 < 排气量 ≤3.0 升	12%
（6）3.0 升 < 排气量 ≤4.0 升	25%
（7）排气量 >4.0 升	40%
2. 中轻型商用客车	5%
3. 超豪华小汽车（零售环节）	10%（按现行税率征收基础上，在零售环节加征）
九、高尔夫球及球具	10%
十、高档手表	20%
十一、游艇	10%
十二、木制一次性筷子	5%
十三、实木地板	5%
十四、电池	4%
十五、涂料	4%

（二）消费税税目的具体说明

1. 烟。凡是以烟叶为原料加工生产的产品，不论使用何种辅料，均属于本税目征税范围。包括卷烟（甲类卷烟和乙类卷烟）、雪茄烟、烟丝和电子烟。

电子烟是指用于产生气溶胶供人抽吸等的电子传输系统，包括烟弹、烟具以及烟弹与烟具组合销售的电子烟产品。烟弹是指含有雾化物的电子烟组件。烟具是指将雾化物雾化为可吸入气溶胶的电子装置。

2. 酒。酒是指酒精度在 1 度以上的各种酒类饮料。包括白酒、黄酒、啤酒和其他酒。对饮食业、商业、娱乐业举办的啤酒屋（啤酒坊）利用啤酒生产设备生产的啤酒，应当征收消费税。调味料酒不征消费税。对无醇啤酒、啤酒源和果啤比照啤酒征税。

配制酒是指以发酵酒、蒸馏酒或食用酒精为酒基，加入可食用或药食两用的辅料或食品添加剂，进行调配、混合或再加工制成的并改变了其原酒基风格的饮料酒。以蒸馏酒或食用酒精为酒基，具有国食健字或卫食健字文号并且酒精度低于 38 度（含）的配制酒，按"其他酒"适用税率征收消费税；以发酵酒为酒基，酒精度低于 20 度（含）的配制酒，按"其他酒"适用税率征收消费税；其他配制酒，按"白酒"适用税率征收消费税。

3. 高档化妆品。包括高档美容、修饰类化妆品、高档护肤类化妆品和成套化妆品。高档美容、修饰类化妆品和高档护肤类化妆品是指生产（进口）环节销售（完税）价格（不含增值税）在 10 元/毫升（克）或 15 元/片（张）及以上的美容、修饰类化妆品和护肤类化妆品。演员化妆用的上妆油、卸妆油、油彩不征消费税；普通美容、修饰类化妆品不征消费税，护肤护发品不征消费税。

4. 贵重首饰及珠宝玉石。包括各种金银珠宝首饰和经采掘、打磨、加工的各种珠宝玉石。宝石坯是经采掘、打磨、初级加工的珠宝玉石半成品，应按规定征收消费税。

5. 鞭炮、烟火。包括各种鞭炮、烟火。体育上用的发令纸、鞭炮药引线不征消费税。

6. 成品油。包括汽油、柴油、石脑油、溶剂油、航空煤油、润滑油、燃料油七个子目。航空煤油暂缓征收消费税，纯生物柴油免征消费税。

7. 摩托车。本税目包括汽缸容量 250 毫升和 250 毫升（不含）以上的摩托车两种。汽缸容量 250 毫升（不含）以下的小排量摩托车，不征消费税。

8. 小汽车。包括 9 座以内（含）的各类乘用车和 10 ~ 23 座（含）的中轻型商用客车。对于购进乘用车和中轻型商用客车整车改装生产的汽车，应按规定征收消费税。电动汽车、沙滩车、雪地车、卡丁车、高尔夫车，不征消费税；车身长度大于 7 米（含），并且座位在 10 ~ 23 座（含）以下的商用客车，不征消费税；对于购进货车改装生产的商务车，不征消费税。

超豪华小汽车，是指每辆零售价格 130 万元（不含增值税）及以上的乘用车和中轻型商用客车。对超豪华小汽车，在生产（进口）环节按现行税率征收消费税基础上，在零售环节加征 10% 的消费税。

9. 高尔夫球及球具。包括高尔夫球、高尔夫球杆（包括杆头、杆身和握把）、高尔夫球包（袋）。

10. 高档手表。是指销售价格（不含增值税）每只在 10 000 元（含）以上的各类手表。

11. 游艇。包括艇身长度大于 8 米（含）小于 90 米（含），内置发动机，可以在水上移动，一般为私人或团体购置，主要用于水上运动和休闲娱乐等非营利活动的各类机动艇。

12. 木制一次性筷子。包括各种规格的木制一次性筷子。未经打磨、倒角的木制一次性筷子也属于本税目征税范围。

13. 实木地板。包括各类规格的实木地板、实木指接地板、实木复合地板及用于装饰墙壁、天棚的侧端面为榫、槽的实木装饰板。未经涂饰的素板也属于本税目征税范围。

14. 电池。包括原电池、蓄电池、燃料电池、太阳能电池和其他电池。无汞原电池、金属氢化物镍蓄电池、锂原电池、锂离子蓄电池、太阳能电池、燃料电池和全钒液流电池免征消费税。

15. 涂料。按主要成膜物质涂料可分为油脂类、天然树脂类、酚醛树脂类、沥青类、醇酸树脂类、氨基树脂类、硝基类、过滤乙烯树脂类、烯类树脂类、丙烯酸酯类树脂类、其他成膜物类等。对施工状态下挥发性有机物含量低于 420 克/升的涂料免征消费税。

【案例·分析题】
分析确定下列各项中，不征收消费税的是哪些。
A. 成套高档化妆品　　　　　B. 调味料酒
C. 电动汽车　　　　　　　　D. 红木筷子

应税分析： A 成套化妆品属于化妆品税目，应征消费税，其余选项不征消费税。

【案例·分析题】
分析确定下列各项中，应征收消费税的有哪些。
A. 汽车轮胎　　　　　　　　B. 实木复合地板
C. 金银首饰　　　　　　　　D. 演员用的上妆油

应税分析： B 实木复合地板、C 金银首饰，应征消费税，而汽车轮胎、演员用的上妆油，不属于消费税征税范围，不征消费税。

（三）消费税税率的具体说明

消费税实行比例税率、定额税率和比例税率、定额税率复合计税（以下简称复合税率）三种税率形式。其中，啤酒、黄酒、成品油适用定额税率；卷烟和白酒适用复合税率；其他应税消费品适用比例税率。

1. 啤酒消费税税率按出厂价格划分甲乙两档。

甲类啤酒：每吨出厂价（含包装物及包装物押金）≥3 000 元（不含增值

税），250 元/吨；

乙类啤酒：每吨出厂价（含包装物及包装物押金）< 3 000 元（不含增值税），220 元/吨。

包装物押金不包括重复使用的塑料周转箱的押金。对饮食业、商业、娱乐业举办的啤酒屋（啤酒坊）利用啤酒生产设备生产的啤酒，一律按甲类啤酒税率征收消费税。

【案例·分析题】

某啤酒厂本月销售啤酒 10 吨，不含增值税售价为 2 900 元/吨，每吨收取包装物押金 130 元，消费税税率：甲类啤酒 250 元/吨，乙类啤酒 220 元/吨，分析确定该酒厂销售啤酒适用的消费税税率。

应税分析： 确定啤酒税率的出厂价中应含包装物及押金（不含税）。

啤酒每吨出厂价 = 2 900 + 130 ÷（1 + 13%）= 3 015.04（元）> 3 000 元

该酒厂销售啤酒适用的消费税税率为 250 元/吨。

2. 卷烟从价消费税税率按计税价格区分。

甲类卷烟，每标准条计税价格 ≥ 70 元（不含税）：比例税率 56%，定额税率 150 元/箱。

乙类卷烟，每标准条计税价格 < 70 元（不含税）：比例税率 36%，定额税率 150 元/箱。

卷烟消费税最低计税价格（简称计税价格）由国家税务总局按照卷烟批发环节销售价格扣除卷烟批发环节批发毛利核定并发布，核定范围为卷烟生产企业在生产环节销售的所有牌号、规格的卷烟。

经国家税务总局核定计税价格的卷烟，生产企业实际售价高于计税价格的，按实际售价确定适用税率，计算应纳消费税；生产企业实际售价低于计税价格的，按计税价格确定适用税率，计算应纳消费税。

应用提示

卷烟产品按标准条的计税价格与实际售价相比，从高确定税率并计算消费税。非标准条销售，应折算为标准条。每标准条 = 200 支，每标准箱 = 250 标准条 = 50 000 支。

3. 从高适用税率的规定。

（1）纳税人兼营不同税率的应税消费品，应当分别核算不同税率应税消费品的销售额、销售数量。未分别核算销售额、销售数量的，从高适用税率。

（2）纳税人将不同税率的应税消费品组成成套消费品销售的，从高适用税率。

【案例·计算题】

某酒厂 12 月销售礼品盒 6 000 套，售价为 300 元/套，每套包括粮食白酒 2 斤、单价 80 元，干红酒 2 斤、单价 70 元。计算该企业 12 月应纳消费税。（题中

的价格均为不含税价格)

应税分析： 纳税人将不同税率应税消费品组成成套消费品销售的，即使分别核算销售额也从高税率计算应纳消费税，销售礼品盒按白酒税率计税。

应税计算： 该企业 12 月应纳消费税 = 6 000 × 300 × 20% + 6 000 × 4 × 0.5 = 372 000 (元)

任务二　消费税应纳税额的计算

一、生产销售应纳消费税的计算

消费税应纳税额的计算主要分为从价计征、从量计征和从价从量复合计征三种方法。

(一) 从价计税的应税消费品

1. 计算公式。在从价计税的方法下，应纳消费税等于应税消费品的销售额乘以适用税率，计算公式为：

$$应纳消费税 = 销售额 × 比例税率$$

2. 销售额的确定。销售额为纳税人销售应税消费品向购买方收取的全部价款和价外费用。

(1) 价外费用，是指价外向购买方收取的除货款之外的其他各种费用，如手续费、补贴、基金、集资费、违约金、滞纳金、延期付款利息、赔偿金、代收款项、代垫款项、包装费、包装物租金、优质费、运输装卸费等。

价外费用不包括以下项目：

①同时符合以下条件的代垫运输费用：

运输部门的运输费用发票开具给购买方；纳税人将该项发票转交给购买方。

②同时满足以下条件代为收取的政府性基金或者行政事业性收费：

由国务院或者财政部批准设立的政府性基金，由国务院或者省级人民政府及其财政、价格主管部门批准设立的行政事业性收费；收取时开具省级以上 (含省级) 财政部门监 (印) 制的财政票据；所收款项全额上缴财政。

📝 应用提示

代垫运费与代收政府性基金的条件与增值税规定相同。除此之外的其他价外费用，不论是否属于纳税人的收入，均应并入应税销售额计征消费税。

(2) 销售额不含增值税。如果纳税人应税消费品的销售额含增值税，在计算消费税时，应将含增值税的销售额换算为不含增值税税款的销售额。其换算公式为：

$$应税消费品的销售额 = 含增值税的销售额 ÷ (1 + 增值税税率或征收率)$$

【案例·计算题】

某汽车厂销售乘用车（汽车容量2 000 毫升）10 辆，开具专用发票，取得价款 1 200 000 元，随同价款向对方收取优质费 11 300 元，确定该笔业务的应税销售额。

应税销售额 = 1 200 000 + 11 300 ÷ (1 + 13%) = 1 210 000（元）

（3）包装物押金销售额的确定。一般应税消费品的包装物押金，单独核算，期限 1 年以内，且未逾期的，不征消费税；逾期未收回的或收取时间超过 12 个月的押金，应并入销售额计征消费税。

酒类生产企业销售酒类产品（啤酒、黄酒除外）而收取的包装物押金，无论押金是否返还及会计上如何核算，均应并入酒类产品当期销售额，征收消费税。

【案例·计算题】

某酒厂（增值税一般纳税人），3 月 8 日销售粮食白酒收取包装物押金 22 600 元；3 月 18 日，销售啤酒收取包装物押金 58 000 元；3 月 28 日，没收逾期的啤酒、黄酒包装物押金 46 400 元。计算该厂 3 月押金收入应纳消费税。

应纳消费税 = 22 600 ÷ (1 + 13%) × 20% = 4 000（元）

3. 消费税计税依据的特殊规定。

（1）纳税人通过自设非独立核算门市部销售的自产应税消费品，应当按照门市部对外销售额或销售数量征收消费税。

（2）卷烟产品，生产企业实际售价高于计税价格的，按实际售价确定适用税率，计算应纳消费税；生产企业实际售价低于计税价格的，按计税价格确定适用税率，计算应纳消费税。

（3）白酒生产企业销售给销售单位的白酒（含委托加工收回的白酒），生产企业消费税计税价格低于销售单位对外销售价格（不含增值税，下同）70% 以下的，税务机关应核定消费税最低计税价格。

（二）从量计税的应税消费品

1. 计算公式。在从量计税方法下，生产销售应税消费品的计税依据为应税消费品的销售数量。应纳消费税等于应税消费品的销售数量乘以定额税额，计算公式为：

$$应纳消费税 = 销售数量 × 定额税额$$

2. 计量单位的换算标准（见表 2 - 2）。

表 2 - 2　　　　　　　　　计量单位的换算标准

产品名称	换算标准
黄酒	1 吨 = 962 升
啤酒	1 吨 = 988 升
汽油	1 吨 = 1 388 升

产品名称	换算标准
柴油	1 吨 = 1 176 升
航空煤油	1 吨 = 1 246 升
石脑油	1 吨 = 1 385 升
溶剂油	1 吨 = 1 282 升
润滑油	1 吨 = 1 126 升
燃料油	1 吨 = 1 015 升

【案例·计算题】

某炼油厂当月销售汽油 5 000 吨，柴油 3 000 吨，汽油定额税率为 1.52 元/升，柴油定额税率为 1.20 元/升，计算该厂当月应纳消费税。

应税计算：

（1）汽油应纳消费税 = 5 000 × 1 388 × 1.52 = 10 548 800（元）

（2）柴油应纳消费税 = 3 000 × 1 176 × 1.20 = 4 233 600（元）

（3）应纳消费税合计 = 10 548 800 + 4 233 600 = 14 782 400（元）

（三）复合计税的应税消费品

现行消费税的征税范围中，只有卷烟、白酒采用复合计税方法。应纳税额等于应税销售数量乘以定额税率再加上应税销售额乘以比例税率。计算公式为：

$$应纳消费税 = 销售数量 × 定额税率 + 销售额 × 比例税率$$

【案例·计算题】

某酒厂 5 月销售自产白酒 100 吨，当月取得不含增值税销售额 1 480 万元。计算该厂应纳的消费税。

应税计算： 应纳消费税 = （100 × 2 000 × 0.5）÷ 10 000 + 1 480 × 20% = 306（万元）

二、自产自用应纳消费税的计算

微课视频 2 - 2：自产自用应纳消费税计算。观看视频，请扫描二维码。

1. 自产自用应税消费品的税务处理。

（1）用于连续生产应税消费品的，不纳税。

（2）用于其他方面的应税消费品，于移送使用时纳税。

视频：自产自用应纳消费税计算

应用提示

其他方面，是指纳税人用于生产非应税消费品、在建工程、管理部门、非生产机构，提供劳务，以及用于馈赠、赞助、集资、广告、样品、职工福利、奖励等方面。

2. 自产自用应税消费品的计税依据。在从价计税方法下，纳税人自产自用的应税消费品，凡用于其他方面，应当纳税的，按照纳税人生产的同类消费品的销售价格计算纳税。没有同类消费品销售价格的，按照组成计税价格计算纳税。

（1）按同类消费品的销售价格计税。同类消费品的销售价格是指纳税人当月销售的同类消费品的销售价格，如果当月同类消费品各期销售价格高低不同，应按销售数量加权平均计算。

【案例·计算题】

某汽车制造厂将自产的乘用车（汽缸容量 2 000 毫升）一辆转作自用，该种汽车的成本价为每辆 150 000 元，对外销售价格为每辆 180 000 元（不含税），乘用车的消费税税率为 5%，计算该厂应纳消费税。

应税计算： 应纳消费税 = 180 000 × 5% = 9 000（元）

应用提示

纳税人将自产的应税消费品用于换取生产资料和消费资料，投资入股和抵偿债务等方面的，应当以纳税人同类应税消费品的最高销售价格作为计税依据计算消费税。

【案例·计算题】

某酒厂 1 月用自产粮食白酒 10 吨，抵偿某农场大米款 50 000 元。该粮食白酒每吨本月售价在 4 800 ~ 5 200 元之间浮动，平均销售价格为 5 000 元/吨，计算该酒厂应纳消费税。

应税分析： 用自产粮食白酒抵偿债务，应按该粮食白酒本月最高售价计税。

应税计算： 应纳消费税 = 10 × 1 000 × 2 × 0.5 + 5 200 × 10 × 20% = 20 400（元）

（2）按组成计税价格计税。没有同类消费品销售价格的，按照组成计税价格计算纳税。

$$应纳税额 = 组成计税价格 × 比例税率$$

组成计税价格计算公式为：

从价计税：组成计税价格 = 成本 × (1 + 成本利润率) ÷ (1 - 消费税比例税率)

复合计税：组成计税价格 = (成本 + 利润 + 自产自用数量 × 定额税率) ÷ (1 - 消费税比例税率)

"成本"，是指应税消费品的产品生产成本。"利润"，是指根据应税消费品的全国平均成本利润率计算的利润。应税消费品全国平均成本利润率由国家税务总局确定。规定如表 2 – 3 所示。

表 2 – 3 应税消费品平均成本利润率的规定

产品名称	成本利润率（%）	产品名称	成本利润率（%）
高档手表	20	涂料	7
甲类卷烟、电子烟、粮食白酒、高尔夫球及球具、游艇	10	贵重首饰及珠宝玉石、摩托车	6
		电池	4
乘用车	8	其他从价应税消费品	5

【案例·计算题】

某化妆品厂特制化妆品一批发给职工，该批化妆品的生产成本为 10 万元，化妆品行业全国平均成本利润率为 5%，化妆品的消费税税率为 30%，计算该厂应纳消费税。

应税计算：（1）组成计税价格 = [100 000 × (1 + 5%)] ÷ (1 – 30%) = 150 000（元）

（2）应纳消费税 = 150 000 × 30% = 45 000（元）

【案例·计算题】

某酒厂将自产的粮食白酒 1 000 斤赞助给某单位开庆祝大会，白酒的成本为 12 000 元，该批白酒为新产品，尚未投入市场。已知其成本利润率为 10%。粮食白酒适用复合税率，比例税率为 20%，定额税率为 0.5 元/斤。计算该批粮食白酒应纳消费税。

应税计算：（1）从量消费税 = 1 000 × 0.5 = 500（元）

（2）组成计税价格 = (12 000 + 12 000 × 10% + 500) ÷ (1 – 20%) = 17 125（元）

（3）从价消费税 = 17 125 × 20% = 3 425（元）

应纳消费税合计 = 500 + 3 425 = 3 925（元）

（3）按移送使用数量计税。自产自用应税消费品实行从量计税的，以应税消费品的移送使用数量计算纳税。

$$应纳税额 = 移送使用数量 × 定额税率$$

【案例·计算题】

某啤酒厂将自产啤酒 3 吨作为夏令用品发给职工，该企业啤酒的对外销售价格为 1 755 元/吨。计算该企业应纳消费税。

应税分析：自产啤酒用于职工福利，应征消费税，以自用数量计税，该产品的对外售价为 1 755 元/吨，确定啤酒税率为 220 元/吨。

应税计算：应纳消费税 = 3 × 220 = 660（元）

三、委托加工应纳消费税的计算

微课视频 2-3：委托加工应税消费品的税务处理。观看视频，请扫描二维码。

1. 委托加工应税消费品的确定。委托加工的应税消费品是指由委托方提供原料和主要材料，受托方只收取加工费和代垫部分辅助材料加工的应税消费品。

应用提示

由受托方提供原材料生产，或者受托方先将原材料卖给委托方，然后再接受加工，以及由受托方以委托方名义购进原材料生产的应税消费品，不论纳税人在财务上是否作销售处理，都不得作为委托加工应税消费品，而应当按照销售自制应税消费品缴纳消费税。

2. 委托加工应纳消费税由受托方代收代缴。税法规定，纳税人委托加工应税消费品应纳的消费税由受托方在向委托方交货时代收代缴。受托方为个体经营者，委托方收回后在委托方所在地缴纳消费税。

委托方将收回的应税消费品，以不高于受托方的计税价格直接出售的，不再缴纳消费税；委托方以高于受托方的计税价格出售的，不属于直接出售行为，需按照规定申报缴纳消费税，在计税时准予扣除受托方已代收代缴的消费税。

3. 委托加工应纳消费税的计税依据。委托加工的应税消费品，按照受托方同类消费品的销售价格计算纳税；没有同类消费品销售价格的，按照组成计税价格计算纳税。

（1）按同类消费品的销售价格计税。同类消费品的销售价格，是指受托方当月销售的同类消费品的销售价格，如果当月同类消费品各期销售价格高低不同，应按销售数量加权平均计算。

【案例·计算题】

甲卷烟厂委托乙烟丝加工厂加工烟丝 8 吨，已知乙烟丝加工厂当月销售同类烟丝的价格为每吨 62 000 元，烟丝的消费税税率为 30%，计算乙厂代收代缴的消费税。

应税计算：应代收代缴消费税 = 8 × 62 000 × 30% = 148 800（元）

（2）按组成计税价格计税。没有同类消费品销售价格的，按照组成计税价格计算纳税。组成计税价格计算公式为：

从价计税：组成计税价格 =（材料成本 + 加工费）÷（1 - 消费税比例税率）

复合计税：组成计税价格 =（材料成本 + 加工费 + 加工数量 × 定额税率）÷（1 - 消费税比例税率）

应用提示

材料成本，是指委托方提供加工材料的实际成本（纳税人必须在委托加工合同上如实注明材料成本）。加工费，是指受托方向委托方收取的全部费用（包括代垫辅助材料的实际成本，不包括增值税税金）。

（3）按收回委托加工数量计税。委托加工应税消费品实行从量计税的，以委托加工应税消费品收回的数量计算纳税。

$$应纳税额 = 委托加工应税消费品收回的数量 × 定额税率$$

【案例·计算题】

A厂用250吨粮食（成本20万元），委托B酒厂加工成粮食白酒50吨，B酒厂收取加工费5万元，B酒厂垫付辅助材料费2万元，A厂取得B厂开具的增值税专用发票，B酒厂无同类粮食白酒的售价。计算B酒厂代收代缴的消费税。

应税计算：（1）从量消费税 $= 50 × 2\,000 × 0.5 = 50\,000$（元）

（2）组成计税价格 $= (200\,000 + 50\,000 + 20\,000 + 50\,000) ÷ (1 - 20\%) = 400\,000$（元）

（3）代收代缴消费税合计 $= 50\,000 + 400\,000 × 20\% = 130\,000$（元）

四、进口环节应纳消费税的计算

微课视频2-4： 进口环节应纳消费税的计算。观看视频，请扫描二维码。

1. 进口从价计税的应税消费品。纳税人进口从价计税的应税消费品，按照组成计税价格和规定的税率计算应纳税额。

$$组成计税价格 = (关税完税价格 + 关税) ÷ (1 - 消费税比例税率)$$
$$应纳税额 = 组成计税价格 × 消费税比例税率$$

注意： 消费税中三个"组成计税价格"公式的差异！

视频：进口环节应纳消费税的计算

【案例·计算题】

某贸易公司进口一批乘用车，该批乘用车的关税完税价格为150万元，关税税率为20%，消费税税率为12%，计算该公司进口乘用车应纳消费税。

应税计算：

（1）组成计税价格 $= 150 × (1 + 20\%) ÷ (1 - 12\%) = 204.55$（万元）

（2）应纳消费税 $= 204.55 × 12\% = 24.55$（万元）

2. 进口从量计税的应税消费品。纳税人进口从量计税的应税消费品，计税依据为海关核定的应税消费品进口数量。

$$应纳税额 = 应税消费品进口数量 × 消费税定额税率$$

【案例·计算题】

某企业进口柴油 180 吨，柴油定额税率为 1.2 元/升，计算该企业应纳消费税。

应税计算：

（1）进口数量 = 180 × 1 176 = 211 680（升）

（2）应纳消费税 = 211 680 × 1.2 = 254 016（元）

3. 进口复合计税的应税消费品。

$$组成计税价格 = （关税完税价格 + 关税 + 进口数量 × 定额税率）$$
$$÷（1 - 消费税比例税率）$$

$$应纳税额 = 组成计税价格 × 消费税比例税率 + 进口数量 × 定额税率$$

【案例·计算题】

某商场进口粮食白酒 1 000 瓶，每瓶 500 克，关税完税价为每瓶 150 元，关税税率为 30%。粮食白酒适用复合税率，比例税率为 20%，定额税率为 0.5 元/斤。计算该企业进口粮食白酒应纳消费税。

应税计算：

（1）从量消费税 = 1 000 × 0.5 = 500（元）

（2）从价消费税。

①组成计税价格 = [150 × 1 000 × （1 + 30%） + 500] ÷ （1 - 20%） = 244 375（元）

②从价消费税 = 244 375 × 20% = 48 875（元）

（3）应纳消费税合计：500 + 48 875 = 49 375（元）

五、已纳消费税扣除的计算

微课视频 2 - 5：消费税已纳税款扣除的条件。观看视频，请扫描二维码。

为了避免重复征税，现行消费税规定，将外购应税消费品和委托加工收回的应税消费品继续生产应税消费品销售的，可以将外购应税消费品和委托加工收回应税消费品已缴纳的消费税给予扣除。

视频：消费税
已纳税款扣除
的条件

1. 扣税范围。

（1）以外购或委托加工收回的已税烟丝生产的卷烟；

（2）以外购或委托加工收回的已税高档化妆品生产的高档化妆品；

（3）以外购或委托加工收回的已税珠宝玉石生产的贵重首饰及珠宝玉石；

（4）以外购或委托加工收回的已税鞭炮焰火生产的鞭炮焰火；

（5）以外购或委托加工收回的已税杆头、杆身和握把为原料生产的高尔夫球杆；

（6）以外购或委托加工收回的已税木制一次性筷子为原料生产的木制一次

性筷子；

（7）以外购或委托加工收回的已税实木地板为原料生产的实木地板；

（8）以外购或委托加工收回的已税汽油、柴油、石脑油、润滑油、燃料油连续生产的应税成品油；

（9）以外购啤酒液为原料连续生产啤酒、以外购葡萄酒为原料连续生产应税葡萄酒。

应用提示 已纳消费税扣除应注意的问题

1. 扣税范围不包括酒类（啤酒液、葡萄酒除外）、小汽车、摩托车、高档手表、游艇、小部分成品油、电池、涂料；

2. 批发、零售环节纳税的应税消费品不得扣除已纳消费税；

3. 扣税前后的税目必须一致，不得跨税目抵扣；

4. 当期不足抵扣的已纳消费税税额可以结转到下期继续抵扣。

【案例·分析题】

分析下列外购已税消费品用于连续生产应税消费品销售时，允许扣除外购应税消费品已纳消费税税款的有哪些。

A. 外购已税游艇生产的游艇

B. 外购已税烟丝生产的卷烟

C. 外购已税高档化妆品生产的高档化妆品

D. 外购已税白酒生产的白酒

应税分析：BC 允许扣除已纳消费税税款，白酒和游艇的已纳消费税不能抵扣。

2. 扣税方法。税法规定应按当期生产领用数量计算准予扣除外购或委托加工收回的应税消费品已纳的消费税税款。计算公式为：

（1）外购应税消费品：

①当期准予扣除的已纳消费税＝准予扣除的外购应税消费品的买价或数量 × 外购应税消费品的适用税率（或税额）

②当期准予扣除的外购应税消费品的买价或数量＝期初库存的外购应税消费品买价或数量 + 当期购进的应税消费品买价或数量 - 期末库存的应税消费品买价或数量

（2）委托加工收回的应税消费品：

当期准予扣除的已纳消费税＝期初库存的已纳消费税 + 当期收回的已纳消费税 - 期末库存的已纳消费税

【案例·计算题】

某实木地板厂为增值税一般纳税人，长期外购未经涂饰的素板加工生产某种品牌实木地板，9月初库存外购素板 200 000 元，当月购入素板 600 000 元，期末库存外购素板 100 000 元。当月销售实木地板取得收入 1 600 000 元（不含税），实木地板的消费税税率为 5%，计算该厂应纳消费税。

应税计算：

（1）应纳消费税 = 1 600 000 × 5% = 80 000（元）

（2）准予扣除的消费税 =（200 000 + 600 000 – 100 000）× 5% = 35 000（元）

（3）实际应纳消费税 = 80 000 – 35 000 = 45 000（元）

六、出口应税消费品的退（免）税处理

（一）出口应税消费品退（免）税政策

1. 又免又退。适用于有出口经营权的外贸企业购进出口的应税消费品。

2. 只免不退。生产企业自营出口或者委托外贸企业代理出口，出口时免征消费税，无须退税。

3. 不免不退。其他工贸企业出口货物，出口时，按规定缴纳消费税，不退还其以前环节已征的消费税。

（二）出口应税消费品退税率

消费税出口退税率与征税率相同。如果企业出口应税消费品适用多种税率的，应分别核算，分别按不同税率计算退税；未分别核算的，一律从低适用税率计算消费税出口退税额。

（三）消费税出口退税的计算方法

消费税的计算方法有从价计征、从量计征和从价从量复合计征三种方法。相应地，消费税的出口退税也有以下三种计算方法：

1. 从价计征。

出口应退消费税 = 出口货物不含税购进金额 × 消费税比例税率

2. 从量计征。

出口应退消费税 = 出口应税消费品的销售数量 × 消费税定额税率

3. 复合计征。

出口应退消费税 = 出口货物不含税购进金额 × 消费税比例税率
+ 出口应税消费品的出口数量 × 消费税定额税率

【案例·计算题】

某外贸公司为增值税一般纳税人，从摩托车厂购进摩托车（排气量 250 毫升）1 000 辆，直接报关离境出口；取得的增值税专用发票注明的单价是每辆

5 000 元，支付从摩托车厂到出境口岸的运费 16 000 元，装卸费 4 000 元，离岸价每辆 720 美元（美元与人民币汇率 1 : 8.3）。摩托车消费税税率为 3%，计算该公司出口应退消费税税款。

应税计算： 出口应退消费税 = 1 000 × 5 000 × 3% = 150 000（元）

（四）办理退（免）税后发生退关或国外退货的消费税处理

1. 外贸企业办理退税后发生退关或国外退货的：应于报关时补缴已退的消费税。
2. 生产企业办理免税后发生退关或国外退货的：报关时不需补税，转内销时补缴消费税。

任务三　消费税申报缴纳

一、纳税义务发生时间

1. 生产销售的应税消费品。
（1）赊销和分期收款结算方式：销售合同规定的收款日期的当天；书面合同没有约定收款日期或者无书面合同的，为发出应税消费品当天。
（2）预收货款结算方式：发出应税消费品的当天。
（3）托收承付和委托银行收款方式：发出应税消费品并办妥托收手续的当天。
（4）其他结算方式：收讫销售款或者取得索取销售款的凭据的当天。
2. 自产自用的应税消费品：移送使用的当天。
3. 委托加工的应税消费品：纳税人提货的当天。
4. 进口的应税消费品：报关进口的当天。

二、纳税期限

1. 消费税纳税期限分别为 1 日、3 日、5 日、10 日、15 日，1 个月或 1 个季度。纳税人的纳税期限，由主管税务机关根据纳税人应纳税额大小分别核定，不能按期纳税的，可以按次纳税，具体期限如下：
纳税人以 1 个月或 1 个季度为一期纳税的，自期满之日起 15 日内申报纳税；以 1 日、3 日、5 日、10 日、15 日为一期纳税的，自期满之日起 5 日内预缴税款，次月 1 日起 15 日内，申报纳税并结清上月应纳税款。
2. 进口应税消费品：海关填发海关进口消费税专用缴款书之日起 15 日内缴纳税款。

三、纳税地点

1. 销售及自产自用的应税消费品：纳税人核算地主管税务机关。

2. 委托加工的应税消费品：

（1）委托单位加工的：受托方所在地主管税务机关。

（2）委托个人加工的：委托方机构所在地或者居住地主管税务机关。

3. 进口的应税消费品，报关地海关。

4. 跨县销售应税消费品的：机构所在地或者居住地主管税务机关。

5. 总分机构不在同一县市的：各自机构所在地的主管税务机关。总分机构不在同一县市，但在同一省范围内，经批准，可以由总机构汇总向总机构所在地主管税务机关申报缴纳消费税。

四、消费税的纳税申报

缴纳消费税的纳税人无论有无发生消费税的纳税义务，均应于次月1日至15日内向主管税务机关办理消费税的纳税申报，并填制消费税纳税申报表。

消费税纳税申报资料包括消费税纳税申报表及其附列资料。

1. 消费税纳税申报表：按应税消费品的类别设计。

包括烟类应税消费品消费税纳税申报表、酒类应税消费品消费税纳税申报表、成品油消费税纳税申报表、小汽车消费税纳税申报表、电池消费税纳税申报表、涂料消费税纳税申报表、其他应税消费品消费税纳税申报表。

2. 消费税附列申报资料。

主要包括本期准予抵减（扣）税额计算表、本期代收代缴税额计算表、销售明细表、准予扣除消费税凭证明细表、生产经营情况表等。

任务四　消费税计税报税实务操作

一、公司基本情况

公司注册名称：成都长留酒业有限公司

公司注册地址、电话：成都市武侯区濯锦路 12 号 028 - 84642044

纳税人识别号：330100165586134　　　开户银行：中国工商银行成都分行

账号：33222012040333028　　　公司注册资本：300 万元

公司法定代表人：白子画　　　总经理：胡小玉

经营范围：成都长留酒业有限公司是一家从事酒类商品生产和销售为主的有限责任公司，增值税一般纳税人，销售商品增值税税率为 13%，增值税出口退税率为 13%。公司固定资产采用直线法计提折旧，成本采用月末一次加权平均法，应收账款采用备抵法，所得税计算法采用资产负债表债务法。

其他信息：公司需申报缴纳的税种包括：增值税、消费税、企业所得税等企业生产经营过程中涉及的税费，其中城建税执行7%的征收率，教育费附加执行3%的征收率，地方教育附加执行2%的征收率。本月 14 日缴纳上月增值税

257 813 元、消费税 300 000 元。主要产品类型、单价和消费税税率见表 2-4。

表 2-4　　　　　主要产品类型、单价和消费税税率　　　　　单位：元

产品类型	单位	单价 （不含税）	单价 （含税）	成本	消费税税率
风云牌啤酒	瓶（550ml）	5	5.65	2	250 元/吨
听雪牌啤酒	瓶（550ml）	10	11.3	5	250 元/吨
醉樱牌红酒	瓶（1 000ml）	300	339	100	10%
仙桃牌散装白酒	斤	50	56.5	20	20%；0.5/500g
琼池牌散装白酒	斤	70	79.1	30	20%；0.5/500g

注：啤酒 1 吨 = 988 升 = 988 000 毫升，白酒 1 吨 = 2 000 斤。

二、2019 年 12 月经济业务资料

附：2019 年 12 月【业务 1】至【业务 7】原始凭证二维码，请扫描。

【业务 1】2019 年 12 月 1 日，向四川清源酒业有限公司（纳税人识别号：330199999000147）销售仙桃牌白酒 5 吨、琼池牌白酒 5 吨，货已发，款项已收到，开具增值税专用发票注明价款 1 200 000 元，增值税 156 000 元。上述款项均已收存公司的工商银行账户。附原始凭证：出库单（见表 2-5）、增值税专用发票记账联（见图 2-1）、中国工商银行进账单（收账通知见图 2-2）。（本月其他业务原始凭证请扫描二维码）

要求：进行销售业务的账务处理，填制 2 张记账凭证。

文本：消费税业务原始凭证

表 2-5　　　　　　　**成都长留酒业有限公司出库单**

提货单位及部门：四川清源酒业有限公司　　　　2019 年 12 月 1 日　　　　　No1912001

商品名称及规格	单位	应发数量	实发数量	单价	金额	备注
仙桃牌白酒	斤	10 000	10 000	20.00	200 000.00	
琼池牌白酒	斤	10 000	10 000	30.00	300 000.00	
合计	斤	20 000	20 000		￥500 000.00	

部门经理：　　　会计：　　　仓库主管：吴阳均　　　　经办人：周红梅

第三联　财务

3600151320　　**四川省增值税专用发票**　№ 05871813

开票日期：2019 年 12 月 1 日

购买方	名　称：四川清源酒业有限公司 纳税人识别号：330199999000147 地址、电话：成都市青羊区二仙路 12 号 028-84641044 开户行及账号：中国工商银行成都分行 33222012040333028	密码区	1*47<54*->567*-516//32<65<*32+6//32<65<*3+1 12+325-986<74>22584-8-35<>56>>92+389-498<3 2-055-456<78>14785-8-53<>20>+892+365-896<4 18<764>534//33-8-812><126>>37592+147-413<8

货物应税劳务、服务名称	规格型号	单位	数　量	单　价	金　额	税率	税　额
仙桃牌散装白酒		斤	10 000	50.00	500 000.00	13%	65 000.00
琼池牌散装白酒		斤	10 000	70.00	700 000.00	13%	91 000.00
合　　计					￥1 200 000.00		￥156 000.00

价税合计（大写）	⊗壹佰叁拾伍万陆仟元整		（小写）　￥1 356 000.00

销售方	名　称：成都长留酒业有限公司 纳税人识别号：330100165586134 地址、电话：成都市武侯区潘锦路 12 号 028-84642044 开户行及账号：中国工商银行成都分行 33222012040333028	备注	

收款人：王聘　　复核：陈野　　开票人：王聘　　销货单位：（章）

图 2-1　增值税专用发票记账联

中国工商银行单位客户专用回单

币别：人民币　　　　　2019 年 12 月 1 日　　　　　流水号：360602145008000004

付款人	全　称	四川清源酒业有限公司	收款人	全　称	成都长留酒业有限公司
	账　号	86222012040333028		账　号	43322201204033028
	开户行	中国工商银行成都分行		开户行	中国工商银行成都分行

金　额	（大写）人民币　壹佰叁拾伍万陆仟元整		（小写）￥1 356 000.00
凭证种类	电子转账凭证	凭证号码	000206824804
结算方式	转账	用　途	货款
		打印柜员：360660450001 打印机构：工商银行成都分行 打印卡号：3606600001001099	

打印时间：2019-12-1　11：07：40　　交易柜员：360001450D36　　交易机构：360001450

图 2-2　中国工商银行进账单

【业务 2】2019 年 12 月 2 日，将库存的 10 吨粮食送往清源酒业有限公司（纳税人识别号：330199999000147）加工高度白酒，用于勾兑低度白酒。该批粮食的账面成本为 10 000 元，受托加工单位已经收到粮食并开具产品入库单。原始凭证：出库单。

要求：进行委托加工业务的账务处理，填制 1 张记账凭证。

【业务 3】2019 年 12 月 4 日，向蜀园大饭店（纳税人识别号：340199999000147）销售醉樱牌红酒 1 000 瓶。销售风云牌啤酒 1 000 件（12 瓶/件），开具增值税普通发票，注明价税合计金额 406 800 元，另收取啤酒包装物押金 10 000 元，开具收款收据；上述款项均已收存公司的工商银行账户。原始凭证：增值税普通发票记账联、押金收款收据、中国工商银行进账单（收账通知）。

包装物押金应税规定。

一般货物包装押金，单独核算，押期一年以内，且不过期，不计征增值税。除啤酒、黄酒以外的其他酒类产品包装物押金，不论如何核算，均应于收取押金时计征增值税。包装物押金应视为含税收入，计税时应换算成不含增值税的价格计算增值税和消费税。

啤酒消费税应税规定。

（1）计算啤酒应纳消费税时，应先计算啤酒出厂价，进而确定啤酒适用税率。啤酒出厂价包括售价、包装物及包装物押金但不含增值税。

（2）娱乐业、饮食业、商业自制啤酒销售，不论售价高低，均按每吨 250 元征收消费税。

要求：进行销售业务的账务处理，填制 3 张记账凭证。

【业务 4】2019 年 12 月 7 日，将自产的仙桃牌散装白酒 50 斤赠送客户，并将自产的仙桃牌散装白酒 2 吨继续加工成琼池牌白酒。产品出库单注明原始凭证如下：

自产自用应税消费品在增值税和消费税中的规定。

自产应税消费品用于不动产在建工程、集体福利、个人消费（交际应酬）、投资、无偿捐赠等方面，应同时缴纳增值税和消费税。

自产的应税消费品用于连续生产非应税消费品、设备使用、管理部门和销售部门，属于消费税自产自用用于其他方面的情况，但不属于增值税的视同销售，只需要缴纳消费税。

要求：进行自产自用业务的账务处理，填制 2 张记账凭证。

【业务 5】2019 年 12 月 12 日，公司收回清源酒业有限公司加工的粮食白酒 200 斤，并支付加工费 5 000 元（不含税），取得增值税专用发票；清源公司代收代缴了白酒的消费税（清源公司没有同类白酒的售价）。上述款项均已转账支付。收回的白酒 50% 用于勾兑低度白酒，50% 用于对外销售。原始凭证：代扣代缴税款凭证、增值税专用发票发票联、工商银行转账支票存根、委托加工产品入库单。

委托加工应税消费品的税务处理。

1. 委托加工应税消费品由受托方在向委托方交货时代收代缴消费税。受托方应代扣的消费税，按照受托方同类消费品的销售价格计算纳税，没有同类消费品销售价格的，按照组成计税价格计算纳税。

2. 委托方将收回的应税消费品，直接出售（售价不高于受托方的计税价格），不再缴纳消费税；用于连续生产应税消费品（包括加价销售）的，其由受托方代扣代缴的消费税按规定准予抵扣。

要求：进行委托加工业务的账务处理，填制 2 张记账凭证。

【业务 6】2019 年 12 月 14 日，公司将委托加工收回的白酒 100 斤用于勾兑低度白酒，剩下的粮食白酒销售给文君酒业有限公司（纳税人识别号：330179999000147），开具增值税专用发票不含税销售额 10 000 元，货款未收到，已开具增值税专用发票。原始凭证：产品出库单、增值税专用发票记账联。

要求：进行销售业务的账务处理，填制 3 张记账凭证。

【业务 7】2019 年 12 月 27 日，公司将勾兑的低度白酒 500 斤（成本为 10 000 元）销售给文君酒业有限公司（纳税人识别号：330179999000147），开具增值税专用发票不含税销售额 25 000 元，款项尚未收到。公司同时收取包装物押金 1 000 元、包装物租金 700 元（包装物成本共 500 元），开具收款收据，对方公司以现金交付。原始凭证：增值税专用发票记账联、收款收据、产品出库单。

要求：进行销售业务的账务处理，填制 3 张记账凭证。

【业务 8】2019 年 12 月 31 日，完成 2019 年 12 月应缴纳的增值税。消费税计算已于销售实现时计提，月末编制消费税汇总计算表核对即可，不需进行账务处理。

要求：编制增值税汇总计算表和消费税汇总计算表（见表 2-6 和表 2-7），转出本月未交增值税，填制 1 张记账凭证。

表 2-6　　　　　　　　　增值税应纳税额汇总计算表

2019 年 12 月 31 日　　　　　　　　　　　　单位：元

		应税货物、劳务、服务名称	税率（%）	计税销售额	销项税额	备注
一般计税法	销项税额					
		小计				
		购进货物、劳务、服务	税率（%）	计税金额	进项税额	
	进项税额					
		小计				
	应纳增值税额					
	转出本月未交增值税					
	期末留抵税额					

制单人：宋丽　　　　　　　　　　　　　　审核人：徐明

表 2 − 7　　　　　　　　　消费税应纳税额汇总计算表

2019 年 12 月 31 日　　　　　　　　　　　　单位：元

序号	应税消费品名称	单位	数量	金额	税率	应纳税额
1						
2						
3						
4						
5						
6						
7						
合计		—	—	—	—	—
备注						

制单人：宋丽　　　　　　　　　　　　　　　　审核人：徐明

应交消费税计算应注意的问题。

企业发生应税消费品销售或视同销售业务时，消费税的计算和会计处理可以在业务发生当时处理，月末汇总；也可在月末汇总本月应税消费品的销售额或销售数量，综合计算本月应纳消费税，并进行相应会计处理。

【业务 9】 2020 年 1 月 10 日，完成 2019 年 12 月应缴纳的随征税费计算。要求：编制应纳城建税与教育费附加计算表（见表 2 − 8），进行计提税费的会计处理，填制 1 张记账凭证。

表 2 − 8　　　　　　　　　应纳城建税与教育费附加计算表

2020 年 1 月 10 日　　　　　　　　　　　　单位：元

税种	适用税种	计税金额	税率（％）	应缴税额
城建税	增值税		7	
	消费税			
	小计			
教育费附加	增值税		3	
	消费税			
	小计			
地方教育附加	增值税		2	
	消费税			
	小计			
合计				

【业务 10】 填写 2019 年 12 月的增值税纳税申报表主表，以及酒类消费税纳税申报表。

增值税纳税申报表、酒类消费税纳税申报表，请扫描二维码。

文本：2019 年增值税纳税申报表

文本：酒类产品消费税纳税申报表

三、计税实务操作处理

【业务1】

税务处理：销售应税消费品开具增值税专用发票，应计征增值税销项税和消费税。

增值税销项税额 = (5 × 2 000 × 50 + 5 × 2 000 × 70) × 13% = 156 000（元）

消费税额 = (5 × 2 000 × 50 + 5 × 2 000 × 70)) × 20% + (5 × 2 000 × 2 × 0.5) = 250 000（元）

会计处理：填制 3 张记账凭证。

1. 销售货物。

借：银行存款　　　　　　　　　　　　　　　　　　　　1 356 000
　　贷：主营业务收入——仙桃白酒　　　　　　　　　　　　　500 000
　　　　　　　　　　　——琼池白酒　　　　　　　　　　　　700 000
　　　　应交税费——应交增值税（销项税额）　　　　　　　156 000

2. 结转成本。

借：主营业务成本——仙桃白酒　　　　　　　　　　　　　200 000
　　　　　　　　　　——琼池白酒　　　　　　　　　　　　300 000
　　贷：库存商品——仙桃白酒　　　　　　　　　　　　　　200 000
　　　　　　　　　——琼池白酒　　　　　　　　　　　　　300 000

3. 计提消费税。

借：税金及附加　　　　　　　　　　　　　　　　　　　250 000
　　贷：应交税费——应交消费税　　　　　　　　　　　　　250 000

【业务2】

税务处理：委托加工应税消费品在委托环节没有发生纳税义务，待产品加工完成后，委托方提货时，才发生增值税和消费税的纳税义务。

会计处理：填制 1 张记账凭证。

发出材料委托加工：

借：委托加工物资——高度白酒　　　　　　　　　　　　　10 000
　　贷：原材料——粮食　　　　　　　　　　　　　　　　　10 000

【业务3】

税务处理：销售应税消费品开具增值税普通发票，应计征增值税销项税和消费税，啤酒从量计税，1 吨 = 988 毫升。

增值税销项税额 = (1 000 × 12 × 5 + 1 000 × 300) × 13% = 46 800（元）

消费税额 = 1 000 × 12 × 550 ÷ 1 000 ÷ 988 × 250 + 1 000 × 300 × 10% = 31 670（元）

会计处理：填制 3 张记账凭证。

1. 销售货物。

借：银行存款　　　　　　　　　　　　　　　　　　　　416 800

```
贷：主营业务收入——风云牌啤酒                    60 000
              ——醉樱牌红酒                      300 000
        应交税费——应交增值税（销项税额）           46 800
        其他应付款——成都蜀园大饭店（押金）         10 000
```

2. 结转成本。

```
借：主营业务成本——风云牌啤酒                    24 000
              ——醉樱牌红酒                      100 000
    贷：库存商品——风云牌啤酒                      24 000
              ——醉樱牌红酒                      100 000
```

3. 计提消费税。

```
借：税金及附加                                  31 670
    贷：应交税费——应交消费税                      31 670
```

【业务4】

税务处理：将自产的应税消费品赠送客户，应视同销售计征增值税销项税和消费税；自产的应税消费品连续加工成应税消费品不进行税务处理。

增值税销项税 = 50×50×13% = 325（元）

消费税额 = 50×50×20% + 50×0.5 = 500 + 25 = 525（元）

会计处理：填制2张记账凭证。

1. 对外赠送。

```
借：营业外支出                                  1 850
    贷：库存商品——仙桃牌散装白酒                   1 000
        应交税费——应交增值税（销项税额）           325
              ——应交消费税                      525
```

2. 连续加工。

```
借：原材料——仙桃牌散装白酒                       80 000
    贷：库存商品——仙桃牌散装白酒                   80 000
```

【业务5】

税务处理：支付加工费取得增值税专用发票可以抵扣相应的进项税，受托方代扣的委托加工白酒的消费税，连续生产不允许抵扣，记入"委托加工物资"；直接出售允许抵扣，借记"应交税费——应交消费税"。

增值税进项税额 = 5 000×13% = 650（元）

代收代缴的消费税 = [（10 000 + 5 000 + 200×0.5）÷（1 − 20%）]×20% + 200×0.5 = 3 875（元）

会计处理：填制2张记账凭证。

1. 收回委托加工产品。

```
借：委托加工物资                                6 937.5
    应交税费——应交增值税（进项税额）             650
          ——应交消费税                        1 937.5
    贷：银行存款                                9 525
```

2. 结转委托加工物资成本。

借：原材料——粮食白酒   16 937.5

  贷：委托加工物资   16 937.5

【业务6】

税务处理：委托加工收回的应税消费品连续生产应税消费品不作税务处理，委托加工收回的应税消费品直接销售，以不高于受托方的计税价格直接出售的，不再缴纳消费税；以高于受托方的计税价格出售的，不属于直接出售，需按照规定申报缴纳消费税，在计税时准予扣除白酒已纳消费税。

白酒售价 = 10 000（元），高于受托方计税价格 = 16 937.5 × 50% = 8 468.75（元），应纳消费税。

增值税销项税额 = 10 000 × 13% = 1 300（元）

应纳消费税额 = 10 000 × 20% + 100 × 0.5 = 2 050（元）[月末申报纳税时，允许抵扣已纳消费税 = 3 875 × 50% = 1 937.5（元），实际应纳消费税 2 050 − 1 937.5 = 112.5（元）]

会计处理：填制 3 张记账凭证。

1. 销售货物。

借：应收账款——文君酒业有限公司   11 300

  贷：其他业务收入   10 000

    应交税费——应交增值税（销项税额）   1 300

2. 结转成本。

借：其他业务成本   7 500

  贷：原材料——粮食白酒   7 500

3. 计提消费税。

借：税金及附加   2 050

  贷：应交税费——应交消费税   2 050

【业务7】

税务处理：公司将委托加工收回的白酒连续生产成其他白酒对外销售，由受托方代收代缴的消费税款，不能从消费税税额中抵扣。除啤酒、黄酒以外的其他酒类产品包装物押金，不论如何核算，是否过期，均应于收取押金时计征增值税。其中包装物租金是价外费用，也应在收到时并入销售额计税，押金的销项税额由销售方自己承担，记入"销售费用"。

增值税销项税额 = (25 000 + 1 000 ÷ 1.13 + 700 ÷ 1.13) × 13% = 3 445.58（元）

消费税额 = [25 000 + (1 000 + 700) ÷ 1.13] × 20% + 500 × 0.5 = 5 550.88（元）

会计处理：填制 3 张记账凭证。

1. 销售货物并收取包装物押金和租金。

借：应收账款——文君酒业有限公司   28 250

  现金   1 700

	销售费用		115.04
贷：	主营业务收入		25 000.00
	其他业务收入		619.47
	应交税费——应交增值税（销项税额）		3 445.57
	其他应付款——文君酒业有限公司（押金）		1 000

2. 结转成本。

借：主营业务成本　　　　　　　　　　　　　　　　10 000
　　贷：库存商品　　　　　　　　　　　　　　　　　　　10 000

3. 计提消费税。

借：税金及附加　　　　　　　　　　　　　　　　　5 550.88
　　贷：应交税费——应交消费税　　　　　　　　　　　　5 550.88

【业务8】

（1）编制本月增值税汇总计算表（见表 2 - 9），若应纳税额＞0，则为本月实际应纳增值税税额，月末转出本月未交增值税；应纳税额＜0，则为期末留抵税额。填制 1 张记账凭证。

表 2 - 9　　　　　　　　增值税应纳税额汇总计算表

2019 年 12 月 31 日　　　　　　　　　　　　　　　单位：元

		应税货物、劳务、服务名称	税率（%）	计税销售额	销项税额	备注
一般计税法	销项税额	白酒	13	1 200 000	156 000	其中： 白酒销售额： 1 239 004.42 元 红酒销售额： 300 000 元 啤酒销售额： 60 000 元
		啤酒	13	60 000	7 800	
		红酒	13	300 000	39 000	
		白酒	13	2 500	325	
		白酒	13	10 000	1 300	
		白酒	13	26 504.42	3 445.58	
		小计		1 599 004.42	207 870.58	
	进项税额	购进货物、劳务、服务	税率（%）	计税金额	进项税额	
		加工费	13	5 000	650	
		小计			650	
应纳增值税额		207 870.58 - 650 = 207 220.58				
转出本月未交增值税		207 220.58				
期末留抵税额		0				

转出本月未交增值税：

借：应交税费——应交增值税（转出未交增值税）　　207 220.58

贷：应交税费——未交增值税　　　　　　　　　　　　　207 220.58

（2）编制消费税汇总计算表（见表 2-10），消费税计提税金工作平时已处理，月末汇总计算本月申报的实际应纳消费税即可。

本月实际应纳消费税＝本月应纳消费税－本月允许抵扣的已纳消费税

注意：酒类产品（除啤酒液、葡萄酒外）的已纳消费税税额不得抵扣。

表 2-10　　　　　　　　　　　　消费税应纳税额汇总表

2019 年 12 月 31 日

序号	应税消费品	数量	金额（元）	税率	应纳税额（元）
1	白酒（斤）	20 000	1 200 000	20%，0.5 元/斤	250 000
2	啤酒（毫升）	6 600 000	60 000	250 元/吨	1 670
3	红酒（瓶）	1 000	300 000	10%	30 000
4	白酒（斤）	50	2 500	20%，0.5 元/斤	525
6	白酒（斤）	100	10 000	20%，0.5 元/斤	2 050
7	白酒（斤）	500	26 504.42	20%，0.5 元/斤	5 550.88
	合计	—	—	—	289 795.88
允许抵扣的已纳消费税（元）	1 937.5				
实际应纳消费税（元）	287 858.38				
备注	其中：白酒销售数量 20 650 斤，销售额 1 239 004.42 元；啤酒销售数量 6 600 000 毫升÷1 000÷988＝6.68 吨；红酒销售额 300 000 元				

【业务 9】编制本月应缴纳城市维护建设税与教育费附加计算表（见表 2-11），计提随征税费，填制 1 张记账凭证。

表 2-11　　　　　　　应缴纳城市维护建设税与教育费附加计算表

2019 年 12 月 31 日　　　　　　　　　　　　　　　单位：元

税种	适用税种	计税金额	税率（%）	应缴税额
城建税	增值税	207 220.58	7	14 505.44
	消费税	287 858.38		20 150.09
	小计			34 655.53
教育费附加	增值税	207 220.58	3	6 216.62
	消费税	287 858.38		8 635.75
	小计			14 852.37
地方教育附加	增值税	207 220.58	2	4 144.41
	消费税	287 858.38		5 757.17
	小计			9 901.58
合计				59 409.48

计提随征税费：

借：税金及附加　　　　　　　　　　　　　　　59 409.48

　　贷：应交税费——应交城建税　　　　　　　　34 655.53

　　　　　应交教育费附加税　　　　　　　　　　14 852.37

　　　　　应交地方教育附加　　　　　　　　　　 9 901.58

【业务 10】填写 2019 年 12 月的纳税申报表。请扫描二维码。

（1）增值税纳税申报表主表（增值税纳税申报表附表的填报见增值税计税实务处理）；

（2）酒类应税消费品消费税纳税申报表及附表。

文本：2019 年
增值税纳税申
报表

文本：酒类应
税消费品消费
税纳税申报表

消费税智能申报实训

消费税的智能申报实训，是通过利用网络实训平台“中联教育实训教学综合服务平台”进行。中联教育实训教学综合服务平台网址、打开方法如下：

1. 实训教学综合服务平台网址：sx. cailian. net

账号：17807025783

密码：tjt139277

2. 打开方法

登录中联教育实训教学综合服务平台后，单击智能财税（财税技能测评）→单击个人练习，进入技能练习模块，任选一套题，开始实训操作。

网址链接：https：//pan. baidu. com/s/1v77v1XgZc7pOniNNOeudBQ？pwd = twsb

教学资源库

本教材的配套在线课程《税费计算与智能申报》，建立在超星学习通平台。在线课程超星学习通平台网址：

https：//mooc1-gray. chaoxing. com/course-ans/ps/215910758

账号：15179294752

密码：zhouli19850315

登录网址，单击进入课程，填写账号、密码登录，进入《税费计算与智能申报》课程门中，即可阅读全部课程资源——教案、章节、资料、作业、考试、讨论等，单击需要学习的内容，即可配合教材，进行在线课程学习。

消费税技能训练题

一、应税选择（单选题）

1. 根据消费税法律制度的规定，下列各项中，应征消费税的是（　　　）。

A. 卷烟厂进口烟丝　　　　　　　B. 汽车厂销售卡车

C. 轮胎厂销售轮胎　　　　　　　D. 商店零售白酒

2. 下列应税消费品中，应在零售环节征收消费税的是（　　）。

A. 珠宝玉石　　　　　　　　　　B. 金银首饰

C. 小汽车　　　　　　　　　　　D. 高档化妆品

3. 根据消费税暂行条例的规定，下列项目中，应按委托加工业务计征消费税的是（　　）。

A. 委托方提供辅助材料，受托方代垫原材料和主要材料并加工

B. 委托方提供原材料和主要材料，受托方代垫部分辅助材料并加工

C. 受托方负责采购委托方所需原材料并加工

D. 受托方提供原材料和全部辅助材料并加工

4. 卷烟批发企业甲 10 月批发销售卷烟 500 箱，其中批发给另一卷烟批发企业 300 箱、零售专卖店 150 箱、个体烟摊 50 箱。每箱不含税批发价格为 13 000 元。卷烟批发环节的消费税税率为 11% 加 0.005 元/支，甲企业应缴纳的消费税为（　　）元。

A. 32 500　　　　B. 336 000　　　　C. 195 000　　　　D. 325 000

5. 下列应税消费品的生产经营环节中，既征收增值税又征收消费税的是（　　）。

A. 葡萄酒的批发环节　　　　　　B. 金银首饰的生产销售环节

C. 珍珠饰品的零售环节　　　　　D. 高档手表的生产销售环节

6. 纳税人将自产的应税消费品用于下列项目，不征收消费税的是（　　）。

A. 自产实木地板用于装修办公室　B. 自产小汽车调拨给管理部门使用

C. 自产高档化妆品用于交易会样品　D. 自产小汽车用于碰撞试验

7. 甲厂将一批原材料委托乙厂加工成应税消费品，该批原材料不含税价格 10 万元，乙厂收取加工费 3 万元（不含税），假定该应税消费品消费税税率 5%，甲厂、乙厂均为一般纳税人，则该业务消费税组成计税价格为（　　）万元。

A. 13.68　　　　B. 14.13　　　　C. 14.74　　　　D. 13

8. 甲化妆品生产企业本月从另一化妆品生产企业购进高档化妆品保湿精华一批，取得增值税专用发票上注明价款为 200 万元；当月领用其中的 40% 用于生产高档化妆品保湿粉底液并全部销售，取得收入 1 000 万元（不含税）。已知高档化妆品适用消费税税率为 15%。有关甲化妆品生产企业上述业务应当缴纳的消费税，下列计算列式正确的是（　　）。

A. 1 000 × 15% = 150（万元）

B. 1 000 × 15% − 200 × 15% × 40% = 138（万元）

C. 1 000 × 15% − 200 × 15% = 120（万元）

D. 1 000 × 15% − 200 × 15% × 60% = 132（万元）

9. 外购已税消费品用于生产应税消费品，不能扣除已纳消费税额的是（　　）。

A. 外购已税烟丝生产卷烟　　　　B. 外购已税金银首饰生产金银首饰

C. 外购已税实木地板生产实木地板　D. 外购已税摩托车生产摩托车

10. 下列各项中，符合消费税纳税义务发生时间规定的是（　　）。

A. 采取分期收款结算方式的，为发出应税消费品的当天

B. 采取托收承付结算方式的，为发出应税消费品并办妥托收手续的当天

C. 采取预收货款结算方式的，为收到预收款的当天

D. 委托加工的应税消费品，为纳税人收回后对外销售的当天

11. 纳税人将应税消费品与非应税消费品以及适用税率不同的应税消费品组成成套消费品销售的，应按应税消费品的（　　）计征消费税。

A. 平均税率 　　　　　　　　　　B. 最高税率

C. 不同税率分别 　　　　　　　　D. 最低税率

12. 某酒厂销售药酒，取得不含税收入为 200 万元，另收取包装物押金收入为 5.8 万元，药酒消费税税率为 10%。则其应纳的消费税为（　　）万元。

A. 20 　　　　　　B. 20.5 　　　　　　C. 20.585 　　　　　　D. 19.415

13. 某生产企业将本厂生产的高档化妆品，作为福利发给本厂职工。该产品没有同类消费品销售价格。生产成本为 10 000 元，成本利润率为 5%，化妆品消费税税率为 15%，则计税销售额为（　　）元。

A. 10 000 　　　　　　B. 10 500 　　　　　　C. 11 600 　　　　　　D. 12 352.94

14. 某啤酒厂销售 A 型啤酒 20 吨给副食品公司，开具增值税专用发票，注明价款 58 000 元，收取包装物押金 3 000 元，消费税税率：甲类啤酒 250 元/吨，乙类啤酒 220 元/吨。该啤酒厂应缴纳的消费税是（　　）元。

A. 5 000 　　　　　　B. 4 400 　　　　　　C. 7 200 　　　　　　D. 7 500

15. 某外贸公司从国外进口一批葡萄酒，关税完税价格 120 万元，葡萄酒关税税率 20%，消费税税率 10%，则外贸公司进口环节消费税计税依据为（　　）万元。

A. 120 　　　　　　B. 144 　　　　　　C. 160 　　　　　　D. 110.77

16. 甲企业 9 月向乙摩托车厂（增值税一般纳税人）订购摩托车 10 辆，每辆含增值税买价为 10 000 元，另支付改装费共计 30 000 元。已知，增值税税率为 13%，消费税税率为 10%。则乙摩托车厂上述业务应缴纳的消费税是（　　）元。

A. 10 000 　　　　　　B. 8 849.56 　　　　　　C. 13 000 　　　　　　D. 11 504.42

17. 甲实木地板生产企业 6 月从另一实木地板生产企业购进未经涂饰的实木素板一批，取得增值税专用发票上注明价款为 200 万元；当月领用其中的 60% 用于生产高档实木地板并全部销售，取得不含增值税销售收入 1 000 万元。已知实木地板适用消费税税率为 5%。甲实木地板生产企业上述业务应当缴纳的消费税是（　　）万元。

A. 50 　　　　　　B. 46 　　　　　　C. 44 　　　　　　D. 40

18. 某酒厂下设一非独立核算的门市部，8 月该酒厂共生产啤酒 100 吨，当月将其中 80 吨由总机构移送到非独立核算门市部用于销售，当月门市部实际对外销售啤酒 60 吨，则该酒厂当月就上述业务计算缴纳消费税的啤酒销售数量为（　　）吨。

A. 100　　　　　B. 80　　　　　C. 60　　　　　D. 0

19. 甲卷烟生产企业（增值税一般纳税人），8月，收回委托乙企业加工的 100 标准箱甲类卷烟，已知该卷烟生产企业提供不含税价款为 100 万元的原材料，同时支付不含税加工费 20 万元，乙企业无同类卷烟的销售价格，则乙企业当月应代收代缴消费税（　　）万元。（甲类卷烟消费税税率为 56% 加 150 元/箱）

A. 156.14　　　B. 155.58　　　C. 35.25　　　D. 38.75

20. 甲汽车厂将 1 辆生产成本 10 万元的自产小汽车用于抵偿债务，同型号小汽车不含增值税的平均售价为 20 万元/辆，不含增值税最高售价为 25 万元/辆。已知小汽车消费税税率为 5%。甲汽车厂该笔业务应缴纳的消费税是（　　）万元。

A. 0.5　　　　　B. 1　　　　　C. 1.25　　　　D. 0.525

二、应税选择（多选题）

1. 下列消费品，属于消费税征税范围的有（　　）。

A. 实木地板　　　　　　　　　B. 木制一次性筷子

C. 电动汽车　　　　　　　　　D. 酒精

2. 根据消费税法律制度的规定，下列各项中，不征收消费税的有（　　）。

A. 超市零售白酒　　　　　　　B. 汽车厂销售自产电动汽车

C. 地板厂销售自产实木地板　　D. 百货公司零售高档化妆品

3. 纳税人销售应税消费品向购买方收取的下列费用，应计入销售额征收消费税的有（　　）。

A. 手续费　　　　　　　　　　B. 优质费

C. 增值税销项税额　　　　　　D. 违约金

4. 根据消费税法律制度的规定，下列应税消费品采用复合方式计征消费税的有（　　）。

A. 黄酒　　　　　B. 白酒　　　　　C. 卷烟　　　　　D. 化妆品

5. 根据消费税法律制度的规定，下列业务，既征增值税又征消费税的有（　　）。

A. 日化厂销售自产洗发水　　　B. 葡萄酒厂销售自产葡萄酒

C. 商场零售卷烟、白酒　　　　D. 商贸公司进口小轿车

6. 根据消费税法律制度的规定，下列各项中，属于消费税纳税人的有（　　）。

A. 钻石的进口商　　　　　　　B. 高档化妆品的生产商

C. 白酒的批发商　　　　　　　D. 金首饰的零售商

7. 下列外购已税消费品用于连续生产应税消费品时，不得扣除已纳消费税的有（　　）。

A. 外购已税涂料生产实木地板　　B. 外购已税白酒生产的白酒

C. 外购已税烟丝生产的卷烟　　　D. 外购已税珠宝玉石生产的金银首饰

8. 企业下列自产自用应税消费品，应当征收消费税的有（　　）。

A. 自产啤酒发给职工做福利　　　B. 自产实木地板用作展销样品

C. 自产小汽车用于出厂前检验　　D. 自产高档化妆品用于广告

9. 某化妆品公司将新研制的高档化妆品与普通护肤护发品组成化妆品礼品盒，其中，高档化妆品的生产成本为 120 元/套，普通护肤护发品的生产成本为 70 元/套。将 100 套化妆品礼品盒赠送给某演出公司试用。其税务处理正确的有（ ）。（高档化妆品消费税税率 15%，高档化妆品成本利润率 5%）

A. 将礼品盒赠送给某演出公司，不需要缴纳增值税和消费税

B. 普通护肤护发品不属于应税消费品，礼品盒中的普通护肤护发品不缴纳消费税

C. 礼品盒中的普通护肤护发品需要按照高档化妆品税率缴纳消费税，同时缴纳增值税

D. 该化妆品公司应就赠送行为缴纳消费税 3 520.59 元

10. 下列各项中，应以纳税人同类应税消费品最高售价为计税依据，计征消费税的有（ ）。

A. 用于抵债的应税消费品

B. 用于馈赠的应税消费品

C. 用于投资的应税消费品

D. 用于换取生产生活资料的应税消费品

11. 下列各项中，不需要计算缴纳消费税的有（ ）。

A. 汽车销售公司销售中低端小汽车　　B. 烟草专卖店零售卷烟

C. 木材公司销售自产的实木地板　　D. 商场销售黄金项链

12. 甲日化厂，生产销售高档化妆品，其将自产的高档化妆品用于下列各项用途，应当缴纳消费税的有（ ）。

A. 赠送客户　　　　　　　　B. 奖励本厂职工

C. 生产高档化妆品　　　　　D. 本厂广告推广

13. 某酒厂是增值税一般纳税人，其生产的红酒不含增值税的平均销售价格为 2 500 元/箱，最高销售价格为 2 600 元/箱；该企业 10 月将 50 箱自产红酒用于换取一批生产材料。已知，增值税税率为 13%，消费税税率为 10%。有关该企业上述业务应缴纳的增值税和消费税，下列计算列式中，正确的有（ ）。

A. 应纳增值税 = 2 500 × 50 × 13% = 16 250（元）

B. 应纳增值税 = 2 600 × 50 × 13% = 16 900（元）

C. 应纳消费税 = 2 500 × 50 × 10% = 12 500（元）

D. 应纳消费税 = 2 600 × 50 × 10% = 13 000（元）

14. 根据消费税法律制度的规定，计算白酒的消费税时，应并入白酒计税销售额的有（ ）。

A. 品牌使用费　　B. 包装费　　　C. 包装物押金　　D. 包装物租金

15. 根据消费税法律制度的规定，下列关于消费税纳税地点的表述中，正确的有（ ）。

A. 进口的应税消费品，由进口人或者其代理人向报关地海关申报纳税

B. 委托加工的应税消费品，由受托方向机构所在地主管税务机关解缴消费税税款

C. 纳税人到外县销售自产应税消费品的，于应税消费品销售后，向机构所在地或者居住地主管税务机关申报纳税

D. 纳税人的总机构与分支机构不在同一县（市）的，应当分别向各自机构所在地的主管税务机关申报纳税

三、应税判断

1. 白酒生产企业向商业销售企业收取的"品牌使用费"，应作为价外费用并入白酒应税销售额计征消费税。（　　）

2. 啤酒、黄酒以外的酒类产品的包装物押金，不论是否单独核算、不论是否逾期，均应于收取押金时并入应税销售额计征消费税。（　　）

3. 纳税人将自产的应税消费品用于连续生产应税消费品，不征消费税；用于连续生产非应税消费品，于移送使用时计征消费税。（　　）

4. 进口应税消费品的组成计税价格中，包括关税完税价格和关税税额，但不包括进口货物的增值税和消费税。（　　）

5. 委托加工应税消费品，收回后直接对外销售，不再征收消费税。（　　）

6. 某啤酒厂销售啤酒 80 吨，不含增值税售价为 2 900 元/吨，每吨收取包装物押金 130 元，其应纳消费税额为 1.76 万元。（　　）

7. 纳税人用外购石脑油生产其他应税消费品，可以扣除外购已纳消费税税款。（　　）

8. 从价计征的应税消费品，增值税与消费税计税依据完全相同。（　　）

9. 卷烟产品一律按其实际售价确定消费税比例税率。（　　）

10. 外贸企业出口应税消费品，直接以消费税的适用税率为退税率。（　　）

11. 每辆零售价格 130 万元（含增值税）及以上的乘用车和中轻型商用客车需要在零售环节加征一道消费税。（　　）

12. 烟草批发企业将卷烟销售给其他烟草批发企业的，照章缴纳消费税。（　　）

13. 甲日化厂将自产的高档化妆品移送生产普通的日用护肤品，移送时应当缴纳消费税。（　　）

14. 舞台、戏剧、影视演员化妆用的上妆油、卸妆油、油彩，不属于消费税的征收范围。（　　）

15. 金银首饰与其他产品组成成套消费品零售的，应将金银首饰与其他产品的销售额分摊，并按分摊后金银首饰的销售额征收消费税。（　　）

四、计算题

1. 甲实木地板厂为增值税一般纳税人，5 月有关生产经营情况如下：

（1）从国外进口一批实木地板，海关核定的关税完税价格为 190 万元，按规定向海关缴纳了关税、增值税、消费税，并取得相关的完税凭证。

（2）甲厂将进口实木地板的 70% 领用连续生产高级实木地板，当月生产实木地板 2 000 箱，销售高级实木地板给专卖商 1 500 箱，取得不含税销售额 450 万元。

（3）当月将自产的高级实木地板 100 箱用于会议室装修，成本为 0.2 万元/箱。

已知：实木地板的消费税税率为5%；实木地板的成本利润率为5%；关税税率为20%，上述应认证的发票均通过税务机关认证。

要求：根据上述资料，计算下列问题。

（1）进口实木地板应纳消费税税额；

（2）对外销售高级实木地板应纳消费税税额；

（3）会议室装修自用实木地板应纳消费税税额；

（4）当月准予抵扣的已纳消费税税额；

（5）当月实际应纳消费税税额。

2. 某高档化妆品生产企业，为增值税一般纳税人，其3月发生以下业务：

（1）外购化工原料，取得增值税专用发票，注明价款10万元，增值税1.3万元。

（2）将化工原料验收后运往A公司（增值税一般纳税人），委托其加工成高档化妆品香水精，支付加工费和代垫辅料费1.8万元（不含增值税），当月收回香水精1 000毫升。

（3）将加工收回的香水精80%投入生产高档化妆品，本月对外销售高档化妆品，开出增值税专用发票，注明价款20万元。

（4）将加工收回的香水精20%投入生产普通护肤品，本月对外销售普通护肤品，开出增值税专用发票，注明价款10万元。

（5）将自产的新型高档化妆品一批赠送给客户试用，成本为10 000元，该批高档化妆品无同类产品售价。

已知：高档化妆品消费税税率15%，成本利润率5%。

要求：

（1）计算委托加工香水精应代收代缴的消费税税额；

（2）计算对外销售高档化妆品和普通护肤品应纳消费税税额；

（3）计算赠送客户化妆品应纳消费税税额；

（4）计算当期允许扣除的委托加工收回香水的已纳消费税税额；

（5）计算当月实际应纳消费税税额。

3. 某酒厂主要从事白酒、啤酒、药酒的生产与销售，3月发生以下业务：

（1）销售白酒3吨，每吨不含税售价40 000元。

（2）销售啤酒10吨，每吨不含税售价2 900元，另每吨收取包装物押金200元，期限3个月。

（3）提供150 000元的原材料委托乙企业加工散装药酒1 000千克，收回时，乙企业向某酒厂收取不含增值税的加工费30 000元，并代收代缴消费税。

（4）将委托加工收回的散装药酒100千克直接对外销售，不含税销售价为每千克240元；剩余900千克散装药酒继续加工成瓶装药酒2 000瓶，全部对外销售，每瓶不含税售价150元。

已知：粮食白酒适用复合税率，比例税率20%，定额税率0.5元/斤，粮食白酒成本利润率10%；黄酒定额税率为240元/吨；药酒比例税率为10%；啤酒定额税率为220元/吨或250元/吨。

要求：

（1）计算销售白酒应纳消费税税额；

（2）计算销售啤酒应纳消费税税额；

（3）计算委托加工散装药酒应代扣的消费税税额；

（4）计算直接销售加工收回散装药酒应纳消费税税额；

（5）计算销售瓶装药酒应纳消费税税额；

（6）计算当月允许扣除的已纳消费税税额；

（7）计算当月实际应纳消费税税额。

4. 甲厂为增值税一般纳税人，主要从事小汽车的生产和销售业务。2021年9月有关经营况如下：

（1）进口生产设备一套，取得海关进口增值税专用缴款书注明税额13万元。

（2）支付小汽车广告费取得增值税专用发票注明税额1.2万元。

（3）支付销售小汽车运输费取得增值税专用发票注明税额0.3万元。

（4）销售自产A品牌小汽车取得含增值税价款565万元，另收取优质费11.3万元。将10辆自产B品牌小汽车无偿赞助给省运会，同类小汽车含增值税平均售价13.56万元/辆。

已知：上期留抵增值税税额为8.6万元；销售货物增值税税率为13%；A品牌小汽车消费税税率3%，B品牌小汽车消费税税率5%；取得的扣税凭证均已通过税务机关认证。

要求：

（1）计算甲厂当月应纳增值税税额；

（2）计算甲厂当月应纳消费税税额。

项目三

关税计算与缴纳

■ 项目认知

关税是指海关依法对进出国境或关境的货物和物品征收的一种税。关税具有以下特点：（1）征税对象的特定性，征税对象为进出国境或关境的货物和物品；（2）税率设置的复式性，设置优惠税率和普通税率；（3）纳税环节的一次性，在进出口环节一次性征收；（4）征收机关的特殊性，由海关负责征收；（5）税收政策的涉外性，关税政策与外交政策密切相关。

■ 知识目标

1. 理解关税的征税对象、纳税人及税率的规定。
2. 掌握进口关税及出口关税的计算方法。
3. 熟悉关税的优惠政策。

■ 能力目标

1. 能判断需要征收关税的进出口业务及其适用税率。
2. 能正确确定进出口关税的完税价格并根据相关税率计算应纳关税税额。
3. 能够处理货物报关过程中关税的缴纳工作。
4. 能根据需要查阅相关资料。

■ 思政融合

征收关税的目的在于维护国家主权和经济利益；调节国民经济和对外贸易；保护和促进国内民族企业的发展；同时为国家筹集财政收入。

1. 维护国家主权和经济利益。党的二十大报告首次把国家安全作为报告的独立部分作了前所未有的系统阐述。对进出口货物征收关税，表面上看似乎只是一个与对外贸易相联系的税收问题，其实一国采取什么样的关税政策直接关系到国与国之间的主权和经济利益。历史发展到今天，关税已成为各国政府维护本国政治、经济权益，乃至进行国际经济斗争的一个重要武器。

2. 保护和促进国内民族企业的发展。关税是一个主权国家维护本国经济权益，进行国际经济斗争的重要工具。我国根据平等互利和对等原则，通过关税复式税则的运用，在争取国际关税互惠、反对他国对我国进行关税歧视、促进对外经济技术交往、扩大对外经济合作等方面发挥了积极的作用，给国内民族工业提供健康的发展环境，促进了国内民族企业的发展。

3. 调节国民经济和对外贸易。党的二十大报告强调，要推进高水平对外开放，依托我国超大规模市场优势，以国内大循环吸引全球资源要素，增强国内国际两个市场两种资源联动效应，提升贸易投资合作质量和水平。

关税是国家的重要经济杠杆，通过税率的高低和关税的减免，可以影响进出口规模，调节国民经济活动。如调节出口产品和出口产品生产企业的利润水平，有意识地引导各类产品的生产，调节进出口商品数量和结构，可促进国内市场商品的供需平衡，保护国内市场的物价稳定等。

4. 筹集国家财政收入。从世界大多数国家尤其是发达国家的税制结构分析，关税收入在整个财政收入中的比重不大，并呈下降趋势。但是，一些发展中国家，其中主要是那些国内工业不发达、工商税源有限、国民经济主要依赖于某种或某几种初级资源产品出口，以及国内许多消费品主要依赖于进口的国家，征收进出口关税仍然是他们取得财政收入的重要渠道之一。我国关税收入是财政收入的重要组成部分，新中国成立以来，关税为经济建设提供了可观的财政资金。目前，发挥关税在筹集建设资金方面的作用，仍然是我国关税政策的一项重要内容。

任务一　关税基本要素

关税是对进出国境或关境的货物、物品征收的一种税。关境又称税境，是指一国海关法规可以全面实施的境域。国境是一个主权国家的领土范围。在通常情况下，一国的关境与其国境的范围是一致的，关境即是国境。但由于自由港、自由区和关税同盟的存在，关境与国境有时不完全一致。

一、关税的征税对象

关税的征税对象是准许进出境的货物和物品。货物是指贸易性商品；物品是指入境旅客随身携带的行李和物品、个人邮递物品、各种运输工具上的服务人员携带进口的自身物品、馈赠物品以及其他方式进境的个人物品。凡准许进出口的货物，除国家另有规定的以外，均应由海关征收进口关税或出口关税。对从境外采购进口的原产于中国境内的货物，也应按规定征收进口关税。

关税的具体征税范围按关税税则、税目规定执行。

二、关税的纳税人

关税的纳税人分以下两种情况：

1. 进出口货物的纳税人。进出口货物关税的纳税人是进出口货物的收发货人。进出口货物的收发货人，是指依法取得对外贸易经营权，并进口或者出口货物的法人和其他组织，即具有进出口经营权的单位。包括外贸进出口公司；工贸或农贸结合的进出口公司；其他经批准经营进出口商品的企业。

2. 进出境物品的纳税人。进出境物品的纳税人是进出境物品的所有人；包括该物品的所有人或推定为所有人的人。一般情况下，对于携带进境的物品，推定其携带人为所有人；对分离运输的行李，推定相应的进出境旅客为所有人；对以邮递方式进境的物品，推定其收件人为所有人；以邮递或其他运输方式出境的物品，推定其寄件人或托运人为所有人。

接受纳税人委托办理货物报关等有关手续的代理人，可以代办纳税手续。

三、关税的税目

关税的税目、税率都由《海关进出口税则》规定。《海关进出口税则》是我国海关凭以征收关税的法律依据，也是我国关税政策的具体体现。

我国现行税则包括《进出口关税条例》《税率适用说明》《海关进口税则》《海关出口税则》及《进口商品从量税、复合税、滑准税税目税率表》《进口商品关税配额税目税率表》《进口商品税则暂定税率表》《出口商品税则暂定税率表》《非全税目信息技术产品税率表》等附录。

税率表作为税则主体，包括税则商品分类目录和税率栏两大部分。税则商品分类目录为关税税目，是把种类繁多的商品加以综合，按照其不同特点分门别类地简化成数量有限的商品类目，分别编号按序排列，称为税则号列，并逐号列出该号中应列入的商品名称。

我国海关总署制定有《进境物品归类表》（以下简称《归类表》）《进境物品完税价格表》（以下简称《完税价格表》）。进境物品依次遵循以下原则归类：

1. 《归类表》已列名的物品，归入其列名类别。

2. 《归类表》未列名的物品，按其主要功能（或用途）归入相应类别。

3. 不能按照上述原则归入相应类别的物品，归入"其他物品"类别。

4. 纳税义务人对进境物品的归类、完税价格的确定持有异议的，可以依法提请行政复议。

四、关税的税率

关税的税率分为进口税率和出口税率两种。

（一）进口关税税率

进口货物关税的税率设有以下六种形式：

1. 最惠国税率。适用原产于与我国共同适用最惠国待遇条款的 WTO 成员方的进口货物，或原产于与我国签订有相互给予最惠国待遇条款的双边贸易协定的国家或地区进口的货物，以及原产于我国境内的货物。

2. 协定税率。适用原产于我国参加的含有关税优惠条款的区域性贸易协定的有关缔约方的进口货物。

3. 特惠税率。适用原产于与我国签订有特殊优惠关税协定的国家或地区的进口货物。

4. 普通税率。适用原产于上述国家或地区以外的其他国家或地区的进口货物。

5. 关税配额税率。是指关税配额限度内的税率。对于在配额内进口的货物可以适用较低的关税配额税率，对于配额之外的则适用较高税率。

6. 暂定税率。是在最惠国税率的基础上，对于一些国内需要降低进口关税的货物，以及出于国际双边关系的考虑需要个别安排的进口货物，可以实行暂定税率。

进口货物适用何种关税税率是以进口货物的原产地为标准的。

进境物品关税税率。

自 2019 年 4 月 9 日起，除另有规定外，我国对准予应税进口的旅客行李物品、个人邮寄物品以及其他个人自用物品，均由海关按照《进境物品进口税税率表》的规定，征收进口关税、代征进口环节增值税和消费税等进口税（见表 3-1）。

表 3-1　　　　　　　　　　　进境物品进口税税率表

税目序号	物品名称	税率（%）
1	书报、刊物、教育用影视资料；计算机、视频摄录一体机、数字照相机等信息技术产品；食品、饮料；金银；家具；玩具；游戏品、节目或其他娱乐用品和药品	13
2	运动用品（不含高尔夫球及球具）、钓鱼用品；纺织品及其制成品；电视摄像机及其他电器用具；自行车；税目1、税目3中未包含的其他商品	20
3	烟、酒；贵重首饰及珠宝玉石；高尔夫球及球具；高档手表；化妆品	50

注：①对国家规定减按3%征收进口环节增值税的进口药品，按照货物税率征税。②税目3所列商品的具体范围与消费税征收范围一致。

（二）出口关税税率

我国出口税则为一栏税率，即出口税率。国家仅对少数资源性产品及易于竞相杀价、盲目进口、需要规范出口秩序的半制成品征收出口关税。根据《关于执行2020年进口暂定税率等调整方案的公告》，自2020年1月1日起，我国继续对洛铁等107项出口商品征收出口关税。适用出口税率或出口暂定税率，征收商品范围和税率维持不变。

（三）税率运用

我国《进出口关税条例》规定，进出口货物，应当依照税则规定的归类原则归入合适的税号，并按照适用的税率征税。其中：

1. 进出口货物，应当按照纳税义务人申报进口或者出口之日实施的税率征税。

2. 进口货物到达前，经海关核准先行申报的，应当按照装载此货物的运输工具申报进境之日实施的税率征税。

3. 进出口货物的补税和退税，适用该进出口货物原申报进口或者出口之日所实施的税率，但下列情况除外：

（1）按照特定减免税办法批准予以减免税的进口货物，后因情况改变经海关批准转让或出售或移作他用需予补税的，适用海关接受纳税人再次填写报关单申报办理纳税及有关手续之日实施的税率征税。

（2）加工贸易进口料、件等属于保税性质的进口货物，如经批准转为内销，应按向海关申报转为内销之日实施的税率征税；如未经批准擅自转为内销的，则按海关查获日期所施行的税率征税。

（3）暂时进口货物转为正式进口需予补税时，应按其申报正式进口之日实施的税率征税。

（4）分期支付租金的租赁进口货物，分期付税时，适用海关接受纳税人再次填写报关单申报办理纳税及有关手续之日实施的税率征税。

（5）溢卸、误卸货物事后确定需征税时，应按其原运输工具申报进口日期所实施的税率征税。如原进口日期无法查明的，可按确定补税当天实施的税率征税。

（6）对由于税则归类的改变、完税价格的审定或其他工作差错而需补税的，应按原征税日期实施的税率征税。

（7）对经批准缓税进口的货物以后交税时，不论是分期或一次交清税款，都应按货物原进口之日实施的税率征税。

（8）查获的走私进口货物需补税时，应按查获日期实施的税率征税。

（四）原产地标准

确定进境货物原产国的主要原因之一，是便于正确运用进口税则的各栏税率，对产自不同国家或地区的进口货物适用不同的关税税率。我国原产地规定基本上采用了"全部产地生产标准""实质性加工标准"两种国际上通用的原产地标准。

1. 全部产地生产标准。全部产地生产标准是指进口货物"完全在一个国家内生产或制造"，生产或制造国即为该货物的原产国。

2. 实质性加工标准。实质性加工标准是适用于确定有两个或两个以上国家参与生产的产品的原产国的标准，其基本含义是：经过几个国家加工、制造的进口货物，以最后一个对货物进行经济上可以视为实质性加工的国家作为有关货物的原产国。"实质性加工"是指产品加工后，在进出口税则中四位数税号一级的税则归类已经有了改变，或者加工增值部分所占新产品总值的比例已超过30%及以上的。

3. 其他。对机器、仪器、器材或车辆所用零件、部件、配件、备件及工具，如与主件同时进口且数量合理的，其原产地按主件的原产地确定，分别进口的则按各自的原产地确定。

五、关税的税收优惠

（一）法定减免税

关税的税收优惠，主要有下列情形：

1. 关税税额在人民币50元以下的一票货物，可免征关税。

2. 无商业价值的广告品和货样，可免征关税。

3. 外国政府、国际组织无偿赠送的物资，可免征关税。

4. 进出境运输工具装载的途中必需的燃料、物料和饮食用品，可予免税。

5. 经海关核准暂时进境或者暂时出境，并在6个月内复运出境或者复运进境的货样、展览品、施工机械、工程车辆、工程船舶、供安装设备时使用的仪器和工具、电视或者电影摄制器械、盛装货物的容器以及剧团服装道具，在货物收发货人向海关缴纳相当于税款的保证金或者提供担保后，可予暂时免税。

6. 为境外厂商加工、装配成品和为制造外销产品而进口的原材料、辅料、零件、部件、配套件和包装物料，海关按照实际加工出口的成品数量免征进口关税；或者对进口料、件先征进口关税，再按照实际加工出口的成品数量予以退税。

7. 因故退还的中国出口货物，经海关审查属实，可予免征进口关税，但已征收的出口关税不予退还。

8. 因故退还的境外进口货物，经海关审查属实，可予免征出口关税，但已征收的进口关税不予退还。

9. 有下列情形之一的进口货物，海关可以酌情减免税：

（1）在境外运输途中或者在起卸时，遭受损坏或者损失的；

（2）起卸后海关放行前，因不可抗力遭受损坏或者损失的；

（3）海关查验时已经破漏、损坏或者腐烂，经证明不是保管不慎造成的。

10. 我国缔结或者参加的国际条约规定减征、免征关税的货物、物品，按照规定予以减免关税。

11. 法律规定减征、免征的其他货物。

（二）特定减免税

特定减免税也称政策性减免税。在法定减免税之外，国家按照国际通行规则和我国实际情况，制定发布的有关进出口货物减免关税的政策，称为特定或政策性减免税。特定减免税货物一般有地区、企业和用途的限制，海关需要进行后续管理，也需要进行减免税统计。

1. 科教用品。为有利于我国科研、教育事业发展，推动科教兴国战略的实施，经国务院批准，财政部、海关总署、国家税务总局制定《科学研究和教学用品免征进口税收规定》，对科学研究机构和学校，以科学研究和教学为目的，在合理数量范围内进口国内不能生产或者性能不能满足需要的科学研究和教学用品，免征进口关税和进口环节增值税、消费税。该规定对享受该优惠的科研机构和学校资格、类别以及可以免税的物品都作了明确规定。

2. 残疾人专用品。为支持残疾人的康复工作，经国务院批准，海关总署发布《残疾人专用品免征进口税收暂行规定》，对规定的残疾人个人专用品，免征进口关税和进口环节增值税、消费税；对康复、福利机构、假肢厂和荣誉军人康复医院进口国内不能生产的、该规定明确的残疾人专用品，免征进口关税和进口环节增值税。该规定对可以免税的残疾人专用品种类和品名作了明确规定。

3. 慈善捐赠物资。为促进慈善事业的健康发展，支持慈善事业发挥扶贫济困积极作用，经国务院批准，财政部、国家税务总局、海关总署发布《慈善捐赠物资免征进口税收暂行办法》。对境外自然人、法人或者其他组织等境外捐赠人，无偿向国务院有关部门和各省、自治区、直辖市人民政府、中国红十字会总会、中华全国妇女联合会、中国残疾人联合会、中华慈善总会、中国初级卫生保健基金会、中国宋庆龄基金会和中国癌症基金会，以及经民政部或省级民政部门登记注册且被评定为5A级的以人道救助和发展慈善事业为宗旨的社会团体或基金会等受赠人捐赠的直接用于慈善事业的物资，免征进口关税和进口环节增值税。

所称"慈善事业"，是指非营利的慈善救助等社会慈善和福利事业，包括以捐赠财产方式自愿开展的扶贫济困、扶助老幼病残等困难群体，促进教育、科学、文化、卫生、体育等事业发展，防治污染和其他公害，保护和改善环境等慈善活动。

该办法对可以免税的捐赠物资种类和品名作了明确规定。

4. 重大技术装备。为继续支持我国重大技术装备制造业发展，财政部会同工业和信息化部、海关总署、国家税务总局、国家能源局发布《重大技术装备进口税收政策管理办法》，自 2020 年 1 月 8 日起实施。

对符合规定条件的企业及核电项目业主为生产国家支持发展的重大技术装备或产品而确有必要进口的部分关键零部件及原材料，免征关税和进口环节增值税。

工业和信息化部会同财政部、海关总署、国家税务总局、能源局核定企业及核电项目业主免税资格，每年对新申请享受进口税收政策的企业及核电项目业主进行认定，每 3 年对已享受进口税收政策企业及核电项目业主进行复核。

取得免税资格的企业及核电项目业主可向主管海关提出申请，选择放弃免征进口环节增值税，只免征进口关税。企业及核电项目业主主动放弃免征进口环节增值税后，36 个月内不得再次申请免征进口环节增值税。

取得免税资格的企业及核电项目业主应按照海关总署 2008 年 12 月 29 日发布的《海关进出口货物减免税管理办法》及海关有关规定办理有关重大技术装备或产品进口关键零部件及原材料的减免税手续。

（三）暂时免税

暂时进境或者暂时出境的下列货物，在进境或者出境时纳税义务人向海关缴纳相当于应纳税款的保证金或者提供其他担保的，可以暂不缴纳关税，并应当自进境或者出境之日起 6 个月内复运出境或者复运进境；需要延长复运出境或者复运进境期限的，纳税义务人应当根据海关总署的规定向海关办理延期手续。

1. 在展览会、交易会、会议及类似活动中展示或者使用的货物。
2. 文化、体育交流活动中使用的表演、比赛用品。
3. 进行新闻报道或者摄制电影、电视节目使用的仪器、设备及用品。
4. 开展科研、教学、医疗活动使用的仪器、设备及用品。
5. 在上述第 1~4 项所列活动中使用的交通工具及特种车辆。
6. 货样。
7. 供安装、调试、检测设备时使用的仪器、工具。
8. 盛装货物的容器。
9. 其他用于非商业目的的货物。

（四）临时减免税

临时减免税是指以上法定和特定减免税以外的其他减免税，即由国务院根据《海关法》，对某个单位、某类商品、某个项目或某批进出口货物的特殊情况，给予特别照顾，一案一批，专文下达的减免税。一般有单位、品种、期限、金额或数量等限制，不能比照执行。

任务二　关税应纳税额的计算

一、关税的计税依据

我国对进出口货物征收关税，主要采取从价计征的办法，以商品价格为标准征收关税。关税的计税依据是指关税的完税价格，关税的完税价格是海关以进出口货物的成交价格为基础审查确定的价格。成交价格不能确定时，完税价格由海关核定。

（一）进口货物的完税价格

1. 一般进口货物的完税价格，由海关以该货物的成交价格为基础的到岸价格审查确定，到岸价格是指包括货价以及货物运抵我国关境内输入地点起卸前的包装费、运费、保险费和其他劳务费等费用构成的一种价格。

（1）成交价格的确认。成交价格是指一般贸易项下进口货物的买方为购买该项货物向卖方实际支付或应当支付的并按照规定调整后的价款总额，包括直接支付的价款和间接支付的价款。

（2）成交价格的调整。下列费用或者价值未包括在进口货物的实付或者应付价格中，应当计入完税价格：

①由买方负担的除购货佣金以外的佣金和经纪费；

②由买方负担的与该货物视为一体的容器费用；

③由买方负担的包装材料和包装劳务费用；

④与该货物的生产和向中华人民共和国境内销售有关的，由买方以免费或者以低于成本的方式提供并可以按适当比例分摊的料件、工具、模具、消耗材料及类似货物的价款，以及在境外开发、设计等相关服务的费用；

⑤与该货物有关并作为卖方向我国销售该货物的一项条件，应当由买方直接或间接支付的特许权使用费；

⑥卖方直接或间接从买方对该货物进口后转售、处置或使用所得中获得的收益。

下列费用，如能与该货物实付或者应付价格区分，不得计入完税价格：

①厂房、机械、设备等货物进口后的基建、安装、装配、维修和技术服务的费用；

②货物运抵境内输入地点之后的运输费用、保险费和其他相关费用；

③进口关税、进口环节海关代征税及其他国内税；

④为在境内复制进口货物而支付的费用；

⑤境内外技术培训及境外考察费用。

为避免低报、瞒报价格偷逃关税，进口货物的到岸价格不能确定时，本着公正、合理原则，海关应当按照规定估定完税价格。

【案例·计算题】

某进出口公司从美国进口一批化工原料共500吨，货物以境外口岸离岸价格成交，单价折合人民币为20 000元，买方承担包装费每吨500元，另向卖方支付佣金每吨1 000元人民币，另向自己的采购代理人支付佣金5 000元人民币，已知该货物运抵中国海关境内输入地起卸前的包装、运输、保险和其他劳务费用为每吨2 000元人民币，进口后另发生运输和装卸费用300元人民币，计算该批化工原料的关税完税价格。

应税计算：关税完税价格 = (20 000 + 500 + 1 000 + 2 000) × 500 = 1 175（万元）

2. 特殊进口货物的完税价格。对于某些特殊、灵活的贸易方式（如寄售等）下进口的货物，在进口时没有"成交价格"可作依据。为此，《进出口关税条例》对这些进口货物制定了确定其完税价格的方法，主要有：

（1）运往境外加工的货物的完税价格。出境时已向海关报明，并在海关规定的期限内复运进境的，以加工后货物进境时的到岸价格与原出境货物价格的差额作为完税价格。如无法得到原出境货物的到岸价格，可以用原出境货物相同或类似货物在进境时的到岸价格，或用原出境货物申报出境时的离岸价格代替。如果两种方法都不行，则可用原出境货物的境外加工费和料件费，以及该货物复运进境的运输费、保险费估定完税价格。

【案例·计算题】

某企业12月初将价款40万元的材料委托境外公司加工一批货物，月末将加工后的货物复运进境，支付给境外公司的加工费20万元，进境前的运输费和保险费共3万元。关税税率为10%，计算应纳进口关税。

应税计算：应纳进口关税 = (20 + 3) × 10% = 2.3（万元）

（2）运往境外修理货物的完税价格。运往境外修理的机械器具、运输工具或者其他货物，出境时已向海关报明，并在海关规定的期限内复运进境的，应以海关审定的境外修理费和料件费为完税价格。

【案例·计算题】

某企业将一台设备运往境外修理，设备价60万元，修理费5万元，材料费6万元，复运进境的运输费和保险费共计1.4万元，复运进境设备的国际市场价格为80万元。关税税率为10%，计算应纳进口关税。

应税计算：应纳进口关税 = (5 + 6) × 10% = 1.1（万元）

（3）租赁方式进口货物的完税价格。租赁方式进境的货物，以海关审定的该货物租金作为完税价格；留购的租赁物，以海关审定的留购价格作为完税价格。

【案例·计算题】

某企业以租赁方式进口一项设备，设备价值500万元，海关审定每年租金80万元。该项设备的进口关税税率为20%，计算此项业务应纳的关税。

应税计算：该项业务应纳的关税 = 80 × 20% = 16（万元）

（4）对于国内单位留购的进口货样、展览品和广告陈列品，以海关审定的留购价格作为完税价格。

（5）转让出售进口减免税货物的完税价格。按照特定减免税办法批准予以减免税进口的货物，在转让或出售而需补税时，应当以海关审定的该货物原进口时的价格，扣除折旧部分价值来作为完税价格。计算公式为：

$$完税价格 = 海关审定的该货物原进口时的价格 × [1 - 申请补税时实际已使用月数 ÷ (监管年限 × 12)]$$

监管年限是指海关对减免税进口的货物监督管理的年限。

【案例·计算题】

某高新技术企业免税进口一台设备，海关审定的进口价格为人民币60万元，海关监管期5年，该企业使用20个月后转售。计算该企业上述业务应补缴的关税。（关税税率为20%）

应税计算：应补缴关税 = 60 × [1 - 20 ÷ (5 × 12)] × 20% = 8（万元）

（6）逾期未出境的暂进口货物的完税价格。对于经海关批准暂时进口的施工机械、工程车辆、供安装使用的仪器和工具、电视或电影摄制机械，以及盛装货物的容器等，如入境超过半年仍留在国内使用的，应自第7个月起，按月征收进口关税，其完税价格按原货物进口时的到岸价格确定，每月的税额计算公式为：

$$每月关税 = 货物原到岸价格 × 关税税率 × 1 ÷ 48$$

（7）不存在成交价格的进口货物对易货贸易、寄售、捐赠、赠送等不存在成交价格的进口货物，由海关与纳税人进行价格磋商后，应当按照一般进口货物估价办法的规定，估定完税价格。

（8）进口软件介质。进口载有专供数据处理设备用软件的介质，具有下列情形之一的，应当以介质本身的价值或者成本为基础审查确定完税价格：①介质本身的价值或者成本与所载软件的价值分列；②介质本身的价值或者成本与所载软件的价值虽未分列，但是纳税义务人能够提供介质本身的价值或者成本的证明文件，或者能提供所载软件价值的证明文件。

含有美术、摄影、声音、图像、影视、游戏、电子出版物的介质不适用上述规定。

（二）出口货物的完税价格

1. 完税价格的基本规定。

出口货物的完税价格，由海关以该货物向境外销售的成交价格为基础的离岸价格审查确定，应包括货物运至我国境内输出地点装载前的运输及其相关费用、保险费。

出口货物的成交价格，是指该货物出口销售时，卖方为出口该货物应当向买方直接收取和间接收取的价款总额。

但是，下列税收、费用不计入出口货物的完税价格：

（1）出口关税；

（2）在出口价款中单独列明的货物运至中华人民共和国境内输出地点装卸后的运输及相关费用、保险费；

（3）在货物价款中单独列明由卖方承担的佣金。

2. 完税价格的计算。

$$出口货物的完税价格 = 离岸价格 \div (1 + 出口税率)$$

公式推导如下：

因为：出口货物完税价格 = 离岸价格 − 出口关税　　　　　　　　　（3−1）

又因为：出口关税 = 出口货物完税价格 × 出口关税税率　　　　　　（3−2）

将式（3−2）代入式（3−1）：

$$出口货物完税价格 = 离岸价格 − 出口货物完税价格 \times 出口关税税率$$

移项并提取公因式得：出口关税完税价格 = 离岸价格 ÷（1 + 出口关税税率）

【案例·计算题】

某进出口公司自营出口商品一批，我国口岸 FOB 价格折合人民币为 720 000元，出口关税税率为 20%，计算该公司应纳出口关税。

应税计算： 应纳出口关税 = 720 000 ÷（1 + 20%）× 20% = 120 000（元）

（三）进出口货物完税价格中运输费及保险费的计算

1. 以一般陆运、空运、海运方式进口的货物。

（1）计算口岸的确定。海运进口货物，计算至该货物运抵境内的卸货口岸；如果该货物的卸货口岸是内河（江）口岸，则应当计算至内河（江）口岸。陆运进口货物，计算至该货物运抵境内的第一口岸；如果运输及其相关费用、保险费支付至目的地口岸，则计算至目的地口岸。空运进口货物，计算至该货物运抵境内的第一口岸；如果该货物的目的地为境内第一口岸外的其他口岸，则计算至目的地口岸。

（2）运输费及保险费的计算方法。进口货物的运费和保险费，应当按照实际支付的费用计算。如果进口货物的运费无法确定或未实际发生，海关应当按照该货物进口同期运输行业公布的运费率（额）计算运费；按照"货价加运费"两者总额的3‰计算保险费。

2. 以其他方式进口的货物。

（1）邮运的进口货物，应当以邮费作为运输及其相关费用、保险费；

（2）以境外边境口岸价格条件成交的铁路或公路运输进口货物，海关应当按照货价的1%计算运输及其相关费用、保险费；

（3）作为进口货物自驾进口的运输工具，海关在审定完税价格时，可以不另行计入运费。

3. 出口货物。出口货物完税价格包括货物运至我国境内输出地点装载前的运输及其相关费用、保险费，不包括离境口岸至境外口岸之间的运输费、保险费。

（四）进出口货物完税价格的审定

对于进出口货物的收发货人或其代理人向海关申报进出口货物的成交价格明显偏低，而又不能提供合法证据和正当理由的；申报价格明显低于海关掌握的相同或类似货物国际市场上公开成交货物的价格，而又不能提供合法证据和正当理由的；申报价格经海关调查认定买卖双方之间有特殊经济关系或对货物的使用、转让互相订有特殊条件或特殊安排，影响成交价格的，以及其他特殊成交情况，海关认为需要估价的，则按以下方法依次估定完税价格：

1. 相同货物成交价格法。即以从同一出口国家或者地区购进的相同货物的成交价格作为该被估货物完税价格的价格依据。

2. 类似货物成交价格法。即以从同一出口国家或者地区购进的类似货物的成交价格作为被估货物的完税价格的依据。

3. 国际市场价格法。即以进口货物相同或类似货物在国际市场上公开的成交价格为该进口货物的完税价格。

4. 国内市场价格倒扣法。即以进口货物相同或类似货物在国内市场上的批发价格，扣除合理的税、费、利润后的价格。

5. 合理方法估定的价格。如果按照上述几种方法顺序估价仍不能确定其完税价格时，则可由海关按照合理方法估定。

二、关税应纳税额的计算

1. 从价关税应纳税额的计算。

应纳关税税额 = 应税进(出)口货物数量×单位完税价格×适用关税税率

2. 从量关税应纳税额的计算。

应纳关税税额 = 应税进(出)口货物数量×关税单位税额

3. 复合关税应纳税额的计算。

$$应纳关税税额 = 应税进(出)口货物数量 \times 关税单位税额 + 应税进(出)口货物数量$$
$$\times 单位完税价格 \times 适用关税税率$$

4. 滑准关税应纳税额的计算。

$$应纳关税税额 = 应税进(出)口货物数量 \times 单位完税价格 \times 滑准税税率$$

滑准税是指关税的税率随着进口商品价格的变动而反向变动的一种税率形式，即价格越高，税率越低，税率为比例税率。因此，对实行滑准税率的进口商品应纳关税税额的计算方法与从价关税的计算方法相同。

5. 跨境电子商务零售进口税收政策。自 2016 年 4 月 8 日起，跨境电子商务零售进口商品按照货物征收关税和进口环节增值税、消费税，购买跨境电子商务零售进口商品的个人作为纳税义务人，实际交易价格（包括货物零售价格、运费和保险费）作为完税价格，电子商务企业、电子商务交易平台企业或物流企业可作为代收代缴义务人。

（1）适用范围。跨境电子商务零售进口税收政策适用于从其他国家或地区进口的、《跨境电子商务零售进口商品清单》范围内的以下商品：

①所有通过与海关联网的电子商务交易平台交易，能够实现交易、支付、物流电子信息"三单"比对的跨境电子商务零售进口商品。

②未通过与海关联网的电子商务交易平台交易，但快递、邮政企业能够统一提供交易、支付、物流等电子信息，并承诺承担相应法律责任进境的跨境电子商务零售进口商品。

不属于跨境电子商务零售进口的个人物品以及无法提供交易、支付、物流等电子信息的跨境电子商务零售进口商品，按现行规定执行。

（2）计征限额。跨境电子商务零售进口商品的单次交易限值为人民币 5 000 元，个人年度交易限值为人民币 26 000 元。在限值以内进口的跨境电子商务零售进口商品，关税税率暂设为 0；进口环节增值税、消费税取消免征税额，暂按法定应纳税额的 70% 征收。超过单次限值、累加后超过个人年度限值的单次交易，以及完税价格超过 5 000 元限值的单个不可分割商品，均按照一般贸易方式全额征税。

（3）计征规定。跨境电子商务零售进口商品自海关放行之日起 30 日内退货的，可申请退税，并相应调整个人年度交易总额。

跨境电子商务零售进口商品购买人（订购人）的身份信息应进行认证；未进行认证的，购买人（订购人）身份信息应与付款人一致。

《跨境电子商务零售进口商品清单》由财政部商有关部门另行公布。

【案例·计算题】

从境外某公司引进钢结构产品自动生产线，境外成交价格（FOB）1 600 万元。该生产线运抵我国输入地点起卸前的运费和保险费 120 万元，境内运输费用 12 万元。另支付由买方负担的经纪费 10 万元，买方负担的包装材料和包装劳务费 20 万元，与生产线有关的境外开发设计费用 50 万元，生产线进口后的现场培训指导费用 200 万元。取得海关开具的完税凭证及国内运输部门开具的合法运输发票。要求：计算该公司应纳的关税。

应税计算：

（1）关税完税价格 = 1 600 + 120 + 10 + 20 + 50 = 1 800（万元）

（2）应纳进口环节关税 = 1 800 × 30% = 540（万元）

【案例·计算题】

某外贸公司，10 月经有关部门批准从境外进口小轿车 30 辆，每辆小轿车货价 15 万元，运抵我国海关前发生的运输费用、保险费用无法确定，经海关查实其他运输公司相同业务的运输费用占货价的比例为 2%。向海关缴纳相关税款，并取得了完税凭证，小轿车关税税率 60%。要求：计算该公司应纳的关税。

应税计算：

（1）进口小轿车的货价 = 15 × 30 = 450（万元）

（2）进口小轿车的运输费 = 450 × 2% = 9（万元）

（3）进口小轿车的保险费 = （450 + 9）× 3‰ = 1.38（万元）

（4）关税完税价格 = 450 + 9 + 1.38 = 460.38（万元）

（5）应纳关税 = 460.38 × 60% = 276.23（万元）

任务三　关税申报缴纳

一、关税缴纳

进口货物自运输工具申报进境之日起 14 日内，出口货物在货物运抵海关监管区后装货的 24 小时以前，应由进出口货物的纳税义务人向货物进（出）境地海关申报，海关根据税则归类和完税价格计算应缴纳的关税和进口环节代征税，并填发税款缴款书。纳税义务人应当自海关填发税款缴款书之日起 15 日内，向指定银行缴纳税款。如关税缴纳期限的最后 1 日是周末或法定节假日，则关税缴纳期限顺延至周末或法定节假日过后的第 1 个工作日。为方便纳税义务人，经申请且海关同意，进（出）口货物的纳税义务人可以在设有海关的指运地（启运地）办理海关申报、纳税手续。

关税纳税义务人因不可抗力或者在国家税收政策调整的情形下，不能按期缴纳税款的，经海关总署批准，可以延期缴纳税款，但最长不得超过 6 个月。

二、关税的强制执行

纳税义务人未在关税缴纳期限内缴纳税款，即构成关税滞纳。海关对滞纳关税的纳税人可采取以下两类强制执行措施：

1. 征收关税滞纳金。滞纳金自关税缴纳期限届满滞纳之日起，至纳税义务人缴纳关税之日止，按滞纳税款0.5‰的比例按日征收，周末或法定节假日不予扣除。具体计算公式为：

$$关税滞纳金金额 = 滞纳关税税额 \times 滞纳金征收比率 \times 滞纳天数$$

2. 强制征收。如纳税义务人自海关填发缴款书之日起3个月仍未缴纳税款，经海关关长批准，海关可以采取强制扣缴、变价抵缴等强制措施。强制扣缴即海关从纳税义务人在开户银行或者其他金融机构的存款中直接扣缴税款。变价抵缴即海关将应税货物依法变卖，以变卖所得抵缴税款。

自2016年6月1日起，旅客携运进出境的行李物品有下列情形之一的，海关暂不予放行：（1）旅客不能当场缴纳进境物品税款的；（2）进出境的物品属于许可证件管理的范围，但旅客不能当场提交的；（3）进出境的物品超出自用合理数量，按规定应当办理货物报关手续或其他海关手续，其尚未办理的；（4）对进出境物品的属性、内容存疑，需要由有关主管部门进行认定、鉴定、验核的；（5）按规定暂不予以放行的其他行李物品。

三、关税退还

关税退还是关税纳税人按海关核定的税额缴纳关税后，因某种原因的出现，海关将实征关税多于应征关税（称为溢征关税）退还给原纳税人的一种行政行为。

有下列情形之一的，进出口货物的纳税义务人可以自缴纳税款之日起1年内，书面声明理由，连同原纳税收据向海关申请退税并加算银行同期活期存款利息，逾期不予受理：

1. 因海关误征，多纳税款的。

2. 海关核准免验进口的货物，在完税后，发现有短卸情形，经海关审查认可的。

3. 已征出口关税的货物，因故未将其运出口，申报退关，经海关查验属实的。

4. 对已征出口关税的出口货物和已征进口关税的进口货物，因货物品种或规格原因（非其他原因）原状复运进境或出境的，经海关查验属实的。

纳税人可以从缴纳税款之日起的1年内，书面声明理由，连同纳税收据向海关申请退税，逾期不予受理。海关应当自受理退税申请之日起30日内作出书面答复，并通知退税申请人。海关多征的税款，海关发现后应当立即退还。具体规定是：海关发现多征税款的，应当立即通知纳税人办理退税手续，纳税人应当自收到海关通知之日起3个月内办理有关退税手续。退税的金额为：退税款并加算银行同期活期存款利息。

四、关税补征和追征

补征和追征是海关在关税纳税人按海关核定的税额缴纳关税后，发现实征关税少于应征关税（称为短征关税）时，责令纳税人补缴所差税款的一种行政行为。

非因纳税人违反海关规定造成的短征关税，称为补征。海关应当自缴纳税款或货物、物品放行之日起 1 年内向纳税人补征。因纳税人违反海关规定造成的短征关税，称为追征。海关自纳税人应缴纳税款之日起 3 年内可以追征，并从缴纳税款之日起按日加收少征或者漏征税款 0.5‰ 的滞纳金。

⌐ **教学资源库** ¬

本教材的配套在线课程《税费计算与智能申报》，建立在超星学习通平台。在线课程超星学习通平台网址：

https：//mooc1-gray. chaoxing. com/course-ans/ps/215910758

账号：15179294752

密码：zhouli19850315

登录网址，单击进入课程，填写账号、密码登录，进入《税费计算与智能申报》课程中，即可阅读全部课程资源——教案、章节、资料、作业、考试、讨论等，单击需要学习的内容，即可配合教材，进行在线课程学习。

关税技能训练题

一、应税选择（单选题）

1. 与我国共同适用最惠国待遇条款的 WTO 成员方的进口货物，在我国适用的进口关税税率形式是（　　）。

A. 特惠税率　　　　B. 协定税率　　　　C. 普通税率　　　　D. 最惠国税率

2. 根据我国税法规定，下列各项中，可免征关税的是（　　）。

A. 无商业价值的广告品　　　　B. 外国企业无偿赠送的物资

C. 出境运输工具装载的旅客行李　　　　D. 海关查验时已经损坏的物品

3. 根据我国税法规定，下列各项中，不应计入完税价格的是（　　）。

A. 为进口货物而支付的包装劳务费

B. 为进口货物而支付的商标权费用

C. 为进口货物而发生的境外考察费

D. 为进口货物而支付的境外开发、设计费用

4. 某高新技术企业免税进口一台设备，海关审定的关税完税价格为人民币 60 万元，海关监管期 5 年，该企业使用 20 个月后转售。关税税率为 20%，该企业上述业务应补的关税为（　　）万元。

A. 0　　　　　　　B. 4　　　　　　　C. 8　　　　　　　D. 12

5. 按海关现行规定，进出口货物完税后，如发现非因纳税人违反海关规定而造成少征或者漏征税款的，海关应当自纳税人应缴纳税款或者货物放行之日起

（　　）内，向纳税人补征关税。

  A. 半年   B. 一年   C. 二年   D. 三年

  6. 关税纳税义务人因不可抗力或者在国家税收政策调整的情形下，不能按期缴纳税款的，经海关总署批准，可以延期缴纳税款，但最长不得超过（　　）个月。

  A. 3   B. 6   C. 9   D. 12

  7. 某进出口公司从美国进口化工原料一批，货价30万元，起卸前的运输、保险、包装等费用共5 000元，进口关税税率为10%。海关于8月15日填发税款缴款证，但该公司8月27日才缴清税款。该公司应缴纳的滞纳金为（　　）元。

  A. 1 750   B. 175   C. 350   D. 3 500

  8. 某丝绸进出口公司出口生丝一批，离岸价格550万元人民币，其中包括支付给国外的佣金50万元，生丝的出口关税税率为100%，则应缴纳的出口关税为（　　）万元。

  A. 500   B. 611.1   C. 454.5   D. 555.6

  9. 某进出口公司2021年3月进口一批货物，海关于当月8日填发缴款书，该纳税人一直没有纳税。海关从（　　）起可对其实施强制扣缴措施。

  A. 3月16日 B. 3月23日 C. 6月9日 D. 6月23日

  10. 境内留购的进口货样、展览品和广告品，以（　　）为完税价格。

  A. 原进口时的价格   B. 海关审定时的价格

  C. 国内同样货品的价格   D. 国内同样货品减除损耗后的价格

二、应税选择（多选题）

  1. 下列各项中，属于我国关税纳税人的有（　　）。

  A. 进口货物的发货人   B. 进口货物的收货人

  C. 出口货物的发货人   D. 出口货物的收货人

  2. 下列未包含在进口货物价格中的项目，应计入关税完税价格的有（　　）。

  A. 由买方负担的购货佣金

  B. 由买方负担的与该货物视为一体的容器费用

  C. 由买方负担的包装材料和包装劳务费

  D. 由买方支付的进口货物在境内的复制权费

  3. 下列进口货物中，经海关审查属实，可酌情减免进口关税的有（　　）。

  A. 在境外运输途中损失的货物

  B. 在口岸起卸时遭受损坏的货物

  C. 在起卸后海关放行前因不可抗力损失的货物

  D. 非因保管不慎原因在海关查验时已经损坏的货物

  4. 下列关于关税政策的表述中，正确的有（　　）。

  A. 进口货物完税价格的确定首先应按相同货物成交价格估算

  B. 进口货物关税完税价格不包括关税

  C. 无商业价值的货样免征关税

D. 由买方负担的包装材料和包装劳务费用应计入关税完税价格

5. 下列各项中，符合进口产品原产地标准中"实质性加工"标准要求的有（　　）。

A. 加工后税则 4 位归类发生改变

B. 加工后税则 6 位归类发生改变

C. 加工增值达到新产品总值 30% 以上

D. 加工增值达到原产品总值 30% 以上

6. 关于关税税率的适用，下列表述中正确的有（　　）。

A. 进出口货物，应当适用海关接受该货物申报进口或出口之日实施的税率

B. 因纳税人违反规定需要追征税款的进口货物，应当适用违反规定的行为发生之日实施的税率

C. 租赁进口货物，分期缴纳税款的，应按其申报暂时进口之日实施的税率征税

D. 进口货物到达前，经海关核准先行申报的，应当适用装载该货物的运输工具申报进境之日实施的税率

7. 下列选项中，符合关税相关规定的有（　　）。

A. 纳税义务人应当自海关填发税款缴款书之日起 15 日内，向指定银行缴纳税款

B. 纳税义务人因不可抗力或者国家税收政策调整不能按期缴纳税款的，依法提供税款担保后，可以直接向海关办理延期缴纳税款手续，延期纳税最长不超过 3 个月

C. 滞纳金自关税缴纳期限届满之日起，至纳税义务人缴清关税之日止，按滞纳税款 0.5‰ 的比例按日征收，周末或法定节假日不予扣除

D. 进出境货物和物品放行后，海关发现少征或者漏征税款的，应当自缴纳税款或者货物、物品放行之日起 3 年内，向纳税义务人补征

8. 下列关于关税完税价格的说法，正确的有（　　）。

A. 出口货物关税的完税价格不包含出口关税

B. 进口货物的保险费无法确定时，海关应按照货价的 5% 计算保险费

C. 进口货物的关税完税价格不包括进口关税

D. 出口货物的完税价格，由海关以该货物的成交价格为基础审查确定，并应包括货物运至我国境内输出地点装卸前的运输及其相关费用、保险费

9. 关税的强制措施有（　　）。

A. 处以应纳关税的 1~5 倍罚款　　　　B. 征收滞纳金

C. 变价抵缴　　　　　　　　　　　　D. 强制扣缴

10. 下列关于关税征收管理的表述，正确的有（　　）。

A. 纳税义务人应当自海关填发税款缴款书之日起 15 日内，向指定银行缴纳税款

B. 纳税义务人因不可抗力或者国家税收政策调整不能按期缴纳税款的，依法提供税款担保后，可以直接向海关办理延期缴纳税款手续，延期纳税最长不超

过3个月

C. 纳税义务人自缴款期限届满之日起 3 个月仍未缴纳税款，经海关关长批准，海关可以采取强制扣缴、变价抵缴等强制措施

D. 海关发现多征税款的，纳税义务人应当自收到海关通知之日起 3 个月内办理有关退税手续

三、应税判断

1. 关税的完税价格是海关以进出口货物的成交价格为基础审查确定的价格。

（　　）

2. 因故退还的中国出口货物，经海关审查属实，可予免征进口关税。

（　　）

3. 加工贸易免税进口料、件，如经批准转为内销，不需缴纳关税。（　　）

4. 进口货物关税的纳税人是进口货物的收货人。（　　）

5. 为了鼓励产品出口，我国对出口货物都免征出口关税。（　　）

6. 进出境物品的所有人，是关税的纳税义务人。（　　）

7. 进口货物自运输工具申报进境之日起 14 日内，出口货物在运抵海关监管区后装货的 24 小时以前向海关申报缴纳关税。（　　）

8. 除购货佣金以外的佣金和经纪费应包括在进口货物完税价格中。（　　）

9. 协定税率适用原产于我国参加的含有关税优惠条款的区域性贸易协定有关缔约方的进口货物。（　　）

10. 我国香港、澳门和台湾地区属于我国的国境范围内，同时也属于我国的关境内。（　　）

四、应税计算

1. 天津某进出口公司向新加坡出口货物一批，成交价格为到岸价格 4 000 美元，其中运费 400 美元，保险费 40 美元，外汇牌价为 1∶6.6，出口关税税率为 20%。

要求：计算该公司应纳出口关税。

2. 某外贸公司，2021 年 10 月经有关部门批准从境外进口小轿车 30 辆，每辆小轿车货价 15 万元，运抵我国海关前发生的运输费用、保险费用无法确定，经海关查实其他运输公司相同业务的运输费用占货价的比例为 2%。向海关缴纳相关税款，并取得了完税凭证。

要求：计算该公司应纳的关税。

3. 某企业进口设备一批，合同货款 5 万美元，海运费 1 000 美元，买方另支付进口货物保险费 100 美元，向采购中介支付中介费 500 美元。报关费及港口到企业内陆运费 200 美元，关税税率为 7%，当期汇率 1∶7.0 进口后将此设备以 50 万元含税价格销售。

要求：计算该批货物应纳关税、进口增值税和内销环节各种税金及附加。

企业所得税计算与缴纳

■ 项目认知

企业所得税是对我国境内的企业和其他取得收入的组织的生产经营所得和其他所得征收的所得税。企业所得税在组织财政收入、调控经济、监督管理、维护国家税收权益等方面具有重要的作用。

企业所得税具有以下特点：（1）计税依据为应纳税所得额；（2）计算较为复杂；（3）征税以"量能负担"为原则；（4）实行"按年计征、分期预缴"的征管办法。

■ 知识目标

1. 掌握企业所得税的纳税人、征税对象及税率规定。
2. 掌握应纳税所得额的相关规定。
3. 掌握资产的税务处理。
4. 掌握企业所得税的税收优惠。
5. 掌握企业所得税的计算方法。
6. 熟悉企业所得税申报缴纳的相关程序。

■ 能力目标

1. 能正确判断居民企业和非居民企业。
2. 能根据资料正确计算纳税调整额及应纳税所得额。
3. 能根据资料正确计算居民企业和非居民企业应纳所得税额。
4. 能结合具体案例办理企业所得税的申报缴纳工作。
5. 能根据需要查阅相关资料。

■ 思政融合

我国企业所得税政策融合了国家对产业结构的调整，对企业创新、小微企业发展等的鼓励和扶持，以及国家的扶贫及防疫政策等。

1. 体现国家的产业扶持政策。党的二十大报告指出，加快建设农业强国，扎实推动乡村产业、人才、文化、生态、组织振兴。推动战略性新兴产业融合集群发展，构建新一代信息技术、人工智能、生物技术、新能源、新材料、高端装备、绿色环保等一批新的增长引擎。企业所得税的多项优惠政策体现了国家对重点产业的扶持。具体表现在：

（1）企业从事国家列举的农、林、牧、渔业项目所得免税或减半征收企业所得税。

（2）企业从事国家重点扶持的公共基础设施项目的投资经营的所得，以及从事环境保护、节能节水项目的所得，自项目取得第一笔生产经营收入所属纳税年度起，第一年至第三年免征企业所得税，第四年至第六年减半征收企业所得税。

2. 体现国家对企业技术创新的鼓励。党的二十大报告提出，完善科技创新体系，坚持创新在我国现代化建设全局中的核心地位，健全新型举国体制，强化国家战略科技力量，提升国家创新体系整体效能，形成具有全球竞争力的开放创新生态。企业所得税法在很多方面体现了鼓励企业技术创新。具体表现在：

国家需要重点扶持的高新技术企业，减按15%的税率征收企业所得税；对经认定的技术先进型服务企业，减按15%的税率征收企业所得税；制造业企业和科技型中小企业开展研发活动中实际发生的研发费用允许加计扣除100%；创业投资企业采取股权投资方式投资于未上市的中小高新技术企业2年以上的，可以按照其投资额的70%在股权持有满2年的当年抵扣该创业投资企业的应纳税所得额；企业的固定资产由于技术进步等原因，确需加速折旧的，可以缩短折旧年限或者采取加速折旧的方法等。

3. 体现国家对小微企业发展的支持。党的二十大报告提出，支持中小微企业发展。营造有利于科技型中小微企业成长的良好环境。近年来，国家不断加大扶持小微企业发展的力度，出台了一系列关于小微企业所得税优惠政策。具体表现在：小型微利企业年应纳税所得额不超过100万元，减按12.5%计入应纳税所得额，按20%的税率缴纳企业所得税。年应纳税所得额超过100万元但不超过300万元部分，减按25%计入应纳税所得额，按20%的税率缴纳企业所得税。据测算，这一优惠政策将覆盖95%以上的纳税企业，其中98%为民营企业。

4. 体现国家扶贫及防疫政策。党的二十大报告把"完成脱贫攻坚、全面建成小康社会的历史任务"列为十年来具有重大现实意义和深远历史意义的三件大事之一。党的二十大报告提出：

（1）企业扶贫捐赠可税前全额扣除。企业通过公益性社会组织或者县级（含县级）以上人民政府及其组成部门和直属机构，用于目标脱贫地区的扶贫捐赠支出，准予在计算企业所得税应纳税所得额时据实扣除。在政策执行期限内，目标脱贫地区实现脱贫的，可继续适用上述政策。

（2）企业防疫设备及捐赠可税前全额扣除。一是对疫情防控重点保障物资生产企业为扩大产能新购置的相关设备，允许一次性计入当期成本费用在企业所得税税前扣除。二是企业的防疫捐赠支出可全额税前扣除。

任务一　企业所得税的基本要素

一、企业所得税的纳税人

微课视频 4 - 1：企业所得税纳税人。观看视频，请链接网址或扫描二维码。

企业所得税的纳税人是指在我国境内的企业和其他取得收入的组织（以下统称企业）。企业既包括依照中国法律、行政法规在中国境内成立的企业、事业单位、社会团体以及其他取得收入的组织，也包括依照外国（地区）法律成立的企业和其他取得收入的组织；但不包括个人独资企业和合伙企业。

视频：企业所得税纳税人

为了更好地保障我国税收管辖权的有效行使，根据登记注册地和实际管理机构的双重标准，我国将企业所得税的纳税人分为居民企业和非居民企业。

（一）居民企业

居民企业，是指依法在中国境内成立，或者依照外国（地区）法律成立但实际管理机构在中国境内的企业。这里的企业包括国有企业、集体企业、私营企业、联营企业、股份制企业、外商投资企业、外国企业以及有生产、经营所得和其他所得的其他组织。其中，有生产、经营所得的其他组织，是指经国家有关部门批准，依法注册、登记的事业单位、社会团体等组织。

上述所称实际管理机构是指对企业的生产经营、人员、账务、财产等实施实质性全面管理和控制的机构。

（二）非居民企业

非居民企业，是指依照外国（地区）法律成立且实际管理机构不在中国境内，但在中国境内设立机构、场所的，或者在中国境内未设立机构、场所，但有来源于中国境内所得的企业。

上述所称机构、场所，是指在中国境内从事生产经营活动的机构、场所，包括：

1. 管理机构、营业机构、办事机构；
2. 工厂、农场、开采自然资源的场所；
3. 提供劳务的场所；
4. 从事建筑、安装、装配、修理、勘探等工程作业的场所；
5. 其他从事生产经营活动的机构、场所。

【案例·分析题】

A 公司在南非注册成立，总机构设在南非。该公司在上海设有营业机构，董事会会议大多在上海举行，在上海举行的董事会会议决定除矿井作业以外的所有经营事项。该公司在中国境内外的经营由上海的营业机构控制、管理与指导。B

公司是依照韩国法律在韩国注册成立的企业，该公司的实际管理机构在韩国。B公司为销售便利，在北京和深圳设立了办事机构。判断分析：A、B公司是否属于中国的居民企业。

应税分析：

（1）A公司为中国的居民企业。A公司虽然在南非成立，但A公司位于上海的营业机构承担了对A公司的生产经营实施实质性全面管理和控制的职责，即A公司的实际管理机构在中国。

（2）B公司为中国的非居民企业。因为B公司既不在中国境内成立，实际管理机构也不在中国。

二、企业所得税的征税对象

企业所得税的征税对象是指企业的生产经营所得、其他所得和清算所得。

（一）居民企业的征税对象

居民企业应就来源于中国境内、境外的所得作为征税对象。所得，包括销售货物所得、提供劳务所得、转让财产所得、股息红利等权益性投资所得、利息所得、租金所得、特许权使用费所得、接受捐赠所得和其他所得。

（二）非居民企业的征税对象

1. 非居民企业在中国境内设立机构、场所的，应当就其所设机构、场所取得的来源于中国境内的所得，以及发生在中国境外但与其所设机构、场所有实际联系的所得，缴纳企业所得税。

2. 非居民企业在中国境内未设立机构、场所的，或者虽设立机构、场所但取得的所得与其所设机构、场所没有实际联系的，应当就其来源于中国境内的所得缴纳企业所得税。

上述所称实际联系，是指非居民企业在中国境内设立的机构、场所拥有的据以取得所得的股权、债权，以及拥有、管理、控制据以取得所得的财产。

📝 应用提示　所得来源的确定

来源于中国境内、境外的所得，按照以下原则确定：

1. 销售货物所得：按交易活动发生地确定。

2. 提供劳务所得：按劳务发生地确定。

3. 转让财产所得：

（1）不动产转让所得：按不动产所在地确定；

（2）动产转让所得：按转让动产的企业所在地确定；

（3）权益性投资资产转让所得：按被投资企业所在地确定。

4. 权益性投资所得：按分配所得的企业所在地确定。

5. 利息所得、租金所得、特许权使用费所得：按负担、支付所得的企业所在地确定，或者按负担、支付所得的个人住所地确定。

6. 其他所得：由国务院财政、税务主管部门确定。

三、企业所得税的税率

企业所得税税率是体现国家与企业分配关系的核心要素。税率设计的原则是兼顾国家、企业、职工个人三者利益，既要保证国家财政收入的稳定增长，又要使企业在发展生产、经营方面有一定的财力保证；既要考虑到企业的实际情况和负担能力，又要维护税率的统一性。

我国企业所得税实行比例税率。比例税率简便易行，透明度高，不会因征税而改变企业间收入分配比例，有利于促进效率的提高。现行规定是：

1. 基本税率为25%。适用于居民企业和在中国境内设立机构、场所且所得与其所设机构、场所有实际联系的非居民企业。现行企业所得税基本税率设定为25%，既考虑了财政承受能力，又考虑了企业负担水平。

2. 低税率为20%。适用于在中国境内未设立机构、场所，或者虽设立机构、场所但取得的所得与其所设机构、场所没有实际联系的非居民企业。但对这类企业实际征税时适用10%的税率。

任务二　应纳税所得额的计算

应纳税所得额是企业所得税的计税依据。应纳税所得额，是指企业每一纳税年度的收入总额减除不征税收入、免税收入、各项扣除以及允许弥补的以前年度亏损后的余额，用公式表示为：

$$应纳税所得额 = 收入总额 - 不征税收入 - 免税收入 - 各项扣除$$
$$- 允许弥补的以前年度亏损$$

企业应纳税所得额的计算，以权责发生制为原则。属于当期的收入和费用，不论款项是否收付，均作为当期的收入和费用；不属于当期的收入和费用，即使款项已经在当期收付，均不作为当期的收入和费用。企业财务、会计处理办法与税收法律法规的规定不一致的，应当依照税收法律法规的规定计算。

一、收入总额

企业的收入总额包括以货币形式和非货币形式从各种来源取得的收入。具体有：销售货物收入，提供劳务收入，转让财产收入，股息、红利等权益性投资收益，利息收入，租金收入，特许权使用费收入，接受捐赠收入，其他收入。

货币收入是指企业取得的现金以及将以固定或可确定金额货币收取的收入，

具体包括现金、存款、应收账款、应收票据、准备持有至到期的债券投资以及债务的豁免等。非货币收入是指企业取得的货币形式以外的收入，包括固定资产、生物资产、无形资产、股权投资、存货（原材料、包装物、低值易耗品、库存商品、委托加工物资、委托代销商品、分期收款发出商品等）、不准备持有至到期的债券投资、劳务以及有关权益等。以非货币形式取得的收入，应当按照公允价值确定收入额（公允价值是指按照市场价格确定的价值）。

（一）一般收入的确定

1. 销售货物收入，是指企业销售商品、产品、原材料、包装物、低值易耗品以及其他存货取得的收入。销售货物收入的确认包括确认条件和确认时间，见表 4 - 1。

表 4 - 1　　　　　　　　　销售货物收入的确认条件和确认时间

确认条件	1. 商品销售合同已经签订，企业已将商品所有权相关的主要风险和报酬转移给购货方 2. 企业对已售出的商品既没有保留通常与所有权相联系的继续管理权，也没有实施有效控制 3. 收入的金额能够可靠地计量 4. 已发生或将发生的销售方的成本能够可靠地核算
确认时间	1. 托收承付方式：办妥托收手续时
	2. 预收款方式：发出商品时
	3. 需要安装和检验的：购买方接受商品以及安装检验完毕时
	4. 委托代销的：收到代销清单时

2. 提供劳务收入，是指企业从事建筑安装、修理修配、交通运输、仓储租赁、金融保险、邮电通信、咨询经纪、文化体育、科学研究、技术服务、教育培训、餐饮住宿、中介代理、卫生保健、社区服务、旅游、娱乐、加工以及其他劳务服务活动取得的收入。提供劳务收入按照劳务类别规定确认时间，见表 4 - 2。

表 4 - 2　　　　　　　　　提供劳务收入的确认时间

劳务类别	确认时间
1. 安装费	根据安装完工进度确认收入
2. 宣传媒介费	相关的广告或商业行为出现在公众面前时确认收入
3. 软件费	根据开发的完工进度确认收入
4. 服务费	分期确认
5. 艺术表演费	相关活动发生时确认收入
6. 会员费	其他服务或商品另行收费的：取得会员费时确认收入 其他服务或商品不再收费的：收益期内分期确认收入

劳务类别	确认时间
7. 特许权费	提供有形资产的特许权费：在交付资产或转移资产所有权时确认收入 提供初始及后续服务的特许权费：在提供服务时确认收入
8. 长期为客户提供重复劳务的劳务费	在劳务发生时确认收入

3. 转让财产收入，是指企业转让固定资产、生物资产、无形资产、股权、债权等财产取得的收入。其中，企业股权转让收入应于转让协议生效且完成股权变更手续时，确认收入的实现。

4. 股息、红利等权益性投资收益，是指企业因权益性投资从被投资方取得的收入。股息、红利等权益性投资收益，按照被投资方作出利润分配决定的日期确认收入的实现。

5. 利息收入，是指企业将资金提供他人使用但不构成权益性投资，或者因他人占用本企业资金取得的收入，包括存款利息、贷款利息、债券利息、欠款利息等。利息收入，按照合同约定的债务人应付利息的日期确认收入的实现。

6. 租金收入，是指企业提供固定资产、包装物或者其他有形资产的使用权取得的收入。租金收入，按照合同约定的承租人应付租金的日期确认收入的实现。预收跨年度租金可分年度确认收入。

7. 特许权使用费收入，是指企业提供专利权、非专利技术、商标权、著作权以及其他特许权的使用权取得的收入。特许权使用费收入，按照合同约定的特许权使用人应付特许权使用费的日期确认收入的实现。

8. 接受捐赠收入，是指企业接受的来自其他企业、组织或者个人无偿给予的货币性资产、非货币性资产。接受捐赠收入，按照实际收到捐赠资产的日期确认收入的实现。接受捐赠的货币资产，直接计入当期应纳税所得额；接受捐赠的非货币资产，按受赠资产价值和捐赠方代为支付的增值税计入当期应纳税所得额。不包括由受赠企业另外支付或应付的相关税费。

9. 其他收入，是指企业取得的除上述收入以外的其他收入，包括企业资产溢余收入、逾期未退包装物押金收入、确实无法偿付的应付款项、已作坏账损失处理后又收回的应收款项、债务重组收入、补贴收入、违约金收入和汇兑收益等。

（二）特殊收入的确定

1. 以分期收款方式销售货物的，按照合同约定的收款日期确认收入的实现。

2. 企业受托加工制造大型机械设备、船舶、飞机，以及从事建筑、安装、装配工程业务或者提供其他劳务等，持续时间超过 12 个月的，按照纳税年度内完工进度或者完成的工作量确认收入的实现。

3. 采取产品分成方式取得收入的，按照企业分得产品的日期确认收入的实现，其收入额按照产品的公允价值确定。

4. 企业发生非货币性资产交换，以及将货物、财产、劳务用于捐赠、偿债、赞助、集资、广告、样品、职工福利或者利润分配等用途的，应当视同销售，确认收入。

（三）处置资产收入的确认

1. 企业发生下列情形的处置资产，不视同销售确认收入：

（1）将资产用于生产、制造、加工另一产品；

（2）改变资产形状、结构或性能；

（3）改变资产用途（如，自建商品房转为自用或经营）；

（4）将资产在总机构及其分支机构之间转移；

（5）上述两种或两种以上情形的混合；

（6）其他不改变资产所有权属的用途。

2. 企业将资产移送他人的下列情形，应按规定视同销售确定收入：

（1）用于市场推广或销售；

（2）用于交际应酬；

（3）用于职工奖励或福利；

（4）用于股息分配；

（5）用于对外捐赠；

（6）其他改变资产所有权属的用途。

3. 企业发生第 2 条规定情形时，属于企业自制的资产，应按企业同类资产同期对外销售价格确定销售收入；属于外购的资产，可按购入时的价格确定销售收入。

二、不征税收入

不征税收入是指从性质和根源上不属于企业营利性活动带来的经济利益、不负有纳税义务的收入。下列收入为不征税收入：

1. 财政拨款。是指各级人民政府对纳入预算管理的事业单位、社会团体等组织拨付的财政资金，但国务院和国务院财政、税务主管部门另有规定的除外。

2. 依法收取纳入财政管理的行政事业性收费和政府性基金。行政事业性收费是指依照法律法规等有关规定，按照国务院规定程序批准，在实施社会公共管理，以及在向公民、法人或者其他组织提供特定公共服务过程中，向特定对象收取并纳入财政管理的费用。政府性基金是指企业依照法律、行政法规等有关规定，代政府收取的具有专项用途的财政资金。

3. 国务院规定的其他不征税收入。是指企业取得的，由国务院财政、税务主管部门规定专项用途并经国务院批准的财政性资金。

值得注意的是，企业的不征税收入用于支出所形成的费用，不得在计算应纳税所得额时扣除；企业的不征税收入用于支出所形成的资产，其计算的折旧、摊销不得在计算应纳税所得额时扣除。

[知识链接] 财政性资金的企业所得税处理，请扫描二维码。

文本：财政性资金的企业所得税处理

三、免税收入

免税收入是指企业经营活动或营利活动取得的收入，本应承担纳税义务，只是由于国家政策的需要，给予免税优惠。下列收入为免税收入：

1. 国债利息收入。是指企业购买国务院财政部门发行的国家公债所取得的利息收入。

2. 符合条件的居民企业之间的股息、红利等权益性投资收益。是指居民企业直接投资于其他居民企业取得的投资收益。

3. 在中国境内设立机构、场所的非居民企业从居民企业取得与该机构、场所有实际联系的股息、红利等权益性投资收益。

居民企业和非居民企业取得的上述免税的投资收益不包括连续持有居民企业公开发行并上市流通的股票不足 12 个月取得的投资收益。

4. 符合条件的非营利组织的收入。是指非营利组织从事公益性或非营利性活动所取得的收入，不包括从事营利性活动所取得的收入，但国务院财政、税务主管部门另有规定的除外。

【案例·计算题】

某商场 2022 年全年取得如下收入：销售商品收入 200 万元；国债利息收入 100 万元；转让国债取得净收入 150 万元；购买某公司债券取得利息收入 20 万元；从深圳某高新技术企业分回股息 260 万元；转让一项股权取得净收入 90 万元；2022 年 4 月购买了某上市公司的股票 100 000 股，并打算连续持有到 2023 年 4 月，但在 2022 年 6 月取得了分红收入 5 万元。

要求：计算确认该公司 2022 年的免税收入。

该公司 2022 年的免税收入 = 100 + 260 = 360（万元）

四、企业支出的税前扣除

（一）税前扣除的基本原则

1. 真实性原则。除税法规定的加计扣除费用外，任何支出除非确属已经真实发生，否则不得在税前扣除。

2. 权责发生制原则。属于当期的费用，不论款项是否支付，均作为当期的费用；不属于当期的费用，即使款项已经在当期支付，均不作为当期的费用。

3. 合法性原则。企业税前扣除的每一项支出都必须符合法律、法规的规定，因违反法律、行政法规而交付的罚款、罚金、滞纳金不得税前扣除。

4. 相关性原则。企业税前扣除的支出必须与取得的应税收入直接相关。与取得收入无关的各项支出均不得税前扣除。

5. 合理性原则。可在税前扣除的支出是正常和必要的，计算和分配方法应当符合一般的经营常规和会计惯例。

6. 区分收益性支出和资本性支出原则。企业发生的支出应当区分收益性支出和资本性支出，收益性支出在发生当期直接扣除；资本性支出应当分期扣除或者计入有关资产成本，不得在发生当期直接扣除。

7. 非经法定不得重复扣除原则。除税法另有规定外，企业实际发生的成本、费用、税金、损失和其他支出，不得重复扣除。

（二）税前扣除的基本项目

1. 成本，是指企业在生产经营活动中发生的销售成本、销货成本、业务支出以及其他耗费。

2. 费用，是指企业在生产经营活动中发生的销售费用、管理费用和财务费用等期间费用，已计入成本的有关费用除外。

3. 税金，是指企业发生的除企业所得税和允许抵扣的增值税以外的各项税金及附加。

4. 损失，是指企业在生产经营活动中发生的固定资产和存货的盘亏、毁损、报废损失，转让财产损失，呆账损失，坏账损失，自然灾害等不可抗力因素造成的损失以及其他损失。

5. 其他支出，是指除成本、费用、税金、损失外，企业在生产经营活动中发生的与生产经营活动有关的、合理的支出。

（三）税前扣除的具体范围和标准

1. 利息支出。利息支出税前扣除应考虑借款对象、借款用途、利率高低、关联关系、债资比例等因素。税前准予直接扣除的利息支出是指计入财务费用的利息支出。具体规定如下：

（1）据实扣除的利息支出。非金融企业向金融企业借款的利息支出、金融企业的各项存款利息支出和同业拆借利息支出、企业经批准发行债券的利息支出可据实扣除。

（2）限额扣除的利息支出。非金融企业向非金融企业借款的利息支出，不超过按照金融企业同期同类贷款利率计算数额的部分可据实扣除，超过部分不许扣除。

"同期同类贷款利率"是指在贷款期限、贷款金额、贷款担保以及企业信誉等条件基本相同的情况下，金融企业提供贷款的利率。既可以是金融企业公布的同期同类平均利率，也可以是金融企业对某些企业提供的实际贷款利率。

【案例·计算题】

甲企业 2022 年 1 月向工商银行贷款 100 万元，用于生产周转，期限一年，年利率 6.6%；当月又向乙企业借款 200 万元，期限一年（借款用途同上），年末向该企业支付借款利息 18 万元，已全部计入当年的财务费用。计算甲企业 2022 年利息支出的纳税调整额。

计算分析：

（1）向工商银行贷款支付的利息 6.6 万元可据实扣除。

（2）向乙企业贷款支付的利息税前扣除分析：

①税收限额 = 200×6.6% = 13.2（万元）

②会计发生 18 万元；

③调增所得 = 18 - 13.2 = 4.8（万元）

✍️ 应用提示 利息支出的资本化处理

企业为购置、建造固定资产、无形资产和经过 12 个月以上的建造才能达到预定可销售状态的存货发生的借款利息支出，在有关资产购置、建造期间发生的合理的借款费用，应予以资本化，作为资本性支出计入有关资产的成本；有关资产交付使用后发生的借款利息，可在发生当期扣除。

【案例·分析题】

2022 年 1 月，甲钢铁生产企业向乙企业（非金融企业）借款 2 000 万元用于购建一条新生产线，期限为 2 年，年利率为 10%，而银行同期贷款年利率为 6%。虽然会计上对甲企业 2022 年度资本性借款费用按发生额 200 万元列支，但由于按照税法规定实际利率超过了金融企业同期同类贷款利率，因此税法上对甲企业 2022 年度作为资本性支出的借款费用只承认 120 万元（2 000×6%），超过的 80 万元 [2 000×（10% - 6%）] 不予以承认。

✍️ 应用提示 向关联企业和自然人借款利息支出的处理

1. 向关联企业借款的利息支出需符合"两不超"。

（1）借款金额不得超过企业从其关联方接受的债权性投资与权益性投资的比例计算的数额，企业接受关联方债权性投资与其权益性投资的比例，金融企业 5∶1，其他企业 2∶1。

（2）借款利息支出不得超过金融企业同期同类贷款利率计算的数额。

但是，如果企业能够按照规定提供相关资料，并证明相关交易活动符合独立交易原则的，或者该企业的实际税负不高于境内关联方的，其实际支付给境内关联方的利息支出，不受"债资比例"的限制。

2. 向自然人借款的利息支出需区分两个层次。

（1）企业向股东或其他与企业有关联关系的自然人借款的利息支出需符合"两不超"：既不得超过税法规定的债权性投资与权益性投资的比例，也不得超过金融企业同期同类贷款利率计算的数额。

（2）企业向与企业有关联关系的自然人以外的内部职工或其他人员借款的利息支出，符合两个条件的准予扣除：一是借款真实、合法、有效并签订了借款合同；二是利息支出不超过金融企业同期同类贷款利率计算的数额。

【案例·计算题】

甲公司 2022 年从其关联方乙企业借入生产用资金 7 800 万元，借款期限 1 年，发生借款利息 780 万元。同期金融机构贷款利率 10%，甲公司不能提供资料证明此交易符合独立交易原则。甲公司注册资本 7 000 万元，乙企业占比 50%。计算甲公司准予扣除的利息支出。

【解析】 债资比例 = 7 800 ÷ 3 500 = 2.23，大于 2，税法认可的借款金额为 7 000 万元。

（1）税收限额 = 7 000 × 10% = 700（万元）

（2）会计发生利息支出 780 万元；

（3）准予扣除的利息支出为 700 万元。

2. 工资薪金支出。

微课视频 4 - 2： 工资支出的税前扣除。观看视频，请扫描二维码。

（1）企业发生的合理的工资薪金支出，准予扣除。工资薪金是指企业每一纳税年度支付给在本企业任职或者受雇员工的所有现金或者非现金形式的劳动报酬，包括基本工资、奖金、津贴、补贴、年终加薪、加班工资，以及与任职或者受雇有关的其他支出。

✎ **应用提示**　"合理的工资薪金"需符合五项原则

1. 企业制定了较为规范的员工工资薪金制度；

2. 企业所制定的工资薪金制度符合行业及地区水平；

3. 企业在一定时期所发放的工资薪金是相对固定的，工资薪金的调整是有序进行的；

4. 企业对实际发放的工资薪金，已依法履行了代扣代缴个人所得税义务；

5. 有关工资薪金的安排，不以减少或逃避税款为目的。

（2）季节工、临时工、实习生等工资可据实扣除。企业因雇用季节工、临时工、实习生、返聘离退休人员以及接受外部劳务派遣用工所实际发生的费用，应区分为工资薪金支出和职工福利费支出，并按规定在税前扣除。其中属于工资薪金支出的，准予计入企业工资薪金总额的基数，作为计算其他各项相关费用扣除的依据。

（3）与收入不直接相关的离退休人员工资、福利费等支出不得税前扣除。

（4）与工资一起发放的福利性补贴可作为工资支出税前扣除。列入企业员工工资薪金制度、固定与工资薪金一起发放的福利性补贴，可作为企业发生的工资薪金支出，按规定在税前扣除。

3. 职工福利费支出。企业发生的职工福利费支出，不超过工资、薪金总额 14% 的部分，准予扣除。

[知识拓展] 企业职工福利费的内容，请扫描二维码。

4. 工会经费支出。企业拨缴的工会经费，不超过工资薪金总额 2% 的部分，准予扣除。

5. 职工教育经费支出。除国务院财政、税务主管部门另有规定外，企业发

生的职工教育经费支出，不超过工资薪金总额 8% 的部分，准予扣除；超过部分，准予在以后纳税年度结转扣除。

特别注意的是，上述计算职工福利费、工会经费、职工教育经费的"工资薪金总额"，是指企业发生的合理的工资薪金支出总额。

【案例·计算题】

某家电企业 2022 年计入成本、费用中的合理的实发工资 540 万元，当年发生工会经费 15 万元、职工福利费 80 万元、职工教育经费 11 万元，计算工会经费、职工福利费、职工教育经费的纳税调整额（见表 4 - 3）。

表 4 - 3 工会经费、职工福利费、职工教育经费的纳税调整额 单位：万元

项目	扣除限额	实际发生	准予扣除	调增所得
工会经费	$540 \times 2\% = 10.8$	15	10.8	4.2
职工福利费	$540 \times 14\% = 75.6$	80	75.6	4.4
职工教育经费	$540 \times 2.5\% = 13.5$	11	11	0

6. 党组织工作经费。

（1）扣除标准：党组织工作经费，实际支出不超过职工年度工资总额 1% 的部分，可以据实在企业所得税前扣除。

（2）适用范围：国有企业、集体所有制企业和非公有制企业。

（3）扣除前提：已经实际发生。对于账面已提但未实际发生的党组织工作经费不得税前扣除。

（4）用途：党组织工作经费必须用于企业党的建设。

7. 公益性捐赠支出。

（1）公益性捐赠的界定。公益性捐赠，是指企业通过公益性社会组织或者县级以上人民政府及其部门，用于符合法律规定的慈善活动、公益事业的捐赠。直接捐赠不得税前扣除。

（2）公益性捐赠的扣除规定。企业发生的公益性捐赠支出，在年度利润总额 12% 以内的部分，准予在计算应纳税所得额时扣除；超过年度利润总额 12% 的部分，准予以后三年内在计算应纳税所得额时扣除。年度利润总额是指企业依照国家统一会计制度的规定计算的大于零的年度会计利润。

企业发生的公益性捐赠支出未在当年税前扣除的部分，准予向以后年度结转扣除，但结转年限自捐赠发生年度的次年起计算最长不得超过三年。企业在对公益性捐赠支出计算扣除时，应先扣除以前年度结转的捐赠支出，再扣除当年发生的捐赠支出。

企业将自产、委托加工的产品或外购的原材料、固定资产等实物用于对外捐赠，应分解为按公允价值视同对外销售和捐赠两项业务进行所得税处理。

企业向公益性社会团体实施的股权捐赠，应按规定视同转让股权，股权转让收入额以企业所捐赠股权取得时的历史成本确定。股权，是指企业持有的其他企

业的股权、上市公司股票等。

企业在非货币性资产捐赠过程中发生的运费、保险费、人工费用等相关支出，凡纳入国家机关、公益性社会组织开具的公益捐赠票据记载数额中的，作为公益性捐赠支出按照规定在税前扣除；上述费用未纳入公益性捐赠票据记载数额中的，作为企业相关费用按照规定在税前扣除。

✍ 应用提示　公益性捐赠全额扣除规定

1. 企业扶贫捐赠支出。自 2019 年 1 月 1 日至 2022 年 12 月 31 日，企业通过公益性社会组织或者县级（含）以上人民政府及其组成部门和直属机构，用于目标脱贫地区的扶贫捐赠支出，准予在计算企业所得税应纳税所得额时据实扣除。在政策执行期限内，目标脱贫地区实现脱贫的，可继续适用上述政策。

2. 企业防疫捐赠支出。企业防疫捐赠支出包括两种情形：一是通过公益性社会组织或者县级以上人民政府及其部门等国家机关，捐赠用于应对新冠肺炎疫情的现金和物品；二是直接向承担疫情防治任务的医院捐赠用于应对新冠肺炎疫情的物品。

【案例·计算题】

某县食品厂 2022 年利润总额为 90 万元，"营业外支出"账户列支的捐赠支出包括：通过县民政局向贫困地区捐赠 30 万元，通过某乡政府向该乡一所小学捐赠 15 万元，直接向某敬老院捐赠 12 万元。假如不考虑其他纳税调整项目，计算该厂 2022 年应纳税所得额。

（1）公益性捐赠纳税调整：税收限额 $= 90 \times 12\% = 10.8$（万元），会计发生 $= 30$（万元），调增所得 $= 30 - 10.8 = 19.2$（万元）

（2）非公益性捐赠纳税调整：非公益性捐赠调增所得 $= 15 + 12 = 27$（万元）

（3）应纳税所得额 $= 90 + 19.2 + 27 = 136.2$（万元）

【例题·分析题】

某企业 2021 年度发生的公益性捐赠支出 12.2 万元，2021 年利润总额为 60 万元。2022 年发生公益性捐赠支出 8 万元，2022 年利润总额为 100 万元。该企业 2021 年和 2022 年公益性捐赠应如何扣除？

2021 年公益性捐赠扣除：公益性捐赠支出扣除限额 7.2 万元（$60 \times 12\%$）。企业当年未扣除金额 5 万元，允许扣除的三年时限，从次年 2022 年开始，最长可以在 2024 年扣除。

2022 年公益性捐赠扣除：公益性捐赠扣除限额 $= 100 \times 12\% = 12$（万元）；先扣 2021 年的 5 万元，再扣 2022 年的 7 万元；2022 年未扣的 1 万元准予结转以后三年内扣除，即最长可以在 2025 年扣除。

8. 业务招待费支出。

（1）扣除比例。企业发生的与生产经营活动有关的业务招待费支出，按照发生额的 60% 扣除，但最高不得超过当年销售（营业）收入的 5‰。

（2）计算基数。业务招待费扣除限额的计算基数包括主营业务收入、其他业务收入以及视同销售收入，不包括营业外收入和投资收益。其中，主营业务收入和其他业务收入来自《一般企业收入明细表》的相关数据；视同销售收入来自《视同销售和房地产开发企业特定业务纳税调整明细表》的相关数据。

【案例·计算题】

某商场（增值税一般纳税人）2022年实际发生的业务招待费为50万元，2022年收入情况如下：商品零售收入3 390万元（含税）；出租房屋取得租赁收入109万元（含税）；转让一项专利的所有权取得收入18万元（含税）；将一批价值56.5万元（含税）的商品作为福利发给职工，该批商品的成本价为40万元；购买国债取得利息收入80万元。计算该商场2022年业务招待费的纳税调整额。

（1）税收限额：实际发生额的60% = 50 × 60% = 30（万元）；销售收入的5‰ = [（3 390 + 56.5）÷（1 + 13%）+ 109 ÷（1 + 9%）] × 5‰ = 15.75（万元）。准予扣除15.75万元。

（2）会计发生50万元。

（3）调增所得 = 50 − 15.75 = 34.25（万元）

9. 广告费和业务宣传费支出。

（1）扣除比例。企业发生的符合条件的广告费和业务宣传费支出，除国务院财政、税务主管部门另有规定外，不超过当年销售（营业）收入15%的部分，准予扣除；超过部分，准予在以后纳税年度结转扣除。

对化妆品制造与销售、医药制造和饮料制造（不含酒类制造）企业发生的广告费和业务宣传费支出，不超过当年销售（营业）收入30%的部分，准予扣除；超过部分，准予在以后纳税年度结转扣除。

烟草企业的烟草广告费和业务宣传费支出，一律不得在计算应纳税所得额时扣除。

关联企业可按分摊协议扣除。对签订广告费和业务宣传费分摊协议（以下简称分摊协议）的关联企业，其中一方发生的不超过当年销售（营业）收入税前扣除限额比例内的广告费和业务宣传费支出可以在本企业扣除，也可以将其中的部分或全部按照分摊协议归集至另一方扣除。另一方在计算本企业广告费和业务宣传费支出企业所得税税前扣除限额时，可将按照上述办法归集至本企业的广告费和业务宣传费不计算在内。

（2）计算基数。广告费和业务宣传费扣除限额的计算基数包括主营业务收入、其他业务收入以及视同销售收入，不包括营业外收入和投资收益。

【案例·计算题】

某贸易公司2022年有关财务资料如下：销售产品收入200万元；销售材料收入12万元；将自产产品用于对外捐赠，售价5万元，成本价4万元；转让专利 M 使用权收入 6 万元；出售固定资产取得净收益 21 万元；2022 年实际发生广告费和业务宣传费共计 36 万元。以上收入均为不含税收入。计算该公司 2022 年广告费和业务宣传费的纳税调整额。

（1）税收限额 = 223 × 15% = 33.45（万元）

（2）会计发生 36 万元。

（3）调增所得 = 36 − 33.45 = 2.55（万元）

想一想： 如果该贸易公司为化妆品公司，则 2022 年广告费和业务宣传费该如何扣除？

10. 保险费和住房公积金支出。

（1）企业依照国务院有关主管部门或者省级人民政府规定的范围和标准为职工缴纳的基本养老保险费、基本医疗保险费、失业保险费、工伤保险费、生育保险费等基本社会保险费和住房公积金，准予扣除。

（2）企业根据国家有关政策规定，为在本企业任职或者受雇的全体员工支付的补充养老保险费、补充医疗保险费，分别在不超过职工工资总额 5% 标准内的部分，在计算应纳税所得额时准予扣除；超过的部分，不予扣除。

（3）企业参加财产保险，按照规定缴纳的保险费，准予扣除。

（4）企业依照国家有关规定为特殊工种职工支付的人身安全保险费准予扣除。企业为投资者或者职工支付的商业保险费，不得扣除。

（5）企业参加雇主责任险、公众责任险等责任保险，按照规定缴纳的保险费，准予在企业所得税税前扣除。

（6）企业职工因公出差乘坐交通工具发生的人身意外保险费支出，准予企业在计算应纳税所得额时扣除。

（7）银行业金融机构依据《存款保险条例》的有关规定、按照不超过 0.16‰ 的存款保险费率，计算交纳的存款保险保费，准予在企业所得税税前扣除。

11. 手续费及佣金支出。企业发生与生产经营有关的手续费及佣金支出，不超过以下规定计算限额以内的部分，准予扣除；超过部分，不得扣除。

（1）保险企业：保险企业发生与其经营活动有关的手续费及佣金支出，不超过当年全部保费收入扣除退保金等后余额 18%（含本数）的部分，在计算应纳税所得额时准予扣除；超过部分，允许结转以后年度扣除。

（2）其他企业：按与具有合法经营资格中介服务机构或个人（不含交易双方及其雇员、代理人和代表人等）所签订服务协议或合同确认的收入金额的 5% 计算限额。

📝 应用提示

手续费及佣金支出税前扣除的特殊规定

1. 企业已计入固定资产、无形资产等相关资产的手续费及佣金支出，应当通过折旧、摊销等方式分期扣除，不得在发生当期直接扣除。

2. 除委托个人代理外，企业以现金等非转账方式支付的手续费及佣金不得在税前扣除；企业为发行权益性证券支付给有关证券承销机构的手续费及佣金不得在税前扣除。

【案例·计算题】

某电信公司委托一批商家代为销售电话充值卡，并按销售额的1‰支付手续费。2022年该公司共支付给代办商手续费500万元，公司当年收入总额为1.25亿元。计算该公司税前准予扣除的手续费支出。

（1）税收限额 = $1.25 \times 10\ 000 \times 5\% = 625$（万元）

（2）会计发生500万元。

（3）准予扣除500万元。

12. 资产损失。

（1）资产损失的扣除范围。资产损失是指企业在生产经营活动中实际发生的、与取得应税收入有关的资产损失，包括现金损失，存款损失，坏账损失，贷款损失，股权投资损失，固定资产和存货的盘亏、毁损、报废、被盗损失，自然灾害等不可抗力因素造成的损失以及其他损失。

准予税前扣除的资产损失需区分实际资产损失与法定资产损失。实际资产损失是企业在实际处置、转让资产过程中发生的合理损失。实际资产损失应当在其实际发生且会计上已作损失处理的年度申报扣除。法定资产损失是指企业虽未实际处置、转让资产，但符合规定条件计算确认的损失。法定资产损失应当在企业向主管税务机关提供证据资料证明该项资产已符合法定资产损失确认条件，且会计上已作损失处理的年度申报扣除。

（2）资产损失的扣除金额。企业发生的资产损失，减除责任人赔偿和保险赔款后的余额，依照国务院财政、税务主管部门的规定扣除。

企业因存货盘亏、毁损、报废、被盗等原因不得从增值税销项税额中抵扣的进项税额，可以与存货损失一起在计算应纳税所得额时扣除。

【案例·计算题】

某家具厂2022年11月因管理不善发生一起被盗事件。具体损失如下：被盗原材料40万元；被盗产成品60万元（其中外购原材料占60%）。增值税税率13%，计算该厂2022年所得税前可扣除的资产损失。

（1）原材料损失：$40 + 40 \times 13\% = 45.2$（万元）

（2）产成品损失：$60 + 60 \times 60\% \times 13\% = 64.68$（万元）

可扣除的资产损失合计：$45.2 + 64.68 = 109.88$（万元）

（3）收回的资产损失应计入应纳税所得额。已扣除的资产损失，在以后年度收回时，其收回部分应当作为收入计入收回当期的应纳税所得额。

（4）以前年度未扣除的资产损失可追补扣除。企业以前年度发生的实际资产损失未能在当年税前扣除的，准予追补至该项损失发生年度扣除，其追补确认期限一般不得超过5年。法定资产损失不得追补扣除。

企业因以前年度实际资产损失未在税前扣除而多缴的企业所得税税款，可在追补确认年度企业所得税应纳税款中予以抵扣；不足抵扣的，向以后年度递延抵扣。

企业实际资产损失发生年度扣除追补确认的损失后出现亏损的，应先调整资产损失发生年度的亏损额，再按弥补亏损的原则计算以后年度多缴的企业所得税税款，并按上述办法进行税务处理。

【案例·计算题】

某家电公司 2022 年应纳税所得额为 10 万元，2023 年应纳税所得额为 44 万元，2023 年发现 2022 年有实际资产损失 18 万元符合税法规定但是未扣除。计算该公司 2023 年实际应纳所得税额。

（1）2022 年未扣的实际损失 18 万元可追补扣除。追补后 2022 年亏损 8 万元（18 − 10）。

（2）2022 年多缴所得税 = 10 × 25% = 2.5（万元）

（3）2023 年应缴所得税 = （44 − 8）× 25% = 9（万元）

（4）2023 年实际应纳所得税 = 9 − 2.5 = 6.5（万元）

13. 其他费用的扣除。

（1）企业融资费用支出。企业通过发行债券、取得贷款、吸收保户储金等方式融资而发生的合理的费用支出，符合资本化条件的，应计入相关资产成本；不符合资本化条件的，应作为财务费用，准予在企业所得税前据实扣除。

（2）固定资产的租赁费。企业根据生产经营活动需要租入固定资产支付的租赁费，按照以下方法扣除：以经营租赁方式租入固定资产发生的租赁费支出，按照租赁期限均匀扣除；以融资租赁方式租入固定资产发生的租赁费支出，按照规定构成融资租入固定资产价值的部分应当提取折旧费用，分期扣除。

（3）企业接受外部劳务派遣用工支出。应分两种情况按规定在税前扣除：按照协议（合同）约定直接支付给劳务派遣公司的费用，应作为劳务费支出；直接支付给员工个人的费用，应作为工资薪金支出和职工福利费支出。其中属于工资薪金支出的费用，准予计入企业工资薪金总额的基数，作为计算其他各项相关费用扣除的依据。

（4）汇兑损失。企业在货币交易中，以及纳税年度终了时将人民币以外的货币性资产、负债按照期末即期人民币汇率中间价折算为人民币时产生的汇兑损失，除已经计入有关资产成本以及与向所有者进行利润分配相关的部分外，准予扣除。

（5）环保专项资金。企业依照法律、行政法规有关规定提取的用于环境保护、生态恢复等方面的专项资金，准予扣除。上述专项资金提取后改变用途的，不得扣除。

（6）劳动保护支出。企业发生的合理的劳动保护支出，准予扣除。劳动保护支出是指确因工作需要为雇员配备或提供工作服、手套、安全保护用品、防暑降温用品等所发生的支出。

（7）转让资产的净值。企业转让资产，该项资产的净值，准予在计算应纳税所得额时扣除。资产的净值是指有关资产的计税基础减除已经按照规定扣除的折旧、折耗、摊销、准备金等后的余额。

（8）依照有关法律、行政法规和国家有关税法规定准予扣除的其他项目。如会员费、合理的会议费、差旅费、违约金、诉讼费用等。

五、税前不得扣除的项目

微课视频 4 - 3：税前不得扣除项目。观看视频，请扫描二维码。

在计算应纳税所得额时，下列支出不得扣除：

1. 向投资者支付的股息、红利等权益性投资收益款项。

2. 企业所得税税款。

3. 税收滞纳金，是指纳税人违反税收法规，被税务机关处以的滞纳金。

4. 罚金、罚款和被没收财物的损失，是指纳税人违反国家有关法律、法规规定，被有关部门处以的罚款，以及被司法机关处以的罚金和被没收财物。

5. 超过规定标准的捐赠支出。

6. 赞助支出，是指企业发生的与生产经营活动无关的各种非广告性质支出。

7. 未经核定的准备金支出，是指不符合国务院财政、税务主管部门规定的各项资产减值准备、风险准备等准备金支出。

8. 企业之间支付的管理费、企业内营业机构之间支付的租金和特许权使用费，以及非银行企业内营业机构之间支付的利息，不得扣除。

9. 与取得收入无关的其他支出。

视频：税前不得扣除项目

【案例·分析题】

2022 年企业所得税汇算清缴时，某公司"营业外支出"账户记载罚款、违约金支出共计 10 万元。其中，因违反有关规章制度被工商部门处罚 5 万元；因未采取火灾防范措施被消防部门处罚 3 万元；因产品质量原因，经协商支付购货方违约金 2 万元。则该企业 2022 年罚款、违约金支出税前扣除情况如下：

该企业被工商部门所处罚款 5 万元以及消防部门所处罚款 3 万元，均属于行政性罚款，不得在税前扣除，应当调增应纳税所得额 8 万元。违约金支出 2 万元，可以在税前扣除，无须纳税调整。

六、亏损弥补

（一）基本规定

亏损是指企业每一纳税年度的收入总额减除不征税收入、免税收入和各项扣除后小于零的数额。税法规定，企业纳税年度发生的亏损，准予向以后年度结转，用以后年度的所得弥补，但结转年限最长不得超过五年。而且，企业在汇总缴纳企业所得税时，其境外机构的亏损不得抵减境内机构的盈利。

[知识链接] 高新技术企业和科技型中小企业亏损结转年限延长，请扫描二维码。

（二）年度亏损的确认

年度亏损，是指企业依照税收制度的规定将每一纳税年度的收入总额减除不征税收入、免税收入和各项扣除后小于零的数额。

【案例·分析题】

某企业 2022 年收入总额为 1 000 万元，其中，依法收取并纳入财政管理的行政事业性收费为 200 万元，取得国债利息收入 30 万元；全年实际发生的与取得收入有关的、合理的支出共计 850 万元，确认该企业 2022 年的年度亏损。

分析：2022 年的年度亏损 = 1 000 − 200 − 30 − 850 = − 80（万元），即该企业 2022 年发生经营亏损 80 万元，可从 2023 年起 5 年内用应纳税所得额弥补。

（三）亏损弥补的方法

1. 确定亏损弥补期。税法规定中的"弥补期最长不得超过 5 年"，是指从发生亏损年度的下一纳税年度起连续不断地计算，5 年内不论是盈利或亏损，都作为实际弥补期限计算。

2. 连续发生年度亏损的处理。按顺序连续计算各年的亏损弥补期，先亏先补。不得将每个亏损年度的连续弥补期相加，更不得断开计算。

【案例·分析题】

某纺织厂 2013 ~ 2021 年盈亏情况如表 4 − 4 所示。

表 4 −4　　　　　　　　　　　　　　　　　　　　　　　　　单位：万元

项目	2013 年	2014 年	2015 年	2016 年	2017 年	2018 年	2019 年	2020 年	2021 年
所得	− 50	− 30	10	− 40	20	30	10	40	10

根据上述资料，分析该厂 2013 年、2014 年、2016 年亏损如何弥补？

（1）2013 年的亏损 50 万元，可用 2015 年的所得 10 万元、2017 年的所得 20 万元以及 2018 年所得中的 20 万元弥补；

（2）2014 年的亏损 30 万元，可用 2018 年剩余的所得 10 万元以及 2019 年的所得 10 万元弥补，但 2014 年未弥补完的亏损 10 万元不得再在 2020 年进行弥补（已经超过了连续五年的弥补期）；

（3）2016 年的亏损 40 万元，可用 2020 年的所得 40 万元弥补；

（4）该企业 2013 ~ 2020 年均不需缴纳企业所得税，但 2021 年的所得 10 万元应依法缴纳企业所得税。

任务三　资产的税务处理

资产的税务处理实质上就是通过对资产的分类，正确区分资本性支出与收益性支出，准确计提和摊销各种资产的费用，从而正确计算应纳税所得额。

企业的各项资产，包括固定资产、生物资产、无形资产、长期待摊费用、投资资产、存货等，以企业取得该项资产时实际发生的支出，即历史成本为计税基础。企业持有各项资产期间资产增值或者减值，除国务院财政、税务主管部门规定可以确认损益外，不得调整该资产的计税基础。

一、固定资产的税务处理

微课视频4-4：固定资产的税务处理。观看视频，请扫描二维码。

固定资产是指企业为生产产品、提供劳务、出租或者经营管理而持有的、使用时间超过12个月的非货币性资产，包括房屋、建筑物、机器、机械、运输工具以及其他与生产经营活动有关的设备、器具、工具等。

视频：固定资产的税务处理

（一）固定资产的计税基础（见表4-5）

表4-5　　　　　　　　　　固定资产的计税基础

固定资产的来源	计税基础
1. 外购的固定资产	买价 + 相关税费 + 其他支出
2. 自建的固定资产	竣工决算前发生的支出
3. 融资租入的固定资产	合同约定付款总额的：付款总额 + 相关费用 合同未约定付款总额的：公允价值 + 相关费用
4. 盘盈的固定资产	同类固定资产的重置完全价
5. 捐赠、投资、交换、债务重组等方式取得的固定资产	公允价值 + 相关税费
6. 改建的固定资产	以改良支出增加计税基础

（二）固定资产折旧的范围

在计算应纳税所得额时，企业按照规定计算的固定资产折旧，准予扣除。但下列固定资产不得计算折旧扣除：

1. 房屋、建筑物以外未投入使用的固定资产；
2. 以经营租赁方式租入的固定资产；
3. 以融资租赁方式租出的固定资产；

4. 已足额提取折旧仍继续使用的固定资产；

5. 与经营活动无关的固定资产；

6. 单独估价作为固定资产入账的土地；

7. 其他不得计算折旧扣除的固定资产。

（三）固定资产计算折旧的起止时间

企业应当自固定资产投入使用月份的次月起计算折旧；停止使用的固定资产，应当自停止使用月份的次月起停止计算折旧。

（四）合理确定固定资产的净残值

企业应当根据固定资产的性质和使用情况，合理确定固定资产的预计净残值。固定资产的预计净残值一经确定，不得变更。

（五）固定资产计算折旧的最低年限

除国务院财政、税务主管部门另有规定外，固定资产计算折旧的最低年限为：

1. 房屋、建筑物，为 20 年；

2. 飞机、火车、轮船、机器、机械和其他生产设备，为 10 年；

3. 与生产经营活动有关的器具、工具、家具等，为 5 年；

4. 飞机、火车、轮船以外的运输工具，为 4 年；

5. 电子设备，为 3 年。

（六）固定资产计算折旧的方法

固定资产按照直线法计算的折旧，准予扣除。

二、无形资产的税务处理

无形资产是指企业为生产产品、提供劳务、出租或者经营管理而持有的、没有实物形态的非货币性长期资产，包括专利权、商标权、著作权、土地使用权、非专利技术、商誉等。

（一）无形资产的计税基础（见表 4-6）

表 4-6　　　　　　　　　　无形资产的计税基础

无形资产的来源	计税基础
1. 外购的无形资产	买价 + 相关税费 + 其他支出
2. 自行开发的无形资产	开发过程中发生的支出
3. 捐赠、投资、交换、债务重组等方式取得的固定资产	公允价值 + 相关税费

（二）无形资产摊销的范围

在计算应纳税所得额时，企业按照规定计算的无形资产摊销费用，准予扣除。下列无形资产不得计算摊销费用扣除：

1. 自行开发的支出已税前扣除的无形资产；
2. 自创商誉；
3. 与经营活动无关的无形资产；
4. 其他不得摊销的无形资产。

（三）无形资产的摊销方法及年限

无形资产按照直线法计算的摊销费用，准予扣除。无形资产自取得的当月起摊销。

无形资产的摊销年限不得低于 10 年。作为投资或者受让的无形资产，有关法律规定或者合同约定了使用年限的，可以按照规定或者约定的使用年限分期摊销。

【案例·计算题】

某企业 2022 年外购一项专利权，使用期限为 6 年，该公司支付价款 100 万元，支付相关税费 12 万元，为了将该专利投入生产流程而发生支出 8 万元。另外，该企业当年自行开发一项商标权并进行了注册，共花费成本 80 万元。要求计算该企业专利权及商标权的计税基础及每年应摊销额。

（1）专利权的计税基础和每年应摊销额：

计税基础 = 100 + 12 + 8 = 120（万元）；每年应摊销额 = 120 ÷ 6 = 20（万元）

（2）商标权的计税基础和每年应摊销额：

计税基础 = 80（万元）；每年应摊销额 = 80 ÷ 10 = 8（万元）

三、生产性生物资产的税务处理

生产性生物资产是指为生产农林产品、提供劳务或者出租等而持有的生物资产，包括经济林、新炭林、产畜和役畜等。

（一）生产性生物资产的计税基础（见表 4 – 7）

表 4 – 7　　　　　　　　　　生产性生物资产的计税基础

生产性生物资产的来源	计税基础
1. 外购的生产性生物资产	买价 + 相关税费
2. 捐赠、投资、交换、债务重组等方式取得的生产性生物资产	公允价值 + 相关税费

（二）生产性生物资产的折旧方法和折旧年限

1. 生产性生物资产按照直线法计算的折旧，准予扣除。

2. 企业应当自生产性生物资产投入使用月份的次月起计算折旧；停止使用的生产性生物资产，应当自停止使用月份的次月起停止计算折旧。

3. 企业应当根据生产性生物资产的性质和使用情况，合理确定生产性生物资产的预计净残值。生产性生物资产的预计净残值一经确定，不得变更。

4. 生产性生物资产计算折旧的最低年限为：

（1）林木类生产性生物资产，为 10 年；

（2）畜类生产性生物资产，为 3 年。

四、长期待摊费用的税务处理

长期待摊费用是指企业发生的应在一个年度以上或几个年度进行摊销的费用。具体范围及摊销方法如表 4-8 所示。

表 4-8　　　　　　　　　　长期待摊费用的范围及摊销方法

长期待摊费用的范围	摊销方法
1. 已足额提取折旧的固定资产的改建支出	按照固定资产预计尚可使用年限分期摊销
2. 租入固定资产的改建支出	按合同约定的剩余租赁期限分期摊销
3. 固定资产的大修理支出	按固定资产尚可使用年限分期摊销
4. 其他长期待摊费用	自支出发生月份的次月起，分期摊销 摊销年限不得低于 3 年

📝 应用提示

1. 固定资产的改建支出是指改变房屋或者建筑物结构、延长使用年限等发生的支出。

2. 固定资产的大修理支出，是指同时符合下列条件的支出：

（1）修理支出达到取得固定资产时的计税基础 50% 以上；

（2）修理后固定资产的使用年限延长 2 年以上。

【案例·分析题】

某贸易公司 2017 年租用某面粉厂的厂房和场地，租期 10 年，2023 年因为雨季时间长，场地及排水沟破损严重，因此进行维修，共发生维修费用 23 万元，这些费用能否直接计入管理费用中，并在企业所得税前扣除？

分析：对租入固定资产进行维修，属于长期待摊费用，应按合同约定的剩余租赁期限分期摊销，该贸易公司的剩余租赁期为 3 年，每年应摊销数 $= 23 \div 3 = 7.67$（万元）。

五、投资资产的税务处理

投资资产是指企业对外进行权益性投资和债权性投资形成的资产。

（一）投资资产的成本

投资资产按以下方法确定投资成本：

1. 现金方式取得的投资资产：购买价款。
2. 非现金方式取得的投资资产：公允价值＋相关税费。

（二）投资资产成本的扣除方法

1. 企业对外投资期间：不得扣除投资资产成本。
2. 企业转让或者处置投资资产时：准予扣除投资资产成本。

（三）企业股权转让所得的税务处理

股权转让所得是指股权转让收入扣除为取得该股权所发生的成本后的差额。企业在计算股权转让所得时，不得扣除被投资企业未分配利润等股东留存收益中按该项股权所可能分配的金额。企业转让股权收入，应于转让协议生效且完成股权变更手续时确认收入的实现。

【案例·计算题】

A 公司拥有 B 公司 100% 的股权，初始投资成本为 100 万元，B 公司截至 2023 年 6 月底账面净资产 200 万元，其中注册资本 100 万元、盈余公积 30 万元、未分配利润 70 万元，现 A 公司按 220 万元出售给境内 C 企业，计算 A 公司应确认的股权转让所得。

分析：由于留存收益包括未分配利润和盈余公积两个部分，上述盈余公积 30 万元、未分配利润 70 万元不得扣减。所以，A 公司应确认的股权转让所得为 120 万元（220 – 100），而不是 20 万元（220 – 100 – 30 – 70）。

（四）投资企业撤回或减少投资的税务处理

投资企业从被投资企业撤回或减少投资，其取得资产按下列方法进行所得税处理：相当于初始出资的部分，应确认为投资收回；相当于被投资企业累计未分配利润和累计盈余公积按减少实收资本比例计算的部分，应确认为股息所得；其余部分确认为投资资产转让所得。

【案例·计算题】

A 公司于 2022 年 7 月向一服装公司投资 500 万元，成为该公司的股东，并持有该公司 10% 的股份。由于服装公司连续两年经营状况不佳，2023 年 7 月，A 公司决定将持有该公司 10% 的股份进行撤资。撤资时服装公司账面累计未分配利润为 1 000 万元，累计盈余公积为 600 万元，A 公司实际分回现金 800 万元。计算 A 公司的撤资收入应纳的企业所得税。

（1）初始出资 500 万元属于投资收回，不计税；

（2）股息所得 =（1 000 + 600）× 10% = 160（万元），可免税；

（3）投资资产转让所得 = 800 - 500 - 160 = 140（万元），应计税；

（4）应纳企业所得税 = 140 × 25% = 35（万元）

六、存货的税务处理

存货是指企业持有以备出售的产品或者商品、处在生产过程中的在产品、在生产或者提供劳务过程中耗用的材料和物料等。

（一）存货的计税基础

存货的计税基础根据不同的取得方式，按表 4 - 9 的方法确定。

表 4 - 9　　　　　　　　存货的计税基础以及取得方式

存货的取得方式	计税基础
1. 支付现金方式取得的存货	购买价款 + 相关税费
2. 支付现金以外的方式取得的存货	公允价值 + 相关税费
3. 生产性生物资产收获的农产品	材料费 + 人工费 + 分摊的间接费用

（二）存货的成本计算方法

企业使用或者销售存货的成本计算方法，可以在先进先出法、加权平均法、个别计价法中选用一种。计价方法一经选用，不得随意变更。

任务四　企业所得税的税收优惠

一、免税收入、减计收入及加计扣除优惠

（一）免税收入优惠

企业的下列收入为免税收入：

1. 国债利息收入；

2. 符合条件的居民企业之间的股息、红利等权益性投资收益；

3. 在中国境内设立机构、场所的非居民企业从居民企业取得与该机构、场所有实际联系的股息、红利等权益性投资收益；

4. 符合条件的非营利组织的收入。

（二）减计收入优惠

企业以《资源综合利用企业所得税优惠目录》规定的资源作为主要原材料，生产国家非限制和禁止并符合国家和行业相关标准的产品取得的收入，减按90%计入收入总额。

【案例·计算题】

2022年，某公司以《资源综合利用企业所得税优惠目录》规定的资源作主要原材料，生产国家非限制和禁止并符合国家和行业相关标准的产品，取得收入10 000万元，各项成本、费用、损失、税金等允许扣除的费用为8 000万元。假设该公司适用所得税税率为25%，无其他纳税调整项目。计算该公司应纳企业所得税。

应纳企业所得税 = （10 000 × 90% − 8 000）× 25% = 250（万元）

（三）加计扣除优惠

微课视频4-5：加计扣除优惠。观看视频，请扫描二维码。

1. 研究开发费用加计扣除优惠

企业为开发新技术、新产品、新工艺发生的研究开发费用，未形成无形资产计入当期损益的，在按照规定据实扣除的基础上，按照研究开发费用的75%加计扣除；形成无形资产的，按照无形资产成本的175%摊销。

制造业企业和科技型中小企业开展研发活动实际发生的研发费用，未形成无形资产计入当期损益的，在按规定据实扣除的基础上，再按照实际发生额的100%在税前加计扣除；形成无形资产的，按照无形资产成本的200%在税前摊销。

（1）加计扣除归集范围：人员人工费用；直接投入费用；折旧费用；无形资产摊销费用；新产品设计费；其他相关费用。

（2）下列活动不适用税前加计扣除政策：企业产品（服务）的常规性升级；对某项科研成果的直接应用，如直接采用公开的新工艺、材料、装置、产品、服务或知识等；企业在商品化后为顾客提供的技术支持活动；对现存产品、服务、技术、材料或工艺流程进行的重复或简单改变；市场调查研究、效率调查或管理研究；作为工业（服务）流程环节或常规的质量控制、测试分析、维修维护；社会科学、艺术或人文学方面的研究。

（3）下列行业不适用研发费用加计扣除政策：烟草制造业；住宿和餐饮业；批发和零售业；房地产业；租赁和商务服务业；娱乐业；财政部和国家税务总局规定的其他行业。

【案例·计算题】

某非制造企业2021年全年发生符合规定的新技术研发费用320万元，其中200万元未形成无形资产直接计入当期管理费用，120万元在7月形成无形资产并投入使用，使用期限为10年。2021年利润总额为168万元，假如不考虑其他纳税调整项目，计算该厂2021年应纳企业所得税。

视频：加计扣除优惠

（1）未形成无形资产的研发费用加计扣除额 $= 200 \times 75\% = 150$（万元）

（2）形成无形资产的研发费用加计摊销

①税收摊销额 $= [(120 \times 175\%) \div 10 \div 12] \times 6 = 10.5$（万元）

②会计摊销额 $= (120 \div 10 \div 12) \times 6 = 6$（万元）

③加计摊销额 $= 10.5 - 6 = 4.5$（万元）

（3）应纳税所得额 $= 168 - 154.5 = 13.5$（万元）

（4）应纳企业所得税 $= 13.5 \times 25\% = 3.375$（万元）

想一想： 如果该企业为制造业企业，则 2021 年研发费用该如何加计扣除？

2. 支付残疾人员工资加计扣除优惠。企业安置残疾人员的，在按照支付给残疾职工工资据实扣除的基础上，按照支付给残疾职工工资的 100% 加计扣除。

【案例·计算题】

某机械厂 2022 年全年共支付给职工的工资支出为 800 万元，其中包括支付给残疾人员的工资 36 万元，该厂 2022 年税前准予扣除的工资支出为：$800 + 36 \times 100\% = 836$（万元）。

3. 企业投入基础研究加计扣除优惠。对企业出资给非营利性科研机构、高等学校和政府性自然科学基金用于基础研究的支出，在计算应纳税所得额时可按实际发生额在税前扣除，并可按 100% 在税前加计扣除。对非营利性科研机构、高等学校接收企业、个人和其他组织机构基础研究资金收入，免征企业所得税。

二、加速折旧优惠

企业的固定资产由于技术进步等原因，确需加速折旧的，可以缩短折旧年限或者采取加速折旧的方法。可享受加速折旧法的固定资产包括两类：一是由于技术进步，产品更新换代较快的固定资产；二是常年处于强震动、高腐蚀状态的固定资产。

采取缩短折旧年限方法的，最低折旧年限不得低于固定资产最低折旧年限的 60%；采取加速折旧方法的，可以采取双倍余额递减法或者年数总和法。

应用提示 加速折旧的特殊规定

1. 对制造业、信息传输业、软件和信息技术服务业等行业的企业新购进的固定资产，可缩短折旧年限或采取加速折旧的方法。

2. 对制造业、信息传输业、软件和信息技术服务业等行业的小型微利企业新购进的研发和生产经营共用的仪器、设备，单位价值不超过 100 万元的，允许一次性计入当期成本费用在计算应纳税所得额时扣除，不再分年度计算折旧；单位价值超过 100 万元的，可缩短折旧年限或采取加速折旧的方法。

3. 对所有行业企业新购进的专门用于研发的仪器、设备，单位价值不超过 100 万元的，允许一次性计入当期成本费用在计算应纳税所得额时扣除，不再分年度计算折旧；单位价值超过 100 万元的，可缩短折旧年限或采取加速折旧的方法。

4. 企业在 2018 年 1 月 1 日至 2023 年 12 月 31 日期间新购进的设备、器具，单位价值不超过 500 万元的，允许一次性计入当期成本费用在计算应纳税所得额时扣除，不再分年度计算折旧。

5. 自 2020 年 1 月 1 日起，对疫情防控重点保障物资生产企业为扩大产能新购置的相关设备，允许一次性计入当期成本费用在企业所得税税前扣除。

三、所得税减免优惠

（一）农、林、牧、渔业项目所得税减免优惠

1. 企业从事下列项目的所得，免征企业所得税。

（1）蔬菜、谷物、薯类、油料、豆类、棉花、麻类、糖料、水果、坚果的种植；

（2）农作物新品种的选育；

（3）中药材的种植；

（4）林木的培育和种植；

（5）牲畜、家禽的饲养；

（6）林产品的采集；

（7）灌溉、农产品初加工、兽医、农技推广、农机作业和维修等农、林、牧、渔服务业项目；

（8）远洋捕捞。

2. 企业从事下列项目的所得，减半征收企业所得税。

（1）花卉、茶以及其他饮料作物和香料作物的种植；

（2）海水养殖、内陆养殖。

【案例·计算题】

A 公司从事中药材的种植、香料作物的种植以及烟叶的种植。2022 年度 A 公司种植中药材取得所得 800 万元；种植香料取得所得 600 万元；种植烟叶取得所得 500 万元。计算 A 公司 2022 年应纳企业所得税。

税法规定：中药材种植所得免税；香料作物种植所得减半征税；烟叶种植所得全额征税。

A 公司 2022 年应纳企业所得税 ＝（600 ×50% ＋500）×25% ＝200 （万元）

（二）公共基础设施项目所得税减免优惠

国家重点扶持的公共基础设施项目，是指《公共基础设施项目企业所得税优惠目录》规定的港口码头、机场、铁路、公路、电力、水利等项目。

企业从事国家重点扶持的公共基础设施项目的投资经营的所得，自项目取得第一笔生产经营收入所属纳税年度起，第 1～3 年免征企业所得税，第 4～6 年减半征收企业所得税。

（三）环保、节能节水项目所得税减免优惠

环境保护、节能节水项目，包括公共污水处理、公共垃圾处理、沼气综合开发利用、节能减排技术改造、海水淡化等。

企业从事环境保护、节能节水项目的所得，自项目取得第一笔生产经营收入所属纳税年度起，第 1~3 年免征企业所得税，第 4~6 年减半征收企业所得税。

（四）技术转让所得税减免优惠

一个纳税年度内，居民企业技术转让所得不超过 500 万元的部分，免征企业所得税；超过 500 万元的部分，减半征收企业所得税。技术转让所得及减免所得税应按以下方法计算：

1. 技术转让所得 = 技术转让收入 − 技术转让成本 − 相关税费
2. 技术转让所得应纳企业所得税 =（技术转让所得 −500）×50% ×25%

【案例·计算题】

A 公司 2022 年 10 月将新型光电离子控制开关技术转让给 B 公司，取得收入 1 620 万元。经核实，A 公司的此项技术的计税基础为 410 万元，已摊销扣除了 90 万元。技术转让过程中发生的相关税费累计 80 万元。计算 A 公司 2022 年技术转让所得应纳所得税。

（1）技术转让所得 = 1 620 −（410 −90）−80 = 1 220（万元）

（2）应纳企业所得税 =（1 220 −500）×50% ×25% =90（万元）

四、创业投资抵扣应纳税所得额优惠

创业投资企业采取股权投资方式投资于未上市的中小高新技术企业 2 年以上的，可以按照其投资额的 70% 在股权持有满 2 年的当年抵扣该创业投资企业的应纳税所得额；当年不足抵扣的，可以在以后纳税年度结转抵扣。

【案例·分析题】

某创业投资有限公司，2021 年 3 月向一家未上市的小型高新技术企业投资 1 000 万元，符合相关条件，2023 年实现应纳税所得额 500 万元。则该公司 2023 年计算企业所得税时可享受抵扣应纳税所得额的税收优惠。抵扣应纳税所得额 = 1 000 ×70% =700（万元）。2023 年该公司实现应税所得额 500 万元，则当年可抵扣的应税所得为 500 万元，抵扣后的应纳税所得额 =500 −700 = −200（万元），这部分尚未抵扣的可在以后纳税年度结转抵扣，直至抵扣完为止。

五、所得税减免优惠

（一）小型微利企业所得税减免优惠

微课视频 4 −6：小微企业减免优惠。观看视频，请扫描二维码。

　　小型微利企业年应纳税所得额不超过 100 万元，减按 12.5% 计入应纳税所得额，按 20% 的税率缴纳企业所得税。年应纳税所得额超过 100 万元但不超过 300 万元部分，减按 25% 计入应纳税所得额，按 20% 的税率缴纳企业所得税。

应用提示　理解和运用小微企业所得税减免优惠需注意的细节

1. 小型微利企业的条件。

（1）行业要求：国家非限制和禁止的行业；

（2）盈利水平：年应纳税所得额不超过 300 万元；

（3）从业人数：不超过 300 人；

（4）资产总额：不超过 5 000 万元。

注意事项：①从业人数包括与企业建立劳动关系的职工人数和企业接受的劳务派遣用工人数；②从业人数和资产总额按全年季度平均值确定。

$$季度平均值 = (季初值 + 季末值) \div 2$$
$$全年季度平均值 = 全年各季度平均值之和 \div 4$$

年度中间开业或者终止经营活动的，以其实际经营期作为一个纳税年度确定上述相关指标。

2. 小型微利企业按超额累进法计算企业所得税。

【例题·计算题】

　　A 公司为小型微利企业，2022 年资产总额为 2 500 万元，从业人数 220 人，应纳税所得额为 260 万元，计算 A 公司应缴纳的企业所得税。

　　应纳企业所得税 $= 100 \times 12.5\% \times 20\% + \times (260 - 100) \times 50\% \times 20\% = 18.5$（万元）

3. 小微企业享受所得税优惠不受征收方式的影响。小型微利企业，无论采取查账征收还是核定征收所得税方式，均可享受小型微利企业所得税优惠政策。

4. 小型微利企业所得税统一实行按季度预缴。预缴申报时就可享受优惠。

（1）预缴企业所得税时，小型微利企业的资产总额、从业人数、年度应纳税所得额指标，暂按当年度截至本期申报所属期末的情况进行判断。

（2）企业预缴企业所得税时已享受小型微利企业所得税减免政策，汇算清缴企业所得税时不符合规定的，应当按照规定补缴企业所得税税款。

（二）高新技术企业所得税减免优惠

　　国家需要重点扶持的高新技术企业，减按 15% 的税率征收企业所得税。

　　[知识链接] 国家重点扶持的高新技术企业需同时符合下列条件，请扫描二维码。

（三）技术先进性服务企业所得税减免优惠

　　技术先进性服务企业，减按 15% 的税率征收企业所得税。

文本：国家重点扶持的高新技术企业需同时符合下列条件

[知识链接]享受优惠的技术先进性服务企业需同时符合以下条件，请扫描二维码。

六、专用设备投资抵免所得税优惠

企业购置并实际使用环境保护、节能节水、安全生产等专用设备的，该专用设备投资额的10%可从当年的应纳企业所得税税额中抵免；不足抵免的，可在以后5年内结转抵免。

应用提示　理解和运用专用设备投资抵免所得税优惠应注意的问题

1. 专用设备进项税额根据不同情况确定是否计入投资额。如增值税进项税额允许抵扣，其专用设备投资额不再包括增值税进项税额；如增值税进项税额不允许抵扣，其专用设备投资额应为增值税专用发票上注明的价税合计金额。企业购买专用设备取得普通发票的，其专用设备投资额为普通发票上注明的金额。

2. 设备运输、安装和调试等费用不得计入专用设备投资额。

3. 财政拨款购置的专用设备不得享受抵免企业所得税的优惠。

4. 五年内转让、出租专用设备应补缴企业所得税。

【案例·计算题】

某食品加工企业2022年5月从某空调设备制造厂购置能效等级Ⅰ级的屋顶式空调机组一套（该套设备为节能节水专用设备，属于税法规定的优惠目录范围），取得增值税专用发票，注明价款400万元，增值税68万元，支付运费0.5万元，安装调试费0.1万元。该套设备于2022年6月投入使用。该厂2022年应纳税所得额为200万元，计算该厂2022年实际应纳企业所得税。

（1）2022年应纳企业所得税=200×25%=50（万元）

（2）专用设备投资额=400（万元）

（3）投资额抵免限额=400×10%=40（万元）

（4）准予抵免投资额=40（万元）

（5）2022年实际应纳企业所得税=50-40=10（万元）

想一想：如果该厂2022年应纳税所得额为100万元，其他条件不变，则该厂2022年应纳企业所得税为多少？

任务五　企业所得税应纳税额的计算

一、居民企业应纳税额的计算

居民企业应纳所得税额等于应纳税所得额乘以适用税率，基本计算公式为：

$$应纳税额 = 应纳税所得额 \times 适用税率 - 减免税额 - 抵免税额$$

根据计算公式可以看出，应纳税额的多少，取决于应纳税所得额和适用税率两个因素。在实际工作中，应纳税所得额的计算一般有两种方法。

（一）直接计算法

在直接计算法下，企业每一纳税年度的收入总额减除不征税收入、免税收入、各项扣除以及允许弥补的以前年度亏损后的余额为应纳税所得额。计算公式为：

$$应纳税所得额 = 全年收入总额 - 不征税收入 - 免税收入 - 各项扣除$$
$$- 允许弥补的以前年度亏损$$

（二）纳税调整法

纳税调整法是指在会计利润总额的基础上，对会计核算与税法规定不一致的项目进行纳税调整后得出应纳税所得额。计算公式为：

$$应纳税所得额 = 会计利润总额 \pm 纳税调整项目金额$$

应用提示　纳税调整法下企业所得税的计算步骤

第一步：计算会计利润总额

$$会计利润总额 = 营业收入 - 营业成本 - 营业税金及附加 - 期间费用$$
$$+ 公允价值变动损益 - 资产减值损失 + 投资净收益$$
$$+ 营业外收入 - 营业外支出$$

第二步：计算纳税调整项目金额

纳税调整项目金额包括纳税调增项目金额和纳税调减项目金额。

第三步：计算应纳税所得额

$$应纳税所得额 = 会计利润总额 + 纳税调增额 - 纳税调减额$$

说明：填制企业所得税纳税申报表时，纳税调减额中的免税、减计收入及加计扣除单独列示。

第四步：计算应纳企业所得税

$$应纳企业所得税 = 应纳税所得额 \times 适用税率 - 减免税额 - 抵免税额$$

【案例·计算题】

某非制造企业2022年有关经营情况如下：

（1）产品销售收入3 150万元，其中150万元为综合利用资源生产符合国家产业政策规定产品的收入。

（2）从其他居民企业取得直接投资的股息收入80万元，记入"投资收益"；接受现金捐赠100万元，记入"营业外收入"。

（3）销售成本 1 800 万元；税金及附加 95 万元；销售费用 400 万元，其中包括 260 万元的广告费；管理费用 400 万元，包括研究开发费用 120 万元、业务招待费 50 万元；财务费用 80 万元，包括向非金融机构借款一年的利息 60 万元（年息 10%，银行同期同类贷款年利率为 8%）。

（4）计入成本、费用中合理的实发工资 120 万元，拨缴工会经费 3.5 万元、支出职工福利费 18 万元、职工教育经费 5 万元。

（5）营业外支出 30 万元，包括通过民政局向贫困山区的捐款 10 万元。

要求：根据以上资料计算该企业 2022 年应纳的企业所得税。

计算分析：

（1）利润总额 = 3 150 + 80 + 100 − 1 800 − 95 − 400 − 400 − 80 − 30 = 525（万元）

（2）纳税调整额：

①减计收入纳税调整：综合利用资源减计收入 10%，调减所得 = 150 × 10% = 15（万元）

②免税收入纳税调整：股息收入免税，调减所得 80 万元。

③广告费纳税调整：税收限额 = 3 150 × 15% = 472.5（万元），会计发生 260 万元，不需调整。

④研发费用可加计扣除 75%，调减所得 90 万元。

⑤业务招待费纳税调整。税收限额：发生额的 60% = 50 × 60% = 30（万元），销售收入的 5‰ = 3 150 × 5‰ = 15.75（万元）；准予扣除 15.75 万元。会计发生 50 万元。调增所得 = 50 − 15.75 = 34.25（万元）

⑥利息支出纳税调整：税收限额 = （60 ÷ 10%）× 8% = 48（万元），会计发生 60 万元，调增所得 = 60 − 48 = 12（万元）

⑦工会经费纳税调整：税收限额 = 120 × 2% = 2.4（万元），会计发生 3.5 万元，调增所得 = 3.5 − 2.4 = 1.1（万元）

⑧职工福利费纳税调整：税收限额 = 120 × 14% = 16.8（万元），会计发生 18 万元，调增所得 = 18 − 16.8 = 1.2（万元）

⑨职工教育经费纳税调整：税收限额 = 120 × 8% = 9.6（万元），会计发生 5 万元，不需调整。

⑩公益性捐赠支出纳税调整：税收限额 = 525 × 12% = 63（万元），会计发生 10 万元，不需调整。

（3）应纳税所得额 = 525 − 15 − 80 − 90 + 34.25 + 12 + 1.1 + 1.2 = 388.55（万元）

（4）应纳所得税额 = 388.55 × 25% = 97.137 5（万元）

二、居民企业核定征收所得税的计算

（一）核定征收的适用范围

居民企业具有下列情形之一的，核定征收企业所得税：

1. 依照法律、行政法规的规定可以不设置账簿的；

2. 依照法律、行政法规的规定应当设置但未设置账簿的；

3. 擅自销毁账簿或者拒不提供纳税资料的；

4. 虽设置账簿，但账目混乱或者成本资料、收入凭证、费用凭证残缺不全，难以查账的；

5. 发生纳税义务，未按照规定的期限办理纳税申报，经税务机关责令限期申报，逾期仍不申报的；

6. 申报的计税依据明显偏低，又无正当理由的。

[**知识链接**] 下列企业不能申请核定征收企业所得税，请扫描二维码。

文本：下列企业不能申请核定征收企业所得税

（二）核定征收的办法

1. 核定应税所得率征收。

（1）适用情形。

①能正确核算（查实）收入总额，但不能正确核算（查实）成本费用总额的；

②能正确核算（查实）成本费用总额，但不能正确核算（查实）收入总额的；

③通过合理方法，能计算和推定纳税人收入总额或成本费用总额的。

（2）应纳税所得额计算公式。

$$应纳税所得额 = 收入总额 \times 应税所得率$$
$$= 成本费用支出总额 \div (1 - 应税所得率) \times 应税所得率$$

2. 核定应纳所得税额。

（1）适用情形：收入、成本费用都不准确的企业。

（2）核定应纳所得税额的方法：参照当地同类行业或者类似行业中经营规模和收入水平相近的纳税人的税负水平核定；按照应税收入额或成本费用支出额定率核定；按照耗用的原材料、燃料、动力等推算或测算核定；按照其他合理方法核定（见表4-10）。

表 4-10　　　　　　　　各行业应税所得率幅度

行业	应税所得率（%）
农、林、牧、渔业	3～10
制造业	5～15
批发和零售贸易业	4～15
交通运输业	7～15
建筑业	8～20
饮食业	8～25
娱乐业	15～30
其他行业	10～30

【案例·计算题】

某乡镇运输企业2022年职工人数为20人，资产总额为210万元，2022年实现营业收入66万元，各项支出81万元，全年发生亏损15万元。经主管税务机关核查，该企业支出项目不能准确核算，需要采用核定征收办法计算所得税，主管税务机关核定该企业的应税所得率为12%，计算该企业2022年应纳企业所得税。

（1）应纳税所得额 = 66 × 12% = 7.92（万元）

（2）应纳企业所得税 = 7.92 × 12.5% × 20% = 0.0198（万元）

三、境外所得已纳税额抵免的计算

（一）抵免范围

企业取得的下列所得已在境外缴纳的所得税税额，可以从其当期应纳税额中抵免，抵免限额为该项所得依照我国税法规定计算的应纳税额；超过抵免限额的部分，可以在以后五个年度内，用每年度抵免限额抵免当年应抵税额后的余额进行抵补。

1. 居民企业来源于中国境外的应税所得；

2. 非居民企业在中国境内设立机构、场所，取得发生在中国境外但与该机构、场所有实际联系的应税所得；

3. 居民企业从其直接或者间接控制的外国企业分得的来源于中国境外的股息、红利等权益性投资收益，外国企业在境外实际缴纳的所得税税额中属于该项所得负担的部分，可以作为该居民企业的可抵免境外所得税税额，在规定的抵免限额内抵免。

已在境外缴纳的所得税税额，是指企业来源于中国境外的所得依照中国境外税收法律以及相关规定应当缴纳并已经实际缴纳的企业所得税性质的税款。

（二）抵免限额

抵免限额，是指企业来源于中国境外的所得，依照我国税收制度规定计算的应纳税额。企业可以选择按国（地区）别分别计算［即"分国（地区）不分项"］，或者不按国（地区）别汇总计算［即"不分国（地区）不分项"］其来源于境外的应纳税所得额，并按规定的税率，分别计算其可抵免境外所得税税额和抵免限额。上述方式一经选择，5年内不得改变。

境外所得税抵免限额的计算公式为：

1. 分国抵免法抵免限额 = 来源于某国（地区）的应纳税所得额 × 我国法定税率

2. 综合抵免法抵免限额 = ∑来源于各国（地区）的应纳税所得额 × 我国法定税率

（三）计算方法

第一步，计算境外税前所得。

如果境外所得为税后所得，则必须先将境外所得还原为税前所得，还原公式为：

$$税前所得 = 税后所得 + 所得税$$
$$= 税后所得 \div (1 - 境外所得税率)$$

第二步，计算境外所得应纳税额（抵免限额）。

第三步，确定境外所得可抵税额。

将境外所得应纳税额与境外所得已纳税额进行比较，按照"就低不就高"的原则确定可抵税额。

第四步，计算实际应纳所得税

$$境内外所得实际应纳所得税 = 境内所得应纳税额 + 境外所得应纳税额$$
$$- 境外所得可抵税额$$

【案例·计算题】

某企业在 A、B 两国分别设有分支机构，2022 年取得境内所得 500 万元，在 A 国的分支机构取得生产经营所得 50 万元，A 国税率为 20%；在 B 国的分支机构取得生产经营所得 30 万元，B 国税率为 30%，两个分支机构已在 A、B 两国分别缴纳所得税 10 万元和 9 万元。要求分别计算该企业分国抵免法和综合抵免法 2022 年实际应纳所得税。

（1）分国抵免法。

①境内外所得应纳税额 =（500 + 50 + 30）×25% = 145（万元）

②A 国所得抵免限额 = 50×25% = 12.5（万元），已纳税额 10 万元，准予抵免 10 万元。

③B 国所得抵免限额 = 30×25% = 7.5（万元），已纳税额 9 万元，准予抵免 7.5 万元。

④境内外所得实际应纳税额 = 145 - 10 - 7.5 = 127.5（万元）

（2）综合抵免法

①境内外所得应纳税额 =（500 + 50 + 30）×25% = 145（万元）

②境外所得抵免限额 =（50 + 30）×25% = 20（万元）

③境外所得已纳税额 = 10 + 9 = 19（万元）

④境外所得可抵税额 = 19 万元

⑤境内外所得实际应纳税额 = 145 - 19 = 126（万元）

四、非居民企业应纳所得税的计算

对于在中国境内未设立机构、场所的，或者虽设立机构、场所但取得的所得与其所设机构、场所没有实际联系的非居民企业的所得，按照下列方法计算应纳税所得额及应纳税额。

（一）应纳税所得额的计算

1. 股息、红利等权益性投资收益和利息、租金、特许权使用费所得，以收入全额为应纳税所得额；

2. 转让财产所得，以收入全额减除财产净值后的余额为应纳税所得额；

3. 其他所得，参照前两项规定的方法计算应纳税所得额。

财产净值是指财产的计税基础减除已经按照规定扣除的折旧、折耗、摊销、准备金等后的余额。

（二）应纳税额的计算

$$应纳税额 = 支付单位所支付的金额 \times 适用税率$$

应当说明的是，在中国境内未设立机构、场所的，或者虽设立机构、场所但取得的所得与其所设机构、场所没有实际联系的非居民企业，适用税率为20%，但实际征税时适用10%的税率。

对非居民企业在中国境内未设立机构、场所的，或者虽设立机构、场所但取得的所得与其所设机构、场所没有实际联系的，应缴纳的所得税，实行源泉扣缴，以支付人为扣缴义务人。税款由扣缴义务人在每次支付或者到期应支付时，从支付或者到期应支付的款项中扣缴。扣缴义务人每次代扣的税款，应当自代扣之日起7日内缴入国库，并向所在地的税务机关报送扣缴企业所得税报告表。

【案例·计算题】

某外国公司在中国境内未设立机构、场所，2022年将一项商标使用权提供给中国境内某企业使用，获特许权使用费180万元。另外，该公司还从中国境内某金融机构取得利息所得20万元。同时，该公司转让了其在中国境内的财产，转让收入为160万元，该财产的净值为120万元。计算该公司2022年度应纳所得税。

$$应纳所得税 = [(180+20)+(160-120)] \times 10\% = 24（万元）$$

任务六　企业所得税申报缴纳

一、纳税年度

企业所得税是按纳税年度计算。企业所得税的纳税年度，自公历1月1日起至12月31日止。企业在一个纳税年度的中间开业，或者由于合并、关闭等原因终止经营活动，使该纳税年度的实际经营期不足12个月的，应当以其实际经营期为1个纳税年度。企业清算时，应当以清算期间作为1个纳税年度。

二、缴纳方法

企业所得税按年计征，分月或者分季预缴，年终汇算清缴，多退少补。

为了保证国家税收稳定、均衡地入库，企业所得税实行分月或者分季预缴。企业应当自月份或者季度终了之日起 15 天内，向税务机关报送预缴企业所得税纳税申报表，预缴税款。企业分月或者分季预缴企业所得税时，应当按照月度或者季度的实际利润额预缴；按照月度或者季度的实际利润额预缴有困难的，可以按照上一纳税年度应纳税所得额月度或者季度平均额预缴，或者按照税务机关认可的其他方法预缴。预缴方法一经确定，该纳税年度内不得随意变更。

企业应当自年度终了之日起 5 个月内，向税务机关报送年度企业所得税纳税申报表，并汇算清缴，结清应缴应退税款。

三、汇算清缴

企业所得税汇算清缴，是指企业在纳税年度终了后 5 个月内，依照税收制度的规定，自行计算全年应纳税所得额和应纳所得税额，根据月度或季度预缴企业所得税的数额，确定该年度应补或应退税额，并填写年度企业所得税纳税申报表，向主管税务机关办理年度企业所得税纳税申报、提供税务机关要求提供的有关资料、结清全年企业所得税税款的行为。

实行查账征收和实行核定应税所得率征收企业所得税的企业，无论是否在减税、免税期间，也无论盈利或亏损，都应按规定进行汇算清缴。实行核定定额征收企业所得税的企业，不进行汇算清缴。

企业在年度中间终止经营活动的，应当自实际经营终止之日起 60 日内，向税务机关办理当期企业所得税汇算清缴。

企业应当在办理注销登记前，就其清算所得向税务机关申报并依法缴纳企业所得税。

四、纳税地点

（一）居民企业的纳税地点

1. 居民企业以企业登记注册地为纳税地点；但登记注册地在境外的，以实际管理机构所在地为纳税地点。企业登记注册地，是指企业依照国家有关规定登记注册的住所地。

2. 居民企业在中国境内设立不具有法人资格的营业机构的，应当汇总计算并缴纳企业所得税。企业汇总计算并缴纳企业所得税时，应当统一核算应纳税所得额，具体办法由国务院财政、税务主管部门另行制定。

（二）非居民企业的纳税地点

1. 非居民企业在中国境内设立机构、场所来源于中国境内的所得以及发生在中国境外但与其所设机构、场所有实际联系的所得，以机构、场所所在地为纳税地点。

2. 非居民企业在中国境内设立两个或两个以上机构、场所的，经税务机关审核批准，可以选择由其主要机构、场所汇总缴纳企业所得税。主要机构、场所，应当同时符合下列条件：（1）对其他各机构、场所的生产经营活动负有监督管理责任；（2）设有完整的账簿、凭证，能够准确反映各机构、场所的收入、成本、费用和盈亏情况。

非居民企业经批准汇总缴纳企业所得税后，需要增设、合并、迁移、关闭机构、场所或者停止机构、场所业务的，应当事先由负责汇总申报缴纳企业所得税的主要机构、场所向其所在地税务机关报告；需要变更汇总缴纳企业所得税的主要机构、场所的，依照上述规定办理。

3. 非居民企业在中国境内未设立机构、场所，或者虽设立机构、场所但取得的所得与其所设机构、场所没有实际联系的，其来源于中国境内的所得，以扣缴义务人所在地为纳税地点。

五、纳税申报

企业在纳税年度内，无论盈利或亏损，都应当按照企业所得税规定的期限，向税务机关报送预缴企业所得税纳税申报表、年度企业所得税纳税申报表、财务会计报告和税务机关规定应当报送的其他有关资料。企业因不可抗力，不能按期办理纳税申报的，可按照《税收征收管理法》及其实施细则的规定，办理延期纳税申报。

实行查账征收企业所得税的居民纳税人，包括跨地区经营汇总纳税企业的总机构和不汇总纳税的企业，均应填报《企业所得税年度纳税申报表（A类，2021年版）》。企业所得税年度纳税申报表的体系共计37张，包括基础信息表（1张）、主表（1张）、一级明细表（6张）、二级明细表（25张）和三级明细表（4张），表单数据逐级汇总，环环相扣。

任务七 企业所得税计税报税实务

一、企业概况

北京利民百货大楼为增值税一般纳税人，企业代码：7977510950008；纳税人识别号：420101778184888；地址：北京市海淀区人民路997号；法定代表人：黄志刚；企业经济类型：有限责任公司；电话号码：010-86755531；开户银行：中国建设银行北京海淀支行；银行账号：77763100894529；税务登记号：211136002195851；行业：百货零售（代码6511）。

企业职工人数：30人；注册资本：2 700万元；资产总额：2 300万元；适用的会计制度：企业会计制度；会计核算软件：用友财务核算软件；企业采用平均年限法计算折旧，采用先进先出法核算存货成本。2022年已预缴企业所得税15 000元。

二、实训目的

通过该项目实训，使学生了解企业在实际工作过程中企业所得税的相关涉税事宜，掌握每笔典型工作业务企业所得税的税法依据及税务处理方法和技巧，熟悉企业所得税应纳税额的计算方法及申报表的填制方法。

三、实训要求

1. 根据资料计算填制《利润计算表》《企业所得税纳税调整工作底稿》。

2. 填写 2022 年度《企业所得税年度纳税申报表》及相关附表（除给定资料外，不考虑其他调整因素，金额以元为单位）。

四、具体业务

北京利民百货大楼 2022 年有关财务数据资料如下：

（一）收入情况资料

2022 年度该企业主营业务收入、其他业务收入、营业外收入、投资收益等各项收入项目的具体情况如表 4 – 11 ~ 表 4 – 13 所示。

表 4 – 11　　　　　　　　　　　投资收益明细表　　　　　　　　　　单位：元

序号	投资项目	投资金额	收益金额	备注
1	国库券利息收入	1 300 000	50 000	
	合计		50 000	

表 4 – 12　　　　　　　　　　　营业收入明细表　　　　　　　　　　单位：元

序号	收入项目	入账金额	备注
1	南北干货销售收入	350 000	
2	香烟销售收入	300 000	
3	国产酒销售收入	350 000	
4	冷冻食品销售收入	600 000	
5	水果销售收入	450 000	
6	乳品饮料销售收入	500 000	
7	服装鞋帽销售收入	850 000	
8	家电销售收入	2 900 000	
9	出租门面收入	700 000	
	合计	7 000 000	

表4–13 营业外收入明细表 单位：元

序号	收入项目	入账金额	备注
1	处置固定资产净收益	180 000	
	合计	180 000	

（二）扣除项目资料

2022年度该企业管理费用、销售费用、财务费用、营业成本、营业外支出、销售及费用税金等各个扣除项目的具体情况如表4–14~表4–20所示。

表4–14 财务费用明细表 单位：元

序号	扣除项目明细	入账金额	备注
1	向建设银行借款利息	50 000	2022年1月，向建设银行借款1 000 000元，年利率5%
2	银行罚息支出	2 000	
	合计	52 000	

表4–15 管理费用明细表 单位：元

序号	扣除项目明细	入账金额	备注
1	行政管理人员工资	200 000	
2	职工福利费	5 000	
3	职工工会经费	60 000	
4	职工教育经费	55 000	
5	业务招待费	20 000	2022年6月购置汽车一辆，原值20万元，按5%保留残值，折旧年限按3年计算。税法规定，汽车的折旧年限不得低于4年
6	固定资产折旧费	45 000	
7	研究开发费用	100 000	
8	补充养老保险费	90 000	
9	补充医疗保险费	83 000	
10	企业财产保险费	60 000	
11	其他费用	7 000	
	合计	725 000	

表4–16 销售费用明细表 单位：元

序号	扣除项目明细	入账金额	备注
1	销售人员工资	980 000	
2	职工福利费	100 000	
3	广告费和业务宣传费	800 000	
4	手续费及佣金支出	260 000	
	合计	2 140 000	

表 4-17　营业外支出明细表　　单位：元

序号	扣除项目明细	实际支出数额	备注
1	债务重组损失	15 000	2022 年 8 月，通过市民政局向洪涝灾区捐赠现金 8 万元
2	违约金支出	5 000	
3	捐赠支出	80 000	
	合计	100 000	

表 4-18　营业成本明细表　　单位：元

序号	成本项目明细	实际发生数额	备注
1	南北干货销售成本	100 000	
2	香烟销售成本	200 000	
3	国产酒销售成本	300 000	
4	冷冻食品销售成本	550 000	
5	水果销售成本	350 000	
6	乳品饮料销售成本	450 000	
7	服装鞋帽销售成本	560 000	
8	家电销售成本	490 000	
9	出租门面成本	60 000	
10			
	合计	3 060 000	

表 4-19　税金及附加明细表　　单位：元

序号	税费项目	已计提税额	备注
1	增值税	120 000	
2	城建税	8 400	
3	教育费附加	3 600	
4	房产税	3 000	
5	城镇土地使用税	1 000	
6	印花税	3 500	
7	车船税	1 500	
8	企业所得税（1~11 月）	15 000	
	合计	156 000	

表 4-20　全年实发职工薪酬明细表　　单位：元

序号	扣除项目明细	工资金额	三项经费	备注
1	销售人员工资	980 000		
2	行政管理人员工资	200 000		
3	福利部门人员工资	60 000		
4	工会管理人员工资	410 000		
5	合计	1 650 000		
6	职工福利费支出		320 000	
7	职工工会经费支出		60 000	
8	职工教育费支出		55 000	
	合计	1 650 000	435 000	

五、根据资料填写相关表格

（一）填写《利润总额计算表》（见表 4 – 21）

表 4 – 21　　　　　　　　　　利润总额计算表

编制单位：北京利民百货大楼　　　　2022 年 12 月　　　　　　单位：元

项目	行次	本月数	本年累计数
一、营业收入	1		7 000 000
减：营业成本	2		3 060 000
营业税金及附加	3		21 000
销售费用	4		2 140 000
管理费用	5		725 000
财务费用	6		52 000
资产减值损失	7		
加：公允价值变动收益	8		
投资收益	9		50 000
二、营业利润	10		1 052 000
加：营业外收入	11		180 000
减：营业外支出	12		100 000
三、利润总额	14		1 132 000

（二）填写《企业所得税纳税调整工作底稿》（见表 4 – 22）

表 4 – 22　　　　　　　　　企业所得税纳税调整工作底稿

所属期限：2022 年　　　　　　　　　　　　　　　　单位：元

序号	项目	计算过程	纳税调整增加额	纳税调整减少额	税收优惠扣减额
1	广告宣传费支出	账载金额 800 000 元 税收金额 = 7 000 000 × 15% = 1 050 000（元）	0		
2	业务招待费支出	账载金额 20 000 元 税收金额 = 20 000 × 60% = 12 000（元） 7 000 000 × 5‰ = 35 000（元）	8 000		
3	捐赠支出	账载金额 80 000 元 税收金额 = 1 132 000 × 12% = 135 840（元）	0		
4	职工福利费支出	账载金额 320 000 元 税收金额 = 1 650 000 × 14% = 231 000（元）	89 000		
5	职工教育经费支出	账载金额 55 000 元 税收金额 = 1 650 000 × 8% = 132 000（元）	0		

续表

序号	项目	计算过程	纳税调整增加额	纳税调整减少额	税收优惠扣减额
6	工会经费支出	账载金额 60 000 元 税收金额 = 1 650 000 × 2% = 33 000（元）	27 000		
7	固定资产折旧费	账载折旧 = 200 000 × （1 - 5%）÷ 36 × 6 = 31 666. 67（元） 税收折旧 = 200 000 × （1 - 5%）÷ 48 × 6 = 23 750（元）	7 916.67		
8	补充养老保险费	账载金额 90 000 元 税收金额 = 1 650 000 × 5% = 82 500（元）	7 500		
9	补充医疗保险费	账载金额 83 000 税收金额 = 1 650 000 × 5% = 82 500（元）	500		
10	手续费及佣金支出	账载金额 260 000 税收金额 = 7 000 000 × 5% = 350 000（元）	0		
11	国债利息收入	50 000 元免税			50 000
12	研究开发费用	加计扣除 = 100 000 × 75% = 75 000（元）			75 000
	合计		139 916.67		125 000

（三）填写 2020 年度企业所得税纳税申报表及其附表

北京利民百货大楼 2020 年度企业所得税纳税申报资料如下，请扫描二维码。

┌─────────────────────────┐
│ **企业所得税智能申报实训** │
└─────────────────────────┘

企业所得税的智能申报实训，利用网络实训平台"中联教育实训教学综合服务平台"进行。中联教育实训教学综合服务平台网址、打开方法如下：

1. 实训教学综合服务平台网址：sx. cailian. net

账号：17807025783

密码：tjt139277

2. 打开方法

登录中联教育实训教学综合服务平台后，单击智能财税（财税技能测评）→单击个人练习，进入技能练习模块，任选一套题，开始实训操作。

微课视频 4 - 7：企业所得税汇算清缴纳税申报 ev 录屏 . mp4。观看视频，请扫描二维码。

文本：北京利民百货大楼 2020 年度企业所得税纳税申报资料

视频：企业所得税汇算清缴纳税申报 ev 录屏

企业所得税技能训练题

一、应税选择（单选题）

1. 根据企业所得税法律制度的规定，下列各项中，属于企业所得税纳税人的是（　　）。

A. 个人合伙企业　　　　　　　　B. 个人独资企业

C. 个体工商户　　　　　　　　　D. 一人有限公司

2. 某企业（一般纳税人）因管理不善损失外购材料50万元（不含税）。保险公司审理后同意赔付5万元，相关管理人员赔付5万元，增值税税率为13%，则该企业税前可扣除的损失为（　　）万元。

A. 46.5　　　　　B. 50　　　　　C. 53.5　　　　　D. 58.5

3. 在计算企业所得税应纳税所得额时，下列支出按规定可以扣除的是（　　）。

A. 未经核准的准备金支出　　　　B. 企业所得税税款

C. 广告性质的赞助支出　　　　　D. 企业之间支付的管理费

4. 下列各项中，能作为业务招待费税前扣除限额计算基数的是（　　）。

A. 让渡固定资产使用权的收入

B. 因债权人原因确实无法支付的应付款项

C. 转让无形资产所有权的收入

D. 出售固定资产的收入

5. 甲公司为符合条件的小型微利企业，经主管税务机关核定，2020年度亏损8万元，2021年度亏损12万元，假定2022年度甲公司盈利200万元，无其他需要纳税调整的事项。甲公司2022年度应缴纳的企业所得税税额为（　　）万元。

A. 13　　　　　B. 15　　　　　C. 9　　　　　D. 6.5

6. 根据企业所得税法的规定，下列项目可以享受加计扣除的是（　　）。

A. 企业安置残疾人员所支付的工资

B. 企业购置节水专用设备的投资

C. 企业从事国家重点扶持和鼓励的创业投资

D. 企业对公共基础设施项目的投资

7. 甲公司2021年度销售收入为4 000万元，当期发生与经营活动有关的业务招待费为100万元，该公司当年税前准予扣除的业务招待费为（　　）万元。

A. 60　　　　　B. 100　　　　　C. 240　　　　　D. 20

8. 某企业2021年度缴纳增值税340万元，消费税500万元，城建税60万元，教育费附加25万元，城镇土地使用税50万元，房产税60万元。在计算企业所得税应纳税所得额时，准予扣除的税金及附加为（　　）万元。

A. 585　　　　　B. 635　　　　　C. 695　　　　　D. 1 035

9. 企业下列处置资产的行为，不属于企业所得税视同销售的是（　　）。

A. 将资产用于市场推广

B. 将资产用于职工福利

C. 将资产用于对外捐赠

D. 将资产在总机构及其分支机构之间转移

10. 下列收入属于企业所得税不征税收入的是（　　）。

A. 转让财产收入　　　　　　　　B. 财政拨款收入

C. 国库券利息收入　　　　　　　D. 居民企业之间的股息收入

11. 某企业 2021 年度境内所得应纳税所得额为 400 万元，全年已预缴税款 25 万元，来源于境外某国税前所得 100 万元，境外实纳税款 20 万元，该企业当年汇算清缴应补（退）的税款为（　　）万元。

A. 50　　　　　B. 60　　　　　C. 70　　　　　D. 80

12. 企业从事国家重点扶持的公共基础设施项目的投资经营所得，自项目取得第一笔生产经营收入所属的纳税年度起，可享受的税收优惠是（　　）。

A. 三免两减半　　　　　　　　　B. 两免三减半

C. 三免三减半　　　　　　　　　D. 五免五减半

13. 下列各项中，按分配所得企业所在地确定所得来源地的是（　　）。

A. 销售货物所得　　　　　　　　B. 权益性投资所得

C. 动产转让所得　　　　　　　　D. 特许权使用费所得

14. 下列支出不属于长期待摊费用的是（　　）。

A. 固定资产的大修理支出

B. 经营租入固定资产的改建支出

C. 外购房屋发生的装修费用

D. 已足额提取折旧的固定资产的改建支出

15. 依据企业所得税相关规定，采取缩短折旧年限方法进行加速折旧时，最低折旧年限不得低于规定折旧年限的（　　）。

A. 40%　　　　　B. 50%　　　　　C. 60%　　　　　D. 70%

16. 2022 年 5 月甲公司向非关联企业乙公司借款 200 万元用于生产经营，期限为半年，双方约定年利率为 10%。已知，甲、乙公司都是非金融企业，金融企业同期同类贷款年利率为 7.8%。甲公司在计算当年企业所得税应纳税所得额时，准予扣除的利息费用为（　　）万元。

A. 15.6　　　　　B. 20　　　　　C. 7.8　　　　　D. 10

17. 根据企业所得税法的规定，不得提取折旧的固定资产是（　　）。

A. 以经营租赁方式租出的固定资产　B. 未投入使用的房屋、建筑物

C. 以融资租赁方式租入的固定资产　D. 以经营租赁方式租入的固定资产

18. 根据企业所得税法律制度的规定，下列有关非居民企业的表述中，正确的是（　　）。

A. 在境外成立的企业均属于非居民企业

B. 在境内成立但有来源于境外所得的企业属于非居民企业

C. 依照外国法律成立，实际管理机构在中国境内的企业属于非居民企业

D. 依照外国法律成立，实际管理机构不在中国境内但在中国境内设立机构、场所的企业属于非居民企业

19. 下列有关企业所得税税率说法不正确的是（　　）。

A. 居民企业适用税率为 25%

B. 国家重点扶持的高新技术企业减按 15% 的税率征税

C. 符合条件的小型微利企业适用税率为 20%

D. 未在中国境内设立机构、场所的非居民企业，取得中国境内的所得适用税率为 15%

20. 某企业 2021 年会计利润为 700 万元，其中符合条件的技术转让所得 600 万元。假设没有其他纳税调整事项，该企业 2021 年应缴纳企业所得税（　　）万元。

A. 25　　　　　　B. 50　　　　　　C. 37.5　　　　　　D. 175

二、应税选择（多选题）

1. 对（　　）企业发生的广告费和业务宣传费支出，不超过当年销售（营业）收入 30% 的部分，准予扣除；超过部分，准予在以后纳税年度结转扣除。

A. 化妆品制造　　　　　　　　　　B. 医药制造

C. 饮料制造　　　　　　　　　　　D. 酒类制造

2. 根据企业所得税法律制度的规定，下列项目不得在企业所得税前扣除的有（　　）。

A. 税收滞纳金　　　　　　　　　　B. 业务招待费

C. 行政性罚款　　　　　　　　　　D. 企业支付的财产保险费

3. 下列各项中，属于企业所得税应计入收入总额的其他收入的有（　　）。

A. 企业资产溢余收入　　　　　　　B. 未逾期的包装物押金

C. 确实无法偿付的应付款项　　　　D. 债务重组收入

4. 依据企业所得税法的规定，判定所得税纳税人的标准有（　　）。

A. 登记注册地标准　　　　　　　　B. 所得来源地标准

C. 经营行为实际发生地标准　　　　D. 实际管理机构所在地标准

5. 企业发生的下列行为，应当视同销售，计算缴纳企业所得税的有（　　）。

A. 将自产货物用于非货币性资产交换

B. 将自产货物用于捐赠

C. 将自产货物用于管理部门

D. 将自产货物用于非生产性机构

6. 下列关于企业所得税收入确认的表述中，正确的有（　　）。

A. 股息收入按照投资方实际收到的日期确认收入实现

B. 利息收入以合同约定的债务人应付利息的日期确认收入实现

C. 接受捐赠收入按照实际收到捐赠资产的日期确认收入的实现

D. 分期收款方式销售货物按照发出货物的日期确认收入的实现

7. 企业缴纳的下列税金中，在计算企业所得税应纳税所得额时准予扣除的

有（   ）。

    A. 企业所得税   B. 车船税   C. 房产税   D. 资源税

8. 下列各项中，当年超过税法规定的扣除限额，可以结转到以后年度扣除的有（   ）。

    A. 职工教育经费   B. 职工福利费

    C. 业务招待费   D. 广告费和业务宣传费

9. 企业从事下列项目的所得，减半征收企业所得税的有（   ）。

    A. 种植花卉   B. 种植茶叶

    C. 海水养殖   D. 远洋捕捞

10. 根据企业所得税法的规定，下列收入不属于免税收入的有（   ）。

    A. 国债利息   B. 存款利息

    C. 财政补贴   D. 接受捐赠收入

11. 根据企业所得税法的规定，下列支出不得税前扣除的有（   ）。

    A. 向投资者支付的股息、红利   B. 税收滞纳金

    C. 企业所得税税款   D. 经核定的准备金支出

12. 下列固定资产中，可计算折旧税前扣除的有（   ）。

    A. 以经营租赁方式租入的固定资产

    B. 闲置的房屋、建筑物

    C. 以融资租赁方式租入的固定资产

    D. 已足额提取折旧仍继续使用的固定资产

13. 享受小型微利企业所得税减免优惠，必须同时符合的条件有（   ）。

    A. 从事国家非限制和禁止行业   B. 年度应纳税所得额不超过 300 万元

    C. 从业人数不超过 300 人   D. 资产总额不超过 5 000 万元

14. 下列可以在企业所得税税前扣除的费用有（   ）。

    A. 按照经济合同规定支付的违约金 B. 银行罚息

    C. 环保罚款   D. 诉讼费

15. 根据企业所得税法的规定，下列不属于企业所得税工资薪金范围的有（   ）。

    A. 向雇员支付集资分红支出

    B. 雇员年终加薪支出

    C. 按规定为雇员缴纳的社会保险支出

    D. 为雇员提供的劳动保护费支出

16. 根据企业所得税法律制度的规定，下列行业中，不适用研究开发费用税前加计扣除政策的有（   ）。

    A. 住宿和餐饮业   B. 烟草制造业

    C. 租赁和商务服务业   D. 批发和零售业

17. 固定资产大修理支出需同时符合的条件有（   ）。

    A. 修理后固定资产被用于新的或不同的用途

    B. 修理后固定资产的使用年限延长 2 年以上

C. 修理后固定资产的使用年限延长 1 年以上

D. 修理支出达到取得固定资产时计税基础的 50% 以上

18. 下列利息支出准予在企业所得税前据实扣除的有（　　）。

A. 非金融企业向金融企业借款的利息支出

B. 非金融企业向非金融企业借款的利息支出

C. 金融企业同业拆借的利息支出

D. 非金融企业经批准发行债券的利息支出

19. 根据企业所得税法律制度的规定，下列各项中，属于企业取得收入的货币形式的有（　　）。

A. 股权投资　　　B. 应收票据　　　C. 银行存款　　　D. 债务的豁免

20. 依据企业所得税法的规定，下列所得来源地规定不正确的有（　　）。

A. 特许权使用费所得按照特许权的使用地确定

B. 股息、红利等权益性投资所得，按照分配所得的企业所在地确定

C. 权益性投资资产转让所得按照投资企业所在地确定

D. 不动产转让所得按照转让不动产的企业或者机构、场所所在地确定

三、判断题

1. 企业对外投资期间，投资资产的成本可在所得税前扣除。（　　）

2. 无形资产按照直线法计算摊销费用，摊销年限一律不得低于 10 年。

（　　）

3. 企业发生的支出应当区分收益性支出和资本性支出。收益性支出在发生当期直接扣除；资本性支出则不得扣除。（　　）

4. 企业计提的未经核定的准备金，不得在所得税前扣除。（　　）

5. 企业从事林木的培育和种植项目所得免征企业所得税。（　　）

6. 甲企业是我国的非居民企业且未在我国境内设立机构、场所，其从中国境内取得的财产转让所得，以收入全额减除财产净值后的余额为应纳税所得额。

（　　）

7. 企业综合利用资源，生产符合国家产业政策规定的产品所取得的收入，可以在计算应纳税所得额时减按 70% 计入收入总额。（　　）

8. 企业所得税法规定，应纳税所得额 = 收入总额 - 不征税收入 - 免税收入 - 各项扣除 - 允许弥补的以前年度亏损。（　　）

9. 企业将自产产品用于在建工程，不属于企业所得税视同销售。（　　）

10. 所有的外国企业都是我国的非居民企业。（　　）

11. 企业所得税按年计征，分月或者分季预缴，年终汇算清缴，多退少补。

（　　）

12. 企业按照法律、行政法规有关规定提取的用于环境保护、生态恢复等专项资金，准予扣除。（　　）

13. 企业已经作为损失处理的资产，在以后纳税年度又全部收回或者部分收回时，应当计入当期的收入。（　　）

14. 未投入使用的房屋、建筑物不得计算折旧扣除。（　　）

15. 企业因存货盘亏、毁损、报废等原因不得从销项税额中抵扣的进项税额，不得与存货损失一起在所得税前扣除。　　　　　　　　　　（　　）

四、计算题

1. 某国家重点扶持的高新技术企业，2022 年度有关财务资料如下：

（1）收入总额 2 100 万元（包括产品销售收入 1 900 万元、购买国债取得利息收入 100 万元、直接投资于国内另一企业取得股息 100 万元）。

（2）各项成本费用共 1 000 万元，其中合理的工资薪金 200 万元，业务招待费 100 万元，职工福利费 50 万元，职工教育经费 20 万元，工会经费 10 万元，税收滞纳金 10 万元，提取的各项减值和跌价准备金 100 万元。

（3）2022 年 5 月用自有资金购置节能节水专用设备并投入使用。取得专用发票注明价款 500 万元，增值税 65 万元（已申报抵扣进项税额）。另支付运费 2 万元，安装调试费 5 万元。

要求：

（1）计算 2022 年度会计利润总额；

（2）计算 2022 年各项纳税调整额；

（3）计算 2022 年应纳税所得额；

（4）计算 2022 年应纳企业所得税税额；

（5）计算专用设备投资实际抵免所得税税额；

（6）计算 2022 年实际应纳所得税税额。

2. 某电视机厂 2022 年度生产经营情况如下：

（1）主营业务收入 4 500 万元；主营业务成本 2 000 万元；缴纳增值税 700 万元，缴纳营业税金及附加 80 万元。

（2）其他业务收入 300 万元；其他业务成本 100 万元。

（3）销售费用 1 500 万元，其中广告费 800 万元，业务宣传费 20 万元。

（4）管理费用 500 万元，其中业务招待费 50 万元，新产品研发费用 40 万元。

（5）财务费用 80 万元，其中向非金融机构借款一年的利息 50 万元，年息 10%（银行同期同类贷款年利率为 6%）。

（6）营业外支出 30 万元，其中向供货方支付违约金 5 万元，接受工商局罚款 1 万元，通过政府部门向灾区捐赠 20 万元。

（7）投资收益 18 万元，其中从直接投资外地居民公司分回的税后利润 17 万元，国债利息收入 1 万元。

要求：

（1）计算 2022 年度利润总额；

（2）计算 2022 年各项纳税调整额；

（3）计算 2022 年应纳税所得额；

（4）计算 2022 年应纳企业所得税税额。

3. 某市一家居民企业为增值税一般纳税人，主要生产销售高档西服，假定 2022 年度有关经营业务如下：

（1）销售西服取得不含税收入 8 600 万元，与西服配比的销售成本 5 660

万元；

（2）转让技术所有权取得收入 700 万元，直接与技术所有权转让有关的成本和费用 100 万元；

（3）出租有形动产取得不含税租金收入 200 万元，取得国债利息收入 30 万元；

（4）接受乙公司捐赠设备 1 台，取得增值税专用发票注明价款 20 万元，增值税 2.6 万元；

（5）缴纳增值税 961.4 万元；缴纳城市维护建设税和教育费附加 96.14 万元；

（6）销售费用 1 650 万元，其中广告费 1 400 万元；

（7）管理费用 850 万元，其中业务招待费 90 万元；

（8）财务费用 80 万元，其中含向非金融企业借款 500 万元所支付的年利息 40 万元（金融企业同期同类贷款的年利率为 5.8%）；

（9）实发工资 540 万元，拨缴工会经费 15 万元、实际发生职工福利费 82 万元、职工教育经费 18 万元，均已计入相关的成本、费用；

（10）营业外支出 300 万元，其中包括通过公益性社会团体向贫困山区的捐款 150 万元。

要求：计算该企业 2022 年应纳企业所得税。

4. 我国境内某居民企业，在甲国设有分支机构，2021～2022 年取得境内外所得情况如下：

（1）2021 年度境内所得 100 万元人民币，来自甲国的生产经营所得折合人民币 14 万元（税后），特许权使用费所得折合人民币 4 万元（税后），甲国政府对其生产经营所得征税折合人民币 6 万元，对其特许权使用费所得征税折合人民币 1 万元。

（2）2022 年度境内所得 80 万元人民币，来自甲国特许权使用费所得折合人民币 16 万元（税后），甲国政府对特许权使用费按 20% 的税率征收企业所得税。

要求：

（1）计算该企业 2021 年度在我国汇总缴纳的企业所得税。

（2）计算该企业 2022 年度在我国汇总缴纳的企业所得税。

项目五

个人所得税计算与缴纳

★

■ 项目认知

个人所得税是以个人（自然人）取得的各类应税所得为征税对象征收的一种税。个人所得税具有以下特点：（1）实行综合与分类相结合的所得税制；（2）累进税率与比例税率并用；（3）计算简便；（4）采取源泉扣缴和自行申报两种征纳方法。

■ 知识目标

1. 掌握个人所得税的纳税人、征税对象及适用税率规定。
2. 掌握个人所得税综合所得与分类所得应纳个人所得税的计算方法。
3. 掌握个人所得税的税收优惠。
4. 熟悉个人所得税的申报缴纳。

■ 能力目标

1. 能正确判断居民个人和非居民个人。
2. 能根据资料正确计算个人所得税。
3. 能结合具体案例办理个人所得税的申报缴纳工作。
4. 能根据需要查阅相关资料。

■ 思政融合

征收个人所得税，可以增加国家财政收入，调节经济，稳定经济，调整收入分配，提高公民自觉纳税意识。

1. 调整收入分配，兼顾公平与效率。党的二十大报告指出，完善个人所得税制度，规范收入分配秩序，规范财富积累机制，保护合法收入，调节过高收入，取缔非法收入。

个人所得税是调节收入分配、促进公平的重要工具。个人所得税调节收入分配主要是通过累进税率进行的，在累进税率下随着个人收入的增加，个人所得税适用的边际税率不断提高，从而低收入者适用较低的税率征税，而对高收入者则按较高的税率征税。这有利于改变个人收入分配结构、缩小高收入者和低收入者之间的收入差距。

个人所得税专项附加扣除，从子女教育到赡养老人、从继续教育到大病医疗、从房贷利息到住房租金，2022 年新增了 3 岁以下婴幼儿照护扣除，几乎涵盖了居民日常生活所有的必需开支。个人所得税专项附加扣除遵循公平合理、简便易行、切实减负、改善民生的原则。2019 年个人所得税征收幅度下降比例达到了 25.1%。此次公布的暂行办法较好地兼顾了公平和效率，使相关支出得到了合理的扣除，减负力度明显；总体来看，个人所得税制度更加公平合理，使纳税人在享受减税红利的同时，有利于刺激消费、扩大需求。

　　2. 维护国家税收权益。针对个人不按独立交易原则转让财产、在境外避税地避税、实施不合理商业安排获取不当税收利益等避税行为，赋予税务机关按合理方法实行纳税调整的权力。

　　3. 增强责任意识和民族认同感。2019 年全国税收收入总计 157 992 亿元，其中个人所得税 10 388 亿元，占比 6.58%，成为增值税和企业所得税之后的第三大税种。对于征收的个人所得税收入，政府可用于教育、医疗、卫生、社保、环保、大学生创新创业、养老服务、扶贫、残疾人事业等项目。通过介绍个人所得税近几年在财政收入中所占的比例，阐述个人所得税收入的去向，能够使学生明白税收在社会经济发展中的积极作用，增强学生的责任意识与使命，以改善公民纳税意识淡薄、义务观念缺乏的现状。

　　新冠肺炎疫情发生以来，国家积极发挥税收职能作用，全力进行疫情防控工作，支持企业复工复产，服务社会发展大局。

　　4. 依法诚信纳税教育。我国《宪法》规定"依法纳税是每个公民的义务"，通过建立个人所得税的纳税申报、源泉扣缴制度，强化个人所得税的征收管理和对税收违法行为的处罚措施，可以逐步培养、普及全民依法诚信纳税的观念，有利于提高全体人民的法治意识，营造良好的社会环境。通过强化个人所得税的征管，起到依法诚信纳税的作用。

任务一　个人所得税基本要素

一、个人所得税的纳税人

微课视频 5-1：个人所得税纳税人。观看视频，请扫描二维码。

个人所得税的纳税人，包括中国公民、个体工商户、个人独资企业、合伙企业的个人合伙人以及在中国境内有所得的外籍人员（含无国籍人员，下同）和香港、澳门、台湾同胞华侨以及外国侨民。上述纳税人依据住所和居住时间两个标准，可分为居民个人和非居民个人，分别承担不同的纳税义务。

视频：个人所得税纳税人

（一）居民个人

1. 居民个人的范围。在中国境内有住所，或者无住所而一个纳税年度内在中国境内居住累计满 183 天的个人，为居民个人。

在中国境内有住所的个人，是指因户籍、家庭、经济利益关系，而在中国境内习惯性居住的个人。而所谓的习惯性居住，是判定纳税义务人是居民或非居民的一个法律意义上的标准，不是指实际居住或在某一个特定时期内的居住地。如因学习、工作、探亲、旅游等而在中国境外居住的，在其原因消除之后，必须回到中国境内居住的个人，则中国即为该纳税人习惯性居住地。

自 2019 年 1 月 1 日起，在中国境内无住所的个人一个纳税年度内在中国境内累计居住天数，按照个人在中国境内停留的天数计算。在中国境内停留的当天满 24 小时的，计入中国境内居住天数；在中国境内停留的当天不足 24 小时的，不计入中国境内居住天数。

【例题·分析题】

李先生为香港居民，在深圳工作，每周一早上来深圳上班，周五晚上回香港。周一和周五当天停留都不足 24 小时，因此不计入境内居住天数，再加上周六、周日 2 天也不计入，这样，每周可计入的天数仅为 3 天，按全年 52 周计算，李先生全年在境内居住天数为 156 天，未超过 183 天，不构成居民个人。

2. 居民个人的纳税义务。居民个人应就其来源于中国境内和境外的所得，向我国政府履行全面纳税义务，依法缴纳个人所得税。

（二）非居民个人

1. 非居民个人的范围。在中国境内无住所又不居住，或者无住所而一个纳税年度内在中国境内居住累计不满 183 天的个人，为非居民个人。

2. 非居民个人的纳税义务。非居民个人仅就来源于中国境内取得的所得，向我国政府履行有限纳税义务，依法缴纳个人所得税。

在中国境内无住所的个人，在中国境内居住累计满 183 天的年度连续不满六年的，经向主管税务机关备案，其来源于中国境外且由境外单位或者个人支付的所得，免予缴纳个人所得税；在中国境内居住累计满 183 天的任一年度中有一次离境超过 30 天的，其在中国境内居住累计满 183 天的年度的连续年限重新起算。

在中国境内无住所的个人，在一个纳税年度内在中国境内居住累计不超过 90 天的，其来源于中国境内的所得，由境外雇主支付并且不由该雇主在中国境内的机构、场所负担的部分，免予缴纳个人所得税。

【案例·分析题】

甲、乙、丙三个自然人均属于在中国境内无住所的个人，其中，外籍个人甲 2022 年 9 月 1 日入境，2022 年 10 月 1 日离境；外籍个人乙 2022 年 1 月 1 日入境，2022 年 7 月 30 日离境；外籍个人丙 2022 年 1 月 1 日入境，2022 年 3 月 20 日离境至 11 月 30 日。请根据个人所得税法规定，分析判断他们 2022 年度是否属于中国的居民纳税人。

分析：2022 年度只有外籍个人乙属于中国的居民个人。外籍个人甲和丙均属于中国的非居民个人，因为他们 2022 年度在中国实际居住均不满 183 天。

（三）所得来源的确定

根据《个人所得税法实施条例》规定，除国务院财政、税务主管部门另有规定外，下列所得，不论支付地点是否在中国境内，均为来源于中国境内的所得：

1. 因任职、受雇、履约等在中国境内提供劳务取得的所得。
2. 将财产出租给承租人在中国境内使用而取得的所得。
3. 许可各种特许权在中国境内使用而取得的所得。
4. 转让中国境内的不动产等财产或者在中国境内转让其他财产取得的所得。
5. 从中国境内企业、事业单位、其他组织以及居民个人取得的利息、股息、红利所得。

二、个人所得税的征税对象

微课视频 5－2：个人所得税征税范围。观看视频，请扫描二维码。

（一）工资、薪金所得

工资、薪金所得，是指个人因任职或者受雇取得的工资、薪金、奖金、年终加薪、劳动分红、津贴、补贴以及与任职或者受雇有关的其他所得。

下列补贴、津贴不属于工资、薪金所得项目，不予征税：（1）独生子女补贴；（2）执行公务员工资制度未纳入基本工资总额的补贴、津贴差额和家属成员的副食品补贴；（3）托儿补助费；（4）差旅费津贴、误餐补助。

视频：个人所得税征税范围

应用提示　按"工资、薪金所得"项目计征个人所得税的特殊规定

1. 出租汽车经营单位对出租车驾驶员采取单车承包或承租方式运营，出租车驾驶员从事客货营运取得的收入，按"工资、薪金所得"项目计征个人所得税。

2. 对商品营销活动中，企业和单位对营销业绩突出的雇员以培训班、研讨会、工作考察等名义组织旅游活动，通过免收差旅费、旅游费对个人实行的营销业绩奖励（包括实物、有价证券等），应根据所发生费用的全额并入营销人员当期的工资、薪金所得，按照"工资、薪金所得"项目征收个人所得税。

3. 个人因公务用车和通信制度改革而取得的公务用车、通信补贴收入，扣除一定标准的公务费用后，按照"工资、薪金所得"项目计征个人所得税。

4. 个人按照规定领取的税收递延型商业养老保险的养老金收入，其中25%部分予以免税，其余75%部分按照10%的比例税率计算缴纳个人所得税，税款记入"工资、薪金所得"项目，由保险机构代扣代缴后，在个人购买税收递延型商业养老保险的机构所在地办理全员全额扣缴申报。

5. 个人因与用人单位解除劳动关系、内部退养以及提前退休等从任职单位取得的一次性补偿收入。

6. 退休人员再任职取得的收入。

7. 公司职工取得的用于购买企业国有股权的劳动分红以及个人从任职、受雇单位取得的股票期权所得。

8. 个人领取的企业年金或职业年金。

（二）劳务报酬所得

劳务报酬所得，指个人从事劳务取得的所得，包括从事设计、装潢、安装、制图、化验、测试、医疗、法律、会计、咨询、讲学、翻译、审稿、书画、雕刻、影视、录音、录像、演出、表演、广告、展览、技术服务、介绍服务、经纪服务、代办服务以及其他劳务取得的所得。

应用提示　按"劳务报酬所得"项目计征个人所得税的特殊规定

1. 在校学生因参与勤工俭学活动（包括参与学校组织的勤工俭学活动）而取得属于《个人所得税法》规定的应税所得项目的所得，按照"劳务报酬所得"征收个人所得税。

2. 个人担任董事职务所取得的董事费收入分两种情形：

（1）个人担任公司董事、监事，且不在公司任职、受雇的情形，属于劳务报酬性质，按"劳务报酬所得"项目征收个人所得税；

（2）个人在公司（包括关联公司）任职、受雇，同时兼任董事、监事的，应将董事费、监事费与个人工资收入合并，统一按"工资、薪金所得"项目征收个人所得税。

3. 对商品营销活动中，企业和单位对营销业绩突出的非雇员以培训班、研讨会、工作考察等名义组织旅游活动，通过免收差旅费、旅游费对个人实行的营销业绩奖励（包括实物、有价证券等），应根据所发生费用的全额作为该营销人员当期的劳务收入，按照"劳务报酬所得"项目征收个人所得税，并由提供上述费用的企业和单位代扣代缴。

4. 个人兼职取得的收入，按照"劳务报酬所得"项目征收个人所得税。

文本：劳务报
酬所得与工
资、薪金所得
的区别

[知识拓展] 劳务报酬所得与工资、薪金所得的区别，请扫描二维码。

（三）稿酬所得

稿酬所得，是指个人因其作品以图书、报刊形式出版、发表而取得的所得。

作品，包括文学作品、书画作品、摄影作品，以及其他作品。作者去世后，财产继承人取得的遗作稿酬，亦按"稿酬所得"项目征收个人所得税。

应用提示 按"稿酬所得"项目计征个人所得税的特殊规定

1. 任职、受雇于报纸、杂志等单位的记者、编辑等专业人员，因在本单位的报纸、杂志上发表作品取得的所得，属于因任职、受雇而取得的所得，应与其当月工资收入合并，按"工资、薪金所得"项目征收个人所得税。

2. 除上述专业人员以外，其他人员在本单位的报纸、杂志上发表作品取得的所得，应按"稿酬所得"项目征收个人所得税。

3. 出版社的专业作者撰写、编写或翻译的作品，由本社以图书形式出版而取得的稿费收入，应按"稿酬所得"项目征收个人所得税。

（四）特许权使用费所得

特许权使用费所得，是指个人提供专利权、商标权、著作权、非专利技术以及其他特许权的使用权取得的所得。提供著作权的使用权取得的所得，不包括稿酬所得。

应用提示 按"特许权使用费所得"项目计征个人所得税的特殊规定

1. 作者将自己的文字作品手稿原件或复印件公开拍卖（竞价）取得的所得，属于提供著作权的使用所得，应按"特许权使用费所得"项目计征个人所得税。

2. 个人取得特许权的经济赔偿收入，应按"特许权使用费所得"项目计征个人所得税。

3. 编剧从电视剧的制作单位取得的剧本使用费，不再区分剧本的使用方是否为其任职单位，统一按"特许权使用费所得"项目计征个人所得税。

（五）经营所得

1. 个体工商户从事生产、经营活动取得的所得，个人独资企业投资人、合伙企业的个人合伙人来源于境内注册的个人独资企业、合伙企业生产、经营的所得。

2. 个人依法从事办学、医疗、咨询以及其他有偿服务活动取得的所得。

3. 个人对企业、事业单位承包经营、承租经营以及转包、转租取得的所得。

4. 个人从事其他生产、经营活动取得的所得。

应用提示　按"经营所得"项目计征个人所得税的特殊规定

1. 从事个体出租车运营的出租车驾驶员取得的收入。

2. 出租车属个人所有，但挂靠出租汽车经营单位或企事业单位，驾驶员向挂靠单位缴纳管理费的，或出租汽车经营单位将出租车所有权转移给驾驶员的，出租车驾驶员从事客货运营取得的收入。

3. 个人从事彩票代销业务而取得的所得。

4. 个人独资企业、合伙企业的个人投资者以企业资金为本人、家庭成员及其相关人员支付与企业生产经营无关的消费性支出及购买汽车、住房等财产性支出，视为企业对个人投资者利润分配，并入投资者个人的生产经营所得，依照"经营所得"项目计征个人所得税。

5. 个体工商户和从事生产、经营的个人，取得与生产、经营活动无关的其他各项应税所得，应分别按照有关规定计征个人所得税。如对外投资取得的股息所得，应按"利息、股息、红利所得"税目单独计征个人所得税。

（六）利息、股息、红利所得

利息、股息、红利所得，是指个人拥有债权、股权而取得的利息、股息、红利所得。利息一般是指存款、贷款和债券的利息；股息是指个人拥有股权取得的公司、企业派息分红，按照一定的比率派发的每股息金；红利是指根据公司、企业应分配的、超过股息部分的利润，按股派发的红股。

应用提示　按"利息、股息、红利所得"项目计征个人所得税的特殊规定

1. 除个人独资企业、合伙企业以外的其他企业的个人投资者，以企业资金为本人、家庭成员及其相关人员支付与企业生产经营无关的消费性支出及购买汽车、住房等财产性支出。

2. 纳税年度内个人投资者从其投资企业（个人独资企业、合伙企业除外）借款，在该纳税年度终了后既不归还又未用于企业生产经营的，其未归还的借款可视为企业对个人投资者的红利分配，依照"利息、股息、红利所得"项目计征个人所得税。

（七）财产租赁所得

财产租赁所得，是指个人出租不动产、机器设备、车船以及其他财产取得的所得。

应用提示　按"财产租赁所得"项目计征个人所得税的特殊规定

1. 个人取得的财产转租收入，属于"财产租赁所得"的征税范围，由财产转租人缴纳个人所得税。在确定纳税义务人时，应以产权凭证为依据，对无产权凭证的，由主管税务机关根据实际情况确定。

2. 产权所有人死亡，在未办理产权继承手续期间，该财产出租而有租金收入的，以领取

租金的个人为纳税义务人。

（八）财产转让所得

财产转让所得，是指个人转让有价证券、股权、合伙企业中的财产份额、不动产、机器设备、车船以及其他财产取得的所得。

应用提示 按"财产转让所得"项目计征个人所得税的特殊规定

1. 股票转让所得。经国务院批准，对个人转让境内上市公司股票所得暂不征收个人所得税。

2. 量化资产股份转让所得。对职工个人以股份形式取得的拥有所有权的企业量化资产，暂缓征收个人所得税。待个人将股份转让时，就其转让收入额，减除个人取得该股份时实际支付的费用支出和合理转让费用后的余额，按"财产转让所得"项目计征个人所得税。

3. 个人自有住房转让所得。对个人转让自用 5 年以上，并且是家庭唯一生活用房取得的所得，继续免征个人所得税。

（九）偶然所得

偶然所得，是指个人得奖、中奖、中彩以及其他偶然性质的所得。其中，得奖是指参加各种有奖竞赛活动，取得名次获得的奖金；中奖、中彩是指参加各种有奖活动，如有奖销售、有奖储蓄或购买彩票，经过规定程序，抽中、摇中号码而取得的奖金。

应用提示 按"偶然所得"项目计征个人所得税的特殊规定

1. 个人为单位或他人提供担保获得收入，按照"偶然所得"项目计算缴纳个人所得税。

2. 房屋产权所有人将房屋产权无偿赠与他人的，受赠人因无偿受赠房屋取得的受赠收入，按照"偶然所得"项目计算缴纳个人所得税。

3. 企业在业务宣传、广告等活动中，随机向本单位以外的个人赠送礼品（包括网络红包），以及企业在年会、座谈会、庆典以及其他活动中向本单位以外的个人赠送礼品，个人取得的礼品收入，按照"偶然所得"项目计算缴纳个人所得税，但企业赠送的具有价格折扣或折让性质的消费券、代金券、抵用券、优惠券等礼品除外。

个人取得的所得，难以界定应纳税所得项目的，由国务院税务主管部门确定。

居民个人取得第（一）~（四）项所得（以下称综合所得），按纳税年度合并计算个人所得税；非居民个人取得前款第（一）~（四）项所得，按月或者按次分项计算个人所得税。纳税人取得前款第（五）~（九）项所得，依法分别计算个人所得税。

三、个人所得税的税率

（一）综合所得适用3%～45%的七级超额累进税率

1. 综合所得年税率表（见表5－1）。

表5－1　综合所得年税率表

级数	全年应纳税所得额	税率（%）	速算扣除数（元）
1	不超过36 000元的部分	3	0
2	超过36 000元至144 000元的部分	10	2 520
3	超过144 000元至300 000元的部分	20	16 920
4	超过300 000元至420 000元的部分	25	31 920
5	超过420 000元至660 000元的部分	30	52 920
6	超过660 000元至960 000元的部分	35	85 920
7	超过960 000元的部分	45	181 920

注：1. 本表所称全年应纳税所得额是指依照税法规定，居民个人取得综合所得以每一纳税年度收入额减除费用6万元以及专项扣除、专项附加扣除和依法确定的其他扣除后的余额。

2. 非居民个人取得工资、薪金所得，劳务报酬所得，稿酬所得和特许权使用费所得，依照本表按月换算后计算应纳税额。

2. 综合所得月税率表（见表5－2）。

表5－2　综合所得月税率表

级数	全月应纳税所得额	税率（%）	速算扣除数（元）
1	不超过3 000元的部分	3	0
2	超过3 000元至12 000元的部分	10	210
3	超过12 000元至25 000元的部分	20	1 410
4	超过25 000元至35 000元的部分	25	2 660
5	超过35 000元至55 000元的部分	30	4 410
6	超过55 000元至80 000元的部分	35	7 160
7	超过80 000元的部分	45	15 160

（二）经营所得适用3%～35%的五级超额累进税率（见表5－3）

表5－3　经营所得适用3%～35%的五级超额累进税率

级数	全年应纳税所得额	税率（%）	速算扣除数（元）
1	不超过30 000元的部分	5	0
2	超过30 000元至90 000元的部分	10	1 500
3	超过90 000元至300 000元的部分	20	10 500

级数	全年应纳税所得额	税率（%）	速算扣除数（元）
4	超过 300 000 元至 500 000 元的部分	30	40 500
5	超过 500 000 元的部分	35	65 500

注：本表所称全年应纳税所得额是指依照税法规定，以每一纳税年度的收入总额减除成本、费用以及损失后的余额。

（三）其他各项所得适用税率

利息、股息、红利所得，财产租赁所得，财产转让所得和偶然所得，适用比例税率，税率为 20%。

对个人出租住房取得的所得减按 10% 税率征收个人所得税。

四、个人所得税的税收优惠

（一）免税项目

1. 省级人民政府、国务院部委和中国人民解放军军以上单位，以及外国组织、国际组织颁发的科学、教育、技术、文化、卫生、体育、环境保护等方面的奖金。

2. 国债和国家发行的金融债券利息。其中，国债利息，是指个人持有中华人民共和国财政部发行的债券而取得的利息；国家发行的金融债券利息，是指个人持有经国务院批准发行的金融债券而取得的利息所得。

3. 按照国家统一规定发给的补贴、津贴，是指按照国务院规定发给的政府特殊津贴、院士津贴，以及国务院规定免予缴纳个人所得税的其他补贴、津贴。

4. 福利费、抚恤金、救济金。其中，福利费是指根据国家有关规定，从企业、事业单位、国家机关、社会团体提留的福利费或者从工会经费中支付给个人的生活补助费；救济金是指各级人民政府民政部门支付给个人的生活困难补助费。

5. 保险赔款。

6. 军人的转业费、复员费、退役金。

7. 按照国家统一规定发给干部、职工的安家费、退职费、基本养老金或者退休费、离休费、离休生活补助费。其中，退职费是指符合《国务院关于工人退休、退职的暂行办法》规定的退职条件，并按该办法规定的退职费标准所领取的退职费。

8. 依照我国有关法律规定应予免税的各国驻华使馆、领事馆的外交代表、领事官员和其他人员的所得。依照有关法律规定应予免税的各国驻华使馆、领事馆的外交代表、领事官员和其他人员的所得，是指依照《中华人民共和国外交特权与豁免条例》和《中华人民共和国领事特权与豁免条例》规定免税的所得。

9. 中国政府参加的国际公约、签订的协议中规定免税的所得。

10. 国务院规定的其他免税所得。该类免税规定，由国务院报全国人民代表大会常务委员会备案。

（二）减税项目

1. 残疾、孤老人员和烈属的所得。

2. 因严重自然灾害造成重大损失的。

上述减税项目的减征幅度和期限，由省、自治区、直辖市人民政府规定，并报同级人民代表大会常务委员会备案。

国务院可以规定其他减税情形，报全国人民代表大会常务委员会备案。

（三）其他减免税项目

下列所得免征或暂免征收个人所得税：

（1）外籍个人以非现金形式或实报实销形式取得的住房补贴、伙食补贴、搬迁费、洗衣费。

（2）外籍个人按合理标准取得的境内、境外出差补贴。

（3）外籍个人取得的探亲费、语言训练费、子女教育费等，经当地税务机关审核批准为合理的部分。

（4）符合条件的外籍专家取得的工资、薪金所得，可免征个人所得税。

（5）个人举报、协查各种违法、犯罪行为而获得的奖金。

（6）个人办理代扣代缴税款手续，按规定取得的扣缴手续费。

（7）个人转让自用达 5 年以上，并且是唯一的家庭生活用房取得的所得。

（8）个人取得单张有奖发票奖金所得不超过 800 元（含 800 元）的，暂免征收个人所得税。

（9）对个人购买社会福利有奖募捐奖券、体育彩票，一次中奖收入在 1 万元（含）以下的，暂免征收个人所得税；超过 1 万元的，全额征收个人所得税。

（10）达到离休、退休年龄，但确因工作需要，适当延长离休、退休年龄的高级专家（指享受国家发放的政府特殊津贴的专家、学者），其在延长离休、退休期间的工资、薪金所得，视同离休费、退休费免征个人所得税。

（11）对个人取得的教育储蓄存款利息所得以及国务院财政部门确定的其他专项储蓄存款或储蓄型专项基金存款的利息所得，免征个人所得税。自 2008 年 10 月 9 日起，对居民个人储蓄存款利息所得和证券市场个人投资者取得的证券交易结算资金利息所得，暂免征收个人所得税。

（12）居民个人按照国家规定的范围和标准缴纳的基本养老保险、基本医疗保险、失业保险等社会保险费和住房公积金，允许在个人应纳税所得额中扣除，免征个人所得税。

（13）个人实际领（支）取原提存的基本养老保险金、基本医疗保险金、失业保险金和住房公积金时，免征个人所得税。

（14）生育妇女按照县级以上人民政府根据国家有关规定制定的生育保险办

法，取得的生育津贴、生育医疗费或其他属于生育保险性质的津贴、补贴，免征个人所得税。

（15）对工伤职工及其近亲属按照《中华人民共和国工伤保险条例》规定取得的一次性伤残保险待遇，免征个人所得税。

（16）自 2015 年 9 月 8 日起，个人从公开发行和转让市场取得的上市公司股票，持股期限超过 1 年的，股息、红利所得暂免征收个人所得税。

任务二　个人所得税应纳税额的计算

我国现行个人所得税实行的是综合与分类相结合的所得税制度，综合所得项目与分类所得项目的费用扣除、适用税率以及计算方法不尽相同。因此，各项所得的应纳税额应分别计算。

一、居民个人综合所得应纳税额的计算

居民个人综合所得，是指居民个人取得的工资、薪金所得，劳务报酬所得，稿酬所得，特许权使用费所得。按现行税法规定，扣缴义务人在向居民个人支付工资、薪金所得，劳务报酬所得，稿酬所得，特许权使用费所得时，应按规定分月或分次预扣预缴个人所得税；居民个人需要办理综合所得汇算清缴的，应当在取得所得的次年 3 月 1 日至 6 月 30 日办理汇算清缴。因此，居民个人综合所得个人所得税的计算方法包括预扣预缴税款的计算方法和综合所得汇算清缴的计算方法。

鉴于居民个人综合所得预扣预缴税款和汇算清缴的计算均涉及专项附加扣除，因此，首先介绍专项附加扣除范围和标准，然后再介绍预扣预缴税款和汇算清缴的计算方法。

（一）专项附加扣除费用和标准

1. 子女教育专项附加扣除。

（1）纳税人的子女接受全日制学历教育的相关支出，按照每个子女每月 1 000 元的标准定额扣除。学历教育包括义务教育（小学、初中教育）、高中阶段教育（普通高中、中等职业、技工教育）、高等教育（大学专科、大学本科、硕士研究生、博士研究生教育）年满 3 岁至小学入学前处于学前教育阶段的子女，按上述的规定执行。

（2）父母可以选择由其中一方按扣除标准的 100% 扣除，也可以选择由双方分别按扣除标准的 50% 扣除，具体扣除方式在一个纳税年度内不能变更。

（3）纳税人子女在中国境外接受教育的，纳税人应当留存境外学校录取通知书、留学签证等相关教育的证明资料备查。

2. 继续教育专项附加扣除。

（1）纳税人在中国境内接受学历（学位）继续教育的支出，在学历（学位）

教育期间按照每月 400 元定额扣除。同一学历（学位）继续教育的扣除期限不能超过 48 个月。纳税人接受技能人员职业资格继续教育、专业技术人员职业资格继续教育的支出，在取得相关证书的当年，按照 3 600 元定额扣除。

（2）个人接受本科及以下学历（学位）继续教育，符合规定扣除条件的，可以选择由其父母扣除，也可以选择由本人扣除。

（3）纳税人接受技能人员职业资格继续教育、专业技术人员职业资格继续教育的，应当留存相关证书等资料备查。

3. 大病医疗专项附加扣除。

（1）在一个纳税年度内，纳税人发生的与基本医保相关的医药费用支出，扣除医保报销后个人负担（指医保目录范围内的自付部分）累计超过 15 000 元的部分，由纳税人在办理年度汇算清缴时，在 80 000 元限额内据实扣除。

（2）纳税人发生的医药费用支出可以选择由本人或者其配偶扣除；未成年子女发生的医药费用支出可以选择由其父母一方扣除。纳税人及其配偶、未成年子女发生的医药费用支出，按规定分别计算扣除额。

（3）纳税人应当留存医药服务收费及医保报销相关票据原件（或者复印件）等资料备查。医疗保障部门应当向患者提供在医疗保障信息系统记录的本人年度医药费用信息查询服务。

4. 住房贷款利息专项附加扣除。

（1）纳税人本人或者配偶单独或者共同使用商业银行或者住房公积金个人住房贷款为本人或者其配偶购买中国境内住房，发生的首套住房贷款利息支出，在实际发生贷款利息的年度，按照每月 1 000 元的标准定额扣除，扣除期限最长不超过 240 个月。纳税人只能享受一次首套住房贷款的利息扣除。首套住房贷款是指购买住房享受首套住房贷款利率的住房贷款。

（2）经夫妻双方约定，可以选择由其中一方扣除，具体扣除方式在一个纳税年度内不能变更。夫妻双方婚前分别购买住房发生的首套住房贷款，其贷款利息支出，婚后可以选择其中一套购买的住房，由购买方按扣除标准的 100% 扣除，也可以由夫妻双方对各自购买的住房分别按扣除标准的 50% 扣除，具体扣除方式在一个纳税年度内不能变更。

（3）纳税人应当留存住房贷款合同、贷款还款支出凭证备查。

5. 住房租金专项附加扣除。

（1）纳税人在主要工作城市没有自有住房而发生的住房租金支出，可以按照以下标准定额扣除：

①直辖市、省会（首府）城市、计划单列市以及国务院确定的其他城市，扣除标准为每月 1 500 元。

②除上述①所列城市以外，市辖区户籍人口超过 100 万的城市，扣除标准为每月 1 100 元；市辖区户籍人口不超过 100 万的城市，扣除标准为每月 800 元。

纳税人的配偶在纳税人的主要工作城市有自有住房的，视同纳税人在主要工作城市有自有住房。市辖区户籍人口，以国家统计局公布的数据为准。主要工作城市，是指纳税人任职受雇的直辖市、计划单列市、副省级城市、地级市（地区、州、盟）全部行政区域范围；纳税人无任职受雇单位的，为受理其综合所得汇算清缴的税务机关所在城市。

（2）夫妻双方主要工作城市相同的，只能由一方扣除住房租金支出。

（3）住房租金支出由签订租赁住房合同的承租人扣除。

（4）纳税人及其配偶在一个纳税年度内不能同时分别享受住房贷款利息和住房租金专项附加扣除。

（5）纳税人应当留存住房租赁合同、协议等有关资料备查。

6. 赡养老人专项附加扣除。

（1）纳税人赡养1位及以上被赡养人的赡养支出，统一按照以下标准定额扣除：

①纳税人为独生子女的，按照每月2 000元的标准定额扣除。

②纳税人为非独生子女的，由其与兄弟姐妹分摊每月2 000元的扣除额度，每人分摊的额度不能超过每月1 000元。可以由赡养人均摊或者约定分摊，也可以由被赡养人指定分摊。约定或者指定分摊的须签订书面分摊协议，指定分摊优先于约定分摊。具体分摊方式和额度在一个纳税年度内不能变更。

（2）被赡养人是指年满60岁的父母，以及子女均已去世的年满60岁的祖父母、外祖父母。个人所得税专项附加扣除额一个纳税年度扣除不完的，不能结转以后年度扣除。

7. 3岁以下婴幼儿照护专项附加扣除。

（1）纳税人照护3岁以下婴幼儿子女的相关支出，按照每个婴幼儿每月1 000元的标准定额扣除。

（2）父母可以选择由其中一方按扣除标准的100%扣除，也可以选择由双方分别按扣除标准的50%扣除，具体扣除方式在一个纳税年度内不能变更。

3岁以下婴幼儿照护个人所得税专项附加扣除涉及的保障措施和其他事项，参照《个人所得税专项附加扣除暂行办法》有关规定执行。

3岁以下婴幼儿照护个人所得税专项附加扣除自2022年1月1日起实施。

（二）居民个人综合所得预扣预缴个人所得税的计算

1. 居民个人工资、薪金所得预扣预缴税款计算方法。扣缴义务人向居民个人支付工资、薪金所得时，应当按照累计预扣法计算预扣税款，并按月办理全员全额扣缴申报。具体计算公式如下：

本期应预扣预缴税额=（累计预扣预缴应纳税所得额×预扣率-速算扣除数）-累计减免税额-累计已预扣预缴税额

累计预扣预缴应纳税所得额=累计收入-累计免税收入-累计减除费用-累计专项扣除-累计专项附加扣除-累计依法确定的其他扣除

上述公式中：

累计减除费用，按照5 000元/月乘以纳税人当年截至本月在本单位的任职受雇月份数计算。

七项专项附加扣除中，除大病医疗之外，其他专项附加扣除可由纳税人选择在预扣预缴税款时进行扣除。纳税人在预扣预缴税款阶段享受专项附加扣除，以居民个人在取得工资、薪金所得时，向扣缴义务人提供的专项附加扣除信息为前提。居民个人向扣缴义务人提供有关信息并依法要求办理专项附加扣除的，扣缴义务人应当按照规定在工资、薪金所得按月预扣预缴税款时予以扣除，不得拒绝。纳税人同时从两处以上取得工资、薪金所得，并由扣缴义务人减除专项附加扣除的，对同一专项附加扣除项目，在一个纳税年度内只能选择从一处取得的所得中减除。

计算居民个人工资、薪金所得预扣预缴税额适用的预扣率、速算扣除数，按七级超额累进预扣率（见表 5-4）执行。

表 5-4　　　　　　　　　个人所得税预扣率表一
（居民个人工资、薪金所得预扣预缴适用）

级数	累计预扣预缴应纳税所得额	预扣率（%）	速算扣除数
1	不超过 36 000 元的部分	3	0
2	超过 36 000 元至 144 000 元的部分	10	2 520
3	超过 144 000 元至 300 000 元的部分	20	16 920
4	超过 300 000 元至 420 000 元的部分	25	31 920
5	超过 420 000 元至 660 000 元的部分	30	52 920
6	超过 660 000 元至 960 000 元的部分	35	85 920
7	超过 960 000 元的部分	45	181 920

【例题·计算题】

中国居民周某为某公司职员，2022 年 1~3 月公司每月应发工资 10 000 元，每月公司按规定标准为其代扣代缴"三险一金" 1 500 元，从 1 月起享受子女教育支出专项附加扣除 1 000 元，没有减免收入及减免税额等情况。请根据个人所得税法的规定，分别计算周某 1~3 月应预扣预缴税额。

1 月：（10 000 - 5 000 - 1 500 - 1 000）× 3% = 75（元）

2 月：（10 000 × 2 - 5 000 × 2 - 1 500 × 2 - 1 000 × 2）× 3% - 75 = 75（元）

3 月：（10 000 × 3 - 5 000 × 3 - 1 500 × 3 - 1 000 × 3）× 3% - 75 - 75 = 75（元）

其中，由于周某 1~3 月累计预扣预缴应纳税所得额都低于 36 000 元，全部适用 3% 的税率，因此各月应预扣预缴的税款相同。

【例题·计算题】

中国居民徐某为某公司职员，2022 年 1~3 月公司每月应发工资为 30 000 元，每月公司按规定标准为其代扣代缴"三险一金" 4 500 元，从 1 月起享受子女教育、赡养老人两项专项附加扣除共计 2 000 元，没有减免收入及减免税额等情况。请根据个人所得税法的规定，分别计算徐某 1~3 月应预扣预缴税额。

1 月：$(30\,000 - 5\,000 - 4\,500 - 2\,000) \times 3\% = 555$（元）

2 月：$(30\,000 \times 2 - 5\,000 \times 2 - 4\,500 \times 2 - 2\,000 \times 2) \times 10\% - 2\,520 - 555 = 625$（元）

3 月：$(30\,000 \times 3 - 5\,000 \times 3 - 4\,500 \times 3 - 2\,000 \times 3) \times 10\% - 2\,520 - 555 - 625 = 1\,850$（元）

其中，由于徐某 2 月累计预扣预缴的应纳税所得额为 37 000 元，适用 10% 的税率，因此相比 1 月、2 月应预扣预缴税金有所增加。

2. 居民个人劳务报酬所得、稿酬所得、特许权使用费所得预扣预缴税款计算方法。扣缴义务人向居民个人支付劳务报酬所得、稿酬所得、特许权使用费所得，按次或按月计算每项所得应预扣预缴的个人所得税。劳务报酬所得、稿酬所得、特许权使用费所得，属于一次性收入的，以取得该项收入为一次；属于同一项目连续性收入的，以 1 个月内取得的收入为一次。

（1）劳务报酬所得预扣预缴个人所得税的计算。

①计算预扣预缴应纳税所得额。

a. 每次收入 ≤ 4 000 元：预扣预缴应纳税所得额 = 每次收入 - 800

b. 每次收入 > 4 000 元：预扣预缴应纳税所得额 = 每次收入 × (1 - 20%)

②计算预扣预缴税额。

应预扣预缴税额 = 预扣预缴应纳税所得额 × 预扣率 - 速算扣除数

劳务报酬所得适用 20% ~ 40% 的超额累进预扣率（见表 5 - 5）。

表 5 - 5　　　　　　　　个人所得税预扣率表二
（居民个人劳务报酬所得适用）

级数	预扣预缴应纳税所得额	预扣率（%）	速算扣除数
1	不超过 20 000 元的部分	20	0
2	超过 20 000 元至 50 000 元的部分	30	2 000
3	超过 50 000 元的部分	40	7 000

【例题·计算题】

中国居民林某一次性取得劳务报酬收入 2 000 元（不含增值税），请根据个人所得税法的规定，计算该所得应预扣预缴税额。

预扣预缴应纳税所得额 = 2 000 - 800 = 1 200（元）

应预扣预缴税额 = 1 200 × 20% = 240（元）

【例题·计算题】

中国居民徐某为甲企业进行员工培训，取得讲课费 15 000 元，计算甲企业预扣预缴个人所得税。

预扣预缴应纳税所得额 = 15 000 × (1 - 20%) = 12 000（元）

应预扣预缴税额 = 12 000 × 20% = 2 400（元）

（2）稿酬所得预扣预缴个人所得税的计算。

①计算预扣预缴应纳税所得额。

a. 每次收入 ≤ 4 000 元：预扣预缴应纳税所得额 =（每次收入 - 800）× 70%

b. 每次收入 > 4 000 元：预扣预缴应纳税所得额 = 每次收入 ×（1 - 20%）× 70%

②计算预扣预缴税额。

$$应预扣预缴税额 = 预扣预缴应纳税所得额 × 预扣率$$

稿酬所得适用 20% 比例预扣率。

【例题·计算题】

中国居民熊某参编教材出版，一次性取得出版社支付的稿酬所得 2 600 元，计算出版社应预扣预缴个人所得税。

预扣预缴应纳税所得额 =（2 600 - 800）× 70% = 1 260（元）

应预扣预缴税额 = 1 260 × 20% = 252（元）

（3）特许权使用费所得预扣预缴个人所得税的计算。

①计算预扣预缴应纳税所得额。

a. 每次收入 ≤ 4 000 元：预扣预缴应纳税所得额 =（每次收入 - 800）

b. 每次收入 > 4 000 元：预扣预缴应纳税所得额 = 每次收入 ×（1 - 20%）

②计算预扣预缴税额。

$$应预扣预缴税额 = 预扣预缴应纳税所得额 × 预扣率$$

特许权使用费所得适用 20% 比例预扣率。

【例题·计算题】

中国居民叶某转让一项专利技术给甲公司，取得转让费收入 8 000 元，计算甲公司应预扣预缴个人所得税。

预扣预缴应纳税所得额 = 8 000 ×（1 - 20%）= 6 400（元）

应预扣预缴税额 = 6 400 × 20% = 1 280（元）

3. 预扣预缴计算方法的其他规定。

（1）自 2020 年 7 月 1 日起，对一个纳税年度内首次取得工资、薪金所得的居民个人，扣缴义务人在预扣预缴个人所得税时，可按照 5 000 元/月乘以纳税人当年截至本月月份数计算累计减除费用。

上述首次取得工资、薪金所得的居民个人，是指自纳税年度首月起至新入职时，未取得工资、薪金所得或者未按照累计预扣法预扣预缴过连续性劳务报酬所得个人所得税的居民个人。

【例题·分析题】

中国居民李某是某大学应届毕业生，2022 年 7 月毕业后进入某公司工作，公司发放 7 月工资，计算当期应预扣预缴的个人所得税时，可减除费用 35 000 元（7 个月×5 000 元/月）。

【例题·分析题】

中国居民赵某 2022 年 1~8 月一直未找到工作，没有取得过工资、薪金所得，仅有过一笔 8 000 元的劳务报酬且按照单次收入适用 20% 的预扣率预扣预缴了税款。9 月初找到新工作并开始领薪，那么新入职单位在为赵某计算并预扣 9 月工资、薪金所得的个人所得税时，可以扣除自年初开始计算的累计减除费用 45 000 元（9 个月×5 000 元/月）。

（2）自 2020 年 7 月 1 日起，正在接受全日制学历教育的学生因实习取得劳务报酬所得的，扣缴义务人预扣预缴个人所得税时，可按照累计预扣法计算并预扣预缴税款。

【例题·分析题】

中国居民张某为某大学在校专科生，2022 年 7 月在某公司实习取得劳务报酬 3 000 元，扣缴单位在为其预扣预缴劳务报酬个人所得税时，可采取累计预扣法预扣预缴税款。那么张某 7 月劳务报酬扣除 5 000 元减除费用后则无须预缴税款，比预扣预缴方法完善调整前少预缴 440 元。如张某年内再无其他综合所得，也就无须办理年度汇算清缴退税。

（3）简便优化部分纳税人个人所得税预扣预缴方法。自 2020 年 7 月 1 日起，对上一完整纳税年度内每月均在同一单位预扣预缴工资、薪金所得个人所得税且全年工资、薪金收入不超过 60 000 元的居民个人，扣缴义务人在预扣预缴本年度工资、薪金所得个人所得税时，累计减除费用自 1 月起直接按照全年 60 000 元计算扣除。即在纳税人累计收入不超过 60 000 元的月份，暂不预扣预缴个人所得税；在其累计收入超过 60 000 元的当月及年内后续月份，再预扣预缴个人所得税。

扣缴义务人应当按规定办理全员全额扣缴申报，并在《个人所得税扣缴申报表》相应纳税人的备注栏注明"上年各月均有申报且全年收入不超过 6 万元"字样。

对按照累计预扣法预扣预缴劳务报酬所得个人所得税的居民个人，扣缴义务人比照上述规定执行。

【例题·计算题】

中国居民杨某为某单位雇员，假设 2022 年 1~12 月杨某的应税工资、薪金收入合计 54 000 元，其中，1 月发放 10 000 元，2~12 月每月发放 4 000 元。在不考虑"三险一金"等各项扣除情况下，请分析比较新旧预扣预缴方法和年度汇算清缴方法的差异。

依照旧的预扣预缴方法，杨某 2022 年 1 月需预缴个人所得税 =（10 000 -

5 000）×3% = 150（元），其他月份无须预缴个人所得税；年度汇算清缴时，因其年收入不足60 000元，故需要通过年度汇算清缴退税150元。

依照新的预扣预缴方法，杨某自2022年1月起即可直接扣除全年累计减除费用60 000元而无须预缴税款，年度终了也不用办理汇算清缴。

【例题·计算题】

中国居民马某为某单位雇员，2022年，任职单位每月给其发放工资8 000元、个人按国家标准缴付"三险一金"2 000元。请按照新的预扣预缴方法，计算分析马某2022年每月的预扣预缴税额。

1~7月，马某因其累计收入为56 000元（8 000×7），不足60 000元，所以无须预扣预缴个人所得税。从8月起，马某累计收入超过60 000元，每月需要预扣预缴的税款计算如下：

8月预扣预缴税款 =（8 000×8 - 2 000×8 - 60 000）×3% - 0 = 0

9月预扣预缴税款 =（8 000×9 - 2 000×9 - 60 000）×3% - 0 = 0

10月预扣预缴税款 =（8 000×10 - 2 000×10 - 60 000）×3% - 0 = 0

11月预扣预缴税款 =（8 000×11 - 2 000×11 - 60 000）×3% - 0 = 180（元）

12月预扣预缴税款 =（8 000×12 - 2 000×12 - 60 000）×3% - 180 = 180（元）

（三）居民个人综合所得汇算清缴个人所得税的计算

微课视频5-3：个人所得税应纳税所得额。观看视频，请扫描二维码。

居民个人办理年度综合所得汇算清缴时，应当依法计算劳务报酬所得、稿酬所得、特许权使用费所得的收入额，并入年度综合所得计算应纳税款，税款多退少补。在具体计算汇算清缴应补（退）个人所得税时，可按下列步骤进行：

第一步：计算综合所得年收入额。

综合所得年收入额 = 工资、薪金所得收入额 + 劳务报酬所得收入额
+ 稿酬所得收入额 + 特许权使用费所得收入额

特别提示：劳务报酬所得、稿酬所得、特许权使用费所得以收入减除20%费用后的余额为收入额。稿酬所得的收入额减按70%计算。

第二步：计算综合所得应纳税所得额。

综合所得应纳税所得额 = 综合所得收入额 - 60 000元 - "三险一金"等专项扣除
- 子女教育等专项附加扣除 - 依法确定的其他扣除

第三步：计算综合所得应纳税额。

综合所得应纳税额 = 应纳税所得额 × 适用税率 - 速算扣除数

第四步：计算综合所得累计预扣预缴税额。

综合所得累计预扣预缴税额 = $\sum$ 工资、薪金所得预扣预缴税额 + $\sum$ 劳务报酬所得预扣预缴税额
+ $\sum$ 稿酬所得预扣预缴税额 + $\sum$ 特许权使用费所得预扣预缴税额

视频：个人所得税应纳税所得额

第五步：计算综合所得汇算清缴应补（退）税额。

综合所得汇算清缴应补（退）税额＝综合所得应纳税额－综合所得累计预扣预缴税额

微课视频5-4：个人所得税应纳税额的计算。观看视频，请扫描二维码。

视频：个人所得税应纳税额的计算

【例题·计算题】

中国居民张先生在甲企业任职，2022年1～12月每月在甲企业取得工资、薪金收入10 000元，无免税收入；个人缴付"三险一金" 2 000元/月，享受子女教育专项附加扣除1 000元/月，无其他扣除。另外，2022年5月为他人提供劳务，取得劳务报酬收入10 000元；2022年6月在报刊上发表文章取得稿酬收入3 000元；2022年8月通过提供个人专利权使用权取得特许权使用费收入5 000元。

要求：计算甲企业2022年预扣预缴个人所得税以及张先生年终汇算清缴应补退个人所得税。

【答案解析】

1. 计算甲企业预扣预缴个人所得税。

（1）工资、薪金所得预扣预缴个人所得税的计算。

1月：（10 000 - 5 000 - 2 000 - 1 000）×3% ＝ 60（元）

2月：（10 000×2 - 5 000×2 - 2 000×2 - 1 000×2）×3% - 60 ＝ 60（元）

3月：（10 000×3 - 5 000×3 - 2 000×3 - 1 000×3）×3% - 60 - 60 ＝ 60（元）

进一步计算可知，该纳税人每月累计预扣预缴应纳税所得额为2 000元，一直适用3%的税率，因此各月应预扣预缴的税款相同。全年工资、薪金所得累计预扣预缴个人所得税为720元。

（2）劳务报酬收入预扣预缴个人所得税的计算：

预扣预缴应纳税所得额＝10 000×（1 - 20%）＝ 8 000（元）

应预扣预缴税额＝8 000×20% ＝ 1 600（元）

（3）稿酬收入预扣预缴个人所得税的计算：

预扣预缴应纳税所得额＝（3 000 - 800）×70% ＝ 1 540（元）

应预扣预缴税额＝1 540×20% ＝ 308（元）

（4）特许权使用费收入预扣预缴个人所得税的计算：

预扣预缴应纳税所得额＝5 000×（1 - 20%）＝ 4 000（元）

应预扣预缴税额＝4 000×20% ＝ 800（元）

2. 汇算清缴个人所得税的计算。

（1）年收入额＝工资、薪金所得收入＋劳务报酬所得收入＋稿酬所得收入＋特许权使用费所得收入＝10 000×12 + 10 000×（1 - 20%）＋3 000×（1 - 20%）×70% + 5 000×（1 - 20%）＝ 133 680（元）

（2）综合所得应纳税所得额。

＝133 680 - 60 000 - 2 000×12 - 1 000×12 ＝ 37 680（元）

（3）综合所得应纳税额 $= 37\ 680 \times 10\% - 2\ 520 = 1\ 248$ （元）

（4）全年累计预扣预缴税额 $= 720 + 1\ 600 + 308 + 800 = 3\ 428$ （元）

（5）年度汇算应补（退）税额 $= 1\ 248 - 3\ 428 = -2\ 180$ （元）

即：汇算清缴应退税额 2 180 元。

二、非居民个人四项所得应纳税额的计算

非居民个人四项所得包括工资、薪金所得，劳务报酬所得，稿酬所得，特许权使用费所得。非居民个人取得的四项所得，按月或者按次分项计算个人所得税。

（一）非居民个人工资、薪金所得应纳税额的计算

1. 应纳税所得额的计算。非居民个人的工资、薪金所得，以每月收入额减除费用 5 000 元后的余额为应纳税所得额。计算公式为：

$$应纳税所得额 = 月工资、薪金收入 - 5\ 000\ 元$$

2. 应纳税额的计算。非居民个人的工资、薪金所得适用七级超额累进税率（月税率），按每月收入定额扣除 5 000 元，就其余额作为应纳税所得额，按适用税率和速算扣除数计算应纳税额。计算公式为：

$$应纳税额 = 应纳税所得额 \times 适用税率 - 速算扣除数$$

【例题·计算题】

某外商投资企业中的外籍专家 2023 年 1 月取得工资收入 12 200 元。计算该外籍专家 1 月应纳个人所得税税额。

（1）应纳税所得额 $= 12\ 200 - 5\ 000 = 7\ 200$ （元）

（2）应纳所得税额 $= 7\ 200 \times 10\% - 210 = 510$ （元）

（二）非居民个人劳务报酬所得、稿酬所得、特许权使用费所得应纳税额的计算

1. 应纳税所得额的计算。非居民个人的劳务报酬所得、稿酬所得、特许权使用费所得，以每次收入额为应纳税所得额。计算公式为：

$$应纳税所得额 = 每次收入额$$

劳务报酬所得、稿酬所得、特许权使用费所得以收入减除 20% 费用后的余额为收入额。稿酬所得的收入额减按 70% 计算。

2. 应纳税额的计算。非居民个人的劳务报酬所得、稿酬所得、特许权使用费所得计算应纳税所得额后，按七级超额累进税率（月税率）和速算扣除数计算应纳税额。计算公式为：

$$应纳税额 = 应纳税所得额 \times 适用税率 - 速算扣除数$$

【例题·计算题】

某外籍教授2022年9月应邀讲学取得酬金8 000元，计算该外籍教授应纳个人所得税。

（1）应纳税所得额＝8 000×（1－20%）＝6 400（元）

（2）应纳个人所得税＝6 400×10%－210＝430（元）

【例题·计算题】

某外籍作家2022年写了一本书交付出版，取得稿酬收入30 000元，计算该作家应纳个人所得税。

（1）应纳税所得额＝30 000×（1－20%）×70%＝16 800（元）

（2）应纳个人所得税＝16 800×20%－1 410＝1 950（元）

【例题·计算题】

某非居民个人发明一项自动化专利技术，2022年10月转让给A公司，转让价1.5万元，A公司10月支付使用费6 000元，11月支付使用费9 000元；11月叶某将该项使用权转让给B公司，获得转让费收入8 000元。计算该非居民个人转让特许权使用费所得应纳个人所得税。

（1）转让给A公司应纳税额＝（6 000＋9 000）×（1－20%）×10%－210＝990（元）

（2）转让给B公司应纳税额＝8 000×（1－20%）×10%－210＝430（元）

应纳个人所得税合计：990＋430＝1 420（元）

三、经营所得应纳税额的计算

经营所得，以每一纳税年度的收入总额减除成本、费用以及损失后的余额，为应纳税所得额。成本、费用，是指生产、经营活动中发生的各项直接支出和分配计入成本的间接费用以及销售费用、管理费用、财务费用；损失，是指生产、经营活动中发生的固定资产和存货的盘亏、毁损、报废损失，转让财产损失、坏账损失，自然灾害等不可抗力因素造成的损失以及其他损失。

取得经营所得的个人，没有综合所得的，计算其每一纳税年度的应纳税所得额时，应当减除费用6万元、专项扣除、专项附加扣除以及依法确定的其他扣除。专项附加扣除在办理汇算清缴时减除。

从事生产、经营活动，未提供完整、准确的纳税资料，不能正确计算应纳税所得额的，由主管税务机关核定其应纳税所得额或者应纳税额。

1. 个体工商户经营所得应纳税所得额的确定。

（1）基本计算规定。个体工商户的生产、经营所得，以每一纳税年度的收入总额，减除成本、费用、税金、损失、其他支出以及允许弥补的以前年度亏损后的余额，为应纳税所得额。

①成本，是指个体工商户在生产经营活动中发生的各种直接支出和分配计入

成本的间接费用，具体包括销售成本、销货成本、业务支出以及其他耗费。

②费用，是指个体工商户在生产经营活动中发生的销售费用、管理费用和财务费用，已经计入成本的有关费用除外。

③税金，是指个体工商户在生产经营活动中发生的除个人所得税和允许抵扣的增值税以外的各项税金及其附加。

④损失，是指个体工商户在生产经营活动中发生的固定资产和存货的盘亏、毁损、报废损失，转让财产损失，坏账损失，自然灾害等不可抗力因素造成的损失以及其他损失。个体工商户发生的损失，减除责任人赔偿和保险赔款后的余额，参照财政部、国家税务总局有关企业资产损失税前扣除的规定扣除。个体工商户已经作为损失处理的资产，在以后纳税年度又全部收回或者部分收回时，应当计入收回当期的收入。

⑤其他支出，是指除成本、费用、税金、损失外，个体工商户在生产经营活动中发生的与生产经营活动有关的、合理的支出。

⑥亏损，是指个体工商户依照规定计算的应纳税所得额小于零的数额。

（2）不得税前扣除的支出。个体工商户下列支出不得税前扣除：

①个人所得税税款；

②税收滞纳金；

③罚金、罚款和被没收财物的损失；

④不符合扣除规定的捐赠支出；

⑤赞助支出，是指个体工商户发生的与生产经营活动无关的各种非广告性质支出；

⑥用于个人和家庭的支出；

⑦与取得生产经营收入无关的其他支出；

⑧个体工商户代其从业人员或者他人负担的税款，不得税前扣除；

⑨国家税务总局规定不准扣除的支出。

（3）业主及从业人员相关支出的扣除。

①个体工商户实际支付给从业人员的合理的工资、薪金支出，准予扣除。

个体工商户业主的工资、薪金支出不得税前扣除。

②个体工商户按照国务院有关主管部门或者省级人民政府规定的范围和标准为其业主和从业人员缴纳的基本养老保险费、基本医疗保险费、失业保险费、生育保险费、工伤保险费和住房公积金，准予扣除。

③个体工商户为从业人员缴纳的补充养老保险费、补充医疗保险费，分别在不超过从业人员工资总额5%标准内的部分据实扣除；超过部分，不得扣除。

④个体工商户业主本人缴纳的补充养老保险费、补充医疗保险费，以当地（地级市）上年度社会平均工资的3倍为计算基数，分别在不超过该计算基数5%标准内的部分据实扣除；超过部分，不得扣除。

⑤除个体工商户依照国家有关规定为特殊工种从业人员支付的人身安全保险费和财政部、国家税务总局规定可以扣除的其他商业保险费外，个体工商户业主

本人或者为从业人员支付的商业保险费，不得扣除。

⑥个体工商户向当地工会组织拨缴的工会经费、实际发生的职工福利费支出、职工教育经费支出分别在工资、薪金总额的2%、14%和2.5%的标准内据实扣除。工资、薪金总额是指允许在当期税前扣除的工资、薪金支出数额。

职工教育经费的实际发生数额超出规定比例当期不能扣除的数额，准予在以后纳税年度结转扣除。个体工商户业主本人向当地工会组织缴纳的工会经费、实际发生的职工福利费支出、职工教育经费支出，以当地（地级市）上年度社会平均工资的3倍为计算基数，在上述规定比例内据实扣除。

⑦个体工商户发生的合理的劳动保护支出，准予扣除。

（4）借款费用与利息支出的扣除。个体工商户在生产经营活动中发生的合理的不需要资本化的借款费用，准予扣除。个体工商户为购置、建造固定资产、无形资产和经过12个月以上的建造才能达到预定可销售状态的存货发生借款的，在有关资产购置、建造期间发生的合理的借款费用，应当作为资本性支出计入有关资产的成本，并依照规定扣除。

个体工商户在生产经营活动中发生的下列利息支出，准予扣除：

①向金融企业借款的利息支出；

②向非金融企业和个人借款的利息支出，不超过按照金融企业同期同类贷款利率计算的数额的部分。

（5）业务招待费与广告费和业务宣传费支出的扣除。

个体工商户发生的与生产经营活动有关的业务招待费，按照实际发生额的60%扣除，但最高不得超过当年销售（营业）收入的5‰。业主自申请营业执照之日起至开始生产经营之日止所发生的业务招待费，按照实际发生额的60%计入个体工商户的开办费。

个体工商户每一纳税年度发生的与其生产经营活动直接相关的广告费和业务宣传费不超过当年销售（营业）收入15%的部分，可以据实扣除；超过部分，准予在以后纳税年度结转扣除。

（6）开办费及研发费支出的扣除。

①个体工商户自申请营业执照之日起至开始生产经营之日止所发生符合规定的费用，除为取得固定资产、无形资产的支出，以及应计入资产价值的汇兑损益、利息支出外，作为开办费，个体工商户可以选择在开始生产经营的当年一次性扣除，也可以自生产经营月份起在不短于3年期限内摊销扣除，但一经选定，不得改变。开始生产经营之日为个体工商户取得第一笔销售（营业）收入的日期。

②个体工商户研究开发新产品、新技术、新工艺所发生的开发费用，以及研究开发新产品、新技术而购置单台价值在10万元以下的测试仪器和试验性装置的购置费准予直接扣除；单台价值在10万元以上（含）的测试仪器和试验性装置，按固定资产管理，不得在当期直接扣除。

（7）公益性捐赠的扣除。个体工商户通过公益性社会团体或者县级以上人民政府及其部门，用于《公益事业捐赠法》规定的公益事业的捐赠，捐赠额不超过其应纳税所得额30%的部分可以据实扣除。

财政部、国家税务总局规定可以全额在税前扣除的捐赠支出项目，按有关规定执行。个体工商户直接对受益人的捐赠不得扣除。

（8）租赁费的扣除。

①以经营租赁方式租入固定资产发生的租赁费支出，按照租赁期限均匀扣除。

②以融资租赁方式租入固定资产发生的租赁费支出，按照规定构成融资租入固定资产价值的部分应当提取折旧费用，分期扣除。

（9）其他支出的扣除。个体工商户按照规定缴纳的摊位费、行政性收费、协会会费等，按实际发生数额扣除。

个体工商户参加财产保险，按照规定缴纳的保险费，准予扣除。

个体工商户生产经营活动中，应当分别核算生产经营费用和个人、家庭费用。对于生产经营与个人、家庭生活混用难以分清的费用，其40%视为与生产经营有关费用，准予扣除。

（10）亏损结转。个体工商户纳税年度发生的亏损，准予向以后年度结转，用以后年度的生产经营所得弥补，但结转年限最长不得超过5年。

2. 个体工商户经营所得应纳税额的计算

经营所得适用五级超额累进税率，以其应纳税所得额按适用税率计算应纳税额。计算公式为：

$$应纳税额 = 全年应纳税所得额 \times 适用税率 - 速算扣除数$$

或：$应纳税额 = （全年收入总额 - 成本、费用以及损失）\times 税率 - 速算扣除数$

自2021年1月1日至2022年12月31日，对个体工商户应纳税所得额不超过100万元的部分，在现行优惠政策的基础上，减半征收个人所得税。个体工商户不区分征收方法，均可享受。

$$减免税额 = \left(\begin{array}{c} 个体工商户经营所得应纳税所得额 \\ 不超过100万元部分的应纳税额 \end{array} - \begin{array}{c} 其他政策 \\ 减免税额 \end{array}\right.$$
$$\left.\times \begin{array}{c} 个体工商户经营所得应纳税 \\ 所得额不超过100万元部分 \end{array} \div \begin{array}{c} 经营所得 \\ 应纳税所得额 \end{array}\right) \times （1 - 50\%）$$

【案例·计算题】

中国某市A酒店系个体工商户，账证健全。2022年1~12月累计应纳税所得额为132 000元（未扣除投资者费用），累计已预缴个人所得税为15 900元。除经营所得外，投资者本人没有其他应税收入，2022年全年享受一名子女教育和赡养老人的专项附加扣除金额合计24 000元。请依照现行税法规定，分析计算该个体工商户2022年度经营所得个人所得税的汇算清缴情况。

（1）全年应纳税所得额=132 000-60 000-24 000=48 000（元）

（2）全年应缴纳个人所得税=（48 000×10%-1 500）×（1-50%）=1 650（元）

（3）全年汇算清缴应申请退税额=15 900-1 650=14 250（元）

[知识链接] 个人独资企业和合伙企业应纳税所得额的计算，请扫描二维码。

应用提示　个人对企事业单位承包经营的个人所得税处理

1. 如果工商登记仍为企业的，企业实行个人承包经营、承租经营后，承包、承租人按合同（协议）的规定只向发包、出租方交纳一定费用，企业经营成果归其所有的，承包、承租人取得的所得，按经营所得计算缴纳个人所得税。应纳税所得额＝纳税年度的承包经营、承租经营所得－必要费用。

注意：

（1）如果工商登记仍为企业的，不管其分配方式如何，均应先按照企业所得税的有关规定缴纳企业所得税。

（2）承包人按月或者按次取得的工资、薪金应当并入经营所得计算缴纳个人所得税。

（3）承包经营企业经营成果不论是否分配，均应当缴纳个人所得税。缴纳个人所得税后分配不再缴纳个人所得税。

（4）取得经营所得的个人，没有综合所得的，计算其每一纳税年度的应纳税所得额时，应当减除费用6万元、专项扣除、专项附加扣除以及依法确定的其他扣除，其中专项附加扣除在办理汇算清缴时减除。

2. 如果工商登记仍为企业的，企业实行个人承包经营、承租经营后，承包、承租人对企业经营成果不拥有所有权，仅是按合同（协议）规定取得一定所得的，其所得按工资、薪金所得计算缴纳个人所得税。支付单位负有扣缴义务。扣缴义务人向居民个人支付工资、薪金所得时，应当按照累计预扣法计算预扣税款，并按月办理扣缴申报。本期应预扣预缴税额＝（累计预扣预缴应纳税所得额×预扣率－速算扣除数）－累计减免税额－累计已预扣预缴税额，累计预扣预缴应纳税所得额＝累计收入－累计免税收入－累计减除费用－累计专项扣除－累计专项附加扣除－累计依法确定的其他扣除。

3. 企业实行个人承包、承租经营后，如工商登记改变为个体工商户的，应依照个体工商户的生产、经营所得项目计征个人所得税，不再征收企业所得税。取得经营所得的个人，没有综合所得的，计算其每一纳税年度的应纳税所得额时，应当减除费用6万元、专项扣除、专项附加扣除以及依法确定的其他扣除，其中专项附加扣除在办理汇算清缴时减除。

四、财产租赁所得应纳税额的计算

（一）应纳税所得额的确定

财产租赁所得一般以个人每次取得的收入，定额或定率减除规定费用后的余额为应纳税所得额。每次收入不超过4 000元的，定额减除费用800元；每次收入在4 000元以上的，定率减除20%的费用。财产租赁所得以1个月内取得的收入为一次。计算公式为：

1. 每次（月）收入不超过4 000元的。

$$应纳税所得额＝每次（月）收入－可扣除的税费$$
$$－允许扣除的修缮费用（800元为限）－800元$$

2. 每次（月）收入在 4 000 元以上的。

$$应纳税所得额 = [每次(月)收入 - 可扣除的税费$$
$$- 允许扣除的修缮费用（800 元为限）] \times (1 - 20\%)$$

（二）应纳税额的计算

财产租赁所得适用 20% 的比例税率。但对个人按市场价格出租的居民住房取得的所得，减按 10% 的税率征收个人所得税。应纳税额的计算公式为：

$$应纳税额 = 应纳税所得额 \times 适用税率$$

应用提示　财产租赁所得计算个人所得税需注意的细节

1. 个人出租房屋个人所得税应税收入不含增值税。

2. 可扣除的税费包括城建税、教育费附加、印花税、房产税；计算房屋出租所得可扣除的税费不包括本次出租缴纳的增值税。个人转租房屋，其向房屋出租方支付的租金及增值税税额，在计算转租所得时予以扣除。

3. 允许扣除的修缮费用，以每次 800 元为限。一次扣除不完的，准予在下一次继续扣除，直到扣完为止。

4. 个人出租住房可享受税收优惠：其中增值税按 5% 征收率减按 1.5% 计算，月租金收入 ≤15 万元（季收入 ≤45 万元），免征增值税。房产税减按 4% 计算；印花税免征；个人所得税减按 10% 计算。

【例题·计算题】

某市居民王某 2022 年 5 月出租自有商铺，收取租金 216 000 元，计算王某 2022 年 5 月应纳个人所得税。

（1）应纳增值税 = 216 000 ÷ (1 + 5%) × 5% = 10 285.71（元）

（2）应纳城建税及教育费附加 = 10 285.71 × (7% + 3% + 2%) = 1 234.29（元）

（3）应纳房产税 = 216 000 ÷ (1 + 5%) × 12% = 24 685.71（元）

（4）应纳印花税 = 216 000 ÷ (1 + 5%) × 1‰ = 205.71（元）

（5）应纳个人所得税 = [216 000 ÷ (1 + 5%) - 1 234.29 - 24 685.71 - 205.71] × (1 - 20%) × 20% = 28 734.17（元）

【例题·计算题】

某市居民陈某 2022 年出租自有住房，出租期限为 1 年，收取租金 126 万元，计算陈某应纳个人所得税。

政策提示：其他个人出租不动产一次性收取租金的，可在对应的租赁期内平均分摊，分摊后的月租金收入不超过 15 万元的，可享受小规模纳税人免税政策。

（1）分摊后的月租金 = 1 260 000 ÷（1 + 5%）÷ 12 = 100 000（元）

未超过 15 万元，可免征增值税、城建税及教育费附加。

（2）应纳房产税 = 100 000 × 12 × 4% = 48 000（元）

（3）免征印花税。

（4）应纳个人所得税 =（100 000 - 48 000 ÷ 12）×（1 - 20%）× 10% × 12 = 92 160（元）

静心思考：假如 9 月发生房屋修缮费 2 000 元，由陈某承担，则陈某应如何缴纳应纳个人所得税？

五、财产转让所得应纳税额的计算

（一）应纳税所得额的确定

财产转让所得以个人每次转让财产取得的收入额减除财产原值和相关税费后的余额为应纳税所得额。其中"每次"，是指以一件财产的所有权一次转让取得的收入为一次。计算公式为：

$$应纳税所得额 = 每次收入额 - 财产原值 - 合理税费$$

财产原值，按照下列方法计算：

1. 有价证券，为买入价以及买入时按照规定交纳的有关费用；

2. 建筑物，为建造费或者购进价格以及其他有关费用；

3. 土地使用权，为取得土地使用权所支付的金额、开发土地的费用以及其他有关费用；

4. 机器设备、车船，为购进价格、运输费、安装费以及其他有关费用。

其他财产，参照前款规定的方法确定财产原值。

纳税人未提供完整、准确的财产原值凭证，不能正确计算财产原值的，由主管税务机关核定其财产原值。

合理费用，是指卖出财产时按照规定支付的有关税费。包括税金及附加、中介服务费、资产评估费、过户手续费等。

应用提示　个人转让房屋计税依据有关规定

1. 个人转让房屋的个人所得税应税收入不含增值税，其取得房屋时所支付价款中包含的增值税计入财产原值，计算转让所得时可扣除的税费不包括本次转让缴纳的增值税。

2. 个人住房转让的合理费用除一般项目外，还可扣除实际支付的住房装修费用、住房贷款利息、手续费、公证费等费用。其中，住房装修费用限额扣除：经济适用房不超过房屋原值的15%，商品房及其他住房不超过房屋原值的10%。

（二）应纳税额的计算

财产转让所得适用20%的比例税率，计算公式为：

应纳税额 = 应纳税所得额 × 适用税率

【案例·计算题】

张某 2021 年建房一幢，造价 360 000 元，支付费用 20 000 元。2022 年张某转让房屋，售价 600 000 元，在卖房过程中按规定支付交易费等有关费用 25 000 元，计算张某转让房屋所得应纳个人所得税。

（1）应纳税所得额 = 600 000 ÷（1 + 5%）−（360 000 + 20 000）− 25 000 = 166 428.57（元）

（2）应纳个人所得税 = 166 428.57 × 20% = 33 285.71（元）

六、利息、股息、红利所得应纳税额的计算

（一）应纳税所得额的确定

利息、股息、红利所得以个人每次收入额为应纳税所得额，不得从收入额中扣除任何费用。利息、股息、红利所得，以支付利息、股息、红利时取得的收入为一次。计算公式为：

应纳税所得额 = 每次收入额

（二）应纳税额的计算

利息、股息、红利所得适用 20% 的比例税率。计算公式为：

应纳税额 = 应纳税所得额（每次收入额）× 适用税率

【案例·计算题】

中国公民吴某 1 月取得下列收入：

（1）取得国家发行的金融债券利息收入 3 000 元；

（2）持有境内某上市公司的股票 9 个月，取得股息收入 10 000 元；

（3）取得单位集资款的利息收入 15 000 元。

计算吴某 1 月应纳个人所得税。

（1）国家发行的金融债券利息收入免税。

（2）股息收入应纳税额 = 10 000 × 50% × 20% = 1 000（元）

（3）集资利息收入应纳税额 = 15 000 × 20% = 3 000（元）

吴某 1 月应纳个人所得税合计 = 1 000 + 3 000 = 4 000（元）

七、偶然所得应纳税额的计算

（一）应纳税所得额的确定

偶然所得以个人每次收入额为应纳税所得额，不得扣除任何费用。即每次收

入额就是应纳税所得额，以每次取得该项收入为一次。计算公式为：

$$应纳税所得额 = 每次收入额$$

（二）应纳税额的计算

偶然所得适用20%的比例税率，计算公式为：

$$应纳税额 = 应纳税所得额（每次收入额） \times 适用税率$$

【案例·计算题】

王某参加电视台举办的有奖竞猜活动中奖，获得一台价值6 000元的笔记本电脑，计算胡某应纳个人所得税。

$$应纳税额 = 6\,000 \times 20\% = 1\,200（元）$$

八、个人所得税的其他特殊计税方法

（一）全年一次性奖金个人所得税的计算

全年一次性奖金，是指行政机关、企事业单位等扣缴义务人根据其全年经济效益和对雇员全年工作业绩的综合考核情况，向雇员发放的一次性奖金。全年一次性奖金也包括年终加薪、实行年薪制和绩效工资办法的单位根据考核情况兑现的年薪和绩效工资。

1. 计算原则。

（1）2023年12月31日前：可选择单独计税或者并入综合所得计税；

（2）自2024年1月1日起，应并入综合所得计税。

2. 计算步骤（单独计税法的计算步骤）。

第一步：将雇员当月内取得的全年一次性奖金，除以12个月，按其商数确定适用税率和速算扣除数。

第二步：将雇员个人当月内取得的全年一次性奖金，按上述办法确定的适用税率和速算扣除数计算征税，计算公式如下：

$$应纳税额 = 雇员当月取得的全年一次性奖金 \times 适用税率 - 速算扣除数$$

3. 注意的问题。

（1）单位发放的年终加薪、年薪以及绩效工资等收入，可按全年一次性奖金的计税方法计算个人所得税，但全年一次性奖金的计税办法每人每年只能采用一次。

（2）区分全年一次性奖金与其他工资性奖金。其他工资性奖金包括：考勤奖、季度奖、半年奖、加班奖、先进奖等。其他工资性奖金应并入当月工资所得计税。

【案例·计算题】

李某受聘于一家财务咨询服务公司，2022年收入情况如下：每月领取工资13 600元，个人负担"三险一金"2 500元/月，申报专项附加扣除时，李某向单位报送的专项附加扣除信息如下：上小学的儿子一名、尚在偿还贷款的于5年前购入境内住房一套、年满60周岁的父母两名。已知李某是独生子女，所购住房为首套住房，夫妻约定女子教育和住房贷款利息全额由李某扣除。假设李某2022年12月取得全年一次性奖金20 000元。计算李某应纳个人所得税。

方法一：全年一次性奖金单独计税。

（1）综合所得应纳税额：

综合所得应纳税所得额 = （13 600 − 5 000 − 2 500 − 4 000）× 12 = 25 200（元）

综合所得应纳税额 = 25 200 × 3% = 756（元）

（2）全年一次性奖金应纳税额：

20 000 ÷ 12 = 1 666.67（元），适用3%的税率，速算扣除数为0。

应纳税额 = 20 000 × 3% = 600（元）

应纳税额合计 = 756 + 600 = 1 356（元）

方法二：全年一次性奖金并入综合所得计税。

应纳税所得额 = 13 600 × 12 − 60 000 − 2 500 × 12 − 1 000 × 12 − 1 000 × 12 − 2 000 × 12 + 20 000 = 45 200（元），税率为10%，速算扣除数为2 520元。

应纳税额合计 = 45 200 × 10% − 2 520 = 2 000（元）

（二）个人从任职单位取得一次性补偿收入的计税方法

1. 个人因与用人单位解除劳动关系而取得一次性补偿收入的计税方法。个人与用人单位解除劳动关系取得一次性补偿收入（包括用人单位发放的经济补偿金、生活补助费和其他补助费），在当地上年职工平均工资3倍数额以内的部分，免征个人所得税；超过3倍数额的部分，不并入当年综合所得，单独适用综合所得税率表，计算纳税。

【案例·计算题】

2022年，王先生与单位解除劳动关系，取得一次性补偿收入90 000元，当地上年职工平均工资为10 000元，王先生已经在该公司工作18年。计算王先生应纳个人所得税。

应纳税所得额 = 90 000 − 10 000 × 3 = 60 000（元）

对应税率及年速算扣除数分别为10%，2 520元。

应纳税额 = 60 000 × 10% − 2 520 = 3 480（元）

应用提示　解除劳动关系补偿收入计算个税应注意的问题

1. 不需考虑职工的工作年数，直接计算出应税收入后按照全年（12个月）综合所得税税率表计算。

2. 应税收入不得扣除基本费用，而是仅按照综合所得税率表计算应纳税额。

3. 个人领取一次性补偿收入时按照国家和地方政府规定的比例实际缴纳的住房公积金、医疗保险费、基本养老保险费、失业保险费，可以在计征其一次性补偿收入的个人所得税时予以扣除。

4. 扣缴义务人应在次月 15 日内缴入国库，并向税务机关报送《个人所得税扣缴申报表》。

5. 企业依照国家有关法律规定宣告破产，企业职工从该破产企业取得的一次性安置费收入，免征个人所得税。

2. 个人因"提前退休"取得的一次性补贴收入的计税方法。个人办理提前退休手续而取得的一次性补贴收入，应按照办理提前退休手续至法定离退休年龄之间实际年度数平均分摊，确定适用税率和速算扣除数，单独适用综合所得税率表，计算纳税。计算公式：

$$应纳税额 = \{[(一次性补贴收入 \div 办理提前退休手续至法定退休年龄的实际年度数)$$
$$- 费用扣除标准] \times 适用税率 - 速算扣除数\}$$
$$\times 办理提前退休手续至法定退休年龄的实际年度数$$

【例题·计算题】

某单位员工李某，因身体方面的原因，其所在单位在 2022 年 12 月按照程序批准其提前退休，并按照"统一规定"一次性给予其补贴 120 000 元（李某至法定离退休年龄还有 1 年零 6 个月）；李某当月领取工资 6 700 元，其中包括法定应当扣缴的住房公积金 695 元、养老保险和医疗保险 505 元；单位发放过年费（包括购物券、现金及实物）价值 5 000 元。计算李某应纳个人所得税。

（1）工资所得应纳税额 =（6 700 + 5 000 - 695 - 505 - 5 000）× 3% - 0 = 165（元）

（2）提前退休补贴应纳税额：

确定适用税率：（120 000 ÷ 1.5 - 5 000 × 12）= 20 000（元），适用税率为 3%，速算扣除数为 0。

计算应纳税额：应纳税额 =（20 000 × 3% - 0）× 1.5 = 900（元）

（3）应纳个人所得税合计：165 + 900 = 1 065（元）

3. 个人因"内部退养"取得的一次性补贴收入的计税方法。个人因内部退养从任职单位取得的一次性补偿收入应按下列方法计算缴纳个人所得税：

（1）企业减员增效和行政事业单位、社会团体在机构改革过程中未达到离退休年龄提前离岗且未办理离退休手续（内部退养）的职工，从原任职单位取得的工资、薪金，不属于离退休工资，应按"工资、薪金所得"项目计征个人所得税。

（2）个人在办理内部退养手续后从原任职单位取得的一次性收入，应按办理内部退养手续后至法定离退休年龄之间的所属月份进行平均，并与领取当月的工资、薪金所得合并后减除当月费用扣除标准，以余额为基数确定适用税率，再将当月工资、薪金加上取得的一次性收入，减去费用扣除标准，按适用税率计征个人所得税。应纳个人所得税额 =［（当月工资、薪金所得 + 一次性内部退养收入）– 费用扣除标准］× 适用税率 – 速算扣除数。

（3）个人在办理内部退养手续后至法定离退休年龄之间重新就业取得的工资、薪金所得，应与其从原任职单位取得的同一月份的工资、薪金所得合并，并依法自行向主管税务机关申报缴纳个人所得税。

【例题·计算题】

某酒厂因减员增效对部分职工实行内部退养办法，2022 年 10 月，该厂职工王某办理内退，王某离法定退休年龄相差 50 个月，因内退取得一次性收入45 000 元，10 月王某的工资收入为 4 200 元，计算王某 2022 年 10 月应纳个人所得税。

（1）确定适用税率：

10 月应纳税所得额为：45 000 ÷ 50 + 4 200 – 5 000 = 100（元），税率为 3%，速算扣除数为 0。

（2）计算应纳税额：

应纳税额 =（45 000 + 4 200 – 5 000）× 3% – 0 = 1 326（元）。

（三）个人领取企业年金、职业年金的计税方法

个人达到国家规定的退休年龄，领取的企业年金、职业年金不并入综合所得，全额单独计算应纳税款，无须办理汇算清缴。具体计税方法如下：

1. 按月领取的，适用月度税率表计算纳税。

2. 按季领取的，平均分摊计入各月，按每月领取额适用月度税率表计算纳税。

3. 按年领取的，适用综合所得税率表计算纳税。

个人因出境定居而一次性领取的年金，或者个人死亡后，其指定的受益人或法定继承人一次性领取的年金个人账户余额，适用综合所得税率表计算纳税。对个人除上述特殊原因外一次性领取年金个人账户资金或余额的，适用月度税率表计算纳税。

【案例·计算题】

王先生在 2022 年 8 月满 60 周岁，正式退休。王先生退休后每月可领取年金2 000 元，计算王先生应纳个人所得税。

解析：王先生退休时，可选择按月、按季或按年领取年金。

如果是按月领取，假设王先生每月领取 2 000 元，适用按月换算后的综合所得税率表（以下简称月度税率表）计算纳税。则王先生每月应纳税额 = 2 000 × 3% = 60（元）。

如果按季领取，即王先生每季领取 6 000 元，那么应平均分摊计入各月，按每月领取额适用月度税率表计算纳税。则王先生每季应纳税额 =（6 000 ÷ 3）× 3% × 3 = 180（元）。

如果按年领取，即王先生每年领取 24 000 元，那么王先生每年应纳税额 = 24 000×3% = 720（元）。

（四）个人取得股权激励的计税方法

居民个人取得股票期权、股票增值权、限制性股票、股权奖励等股权激励（以下简称股权激励），符合《财政部 国家税务总局关于个人股票期权所得征收个人所得税问题的通知》（财税〔2005〕35 号）、《财政部 国家税务总局关于股票增值权所得和限制性股票所得征收个人所得税有关问题的通知》（财税〔2009〕5 号）、《财政部 国家税务总局关于将国家自主创新示范区有关税收试点政策推广到全国范围实施的通知》（财税〔2015〕116 号）第四条、《财政部 国家税务总局关于完善股权激励和技术入股有关所得税政策的通知》（财税〔2016〕101 号）第四条第（一）项规定的相关条件的，在 2021 年 12 月 31 日前，不并入当年综合所得，全额单独适用综合所得税率表，计算纳税。计算公式为：

$$应纳税额 = 股权激励收入 \times 适用税率 - 速算扣除数$$

居民个人一个纳税年度内取得两次以上（含两次）股权激励的，应合并计算纳税。

【例题·计算题】

李先生 2021 年 1 月取得某上市公司授予的股票期权 15 000 股，授予日股票价格为 10 元/股，施权价为 8 元/股，该股票期权自 2022 年 2 月起可行权。假定李先生于 2022 年 2 月 28 日行权 10 000 股，行权当天股票市价为 16 元/股，那么李先生此次行权应缴纳多少个人所得税？

应纳税所得额 = (16 - 8)×10 000 = 80 000（元）

应纳个人所得税额 = 80 000×10% - 2 520 = 5 480（元）

依上例，假设李先生于 2022 年 10 月 31 日再次行使股票期权 5 000 股，施权价为 8 元/股，行权当日股票市价为 23 元/股，则李先生该次行权又该如何计算缴纳个人所得税？

分析：李先生的第二次行使股票期权是 2022 年 10 月 31 日，与 2 月 28 日第一次行权在同一个纳税年度内，因此，李先生的第二次股权激励所得，应当与第一次合并计税。

第二次股权激励工资、薪金应纳税所得额 = (23 - 8)×5 000 = 75 000（元），合并两次股权激励应纳税所得额 = 80 000 + 75 000 = 155 000（元）

第二次股权激励应申报纳税 = 155 000×20% - 16 920 - 5 480 = 8 600（元）

（五）保险营销员、证券经纪人取得佣金收入的计税方法

保险营销员、证券经纪人取得的佣金收入，属于劳务报酬所得，以不含增值税的收入减除 20% 费用后的余额为收入额，收入额减去展业成本以及附加税费

后，并入当年综合所得，计算缴纳个人所得税。保险营销员、证券经纪人展业成本按照收入额的 25% 计算。

扣缴义务人向保险营销员、证券经纪人支付佣金收入时，应按照累计预扣法计算预缴税款。结合个人所得税法及其实施条例有关规定，累计预扣法预扣预缴个人所得税的具体计算公式为：

1. 累计预扣预缴应纳税所得额 = 累计收入额 − 累计减除费用 − 累计其他扣除

（1）收入额按照不含增值税的收入减除 20% 费用后的余额计算；

（2）累计减除费用按照 5 000 元/月乘以纳税人当年截至本月在本单位的从业月份数计算；

（3）其他扣除按照展业成本、附加税费和依法确定的其他扣除之和计算，其中展业成本按照收入额的 25% 计算。

（4）专项扣除和专项附加扣除，在预扣预缴环节暂不扣除，待年度终了后汇算清缴申报时办理。

2. 本期应预扣预缴税额 =（累计预扣预缴应纳税所得额 × 预扣率 − 速算扣除数）− 累计减免税额 − 累计已预扣预缴税额

上述公式中的预扣率、速算扣除数，比照《个人所得税扣缴申报管理办法（试行）》（国家税务总局公告 2018 年第 61 号）所附的《个人所得税预扣率表一》执行。

（六）扣除公益性捐赠支出的计税方法

1. 公益性捐赠的界定。个人公益性捐赠是指个人通过中国境内的公益性社会组织、县级以上人民政府及其部门等国家机关，向教育、扶贫、济困等公益慈善事业的捐赠。这里的"境内公益性社会组织"包括依法设立或登记并按规定条件和程序取得公益性捐赠税前扣除资格的慈善组织、其他社会组织和群众团体。

2. 公益性捐赠支出金额的确定。个人发生的公益捐赠支出金额，按照以下规定确定：

（1）捐赠货币性资产的，按照实际捐赠金额确定；

（2）捐赠股权、房产的，按照个人持有股权、房产的财产原值确定；

（3）捐赠除股权、房产以外的其他非货币性资产的，按照非货币性资产的市场价格确定。

3. 公益性捐赠的扣除标准。个人将其所得对教育、扶贫、济困等公益慈善事业进行捐赠，捐赠额未超过纳税人申报的应纳税所得额 30% 的部分，可以从其应纳税所得额中扣除；超过部分不得扣除。国务院规定对公益慈善事业捐赠实行全额税前扣除的，从其规定。

比较：个人所得税和企业所得税中公益性捐赠扣除的区别。

所称应纳税所得额，是指计算扣除捐赠额之前的应纳税所得额。

4. 公益捐赠扣除顺序。居民个人发生的公益捐赠支出可在分类所得、综合所得或者经营所得中扣除。在当期一个所得项目扣除不完的公益捐赠支出，可以按规定在其他所得项目中继续扣除；居民个人自行决定在综合所得、分类所得、经营所得中扣除公益捐赠支出的顺序。个人同时发生按 30% 扣除和全额扣除的公益性捐赠支出，自行选择扣除次序。

5. 公益捐赠的扣除方式。

（1）在综合所得中扣除公益捐赠。取得工资、薪金所得的，可选择在预扣预缴时扣除，也可选择在年度汇算清缴时扣除。取得劳务报酬所得、稿酬所得、特许权使用费所得的，预扣预缴时不扣除公益捐赠支出，统一在汇算清缴时扣除。

（2）在分类所得中扣除公益捐赠。发生的公益捐赠支出，可在捐赠当月取得的分类所得中扣除；捐赠当月有多项多次分类所得的，应先在其中一项一次分类所得中扣除，已经在分类所得中扣除的公益捐赠支出，不再调整到其他所得中扣除。

（3）在经营所得中扣除公益捐赠。可以选择在预缴税款时扣除，也可以选择在汇算清缴时扣除。

6. 非居民个人公益捐赠支出的扣除。非居民个人发生的公益捐赠支出，先在按月或者按次分项计算个人所得税的各项所得中扣除，未超过其在公益捐赠支出发生当月应纳税所得额 30% 的部分，可以从其取得的工资、薪金所得，劳务报酬所得，稿酬所得和特许权使用费所得，利息、股息、红利所得，财产租赁所得，财产转让所得和偶然所得的应纳税所得额中扣除。扣除不完的公益捐赠支出，可以再在经营所得中继续扣除。

【案例·计算题】

某供电公司的员工邓女士 2022 年每月取得工资 12 000 元，每月允许减除的费用及专项附加扣除等常规扣除合计 7 000 元。1 月应纳税所得额为 5 000 元，公司预扣预缴邓女士的个人所得税 150 元；2 月，邓女士发生一般公益捐赠支出 2 000 元，邓女士选择在预扣预缴时通过扣缴义务人享受公益捐赠支出扣除政策，按规定向公司提供了相关捐赠票据复印件。要求计算准予扣除公益捐赠金额及供电公司应预扣预缴邓女士的个人所得税。

（1）2 月累计应纳税所得额 = 12 000 × 2 - 7 000 × 2 = 10 000（元）

（2）公益捐赠扣除限额 = 10 000 × 30% = 3 000（元）

（3）准予扣除的公益捐赠为 2 000 元。

（4）供电公司应预扣预缴邓女士的个人所得税 = （12 000 × 2 - 7 000 × 2 - 2 000）× 3% - 150 = 90（元）

应用提示

个人通过非营利性的社会团体和国家机关向红十字事业、农村义务教育事业、公益性青少年活动场所、福利性、非营利性的老年服务机构等的捐赠可在税前全额扣除。

（七）境外所得已纳税额扣除的计算

为了避免发生国家间对同一所得的重复征税，同时维护我国的税收权益，税法规定：居民个人从中国境外取得的所得，可以从其应纳税额中抵免已在境外缴纳的个人所得税税额，但抵免额不得超过该纳税人境外所得依照税法规定计算的应纳税额。

1. 来源于中国境外所得的范围。下列所得，为来源于中国境外的所得：

（1）因任职、受雇、履约等在中国境外提供劳务取得的所得；

（2）中国境外企业以及其他组织支付且负担的稿酬所得；

（3）许可各种特许权在中国境外使用而取得的所得；

（4）在中国境外从事生产、经营活动而取得的与生产、经营活动相关的所得；

（5）从中国境外企业、其他组织以及非居民个人取得的利息、股息、红利所得；

（6）将财产出租给承租人在中国境外使用而取得的所得；

（7）转让中国境外的不动产、转让对中国境外企业以及其他组织投资形成的股票、股权以及其他权益性资产（以下称权益性资产）或者在中国境外转让其他财产取得的所得。但转让对中国境外企业以及其他组织投资形成的权益性资产，该权益性资产被转让前三年（连续 36 个公历月份）内的任一时间，被投资企业或其他组织的资产公允价值 50% 以上直接或间接来自位于中国境内的不动产的，取得的所得为来源于中国境内的所得；

（8）中国境外企业、其他组织以及非居民个人支付且负担的偶然所得；

（9）财政部、国家税务总局另有规定的，按照相关规定执行。

2. 居民个人境外所得已纳税额的界定。可抵免的境外所得税税额，是指居民个人取得境外所得，依照该所得来源国（地区）税收法律应当缴纳且实际已经缴纳的所得税性质的税额。可抵免的境外所得税税额不包括以下情形：

（1）按照境外所得税法律属于错缴或错征的境外所得税税额；

（2）按照我国政府签订的避免双重征税协定以及内地与香港、澳门签订的避免双重征税安排（以下统称税收协定）规定不应征收的境外所得税税额；

（3）因少缴或迟缴境外所得税而追加的利息、滞纳金或罚款；

（4）境外所得税纳税人或者其利害关系人从境外征税主体得到实际返还或补偿的境外所得税税款；

（5）按照我国个人所得税法及其实施条例规定，已经免税的境外所得负担的境外所得税税款。

需要说明的是，居民个人从与我国签订税收协定的国家（地区）取得的所得，按照该国（地区）税收法律享受免税或减税待遇，且该免税或减税的数额按照税收协定饶让条款规定应视同已缴税额在中国的应纳税额中抵免的，该免税或减税数额可作为居民个人实际缴纳的境外所得税税额按规定申报税收抵免。

3. 境内外所得应纳税额的计算。

（1）居民个人来源于中国境外的综合所得，应当与境内综合所得合并计算应纳税额；

（2）居民个人来源于中国境外的经营所得，应当与境内经营所得合并计算应纳税额。居民个人来源于境外的经营所得，按照个人所得税法及其实施条例的有关规定计算的亏损，不得抵减其境内或他国（地区）的应纳税所得额，但可以用来源于同一国家（地区）以后年度的经营所得按中国税法规定弥补；

（3）居民个人来源于中国境外的利息、股息、红利所得，财产租赁所得，财产转让所得和偶然所得（以下称其他分类所得），不与境内所得合并，应当分别单独计算应纳税额。

4. 境外所得抵免限额的计算。

（1）来源于一国（地区）综合所得的抵免限额 = 中国境内和境外综合所得应纳税额 × 来源于该国（地区）的综合所得收入额 ÷ 中国境内和境外综合所得收入额合计

（2）来源于一国（地区）经营所得的抵免限额 = 中国境内和境外经营所得应纳税额 × 来源于该国（地区）的经营所得应纳税所得额 ÷ 中国境内和境外经营所得应纳税所得额合计

（3）来源于一国（地区）其他分类所得的抵免限额 = 该国（地区）的其他分类所得应纳税额

（4）来源于一国（地区）所得的抵免限额 = 来源于该国（地区）综合所得抵免限额 + 来源于该国（地区）经营所得抵免限额 + 来源于该国（地区）其他分类所得抵免限额

5. 境外所得可抵税额的确定。确定可抵税额时按分国从低的原则确定，比较某国或地区内的抵免限额与实缴该国家或地区的税额，取数额较小者作为可抵税额。

居民个人一个纳税年度内来源于一国（地区）的所得实际已经缴纳的所得税税额，低于来源于该国（地区）该纳税年度所得的抵免限额的，应以实际缴纳税额作为抵免额进行抵免；超过来源于该国（地区）该纳税年度所得的抵免限额的，应在限额内进行抵免，超过部分可以在以后五个纳税年度内结转抵免。

【案例·计算题】

居民个人杨某是境内 A 公司职员，2022 年取得收入如下：

（1）取得境内 A 公司支付年度工资、薪金收入 165 000 元。

（2）2022 年 3 月，杨某承揽境外甲国 B 公司的一项设计业务，在甲国境内工作了 1 个月完成，2022 年全年取得 B 公司支付劳务报酬收入折合人民币 200 000 元；已按甲国税法缴纳所得税 15 000 元、其他税收 10 000 元。

（3）2022 年 5 月，杨某的一本著作被境外乙国 C 出版社出版，取得稿酬所得收入折合人民币 80 000 元。已按乙国税法缴纳所得税 9 600 元，其他税收 7 000 元。

（4）其他资料：杨某个人承担的全年的"三险一金"25 000 元，A 公司预扣预缴时已扣除。杨某有一独生子女，2022 年分别在小学六年级、初中一年级读书，由杨某扣除 100% 子女教育专项附加。杨某自己也是独生子女，父母在 2022 年均超过 60 岁。此外，2022 年杨某无其他按规定可申报的专项附加扣除。

要求：计算杨某 2023 年 3～6 月汇算清缴时，应补（退）个人所得税。

【解析】杨某在境外甲国、乙国取得的综合所得，按照来源国家（地区）税法缴纳的所得税，可以限额抵免。但是在甲国、乙国缴纳的其他税收不得抵免。

1. 杨某境内、境外全部综合所得应纳税额。

（1）计算综合所得年收入额。

①来源于境内工资、薪金收入额 = 165 000（元）

②来源于甲国的劳务报酬收入额 = 200 000 ×（1 – 20%）= 160 000（元）

③来源于乙国的稿酬收入额 = 80 000 ×（1 – 20%）× 70% = 44 800（元）

④境内外全部综合所得收入额 = 165 000 + 160 000 + 44 800 = 369 800（元）

（2）计算综合所得应纳税所得额 = 369 800 – 60 000 – 25 000 –（1 000 + 2 000）× 12 = 248 800（元）

（3）计算综合所得应纳税额 = 248 800 × 20% – 16 920 = 32 840（元）

2. 杨某在境内已预缴税额。

= [165 000 – 60 000 – 25 000 –（1 000 + 2 000）× 12] × 10% – 2 520 = 1 880（元）

3. 杨某甲国、乙国所得税抵免限额。

（1）甲国抵免限额 = 32 840 ×（160 000 ÷ 369 800）= 14 208.76（元）

（2）乙国抵免限额 = 32 840 ×（44 800 ÷ 369 800）= 3 978.45（元）

4. 杨某甲国、乙国所得税可抵税额。

（1）甲国抵免限额 14 208.76 元小于甲国已缴税额 15 000 元，准予抵免 14 208.76 元。甲国未抵免税额 = 15 000 – 14 208.76 = 791.24（元），可在以后 5 年内杨某从甲国取得的所得抵免限额有余额时抵免。

（2）乙国抵免限额 3 978.45 元小于乙国已缴税额 9 600 元，准予抵免 3 978.45 元。乙国未抵免税额 = 9 600 – 3 978.45 = 5 621.55（元），可在以后 5 年内杨某从乙国取得的所得抵免限额有余额时抵免。

5. 杨某汇算清缴应补（退）税额。

应补税额 = 32 840 – 1 880 – 14 208.76 – 3 978.45 = 12 772.79（元）

任务三　个人所得税申报缴纳

我国的个人所得税纳税申报有全员全额扣缴申报纳税和自行申报纳税两种方式。

一、纳税申报

（一）扣缴申报纳税方式

个人所得税以所得人为纳税人，以支付所得的单位或者个人为扣缴义务人。扣缴义务人向个人支付应税款项时，应当依照《个人所得税法》及相关规定预扣或者代扣税款，按时缴库，并专项记载备查。上述所称支付，包括现金支付、汇拨支付、转账支付和以有价证券、实物以及其他形式的支付。

税务机关对扣缴义务人按照规定扣缴的税款（不包括税务机关、司法机关等查补或者责令补扣的税款），按年付给2%的手续费。

扣缴义务人应当按照国家规定办理全员全额扣缴申报，并向纳税人提供其个人所得和已扣缴税款等信息。全员全额扣缴申报，是指扣缴义务人在代扣税款的次月15日内，向主管税务机关报送支付所得的所有个人的有关信息、支付所得数额、扣除事项和数额、扣缴税款的具体数额和总额以及其他相关涉税信息资料。

（二）自行申报纳税方式

自行申报纳税，是由纳税人自行在规定的纳税期限内，向税务机关申报取得的应税所得项目和数额，如实填写个人所得税纳税申报表，并按照规定计算应纳税额，据此缴纳个人所得税的一种方法。

纳税人应办理申报纳税的情形。有下列情形之一的，纳税人应当依法办理纳税申报：

1. 取得综合所得需要办理汇算清缴。取得综合所得且符合下列情形之一的，纳税人需办理年度汇算：

（1）已预缴税额大于年度汇算应纳税额且申请退税的。

（2）纳税年度内取得的综合所得收入超过12万元且需要补税金额超过400元的。

（3）因适用所得项目错误或者扣缴义务人未依法履行扣缴义务，造成纳税年度内少申报或者未申报综合所得的，纳税人应当依法据实办理年度汇算。

2. 取得应税所得没有扣缴义务人。

3. 取得应税所得，扣缴义务人未扣缴税款。

4. 取得境外所得。

5. 因移居境外注销中国户籍。

6. 非居民个人在中国境内从两处以上取得工资、薪金所得。

7. 国务院规定的其他情形。

二、纳税期限

（一）居民个人的纳税期限

1. 居民个人取得综合所得，按年计算个人所得税；有扣缴义务人的，由扣缴义务人按月或者按次预扣预缴税款；需要办理汇算清缴的，应当在取得所得的次年 3 月 1 日至 6 月 30 日内办理汇算清缴。

2. 居民个人从中国境外取得所得的，应当在取得所得的次年 3 月 1 日至 6 月 30 日内申报纳税。

（二）非居民个人的纳税期限

1. 非居民个人取得工资、薪金所得，劳务报酬所得，稿酬所得和特许权使用费所得，有扣缴义务人的，由扣缴义务人按月或者按次代扣代缴税款，不办理汇算清缴。

2. 非居民个人在中国境内从两处以上取得工资、薪金所得的，应当在取得所得的次月 15 日内申报纳税。

（三）扣缴义务人的纳税期限

扣缴义务人每月或者每次预扣、代扣的税款，应当在次月 15 日内缴入国库，并向税务机关报送扣缴个人所得税申报表。

（四）其他情形的纳税期限

1. 纳税人取得经营所得，按年计算个人所得税，由纳税人在月度或者季度终了后 15 日内向税务机关报送纳税申报表，并预缴税款；在取得所得的次年 3 月 31 日前办理汇算清缴。

2. 纳税人取得利息、股息、红利所得，财产租赁所得，财产转让所得和偶然所得，按月或者按次计算个人所得税，有扣缴义务人的，由扣缴义务人按月或者按次代扣代缴税款。

3. 纳税人取得应税所得没有扣缴义务人的，应当在取得所得的次月 15 日内向税务机关报送纳税申报表，并缴纳税款。

4. 纳税人取得应税所得，扣缴义务人未扣缴税款的，纳税人应当在取得所得的次年 6 月 30 日前，缴纳税款；税务机关通知限期缴纳的，纳税人应当按照期限缴纳税款。

5. 纳税人因移居境外注销中国户籍的，应当在注销中国户籍前办理税款清算。

三、纳税调整

有下列情形之一的，税务机关有权按照合理方法进行纳税调整：

1. 个人与其关联方之间的业务往来不符合独立交易原则而减少本人或者其关联方应纳税额，且无正当理由；

2. 居民个人控制的，或者居民个人和居民企业共同控制的设立在实际税负明显偏低国家（地区）的企业，无合理经营需要，对应当归属于居民个人的利润不作分配或者减少分配；

3. 个人实施其他不具有合理商业目的的安排而获取不当税收利益。

税务机关依照前款规定作出纳税调整，需要补征税款的，应当补征税款，并依法加收利息。

四、纳税地点

个人所得税的纳税地点一般为收入来源地的主管税务机关。但是，纳税人从两处或两处以上取得工资、薪金所得的，可选择并固定在其中一地税务机关申报纳税；从境外取得所得的，应向境内户籍所在地或经常居住地税务机关申报纳税。

五、部门协同管理

公安、中国人民银行、金融监督管理等相关部门应当协助税务机关确认纳税人的身份、金融账户信息。教育、卫生、医疗保障、民政、人力资源和社会保障、住房和城乡建设、公安、中国人民银行、金融监督管理等相关部门应当向税务机关提供纳税人子女教育、继续教育、大病医疗、住房贷款利息、住房租金、赡养老人等专项附加扣除信息。

个人转让不动产的，税务机关应当根据不动产登记等相关信息核验应缴的个人所得税，登记机构办理转移登记时，应当查验与该不动产转让相关的个人所得税的完税凭证。个人转让股权办理变更登记的，市场主体登记机关应当查验与该股权交易相关的个人所得税的完税凭证。

有关部门依法将纳税人、扣缴义务人遵守本法的情况纳入信用信息系统，并实施联合激励或者惩戒。

教学资源库

本教材的配套在线课程《税费计算与智能申报》，建立在"超星学习通"平台。在线课程"超星学习通"平台网址：

https：//mooc1-gray. chaoxing. com/course-ans/ps/215910758

账号：15179294752

密码：zhouli19850315

登录网址，单击进入课程，填写账号、密码登录，进入《税费计算与智能申报》课程门中，即可阅读全部课程资源——教案、章节、资料、作业、考试、讨论等，单击需要学习的内容，即可配合教材，进行在线课程学习。

个人所得税技能训练题

一、应税选择（单选题）

1. 在中国境内无住所但有来源于境内所得的下列外籍个人中，属于居民个人的是（　　）。

A. M 国甲，在华工作 3 个月

B. N 国乙，2022 年 1 月 10 日入境，2022 年 4 月 10 日离境

C. X 国丙，2021 年 1 月 1 日入境，2022 年 7 月 1 日离境

D. Y 国丁，2021 年 10 月 1 日入境，2022 年 5 月 1 日离境

2. 根据个人所得税法律制度的规定，下列所得中，应缴纳个人所得税的是（　　）。

A. 加班工资　　　　　　　　　B. 独生子女补贴

C. 差旅费津贴　　　　　　　　D. 国债利息收入

3. 2022 年 4 月中国公民李某从公开发行和转让市场取得了上市公司股票，并向注册会计师王某咨询其所取得的股息、红利所得个人所得税的税务处理。根据个人所得税法律制度的规定，王某的下列说法中，不正确的是（　　）。

A. 李某持股期限在 1 个月以内（含 1 个月）的，其股息、红利所得全额计入应纳税所得额计算纳税

B. 李某持股期限在 1 个月以上至 1 年（含 1 年）的，其股息、红利所得暂减按 50% 计入应纳税所得额计算纳税

C. 李某持股期限超过 1 年的，其股息、红利所得暂免征收个人所得税

D. 李某持股期限超过 1 年的，其股息、红利所得暂减按 25% 计入应纳税所得额计算纳税

4. 2022 年 12 月中国公民王某取得全年一次性奖金 61 200 元，王某选择不并入当年综合所得计算纳税。已知，全年一次性奖金适用个人所得税税率为 10%，速算扣除数为 210。计算王某当月取得全年一次性奖金应缴纳个人所得税税额的下列算式中，正确的是（　　）。

A. $(61\,200 - 210) \times 10\%$　　　　B. $61\,200 \div 12 \times 10\% - 210$

C. $61\,200 \times 10\% - 210$　　　　D. $(61\,200 \div 12 \times 10\% - 210) \times 12$

5. 根据个人所得税法律制度的规定，下列从事非雇佣劳动取得的收入中，应按"稿酬所得"税目预扣预缴个人所得税的是（　　）。

A. 审稿收入　　　　　　　　　B. 翻译收入

C. 题字收入　　　　　　　　　D. 出版作品收入

6. 陈某从法国获得中奖收入 10 万元，已在法国缴纳个人所得税 1 万元，在我国需要补缴的个人所得税税额为（　　）元。

A. 10 000　　　　B. 20 000　　　　C. 0　　　　D. 15 000

7. 根据个人所得税法律制度的规定，下列各项中，以一个月内取得的收入为一次的是（　　）。

A. 偶然所得　　　　　　　　　　B. 利息、股息、红利所得

C. 财产租赁所得　　　　　　　　D. 财产转让所得

8. 根据个人所得税法律制度的规定，下列个人所得中，免征个人所得税的是（　　）。

A. 劳动分红　　　　　　　　　　B. 出版科普读物的稿酬所得

C. 年终奖金　　　　　　　　　　D. 转让自用6年唯一家庭生活用房所得

9. 股份制企业的投资者李某以企业资金为本人购买汽车和住房，该财产购置支出应按（　　）计征个人所得税。

A. 工资、薪金所得　　　　　　　B. 偶然所得

C. 经营所得　　　　　　　　　　D. 利息、股息、红利所得

10. 根据个人所得税法律制度的规定，个体工商户发生的下列支出中，在计算个人所得税应纳税所得额时不得扣除的是（　　）。

A. 非广告性的赞助支出

B. 合理的劳动保护支出

C. 实际支付给从业人员的合理的工资、薪金支出

D. 按规定缴纳的财产保险费

11. 根据个人所得税法的规定，居民个人取得综合所得需要办理汇算清缴的，应当在法定期限内办理。该法定期限为（　　）。

A. 当年12月31日前　　　　　　B. 次年1月1日至5月31日

C. 次年1月1日至6月30日　　　D. 次年3月1日至6月30日

12. 居民个人张三有姊妹两人，父母均在老家，由在老家的妹妹负责日常照料。以下关于赡养老人支出分摊方法正确的是（　　）。

A. 张三跟其妹妹约定，每人每月均摊扣除1 000元

B. 张三跟其妹妹约定，由张三全部扣除2 000元

C. 老人指定张三分摊1 500元，其妹妹分摊500元

D. 老人指定张三分摊500元，其妹妹分摊1 500元

13. 子女教育专项附加扣除的标准是（　　）。

A. 每孩每月1 500元　　　　　　B. 每孩每月800元

C. 每孩每月1 200元　　　　　　D. 每孩每月1 000元

14. 纳税人接受技能人员职业资格继续教育、专业技术人员职业资格继续教育支出，在取得证书的当年，可按照（　　）元的标准定额扣除。

A. 2 400　　　　B. 3 000　　　　C. 3 600　　　　D. 4 800

15. 享受住房贷款利息专项附加扣除的时间为贷款合同约定开始还款的当月至贷款全部归还或贷款合同终止的当月，扣除期限最长不得超过规定时间，这个规定时间是（　　）个月。

A. 120　　　　B. 180　　　　C. 240　　　　D. 300

16. 2022年4月，个人张某接受其父亲无偿赠送的一处房产，原房屋的取得

成本为 100 万元，赠与合同中标明房屋市值 300 万元，张某办理相关过户手续，自行支付相关费用 12 万元。2022 年 8 月，张某将此处房产转让，转让价格 400 万元，转让过程中支付相关税费 50 万元（不考虑增值税）。下列关于上述业务个人所得税的表述，正确的是（　　）。

A. 张某接受无偿受赠的房产不交个人所得税

B. 张某取得受赠房产时，应纳税所得额为 100 万元

C. 张某受赠房产的应纳税所得额为 300 万元

D. 张某将受赠房产转让时，应纳税所得额为 400 万元

17. 演员张某受邀参加文艺演出，按照合同规定取得劳务报酬 50 000 元，则应预扣预缴张某的个人所得税是（　　）元。

A. 10 000　　　　B. 13 157.89　　　　C. 13 210.52　　　　D. 13 235.30

18. 2022 年 11 月中国公民李某在某杂志发表专业文章一篇，取得稿酬 3 800 元。根据个人所得税法律制度的规定，有关在计算李某 2022 年综合所得的应纳税所得额时该项收入应确认的收入额，下列计算列式正确的是（　　）。

A. 3 800 ×（1 − 20%）　　　　B. 3 800 ×（1 − 20%）×70%

C. 3 800 − 800　　　　D. （3 800 − 800）×70%

19. 李先生为香港居民，在深圳工作，每周一早上来深圳上班，周五晚上回香港，周末均在香港，2022 年在深圳和香港均取得收入（由当地支付），按全年 52 周计算，在境内如何缴纳个人所得税？（　　）

A. 对来源于深圳和香港的所有收入在境内均需缴纳个人所得税

B. 对来源于深圳和香港的所有收入在境内免予缴纳个人所得税

C. 来源于深圳的收入需缴纳个人所得税，来源于香港的收入免缴个人所得税

D. 来源于香港的收入需缴纳个人所得税，来源于深圳的收入免缴个人所得税

20. 小王 2022 年每月应发工资均为 20 000 元，"三险一金"等专项扣除为 1 500 元，有一独生女正在上中学，2021 年使用住房公积金贷款购买首套住房，每月支付贷款利息 2 000 元，子女教育由夫妻双方各按 50% 扣除，赡养老人每月分摊金额 1 000 元。则小王 1 月应预扣预缴税额为（　　）元。

A. 330　　　　B. 270　　　　C. 890　　　　D. 900

二、应税选择（多选题）

1. 下列表述中，属于我国现行个人所得税特点的有（　　）。

A. 实行综合与分类相结合所得税制

B. 超额累进税率与比例税率并用

C. 实行综合所得税制

D. 采取代扣代缴和自行申报两种征纳方法

2. 根据个人所得税法律制度的规定，下列各项中，属于非居民个人的有（　　）。

A. 在中国境内无住所，但一个纳税年度中在境内居住不满 183 天的个人

B. 在中国境内无住所且不居住的个人

C. 在中国境内无住所，而在境内居住超过 6 个月不满 1 年的个人

D. 在中国境内有住所的个人

3. 下列情形中，按"利息、股息、红利所得"缴纳个人所得税的有（　　）。

A. 个人独资企业为个人投资者购买汽车并将汽车所有权登记到个人名下

B. 个人独资企业对外投资分回的利息、股息、红利

C. 股份有限公司为投资者家庭成员购买房产

D. 个人从任职的上市公司取得的股票期权所得

4. 根据个人所得税法律制度的规定，下列个人所得中，应按"劳务报酬所得"预扣预缴个人所得税的有（　　）。

A. 某大学教授从甲企业取得咨询费

B. 某公司高管从乙大学取得的讲课费

C. 某设计院设计师从丙家装公司取得的设计费

D. 某编剧从丁电视剧制作单位取得的剧本使用费

5. 个人通过境内非营利社会团体进行的下列捐赠中，在计算缴纳个人所得税时，准予税前全额扣除的有（　　）。

A. 向红十字事业的捐赠 　　　　　B. 向农村义务教育的捐赠

C. 向贫困地区的捐赠 　　　　　　D. 向公益性青少年活动场所的捐赠

6. 根据个人所得税法律制度的规定，下列个人所得中，免征个人所得税的有（　　）。

A. 军人领取的转业费 　　　　　　B. 教师工资所得

C. 作家拍卖手稿所得 　　　　　　D. 工人取得的保险赔款

7. 国内某高校退休职工周某 2020 年 11 月取得的下列收入中，应缴纳个人所得税的有（　　）。

A. 退休工资 3 700 元 　　　　　　B. 稿酬收入 1 000 元

C. 咨询费收入 1 600 元 　　　　　D. 省政府颁发的环保奖金 2 000 元

8. 下列各项中，以每次收入全额为应纳税所得额计征个人所得税的有（　　）。

A. 利息、股息、红利所得 　　　　B. 稿酬所得

C. 偶然所得 　　　　　　　　　　D. 财产转让所得

9. 根据个人所得税法的规定，下列情形中，纳税人应当依法办理纳税申报的有（　　）。

A. 取得综合所得需要办理汇算清缴的

B. 取得应税所得，扣缴义务人未扣缴税款的

C. 取得境外所得的

D. 因移居境外注销中国户籍的

10. 根据个人所得税法的规定，下列各项居民个人所得中，属于综合所得的有（　　）。

A. 特许权使用费所得 　　　　　　B. 劳务报酬所得

C. 稿酬所得 　　　　　　　　　　D. 财产租赁所得

11. 个人所得税的下列各项中，适用超额累进税率计征个人所得税的有（　　）。

A. 偶然所得　　　　　　　　B. 综合所得

C. 经营所得　　　　　　　　D. 财产转让所得

12. 根据个人所得税法律制度的规定，下列表述正确的有（　　）。

A. 个人提供商标权的使用权取得的所得，按"稿酬所得"缴纳个人所得税

B. 编剧从电视剧的制作单位取得的剧本使用费，按"特许权使用费所得"缴纳个人所得税

C. 个人提供专利权的使用权取得的所得按"特许权使用费所得"缴纳个人所得税

D. 作者将自己的文字作品手稿原件或复印件公开拍卖取得的所得，按"财产转让所得"缴纳个人所得税

13. 个体工商户王某聘请工人李某从事食品加工，在按"经营所得"计算王某应缴纳的个人所得税时，下列各项可以扣除的有（　　）。

A. 王某支取的工资　　　　　B. 李某支取的工资

C. 为王某缴纳的基本社会保险　D. 为李某缴纳的基本社会保险

14. 下列房产处置应缴纳个人所得税的有（　　）。

A. 将房产赠与子女　　　　　B. 转让无偿受赠的房产

C. 转让离婚析产房屋　　　　D. 居民个人出售自用3年的生活用房

15. 纳税人享受子女教育专项附加扣除政策的，其子女接受学历教育的范围包括（　　）。

A. 小学和初中　　　　　　　B. 普通高中

C. 中等职业教育　　　　　　D. 大学本科

16. 下列各项中，适用5%～35%的五级超额累进税率征收个人所得税的有（　　）。

A. 出租汽车经营单位将出租车所有权转移给驾驶员的，出租车驾驶员从事客货运营取得的收入

B. 个体工商户对外投资的所得

C. 个人依法从事办学、医疗、咨询以及其他有偿服务活动取得的所得

D. 个人对企业、事业单位承包经营、承租经营以及转包、转租取得的所得

17. 下列选项中，不征或免征个人所得税的有（　　）。

A. 个人取得的保险赔款　　　B. 个人取得教育储蓄存款利息

C. 个人转让机器设备的所得　D. 个人转让境内上市公司股票所得

18. 居民个人应就其来源于中国境内、境外的所得缴纳个人所得税；非居民个人仅就来源于中国境内的所得缴纳个人所得税。下列收入中属于中国境内所得的有（　　）。

A. 因任职、受雇、履约等在中国境内提供劳务取得的所得

B. 因任职、受雇、履约等而在中国境外提供各种劳务取得的劳务报酬所得

C. 将财产出租给承租人在中国境外使用而取得的所得

D. 转让中国境内的不动产等财产或者在中国境内转让其他财产取得的所得

19. 以下关于赡养老人专项附加扣除的说法中，正确的有（　　）。

A. 纳税人为独生子女的，按照每年24 000元（每月2 000元）的标准定额扣除

B. 纳税人为非独生子女的，应当与其兄弟姐妹分摊每年24 000元（每月2 000元）的扣除额度

C. 分摊方式包括平均分摊、被赡养人指定分摊或者赡养人约定分摊，具体分摊方式在一个纳税年度内不得变更

D. 采取指定分摊或约定分摊方式的，每一纳税人分摊的扣除额最高不得超过每年12 000元（每月1 000元），并签订书面分摊协议

20. 下列有关大病医疗支出扣除的叙述，正确的有（　　）。

A. 未成年子女的大病医疗支出由父母按比例分摊扣除

B. 纳税人的大病医疗支出可以由配偶扣除

C. 未成年子女的大病医疗支出由父母一方扣除

D. 纳税人的大病医疗支出可以由本人扣除

三、判断题

1. 个人取得不同项目劳务报酬所得的，应当合并为一次所得预扣预缴个人所得税。　　　　　　　　　　　　　　　　　　　　　　　　　　　　　　（　　）

2. 个人取得的应缴纳个人所得税的所得只包括现金和有价证券，而不包括实物。　　　　　　　　　　　　　　　　　　　　　　　　　　　　　　　（　　）

3. 个人转让自用2年以上并且是唯一的家庭居住用房的所得，免征个人所得税。　　　　　　　　　　　　　　　　　　　　　　　　　　　　　　　（　　）

4. 我国个人所得税法规定的居民个人是指在中国境内有住所并且居住时间满183天的个人。　　　　　　　　　　　　　　　　　　　　　　　　　　（　　）

5. 作者将自己的文字作品手稿原件或复印件拍卖取得的所得，按照"财产转让所得"缴纳个人所得税。　　　　　　　　　　　　　　　　　　　　　（　　）

6. 作者去世后，财产继承人取得的遗作稿酬，不征收个人所得税。　（　　）

7. 刘某彩票中奖所得100万元，其中50万元通过县民政局捐赠给家乡农村义务教育，则刘某应纳税所得额＝100－50＝50（万元）。　　　　　　（　　）

8. 企业和个人按照省级人民政府规定的比例提取缴付的基本养老金、失业保险金，免予征收个人所得税。　　　　　　　　　　　　　　　　　　　（　　）

9. 个人将承租房屋转租取得的租金收入不再缴纳个人所得税。　　（　　）

10. 个人财产租赁所得中所说的减除"修缮费用"，以每次允许减除800元为限，一次减除不完的，准予在下一次继续减除，但最多不能超过五次。

　　　　　　　　　　　　　　　　　　　　　　　　　　　　　　　　（　　）

11. 个人独资企业和合伙企业既是个人所得税的纳税义务人，又是企业所得税的纳税义务人。　　　　　　　　　　　　　　　　　　　　　　　　　（　　）

12. 王某设立甲个人独资企业，2022年甲企业出资为王某购买房屋，房屋产权证书上产权人为王某，但该房屋一直用于甲企业生产经营。根据个人所得税法律制度的规定，该房屋属于甲企业的固定资产，王某无须就此缴纳个人所得税。

　　　　　　　　　　　　　　　　　　　　　　　　　　　　　　　　（　　）

13. 个体工商户生产经营活动中，应当分别核算生产经营费用和个人、家庭费用。对于生产经营与个人、家庭生活混用、难以分清的费用，计算"经营所得"的个人所得税时，不得扣除。　　　　　　　　　　　　　　（　　）

14. 企业或个人取得的国债利息收入和国家发行的金融债券利息收入，分别免征企业所得税和个人所得税。　　　　　　　　　　　　　　　　（　　）

15. 对个人购买福利彩票、赈灾彩票、体育彩票，一次性中奖收入在1万元以下（含1万元）的，暂免征收个人所得税；超过1万元的，按超出部分计算征收个人所得税。　　　　　　　　　　　　　　　　　　　　　　（　　）

四、计算题

1. 中国公民王先生为某大学教授，同时是甲公司（非上市公司）的股东。2023年1月取得的收入情况如下：

（1）取得当月工资收入6 000元、托儿补助费500元、住房补贴1 000元、差旅费津贴300元；

（2）取得甲公司为其购买的价值120万元的小轿车一辆，该车所有权登记在王先生名下；

（3）取得其月初购入的A上市公司股票红利0.2万元（该股票于本月28日转让）；

（4）将其持有的B上市公司股票（非限售股）转让，转让净收入3万元；

（5）购买福利彩票中奖5万元，发生领奖交通费0.5万元、餐费0.1万元。

要求：

（1）计算工资收入预扣预缴税额；

（2）计算小轿车所得应纳税额；

（3）计算股票红利应纳税额；

（4）计算股票转让所得应纳税额；

（5）计算中奖所得应纳税额。

2. 中国公民王某是国内甲公司工程师。2022年全年有关收支情况如下：

（1）每月工资、薪金收入10 000元，公司代扣代缴社会保险费共840元，住房公积金960元。

（2）每月到乙公司开展技术培训取得报酬3 800元。

（3）出版技术专著取得稿酬收入15 000元，发生材料费支出4 000元。

（4）取得企业债券利息300元，取得机动车保险赔款4 000元，参加有奖竞赛活动取得奖金2 000元，电台抽奖获得价值5 000元免费旅游一次。

已知：王某正在偿还首套住房贷款及利息；王某为独生女，其独生子正在就读大学3年级；王某父母均已年过60岁。王某夫妻约定由王某扣除住房贷款利息和子女教育费。

要求：

（1）计算综合所得预扣预缴税额；

（2）计算综合所得年终汇算清缴应补退税额；

（3）计算利息所得应纳税额；

（4）计算保险赔款应纳税额；

（5）计算中奖所得应纳税额。

3. 张某任职于国内某软件公司，2022年1月取得的收入如下：

（1）当月工资、薪金收入8 000元，托儿补助费500元，加班补贴200元。

（2）在某大学授课，取得讲学收入3 500元。

（3）取得省级人民政府颁发的文化奖金13 000元。

（4）取得特许权的经济赔偿收入2 000元。

（5）按市场价格出租住房，当月取得不含税租金收入15 000元，当月出租住房过程中缴纳的可以税前扣除的税费合计为900元，由张某负担的修缮费用600元，均取得合法票据。

已知：劳务报酬所得、稿酬所得、特许权使用费所得以收入减除20%的费用后的余额为收入额，稿酬所得的收入额减按70%计算；个人出租住房取得的所得按10%的税率征收个人所得税，每次收入超过4 000元的，减除20%的费用。

要求：

（1）计算工资、薪金收入预扣预缴个人所得税；

（2）计算讲学收入预扣预缴个人所得税；

（3）计算文化奖金收入预扣预缴个人所得税；

（4）计算特许权经济赔偿收入预扣预缴个人所得税；

（5）计算出租住房收入缴纳的个人所得税。

4. 居民个人李某是境内A公司职员，2022年全年收入情况如下：

（1）每月取得境内A公司支付的工资、薪金收入14 000元（已预扣预缴个人所得税1 880元）。

（2）2022年3月，李某在网上承揽境外甲国B公司的一项设计业务，通过互联网远程工作，2022年全年取得B公司支付劳务报酬折合人民币200 000元。李某的劳务报酬所得已按甲国税法缴纳所得税15 000元、其他税收10 000元。

（3）2022年5月，李某的一本著作被乙国C出版社出版，取得稿酬所得折合人民币80 000元。李某的稿酬所得已按乙国税法缴纳所得税9 600元，其他税收7 000元。

其他资料：李某有一独生子女，2022年在初中二年级读书。李某自己也是独生子女，父母在2022年均超过60岁。此外，2022年李某无其他按规定可申报的专项附加扣除。

要求：计算李某2023年3月汇算清缴时应补（退）的个人所得税。

5. 某个体工商户2022年生产经营情况如下：全年取得与生产、经营活动有关的收入30万元，业主本人的工资支出为10万元，业主本人向当地工会组织拨缴的工会经费、实际发生的职工福利费支出、职工教育经费支出分别为3万元、4万元、2万元。发生费用3万元，无法分清家庭支出和生产经营支出的具体数额。当地上年度社会平均工资为4万元，无其他项目所得。

要求：计算2022年该个体工商户应纳个人所得税。

财产行为税计算与缴纳

★

■ 项目认知

财产行为税是现有税种中财产类和行为类税种的统称，是指以纳税人拥有或支配的财产为征税对象，或是为了实现某种特定的目的，以纳税人的某些特定行为为征税对象所征收的税种。我国现行财产行为税包括城建税和教育费附加、房产税、城镇土地使用税、土地增值税、契税、印花税、车辆购置税等税种。

■ 知识目标

1. 熟悉财产行为税的征税范围、纳税人、税率等基本要素规定。
2. 掌握财产行为税的计税方法。
3. 熟悉财产行为税的税收优惠。
4. 了解财产行为税的申报缴纳。

■ 能力目标

1. 能根据资料判断是否征收财产行为税。
2. 能根据资料正确计算财产行为税。
3. 能独立完成财产行为税的申报缴纳工作。
4. 能根据需要查阅相关资料。

■ 思政融合

财产行为税和居民生活密切相关。

1. 兼顾区域发展，符合社会公平和效率原则。党的二十大报告中指出，促进区域协调发展。深入实施区域协调发展战略、区域重大战略、主体功能区战略、新型城镇化战略，优化重大生产力布局，构建优势互补、高质量发展的区域经济布局和国土空间体系。

财产行为税作为地方税收体系中的主要税种,对于区域的发展有重要意义。地方政府提供公共产品的数量、质量以及税率的高低会影响新进入居民的决策,并且居民也会以出租或者出售住宅的形式来表达其对地方政府的偏好,政府提供良好的公共产品和服务就会吸引高收入群体入住,提升区域品质,有助于解决许多社会问题;居民所支付的成本与其获得的收益是显性相关的,因此财产行为税与其他税种相比更加贴近区域内居民的生活。

　　2. 遵循收益性原则,充裕地方财源。党的二十大报告中提出,健全现代预算制度,优化税制结构,完善财政转移支付体系。财产行为税遵循了"收益性原则",是最受地方公共产品或服务综合影响,也最能反映区域整体水平的税收种类,具有良好的筹资功能,非常适合作为地方税收的主体税种。财产行为税的实行不仅对地方政府筹集收入有巨大的作用,并且对规范财政收入体制、推动经济和社会的全面转型都可以起到重要的带动作用。

　　3. 体现国家对社会经济的调节职能。党的二十大报告强调,健全宏观经济治理体系,发挥国家发展规划的战略导向作用,加强财政政策和货币政策协调配合,着力扩大内需,增强消费对经济发展的基础性作用和投资对优化供给结构的关键作用。对财产和特定行为课税,可以用来调控经济运行中的各种矛盾、开放竞争性产权交易市场、抑制地价波动和土地投机;调节收入差别、补偿部分商品和消费行为为负的外部性、缓解社会分配不公的矛盾等。

任务一　城市维护建设税和教育费附加计算与缴纳

城市维护建设税是对从事工商经营，缴纳增值税、消费税的单位和个人征收的一种税。

城市维护建设税具有以下特点：（1）征收范围较广；（2）具有附加税性质；（3）税款专款专用；（4）根据城市规模设计税率。

教育费附加是对缴纳增值税、消费税的单位和个人，以其实际缴纳的税额为计算依据征收的一种附加费。教育费附加是为加快地方教育事业，扩大地方教育经费的资金而征收的一项专用基金。

微课视频 6-1：城市维护建设税。观看视频，请扫描二维码。

视频：城市维护建设税

一、城市维护建设税

（一）城市维护建设税基本要素

1. 纳税人。在中华人民共和国境内缴纳增值税、消费税的单位和个人，为城市维护建设税的纳税人。包括国有企业、集体企业、私有企业、股份制企业、其他企业和行政单位、事业单位、军事单位、社会团体、其他单位，以及个体工商户及其他个人。

对进口货物或者境外单位和个人向境内销售劳务、服务、无形资产缴纳的增值税、消费税税额，不征收城市维护建设税。

增值税和消费税的代扣代缴、代收代缴义务人，同时也是城市维护建设税的代扣代缴、代收代缴义务人。

2. 税率。城市维护建设税实行地区差别比例税率，按纳税人所在地的不同，税率分别规定为 7%、5%、1% 三个档次，具体规定为：

纳税人所在地在市区的，税率为 7%；

纳税人所在地在县城、镇的，税率为 5%；

纳税人所在地不在市区、县城或者镇的，税率为 1%。

城市维护建设税的适用税率，应当按纳税人所在地的规定税率执行。但是，对下列两种情况，可按缴纳增值税、消费税所在地的适用税率就地缴纳城市维护建设税：

（1）由受托方代扣代缴、代收代缴增值税、消费税的单位和个人，其代扣代缴、代收代缴的城市维护建设税按受托方所在地适用税率执行；

（2）流动经营等无固定纳税地点的单位和个人，在经营地缴纳增值税、消费税的，其城市维护建设税的缴纳按经营地适用税率执行。

3. 税收优惠。由于城市维护建设税具有附加税性质，当增值税、消费税发生减免时，城市维护建设税相应发生税收减免。但对于一些特殊情况，财政部和国家税务总局作了特案税收优惠规定：

（1）城市维护建设税按减免后实际缴纳的增值税、消费税税额计征，即随增值税、消费税的减免而减免。

（2）对于因减免税而需进行增值税、消费税退库的，城市维护建设税也可以同时退库。但对出口货物、劳务和跨境销售服务、无形资产以及因优惠政策退还增值税、消费税的，不退还已缴纳的城市维护建设税。

（3）对增值税、消费税实行先征后返、先征后退、即征即退办法的，除另有规定外，对随增值税、消费税附征的城市维护建设税和教育费附加，一律不予退（返）还。

（4）对实行增值税期末留抵退税的纳税人，允许其从城市维护建设税的计税依据中扣除退还的增值税税额。

（二）城市维护建设税的计算

1. 计税依据。城市维护建设税的计税依据为纳税人依法实际缴纳的增值税、消费税税额，以及出口货物、劳务或者跨境销售服务、无形资产增值税免抵税额。

依法实际缴纳的增值税税额，是指纳税人依照增值税相关法律法规和税收政策规定计算应当缴纳的增值税税额，加上增值税免抵税额，扣除直接减免的增值税税额和期末留抵退税退还的增值税税额（以下简称留抵退税额）后的金额。

依法实际缴纳的消费税税额，是指纳税人依照消费税相关法律法规和税收政策规定计算应当缴纳的消费税税额，扣除直接减免的消费税税额后的金额。

纳税人违反增值税、消费税有关税法而加收的滞纳金和罚款，不作为城市维护建设税的计税依据，但纳税人在被查补增值税、消费税和被处以罚款时，应同时对其偷漏的城市维护建设税进行补税、征收滞纳金和罚款。

城市维护建设税以增值税、消费税税额为计税依据并同时征收，如果要免征或者减征增值税、消费税，也就要同时免征或者减征城市维护建设税。

2. 应纳税额的计算。城市维护建设税的应纳税额按照纳税人实际缴纳的增值税、消费税税额和出口货物、劳务或者跨境销售服务、无形资产增值税免抵税额乘以税率计算。计算公式为：

应纳税额＝实际缴纳的增值税、消费税税额和出口环节免抵税额×适用税率

【案例·计算题】

某县城一生产企业为增值税一般纳税人。5月进口原材料一批，向海关缴纳进口环节增值税10万元；当月在国内销售甲产品缴纳增值税30万元、消费税50万元，由于缴纳消费税时超过纳税期限，被罚滞纳金1万元；本期出口乙产品一批，按规定退回增值税5万元。要求：计算该企业本期应纳的城建税。

应纳城市维护建设税＝（30＋50）×5%＝4（万元）

（三）城市维护建设税的申报缴纳

城市维护建设税由税务机关依照《中华人民共和国城市维护建设税法》申报缴纳和《中华人民共和国税收征收管理法》的有关规定征收管理。

1. 城市维护建设税纳税义务发生时间为缴纳增值税、消费税的当日。城市维护建设税扣缴义务发生时间为扣缴增值税、消费税的当日。

2. 城市维护建设税纳税地点为实际缴纳增值税、消费税的地点。扣缴义务人应当向其机构所在地或者居住地的主管税务机关申报缴纳其扣缴的税款。

3. 城市维护建设税按月或者按季计征。不能按固定期限计征的，可以按次计征。实行按月或者按季计征的，纳税人应当于月度或者季度终了之日起十五日内申报并缴纳税款。实行按次计征的，纳税人应当于纳税义务发生之日起十五日内申报并缴纳税款。

扣缴义务人解缴税款的期限，依照上述规定执行。

二、教育费附加

（一）教育费附加基本要素

1. 征收范围和缴纳人。教育费附加对缴纳增值税、消费税的单位和个人征收，分别与增值税、消费税同时缴纳。

教育费附加的缴纳人包括国有企业、集体企业、私有企业、股份制企业、其他企业和行政单位、事业单位、军事单位、社会团体、其他单位，以及个体工商户及其他个人。

2. 计征依据和征收率。教育费附加以纳税人实际缴纳的增值税、消费税税额为计征依据，纳税人因违反增值税、消费税有关的规定而加收的滞纳金和罚款，不作为教育费附加的计算依据。

教育费附加的征收率为3%；地方教育附加的征收率为2%。

比较：教育费附加与城建税有哪些内容不同？

（二）教育费附加的计算

$$应缴教育费附加额 = 实际缴纳的增值税、消费税税额 × 征收率$$

【案例·计算题】

地处市区的某日化厂，属于增值税一般纳税人，本月缴纳增值税20万元、消费税30万元，补缴上月应纳增值税10万元，缴纳消费税2万元。计算本月应缴纳的教育费附加。

应纳教育费附加 = （20 + 30 + 10 + 2）× 3% = 1.86（万元）

应纳地方教育费附加 = （20 + 30 + 10 + 2）× 2% = 1.24（万元）

任务二 房产税计算与缴纳

房产税是以房产为征税对象，按房产的计税余值或租金收入为计税依据，向房屋产权所有人或经营管理人征收的一种财产税。

房产税具有以下特点：（1）属于财产税中的个别财产税；（2）征税范围限于城镇的经营性房屋；（3）区别房屋的经营使用方式规定征税办法。

一、房产税的基本要素

微课视频 6−2：房产税基本要素。观看视频，请扫描二维码。

视频：房产税
基本要素

（一）房产税的征税对象

房产税的征税对象是房屋。房屋则是指有屋面和围护结构（有墙或两边有柱），能够遮风避雨，可供人们在其中生产、工作、学习、娱乐、居住或储藏物资的场所。独立于房屋之外的建筑物，如围墙、烟囱、水塔、变电塔、油池油柜、酒窖菜窖、酒精池、糖蜜池、室外游泳池、玻璃暖房、砖瓦石灰窑以及各种油气罐等，不属于房产。

凡在房产税征收范围内具备房屋功能的地下建筑，包括与地上房屋相连的地下建筑以及完全建在地面以下的建筑、地下人防设施等，均应当依照有关规定征收房产税。

【案例·分析题】

根据房产税法律制度的规定，请分析下列各项中，应缴纳的房产税有（　　）。

A. 某宾馆的围墙　　　　　　　　B. 某宾馆的室外游泳池

C. 某企业的办公楼　　　　　　　D. 某房地产公司出租的写字楼

应税分析：选项 CD 应缴纳房产税。独立于房屋之外的建筑物，如围墙、室外游泳池等，不属于房产，不纳房产税；房地产开发企业建造的商品房，在出售前，不征收房产税，但对出售前房地产开发企业已使用或出租、出借的商品房应按规定征收房产税。

（二）房产税的征税范围

房产税的征税范围为：城市、县城、建制镇和工矿区。房产税的征税范围不包括农村。

城市是指经国务院批准设立的市；县城是指未设立建制镇的县人民政府所在地；建制镇是指经省、自治区、直辖市人民政府批准设立的建制镇；工矿区是指工商业比较发达，人口比较集中，符合国务院规定的建制镇标准，但尚未设立建

制镇的大中型工矿企业所在地。工矿区开征房产税须经省、自治区、直辖市人民政府批准。

（三）房产税的纳税人

房产税以在征税范围内的房屋产权所有人为纳税人。具体规定如下：

1. 产权属国家所有的，经营管理的单位为纳税人；

2. 产权属集体和个人所有的，集体单位和个人为纳税人；

3. 产权出典的，承典人为纳税人；

4. 产权所有人、承典人不在房屋所在地的，房产代管人或者使用人为纳税人；

5. 产权未确定及租典纠纷未解决的，房产代管人或者使用人为纳税人；

6. 无租使用其他单位房产的，由使用人代为缴纳房产税。

[知识拓展] 产权出典，请扫描二维码。

文本：产权出典

（四）房产税的税率

我国现行房产税采用比例税率，根据房产税的计税依据分为两种：

1. 从价计征的房产，税率为 1.2%；

2. 从租计征的房产，税率为 12%。

应用提示 出租住房三种情形减按4%税率征收房产税

1. 对个人出租住房，不区分用途，减按4%的税率征收房产税；

2. 对企事业单位、社会团体以及其他组织向个人、专业化规模化住房租赁企业出租住房的，减按4%的税率征收房产税。

3. 对利用非居住存量土地和非居住存量房屋（含商业办公用房、工业厂房改造后出租用于居住的房屋）建设的保障性租赁住房，取得保障性租赁住房项目认定书后，企事业单位、社会团体以及其他组织向个人、专业化规模化住房租赁企业出租上述保障性租赁住房，减按4%的税率征收房产税。

（五）房产税的税收优惠

目前房产税的减免税优惠主要有：

1. 国家机关、人民团体、军队自用的房产免征房产税。但上述免税单位的出租房产以及非自身业务使用的生产、营业用房，不属于免税范围。自用的房产，是指这些单位本身的办公用房和公务用房。

2. 由国家财政部门拨付事业经费的单位，如学校、医疗卫生单位、托儿所、幼儿园、敬老院、文化、体育、艺术这些实行全额或差额预算管理的事业单位所有的，本身业务范围内使用的房产免征房产税。但上述单位所属的附属工厂、商店、招待所等不属于单位公务、业务的用房，应照章纳税。

3. 宗教寺庙、公园、名胜古迹自用的房产免征房产税。宗教寺庙自用的房产，是指举行宗教仪式等的房屋和宗教人员使用的生活用房屋。公园、名胜古迹自用的房产，是指供公共参观游览的房屋及其管理单位的办公用房屋。

宗教寺庙、公园、名胜古迹中附设的营业单位，如影剧院、饮食部、茶社、照相馆等使用的房产及出租的房产、应征收房产税。

4. 对个人所有非营业用的房产免征房产税。个人所有的非营业用房，主要是指居民住房，不分面积多少，一律免征房产税。但个人拥有的营业用房或者出租的房产，应照章纳税。

5. 经财政部批准免税的其他房产。请扫描二维码。

二、房产税应纳税额的计算

（一）房产税的计税依据

房产税的计税依据是房产的计税价值或房产的租金收入。按照房产计税价值征税的，称为从价计征；按照房产租金收入征税的，称为从租计征。

1. 对经营自用的房屋，以房产的计税余值作为计税依据。所谓计税余值，是指依据税收制度的规定按房产原值一次减除 10%～30% 的损耗价值以后的余额。

（1）房产原值是指纳税人按照会计制度规定，在账簿"固定资产"科目中记载的房屋原价。凡按会计制度规定在账簿中记载有房屋原价的，应以房屋原价按规定减除一定比例后作为房产余值计征房产税；对纳税人未按国家会计制度规定核算并记载的，应按规定予以调整或重新评估。

（2）房产原值应包括与房屋不可分割的各种附属设备或一般不单独计算价值的配套设施。主要有：暖气、卫生、通风、照明、煤气等设备；各种管线，如蒸汽、压缩空气、石油、给水排水等管道及电力、电信、电缆导线；电梯、升降机、过道、晒台等。属于房屋附属设备的水管、下水道、暖气管、煤气管等从最近的探视井或三通管算起。电灯网、照明线从进线盒连接管算起。

（3）凡以房屋为载体，不可随意移动的附属设备和配套设施，如给排水、采暖、消防、中央空调、电气及智能化楼宇设备等，无论在会计核算中是否单独记账与核算，都应计入房产原值，计征房产税。

（4）对于更换房屋附属设备和配套设施的，在将其价值计入房产原值时，可扣减原来相应设备和设施的价值；对附属设备和配套设施中易损坏、需要经常更换的零配件，更新后不再计入房产原值。

（5）对按照房产原值计税的房产，无论会计上如何核算，房产原值均应包含地价，包括为取得土地使用权支付的价款、开发土地发生的成本费用等。容积率低于 0.5 的，按房产建筑面积的 2 倍计算土地面积并据此确定计入房产原值的地价。

（6）纳税人对原有房屋进行改扩建的，要相应增加房屋的原值。

（7）具备房屋功能的地下建筑房产原值的确定。其中，单独建造的地下建筑折算确定：工业用房产以房屋原价的 50%～60% 作为应税房产原值，商业和其他用房产以房屋原价的70%~80%作为应税房产原值；与地上房屋相连的地下建筑，应将地下部分与地上房屋视为一个整体确定应税房产原值。

【案例·计算题】

某企业2022年2月用2 800万元购得一宗1 500平方米的土地，投入200万元作土地开发，并在这宗土地上建立一座建筑面积600平方米的车间，计算计征房产税的房产原值的地价。

容积率 = 600 ÷ 1 500 = 0.4，应按车间建筑面积的2倍计算土地面积并据此确定计入房产原值的地价。

计征房产税的房产原值的地价 = 600 × 2 × (2 800 + 200) ÷ 1 500 = 2 400（万元）

2. 对于出租的房屋，以租金收入为计税依据。房产的租金收入，是房屋产权所有人出租房产使用权所取得的报酬，包括货币收入和实物收入。房产出租的，计征房产税的租金收入不含增值税。以劳务或其他形式抵租的，按当地同类房产的租金标准计税；租金收入申报不实或明显不合理的，由税务机关核定应纳税额。

3. 房产税计税依据的特殊规定。

（1）对投资联营的房产，在计征房产税时应予以区别对待。对于以房产投资联营，投资者参与投资利润分红，共担风险的情况，按房产的计税余值作为计税依据计征房产税；对以房产投资，收取固定收入，不承担联营风险的，实际是以联营名义取得房产租金，应由出租方按租金收入计算缴纳房产税。

（2）融资租赁的房产，由承租人自融资租赁合同约定开始日的次月起，依照房产余值缴纳房产税。合同未约定开始日的，由承租人自合同签订的次月起，依照房产余值缴纳房产税。

（3）对无租使用其他单位的房产，由使用人依照房产余值代缴纳房产税。

（4）对免收租金期间的房产，免收租金期间由产权所有人按照房产余值缴纳房产税。

（5）对产权出典的房产，由承典人依照房产余值缴纳房产税。

（6）对居民住宅区内业主共有的经营性房产，由实际经营（包括自营和出租）的代管人或使用人缴纳房产税。其中自营的，依照房产原值减除10%~30%后的余值计征，没有房产原值或不能将业主共有房产与其他房产的原值准确划分开的，由房产所在地地方税务机关参照同类房产核定房产原值；出租的，依照租金收入计征。

（二）房产税应纳税额的计算

房产税应纳税额的计算方法有以下两种：

1. 从价计征的计算。从价计征是按房产的原值减除一定比例后的余值计征，其计算公式为：

$$应纳房产税 = 房产原值 \times (1 - 扣除比例) \times 1.2\%$$

2. 从租计征的计算。从租计征是按房产的租金收入计征，其计算公式为：

$$应纳房产税 = 租金收入 \times 12\%（或4\%）$$

【案例·计算题】

某厂 2022 年自有房屋 10 栋，其中 8 栋用于生产，房产原值 800 万元，不包括冷暖通风设备 30 万元；2 栋房屋租给某公司作经营用房，年租金收入 10 万元（不含增值税）。该厂所在省规定的扣除比例为 30%，计算该厂 2022 年应纳房产税。

（1）自用房产应纳税额 $= [(800 + 30) \times (1 - 30\%)] \times 1.2\% = 6.972$（万元）

（2）租金收入应纳税额 $= 10 \times 12\% = 1.2$（万元）

应纳税额合计：$6.972 + 1.2 = 8.172$（万元）

【案例·计算题】

某企业 2022 年 1 月 1 日的房产原值为 3 000 万元，3 月 31 日将其中原值为 1 000 万元的临街房出租给某连锁商店，月租金 5 万元。当地政府规定允许按房产原值减除 20% 后的余值计税。计算该企业 2022 应缴纳房产税。

（1）从价部分应纳房产税 $= 2\,000 \times (1 - 20\%) \times 1.2\% + 1\,000 \times (1 - 20\%) \times 1.2\% \times 3/12 = 21.6$（万元）

（2）从租部分应纳房产税 $= 5 \times 9 \times 12\% = 5.4$（万元）

（3）当年应纳房产税合计 $= 21.6 + 5.4 = 27$（万元）

三、房产税申报缴纳

（一）纳税义务发生时间

1. 将原有房屋用于生产经营：自生产经营之月起；
2. 自建房屋用于生产经营：自建成之日的次月起；
3. 委托施工企业建设的房屋：自办理验收手续之次月起；
4. 购置新建商品房：自房屋交付使用次月起；
5. 购置存量房：自办理房屋权属转移、变更登记手续，房地产权属登记机关签发房屋权属证书次月起；
6. 出租、出借房产：自交付出租、出借房产次月起；
7. 房地产开发企业自用、出租、出借本企业建造的商品房：自房屋使用或交付次月起。

（二）纳税期限

房产税实行按年征收，分期缴纳。具体纳税期限由省、自治区、直辖市人民政府规定。

（三）纳税地点

房产税在房产所在地缴纳。房产不在同一地方的纳税人，应按房产的坐落地点分别向房产所在地的税务机关缴纳。

任务三　城镇土地使用税计算与缴纳

城镇土地使用税是以城镇土地为征税对象，以实际占用面积为计税依据，按规定税额对在城镇范围内使用土地的单位和个人征收的一种税。

城镇土地使用税具有以下特点：（1）征税范围有所限定；（2）实行差别幅度税额。

一、城镇土地使用税基本要素

（一）城镇土地使用税的征税范围

城镇土地使用税的征税范围，包括在城市、县城、建制镇和工矿区内的国家所有和集体所有的土地。

上述城市、县城、建制镇和工矿区的确认标准为：

1. 城市是指国务院批准设立的市，其征税范围包括市区和郊区；

2. 县城是指县人民政府所在地，其征税范围为县人民政府所在地的城镇；

3. 建制镇是指经省级人民政府批准设立的镇，其征税范围为镇人民政府所在地，但不包括镇政府所在地所辖行政村；

4. 工矿区是指工商业比较发达，人口比较集中，符合国务院规定的建制镇标准，但尚未设立建制镇的大中型工矿企业所在地，工矿区须经省、自治区、直辖市人民政府批准。

建立在城市、县城、建制镇和工矿区以外的工矿企业不需缴纳城镇土地使用税。

对在城镇土地使用税征税范围内单独建造的地下建筑用地，按规定征收城镇土地使用税。

（二）城镇土地使用税的纳税人

在城市、县城、建制镇、工矿区范围内使用土地的单位和个人，为城镇土地使用税的纳税人。单位包括国有企业、集体企业、私营企业、股份制企业、外商投资企业、外国企业以及其他企业和事业单位、社会团体、国家机关、军队以及其他单位；个人包括个体工商户以及其他个人。

城镇土地使用税的纳税人通常包括以下几类：

1. 拥有土地使用权的单位和个人。

2. 拥有土地使用权的单位和个人不在土地所在地的，其土地的实际使用人和代管人为纳税人。

3. 土地使用权未确定或权属纠纷未解决的，其实际使用人为纳税人。

4. 土地使用权共有的，共有各方都是纳税人，由共有各方分别纳税。

(三) 城镇土地使用税的税率

城镇土地使用税采用分级的幅度定额税率，按大、中、小城市和县城、建制镇、工矿区分别规定每平方米土地的年税额。具体标准如表 6 - 1 所示。

表 6 - 1　　　　　　　　　　城镇土地使用税税率

级别	人口 (人)	每平方米税额 (元)
大城市	50 万以上	1.5 ~ 30
中等城市	20 万 ~ 50 万	1.2 ~ 24
小城市	20 万以下	0.9 ~ 18
县城、建制镇、工矿区		0.6 ~ 12

注：各省、自治区、直辖市人民政府可根据市政建设情况和经济繁荣程度在规定税额幅度内，确定所辖地区的适用税额幅度。经济落后地区，城镇土地使用税的适用税额标准可适当降低，但降低额不得超过上述规定最低税额的 30%。经济发达地区的适用税额标准可以适当提高，但须报财政部批准。

(四) 城镇土地使用税的税收优惠

城镇土地使用税的免税项目有：

1. 国家机关、人民团体、军队自用的土地。是指这些单位本身的办公用地和公务用地。如国家机关、人民团体的办公楼用地，军队的训练场用地等。

2. 由国家财政部门拨付事业经费的单位自用的土地。是指这些单位本身的业务用地。如学校的教学楼、操场、食堂等占用的土地。

3. 宗教寺庙、公园、名胜古迹自用的土地。宗教寺庙自用的土地，是指举行宗教仪式等的用地和寺庙内的宗教人员生活用地。

公园、名胜古迹自用的土地，是指供公共参观游览的用地及其管理单位的办公用地。

以上单位的生产、经营用地和其他用地，不属于免税范围，应按规定缴纳城镇土地使用税。如公园、名胜古迹中附设的营业单位，影剧院、饮食部、茶社、照相馆等使用的土地。

4. 市政街道、广场、绿化地带等公共用地。

5. 直接用于农、林、牧、渔业的生产用地；是指直接从事种植、养殖、饲养的专业用地，不包括农副产品加工场地和生活、办公用地。

6. 经批准开山填海整治的土地和改造的废弃土地，从使用的月份起免缴城镇土地使用税 5 ~ 10 年。

7. 对非营利性医疗机构、疾病控制机构和妇幼保健机构等卫生机构自用的土地，免征城镇土地使用税。

8. 企业办的学校、医院、托儿所、幼儿园，其用地能与企业其他用地明确区分的，免征城镇土地使用税。

9. 免税单位无偿使用纳税单位的土地，免征城镇土地使用税。纳税单位无偿使用免税单位的土地，纳税单位应缴纳城镇土地使用税。纳税单位与免税单位共同使用、共有使用权土地上的多层建筑，对纳税单位可按其占用的建筑面积占建筑总面积的比例计征城镇土地使用税。

10. 由财政部另行规定免的能源、交通、水利用地和其他用地。

此外，对在城镇土地使用税征税范围内单独建造的地下建筑用地，暂按应征税款的50%征收城镇土地使用税。

二、城镇土地使用税应纳税额的计算

（一）城镇土地使用税的计税依据

城镇土地使用税以纳税人实际占用的土地面积为计税依据，土地面积以平方米为计量标准。具体按下列办法确定：

1. 凡由省、自治区、直辖市人民政府确定的单位组织测定土地面积的，以测定的面积为准。

2. 尚未组织测量，但纳税人持有政府部门核发的土地使用证书的，以证书确认的土地面积为准。

3. 尚未核发土地使用证书的，应由纳税人据实申报土地面积，据以纳税，待核发土地使用证以后再作调整。

（二）城镇土地使用税应纳税额的计算

城镇土地使用税的应纳税额依据纳税人实际占用的土地面积和适用的单位税额计算，计算公式为：

全年应纳城镇土地使用税 = 实际占用的土地面积（平方米）× 适用税额

同一土地的土地使用权由几方共有的，由共有各方按照各自实际使用的土地面积的比例，分别计算其应缴纳的城镇土地使用税。

对在城镇土地使用税征税范围内单独建造的地下建筑用地，暂按应征税款的50%征收城镇土地使用税。

【案例·计算题】

某市食品厂实际占地面积为30 000平方米，其中5 000平方米为厂区内的绿化区，2 000平方米为企业自办幼儿园占地。该厂位于中等城市，当地政府核定的城镇土地使用税单位税额为5元/平方米。计算该食品厂全年应纳的城镇土地使用税。

根据税法规定，企业自办幼儿园占用的土地可免缴城镇土地使用税。该食品厂全年应纳的城镇土地使用税计算如下：

应纳税额 =（30 000 - 2 000）× 5 = 140 000 （元）

三、城镇土地使用税申报缴纳

（一）纳税义务发生时间

1. 购置新建商品房：房屋交付使用之次月起。
2. 购置存量房：房地产权属登记机关签发房屋权属证书之次月起。
3. 出租、出借房地产：交付出租出借房产之次月起。
4. 以出让或转让方式有偿取得土地使用权的：（1）合同约定交付时间的，从合同约定交付时间的次月起；（2）合同未约定交付时间的，从合同签订的次月起。
5. 新征用的耕地：批准征用之日起满一年时。
6. 新征用的非耕地：批准征用次月起。

（二）纳税期限

城镇土地使用税按年征收，分期缴纳。具体纳税期限由省、自治区、直辖市人民政府确定。

（三）纳税地点

城镇土地使用税在土地所在地缴纳。纳税人使用的土地不属于同一市（县）管辖的，由纳税人分别向土地所在地的税务机关缴纳城镇土地使用税；在同一省、自治区、直辖市管辖范围内，纳税人跨地区使用的土地，其纳税地点由各省、自治区、直辖市税务局确定。

任务四　土地增值税计算与缴纳

土地增值税是对转让国有土地使用权、地上建筑物及其附着物并取得收入的单位和个人，就其转让房地产所取得的增值额征收的一种税。

土地增值税具有以下特点：（1）以转让房地产取得的增值额为征税对象；（2）征税面比较广；（3）实行超率累进税率；（4）实行按次征收。

一、土地增值税基本要素

（一）土地增值税的征税范围

1. 基本征税范围。土地增值税的基本征税范围包括下列两项行为：

（1）转让国有土地使用权。所谓国有土地使用权，是指土地使用人根据国家法律、合同等规定，对国家所有的土地享有的使用权利。土地增值税只对企业、单位和个人等经济实体转让国有土地使用权的行为课税。对属于集体所有的土地，按现行规定须先由国家征用后才能转让。政府出让土地的行为及取得的收入不在土地增值税征税之列。

（2）地上的建筑物及其附着物连同国有土地使用权一并转让。所谓地上建筑物，是指建于土地上的一切建筑物，包括地上地下的各种附属设施。如厂房、仓库、商店、医院、住宅、地下室、围墙、烟囱、电梯、中央空调和管道等。所谓附着物，是指附着于土地上的、不能移动，一经移动即遭损坏的种植物、养植物及其他物品。上述建筑物和附着物的所有者对自己的财产依法享有占有、使用、收益和处置的权利，即拥有排他性的全部产权。

2. 征税范围的判定标准。征收土地增值税应同时具备下列三个条件：

（1）转让的土地使用权属于国家所有。即：只对转让国有土地使用权的行为课税，转让非国有土地和出让国有土地的行为均不征税。

（2）房地产的权属发生变更。即：凡土地使用权、房产产权未转让的（如房地产的出租）行为，不征收土地增值税。

（3）转让房地产必须取得收入。即：土地增值税只对有偿转让的房地产征税，对以继承、赠与等方式无偿转让的房地产，则不征土地增值税。

（二）土地增值税的纳税人

土地增值税的纳税人是转让国有土地使用权及地上的一切建筑物和其他附着物产权，并取得收入的单位和个人。包括机关、团体、部队、企事业单位、个体工商户及国内其他单位和个人；还包括外商投资企业、外国企业及外国机构、华侨、港澳台同胞及外国公民等。

（三）土地增值税的税率

为了体现"增值多的多征、增值少的少征、无增值的不征"的税率设计原则，土地增值税采用四级超率累进税率的形式。具体税率见表 6 – 2。

表 6 – 2　　　　　　　　　　土地增值税四级超率累进税率

级数	增值额与扣除项目金额的比率	税率（%）	速算扣除系数（%）
1	不超过 50% 的部分	30	0
2	超过 50% ~ 100% 的部分	40	5
3	超过 100% ~ 200% 的部分	50	15
4	超过 200% 的部分	60	35

（四）土地增值税的税收优惠

1. 纳税人建造普通标准住宅出售，增值额未超过扣除项目金额 20% 的，免征土地增值税。增值额超过扣除项目金额 20% 的，应就其全部增值额计税。

对于纳税人既建普通标准住宅又从事其他房地产开发的，应分别核算增值额。不分别核算增值额或不能准确核算增值额的，其建造的普通标准住宅不能适用这一免税规定。

2. 因国家建设需要，依法征用、收回的房地产，免征土地增值税。

3. 企事业单位、社会团体以及其他组织转让旧房作为廉租住房、经济适用住房房源且增值额未超过扣除项目金额20%的，免征土地增值税。

4. 对居民个人转让住房免征土地增值税。

二、土地增值税应纳税额的计算

（一）土地增值税的计税依据

土地增值税的计税依据是纳税人转让房地产所取得的增值额。转让房地产的增值额，是纳税人转让房地产的收入减除税法规定的扣除项目金额后的余额。土地增值额的大小，取决于转让房地产的收入和扣除项目金额两个因素。计算公式为：

$$土地增值额 = 转让房地产收入 - 准予扣除项目金额$$

1. 转让房地产收入的确定。纳税人转让房地产所取得的收入，应包括转让房地产的全部价款及有关的经济利益。从收入的形式来看，包括货币收入、实物收入和其他收入。土地增值税纳税人转让房地产取得的收入为不含增值税收入。

2. 准予扣除项目金额的确定。准予纳税人从房地产转让收入中扣除的项目金额包括六项内容：

（1）取得土地使用权所支付的金额。取得土地使用权所支付的金额是指纳税人为取得土地使用权支付的地价款和按国家统一规定缴纳的有关费用之和。

（2）房地产开发成本。房地产开发成本指纳税人开发房地产项目实际发生的成本，包括土地征用及拆迁补偿费、前期工程费、建筑安装工程费、基础设施费、公共配套设施费、开发间接费用等。

（3）房地产开发费用。房地产开发费用是指与房地产开发项目有关的销售费用、管理费用、财务费用。根据会计制度的规定，与房地产开发有关的费用直接计入当年损益，不按房地产项目进行归集或分摊。但在计算土地增值税时，房地产开发费用并不是按照纳税人实际发生数进行扣除，应分别以下两种情况扣除：

①纳税人能够按转让房地产项目计算分摊利息支出，并能提供金融机构的贷款证明的，其允许扣除的房地产开发费用为：利息 +（取得土地使用权所支付的金额 + 房地产开发成本）×5% 以内。计算扣除的具体比例由省、自治区、直辖市人民政府规定。

②纳税人不能按转让房地产项目计算分摊利息支出或不能提供金融机构贷款证明的，其允许扣除的房地产开发费用为：（取得土地使用权所支付的金额 + 房地产开发成本）×10% 以内。计算扣除的具体比例由省、自治区、直辖市人民政府规定。

　计算扣除利息支出需注意的问题

利息支出最高不能超过按商业银行同期贷款利率计算的金额。

利息的上浮幅度按国家的有关规定执行，超过上浮幅度的部分不允许扣除。

超过贷款期限的利息部分和加罚的利息不允许扣除。

（4）与转让房地产有关的税金。在转让房地产时缴纳的印花税、城市维护建设税，教育费附加也可视同税金扣除。其中允许扣除的印花税，是指在转让房地产时缴纳的印花税。房地产开发企业按照会计制度规定，其缴纳的印花税列入管理费用，印花税不再单独扣除。房地产开发企业以外的其他纳税人在计算土地增值税时，允许扣除在转让房地产环节缴纳的印花税。

（5）财政部确定的其他扣除项目。对从事房地产开发的纳税人可按"取得土地使用权所支付金额"和"房地产开发成本"的金额之和，加计20%扣除。此项扣除政策只适用于从事房地产开发的纳税人，除此之外的其他纳税人不适用。计算公式为：

$$加计扣除费用 = （取得土地使用权所支付的金额 + 房地产开发成本）\times 20\%$$

（6）旧房及建筑物的评估价格。旧房及建筑物的评估价格是指在转让已使用的房屋及建筑物时，由政府批准设立的房地产评估机构评定的重置成本价乘以成新度折扣率后的价格。重置成本价的含义是：对旧房及建筑物，按转让时的建材价格及人工费用计算，建造同样面积、同样层次、同样结构、同样建设标准的新房及建筑物所需花费的成本费用。成新度折扣率的含义是：按旧房的新旧程度作一定比例的折扣。

【案例·计算题】

一栋房屋已使用近10年，建造时的造价为1 000万元，按转让时的建材及人工费用计算，建同样的新房需花费3 000万元，假定该房有六成新，则该房的评估价格为：3 000×60% = 1 800（万元）。

应用提示

旧房及建筑物扣除项目区分的三种情形（见表6 - 3）。

表6 - 3　　　　　旧房及建筑物扣除项目区分的三种情形

旧房及建筑物类型	扣除标准
能提供评估价格	评估价格 = 重置成本价 × 成新度折扣率 评估费用 土地金额 有关税金：城建税、教育费附加、印花税

旧房及建筑物类型	扣除标准
不能提供评估价格但能提供购房发票	购房发票金额 加计扣除金额 有关税金：城建税、教育费附加、印花税、契税
既不能提供评估价格也不能提供购房发票	由税务机关核定征收

注：加计扣除金额＝购房发票金额×5%×购买年度起至转让年度止的年数。其中，"年数"按购房发票所载日期起至售房发票开具之日止，每满 12 个月计一年；超过一年，未满 12 个月但超过 6 个月的，可以视同一年。

值得注意的是，土地增值税扣除项目涉及的增值税进项税额，允许在销项税额中计算抵扣的，不计入扣除项目，不允许在销项税额中计算抵扣的，可以计入扣除项目。

（二）土地增值税应纳税额的计算

土地增值税采用速算扣除法计算，计算公式为：

$$应纳税额 = 土地增值额 × 适用税率 - 扣除项目金额 × 速算扣除系数$$

应用提示　土地增值税计算五步曲

第一步：确定纳税人转让房地产所取得的收入。

第二步：分项确定准予扣除的项目金额。

第三步：计算土地增值额。

$$土地增值额 = 转让房地产取得的收入 - 准予扣除的项目金额$$

第四步：计算土地增值率，确定适用税率及速算扣除系数。

$$土地增值率 = 土地增值额 ÷ 扣除项目金额 × 100\%$$

第五步：计算应纳土地增值税。

$$应纳土地增值税 = 土地增值额 × 适用税率 - 扣除项目金额 × 速算扣除系数$$

【案例·计算题】

某房地产开发公司（增值税一般纳税人）5 月转让写字楼一栋，取得转让收入 10 900 万元（含税），公司按税法规定缴纳了有关税金（增值税税率 9%，城建税税率 7%，教育费附加征收率 3%，地方教育附加 2%，印花税税率为 0.5‰）。已知该公司为取得土地使用权支付地价款和按国家统一规定交纳的有关费用合计为 2 300 万元；投入房地产开发成本为 3 700 万元；房地产开发费用中利息支出为 1 200 万元（不能按转让房地产项目计算分摊利息支出，也不能提供金融机构证明）。当地政府规定的房地产开发费用的计算扣除比例为 10%。企业当月无增值税进项税额。请计算该公司转让此楼应缴纳的土地增值税。

（1）不含税收入。房地产开发企业销售自行开发的房地产新项目，采取差额纳税办法，销项税额 ＝（含税收入 － 土地价款）÷（1 ＋9%）×9% ＝（10 900 － 2 300）÷（1 ＋9%）×9% ＝710.09 （万元）。不含税收入 ＝ 10 900 － 710.09 ＝ 10 189.91 （万元）。

（2）扣除项目金额。

①土地金额 ＝2 300 （万元）

②开发成本 ＝3 700 （万元）

③开发费用 ＝（2 300 ＋3 700）×10% ＝600 （万元）

④有关税金

＝（10 900 － 2 300）÷（1 ＋9%）×9% ×（7% ＋3% ＋2%）＝85.21 （万元）

⑤加计扣除 ＝（2 300 ＋3 700）×20% ＝1 200 （万元）

扣除项目金额合计 ＝2 300 ＋3 700 ＋600 ＋85.21 ＋1 200 ＝7 885.21 （万元）

（3）土地增值额 ＝ 10 189.91 － 7 885.21 ＝2 304.7 （万元）

（4）土地增值率 ＝2 304.7 ÷7 885.21 ＝29.23%，适用税率为30%，扣除系数为0。

（5）应纳土地增值税 ＝2 304.7 ×30% ＝691.41 （万元）

【案例·计算题】

2022 年 3 月某市食品加工厂转让 5 年前自建的一栋写字楼，合同注明转让收入不含税 8 000 万元，当年购入土地支付地价款 2 200 万元。该写字楼的原值为 4 000 万元，已提折旧 1 000 万元。已知该写字楼重置成本 5 000 万元，成新度为 70%。缴纳与转让该写字楼相关税金 440 万元（不含增值税和印花税）。已知：增值税税率9%，印花税税率0.5‰。计算该食品加工厂转让写字楼应缴纳土地增值税。

（1）不含税收入 ＝8 000 （万元）

（2）扣除项目金额 ＝2 200 ＋5 000 ×70% ＋440 ＋8 000 ×0.5‰ ＝6 144 （万元）

（3）土地增值额 ＝8 000 － 6 144 ＝1 856 （万元）

（4）土地增值率 ＝1 856 ÷6 144 ×100% ＝30.21%，适用税率为30%。

（5）应纳土地增值税 ＝1 856 ×30% ＝556.80 （万元）

三、土地增值税申报缴纳

（一）纳税申报

纳税人应在转让房地产合同签订后的 7 日内，到房地产所在地主管税务机关办理纳税申报，并向税务机关提交房屋及建筑物产权、土地使用权证书，土地使用权转让、房产买卖合同，房地产评估报告及其他与转让房地产有关的资料。

对于纳税人预售房地产所取得的收入，凡当地税务机关规定预征土地增值税的，纳税人应当到主管税务机关办理纳税申报，并按规定比例预交，待办理决算后，多退少补；凡当地税务机关规定不预征土地增值税的，也应在取得收入时先到税务机关登记或备案。

（二）纳税地点

土地增值税的纳税人应向房地产所在地主管税务机关办理纳税申报，并在税务机关核定的期限内缴纳土地增值税。

这里所说的"房地产所在地"，是指房地产的坐落地。纳税人转让的房地产坐落在两个或两个以上地区的，应按房地产所在地分别申报纳税。

（三）清算管理

目前的土地增值税实行"预征＋清算"的管理模式。在项目全部竣工结算前转让房地产取得的收入（包括预售房收入），按规定预征率预征土地增值税，待该项目全部竣工、办理结算后再进行清算，多退少补。

1. 土地增值税清算的定义。土地增值税清算是指纳税人在符合土地增值税清算条件后，依照税收法律、法规及土地增值税有关政策规定，计算房地产开发项目应缴纳的土地增值税税额，并填写《土地增值税清算申报表》，向主管税务机关提供有关资料，办理土地增值税清算手续，结清该房地产项目应缴纳土地增值税税款的行为。

2. 土地增值税清算单位。准确确定清算单位（项目）是土地增值税清算工作的关键环节。纳税人不得将不同类型房地产、分期开发的项目和不同审批备案的项目合在一起清算。划分土地增值税的清算单位应遵循下列原则：

（1）以国家有关部门审批的房地产开发项目为单位进行清算；

（2）分期开发的项目，以分期项目为单位清算；

（3）开发项目中同时包含普通住宅和非普通住宅的，应分别计算增值额。

3. 土地增值税的清算条件。

（1）符合下列情形之一的，纳税人应进行土地增值税的清算：①房地产开发项目全部竣工、完成销售的；②整体转让未竣工决算房地产开发项目的；③直接转让土地使用权的。

（2）符合下列情形之一的，主管税务机关可要求纳税人进行土地增值税清算：①已竣工验收的房地产开发项目，已转让的房地产建筑面积占整个项目可售建筑面积的比例在85%以上，或该比例虽未超过85%，但剩余的可售建筑面积已经出租或自用的；②取得销售（预售）许可证满三年仍未销售完毕的；③纳税人申请注销税务登记但未办理土地增值税清算手续的；④省税务机关规定的其他情况。

4. 土地增值税清算应报送的资料。

（1）房地产开发企业清算土地增值税书面申请、土地增值税纳税申报表；

（2）项目竣工决算报表、取得土地使用权所支付的地价款凭证和契税完税凭证、国有土地使用权出让合同、银行贷款利息结算通知单、项目工程合同结算单、商品房购销合同统计表、销售明细表、预售许可证等与转让房地产的收入、成本和费用有关的证明资料；

（3）纳税人委托税务中介机构审核鉴证的清算项目，还应报送中介机构出具的《土地增值税清算税款鉴证报告》。

5. 土地增值税的核定征收。房地产开发企业有下列情形之一的，税务机关可以核定征收土地增值税：

（1）依照法律、行政法规的规定应当设置但未设置账簿的；

（2）擅自销毁账簿或者拒不提供纳税资料的；

（3）虽设置账簿，但账目混乱或者成本资料、收入凭证、费用凭证残缺不全，难以确定转让收入或扣除项目金额的；

（4）符合土地增值税清算条件，未按照规定的期限办理清算手续，经税务机关责令限期清算，逾期仍不清算的；

（5）申报的计税依据明显偏低又无正当理由的。

任务五　契税计算与缴纳

契税是以在中国境内转移土地、房屋权属为征税对象，向产权承受人征收的一种财产税。契税是一个古老的税种，最早起源于东晋时期的"估税"，至今已有 1 600 多年的历史。

契税具有以下特点：（1）属于财产转移税；（2）由财产承受人缴纳。

一、契税基本要素

（一）契税的征税范围

契税的征税对象是境内转移的土地、房屋权属。具体包括以下三项内容：

1. 土地使用权出让。土地使用权出让是指国家以土地所有者的身份，将土地使用权让与土地使用者，并由土地使用者向国家支付土地使用权出让金的行为。

2. 土地使用权的转让，包括出售、赠与、互换。土地使用权的转让不包括农村集体土地承包经营权的转移。

3. 房屋买卖、赠与、互换。房屋买卖是指房屋所有者将其房屋出售，由承受着交付货币、实物、无形资产或其他经济利益的行为。房屋的赠与是指房屋产权所有人将房屋无偿转让给他人所有的行为。房屋交换是指房屋所有者之间互相交换房屋的行为。

📝**应用提示**　契税征税范围的特殊规定

1. 以作价投资（入股）、偿还债务、划转、奖励等方式转移土地、房屋权属的，应按规定征收契税。

2. 土地、房屋的共有人权属的转移，不论是发生在共有人之间或者共有人与第三人之间，也不论转移的权属份额的数量如何，权属承受人都属于应税范围。（1）因共有不动产份额变化的；（2）因共有人增加或者减少的。

3. 因人民法院、仲裁委员会的生效法律文书或者监察机关出具的监察文书等因素，发生土地、房屋权属转移的，属于契税应税范围。

4. 在股权（股份）转让中，单位、个人承受公司股权（股份），公司土地、房屋权属不发生转移，也不征收契税。

5. 不动产作为担保，不动产经营租赁（含转租）等不属于契税征税范围。

【案例·分析题】

甲先生是某套住房的唯一所有权人。现在甲先生以赠与方式新增其女儿乙某作为该套住房的共同共有人，并进行了共有人产权登记。两年后，甲先生与其女儿约定将共同共有转为按份共有，比例为各占50%，又将持有的该套住房50%的所有权份额全部赠与乙某，并进行了权属登记。依《财政部 税务总局关于贯彻实施契税法若干事项执行口径的公告》的规定，乙某第一次取得的房屋所有权，属于"共有人增加"；第二次取得50%的房屋所有权份额，属于"共有不动产份额变化"，都属于契税应税范围，权属承受人乙某须承担相应的契税纳税义务。如果共有人或共有不动产份额的变化符合契税免税情形，如婚姻关系存续期间夫妻之间变更土地、房屋权属，或者法定继承人通过继承承受土地、房屋权属，权属承受人可以享受免税优惠。

（二）契税的纳税人

契税的纳税人是指在中国境内承受土地、房屋权属的单位和个人。所谓承受，是指以受让、购买、受赠、交换等方式取得土地、房屋权属的行为。所谓土地、房屋权属，是指土地使用权、房屋所有权。单位，是指企业单位、事业单位、国家机关、军事单位和社会团体以及其他组织。个人，是指个体经营者及其他个人，包括中国公民和外籍人员。

（三）契税的税率

契税实行3%～5%的幅度税率。实行幅度税率是考虑到我国经济发展的不平衡，各地经济差别较大的实际情况。

契税的具体适用税率，由省、自治区、直辖市人民政府在规定的税率幅度内提出，报同级人民代表大会常务委员会决定，并报全国人民代表大会常务委员会和国务院备案。

省、自治区、直辖市可以依照规定的程序对不同主体、不同地区、不同类型的住房的权属转移确定差别税率。

（四）契税的税收优惠

1. 有下列情形之一的，免征契税：

（1）国家机关、事业单位、社会团体、军事单位承受土地、房屋权属用于办公、教学、医疗、科研、军事设施；

（2）非营利性的学校、医疗机构、社会福利机构承受土地、房屋权属用于办公、教学、医疗、科研、养老、救助；

（3）承受荒山、荒地、荒滩土地使用权用于农、林、牧、渔业生产；

（4）婚姻关系存续期间夫妻之间变更土地、房屋权属；

（5）法定继承人通过继承承受土地、房屋权属；

（6）依照法律规定应当予以免税的外国驻华使馆、领事馆和国际组织驻华代表机构承受土地、房屋权属。

根据国民经济和社会发展的需要，国务院对居民住房需求保障、企业改制重组、灾后重建等情形可以规定免征或者减征契税，报全国人民代表大会常务委员会备案。

[**知识链接**] 契税法定免税部分项目执行口径，请扫描二维码。

文本：契税法定免税部分项目执行口径

2. 省、自治区、直辖市人民政府可以决定对下列情形免征或者减征契税：

（1）因土地、房屋被县级以上人民政府征收、征用，重新承受土地、房屋权属；

（2）因不可抗力灭失住房，重新承受住房权属。

省、自治区、直辖市人民政府决定的免征或者减征契税的具体办法，由省、自治区、直辖市人民政府提出，报同级人民代表大会常务委员会决定，并报全国人民代表大会常务委员会和国务院备案。

3. 契税减免的其他规定。

（1）个人购买经济适用住房减半征收契税。经济适用住房是指已经列入国家计划，由城市政府组织房地产开发企业或者集资建房单位建造，以微利价向城镇中低收入家庭出售的住房。

（2）公租房经营管理单位购买住房作为公租房免征契税。公租房又称公共租赁住房，是指由政府出资或提供政策支持建造的低租金公共住房。

（3）个人购买住房减征契税。

①对个人购买家庭唯一住房（家庭成员范围包括购房人、配偶以及未成年子女，下同），面积为90平方米及以下的，减按1%的税率征收契税；面积为90平方米以上的，减按1.5%的税率征收契税。

②对个人购买家庭第二套改善性住房，面积为90平方米及以下的，减按1%的税率征收契税；面积为90平方米以上的，减按2%的税率征收契税。家庭第二套改善性住房是指已拥有一套住房的家庭，购买的家庭第二套住房。

（4）夫妻因离婚分割共同财产发生土地、房屋权属变更的，免征契税。

（5）城镇职工按规定第一次购买公有住房的，免征契税。

公有制单位为解决职工住房而采取集资建房方式建成的普通住房或由单位购买的普通商品住房，经县级以上地方人民政府房改部门批准、按照国家房改政策出售给本单位职工的，如属职工首次购买住房，比照公有住房免征契税。

已购公有住房经补缴土地出让价款成为完全产权住房的，免征契税。

（6）外国银行分行按照《中华人民共和国外资银行管理条例》等相关规定

改制为外商独资银行（或其分行），改制后的外商独资银行（或其分行）承受原外国银行分行的房屋权属的，免征契税。

[知识链接] 企事业单位改制重组税收优惠，请扫描二维码。

文本：企事业
单位改制重组
税收优惠

二、契税应纳税额的计算

（一）契税的计税依据

1. 计税依据的一般规定。

（1）土地使用权出让、出售，房屋买卖：为土地、房屋权属转移合同确定的成交价格，包括应交付的货币以及实物、其他经济利益对应的价款。

土地使用权出让的，计税依据包括土地出让金、土地补偿费、安置补助费、地上附着物和青苗补偿费、征收补偿费、城市基础设施配套费、实物配建房屋等应交付的货币以及实物、其他经济利益对应的价款。

（2）土地使用权互换、房屋互换：互换价格相等的，互换双方计税依据为零；互换价格不相等的，以其差额为计税依据，由支付差额的一方缴纳契税。

（3）土地使用权赠与、房屋赠与以及其他没有价格的转移土地、房屋权属行为，为税务机关参照土地使用权出售、房屋买卖的市场价格依法核定的价格。

应用提示　理解契税计税依据应注意两点

1. 契税的计税依据不包括增值税。土地、房屋权属转让方免征增值税的，承受方计征契税的成交价格不扣减增值税额。

2. 纳税人申报的成交价格、互换价格差额明显偏低且无正当理由的，由税务机关依照《税收征收管理法》的规定核定。

2. 计税依据的特殊规定。

（1）划拨土地性质变更或转让的计税依据。单位和个人以划拨方式取得土地使用权，不属于契税应税范围。对取得划拨土地后经批准，变更为出让性质或者转让的业务，应按规定征收契税。计税依据分为三种情形：

情形一：土地使用权的取得由划拨方式变更为出让方式。应依法缴纳契税。计税依据为应补缴的土地出让金及其他出让费用。

情形二：划拨土地经批准转让房地产，划拨性质改为出让的。土地由划拨性质改为出让，由房地产承受方缴纳契税，计税依据是补缴的土地出让价款；转让房地产，应由房地产购买方按合同确定的成交价格为计税依据缴纳契税。

情形三：土地划拨性质没有改变，仅发生房地产转让。房地产购买方仅对取得的房屋所有权按照房地产权属转移合同确定的成交价格为计税依据缴纳契税。

【案例·分析题】

国有企业甲公司原以划拨方式取得某块土地的使用权，并在土地上修建自用办公用房。现在，经当地政府批准，甲公司补缴土地出让价款1亿元，重新签订国有土地使用权出让合同，将上述地块由划拨性质改为出让。而后，甲公司与乙公司签订合同，以1.5亿元的价格转让原自用的办公用房给乙公司。那么，甲公司应按1亿元计算缴纳契税，乙公司应按1.5亿元计算缴纳契税。如果土地的划拨性质没有改变，而办公用房转让合同价款是8 000万元，则按规定应由乙公司按8 000万元计算缴纳契税。

（2）土地使用权及所附建筑物转让的计税依据。土地使用权及所附建筑物、构筑物等（包括在建的房屋、其他建筑物、构筑物和其他附着物）转让的，计税依据为承受方应交付的总价款。

即使不动产的转让方和购买方分别签订土地使用权转让合同、地上建筑物转让合同，也应以两个合同的总价款作为契税计税依据。

（3）房屋附属设施的计税依据。房屋附属设施包括停车位、机动车库、非机动车库、顶层阁楼、储藏室及其他房屋附属设施。

关于房屋附属设施的计税依据，以其是否与房屋为同一不动产单元为条件进行区分。所谓不动产单元，是指权属界线封闭且具有独立使用价值的空间。不动产以不动产单元为基本单位进行登记。不动产单元具有唯一编码。

房屋附属设施与房屋为同一不动产单元的，计税依据为承受方应交付的总价款，并适用与房屋相同的税率；房屋附属设施与房屋为不同不动产单元的，计税依据为转移合同确定的成交价格，并按当地确定的适用税率计税。比如有单独产权的车库，那么购买方应按照车库转移合同的成交价格和当地确定的车库适用税率计税。在实务中，如果购买方同时购买的房屋和房屋附属设施为不同不动产单元的，应分别签订转移合同；如果只签订一份合同，也应注明房屋、房屋附属设施各自的价格，便于准确确定契税的计税依据。

（4）承受已装修房屋的，应将包括装修费用在内的费用计入承受方应交付的总价款。

【案例·分析题】

2021年3月，彭小姐购买了一套70平方米的精修房，与开发商签订了两个合同，一个是毛坯房合同，房价420万元；另一个是精装修合同，装修费用40万元，实际房子的成交价格为毛坯房加精装修的费用。

解析：虽然彭小姐签了两个合同，但在办理房产证、缴纳契税时，在不考虑增值税的情况下，契税的计税价格应为房价420万元加上装修费40万元，共计460万元。

（二）契税应纳税额的计算

$$应纳契税 = 计税价格 \times 税率$$

【例题·计算题】

甲企业将闲置的一处房屋卖给乙企业作仓库使用，协议成交价格为 100 000 元，另外甲企业还将一门面与丙企业的一车库进行交换，甲的门面价值为 300 000 元，丙的车库价值为 400 000 元。当地政府规定的契税税率为 5%。计算甲企业、乙企业、丙企业应纳的契税。

（1）乙企业应纳契税 = 100 000 × 5% = 5 000（元）

（2）甲企业应纳契税 = 100 000 × 5% = 5 000（元）

（3）丙企业不缴纳契税。

【例题·计算题】

2021 年，王某获得单位奖励房屋一套。王某得到该房屋后又将其与李某拥有的一套房屋进行交换。经房地产评估机构评估奖励王某的房屋价值 30 万元，李某房屋价值 35 万元。两人协商后，王某实际向李某支付房屋交换价格差额款 5 万元。税务机关核定奖励王某的房屋价值 28 万元。已知当地规定的契税税率为 4%。计算王某应缴纳的契税税额。

（1）王某获奖房屋应纳契税 = 280 000 × 4% = 11 200（元）

（2）王某交换房屋应纳契税 = 50 000 × 4% = 2 000（元）

（3）王某实际应纳契税 = 11 200 + 2 000 = 13 200（元）

三、契税征收管理

（一）纳税义务发生时间

1. 一般规定。契税的纳税义务发生时间，为纳税人签订土地、房屋权属转移合同的当日，或者纳税人取得其他具有土地、房屋权属转移合同性质凭证的当日。具有土地、房屋权属转移合同性质的凭证包括契约、协议、合约、单据、确认书以及其他凭证。

2. 特殊规定。

（1）因人民法院、仲裁委员会的生效法律文书或者监察机关出具的监察文书等发生土地、房屋权属转移的，纳税义务发生时间为法律文书等生效当日。

（2）因改变土地、房屋用途等情形应当缴纳已经减征、免征契税的，纳税义务发生时间为改变有关土地、房屋用途等情形的当日。

（3）因改变土地性质、容积率等土地使用条件需补缴土地出让价款，应当缴纳契税的，纳税义务发生时间为改变土地使用条件当日。

发生上述情形，按规定不再需要办理土地、房屋权属登记的，纳税人应自纳税义务发生之日起 90 日内申报缴纳契税。

（二）纳税期限

纳税人应当在依法办理土地、房屋权属登记手续前申报缴纳契税。

纳税人办理纳税事宜后，税务机关应当开具契税完税凭证。纳税人办理土地、房屋权属登记，不动产登记机构应当查验契税完税、减免税凭证或者有关信息。未按照规定缴纳契税的，不动产登记机构不予办理土地、房屋权属登记。

（三）退税管理

纳税人缴纳契税后发生下列情形，可依照有关法律法规申请退税：

1. 权属登记前可退税。在依法办理土地、房屋权属登记前，权属转移合同、权属转移合同性质凭证不生效、无效、被撤销或者被解除的，纳税人可以向税务机关申请退还已缴纳的税款，税务机关应当依法办理。

2. 权属登记后符合条件可退税。因人民法院判决或者仲裁委员会裁决导致土地、房屋权属转移行为无效、被撤销或者被解除，且土地、房屋权属变更至原权利人的，纳税人可依照有关法律法规申请退税。

纳税人在权属登记后的退税需满足两个前提：第一，房屋权属转移行为无效、被撤销或者被解除的依据是因人民法院判决或者仲裁委员会裁决，而不是买卖双方的合意或者其他机构的决定；第二，土地、房屋权属变更至原权利人而非其他人。

3. 多缴契税符合条件可以退还。

（1）在出让土地使用权交付时，因容积率调整或实际交付面积小于合同约定面积需退还土地出让价款的。

（2）在新建商品房交付时，因实际交付面积小于合同约定面积需返还房价款的。

纳税人申请契税退税，需提供《退（抵）税申请表》、完税（缴款）凭证复印件，以及税务机关认可的其他记载应退税款内容的资料，如合同不生效、无效、被撤销或者被解除的有关文书，法院判决书、仲裁裁决书，退还土地出让金、购房款的有关证明材料等。

（四）纳税地点

契税在土地、房屋所在地的契税征收机关缴纳。

（五）部门协同管理

税务机关应当与相关部门建立契税涉税信息共享和工作配合机制。自然资源、住房和城乡建设、民政、公安等相关部门应当及时向税务机关提供与转移土地、房屋权属有关的信息，协助税务机关加强契税征收管理。

税务机关及其工作人员对税收征收管理过程中知悉的纳税人的个人信息，应当依法予以保密，不得泄露或者非法向他人提供。

想一想：我国与房地产相关的税种有哪些？它们之间有什么不同？

任务六　印花税计算与缴纳

印花税是以经济活动和经济交往中，书立、领受应税凭证的行为为征税对象征收的一种税。印花税因其采用在应税凭证上粘贴印花税票的方法缴纳税款而得名。印花税具有以下特点：（1）征税范围广；（2）税率低，税负轻。

一、印花税基本要素

（一）印花税的征税范围

现行印花税采取正列举形式，只对列举的凭证征税，没有列举的凭证不征税。列举的凭证分为五类：书面形式的合同、产权转移书据、营业账簿、权利、许可证照和证券交易。具体征税范围如下：

1. 书面形式的合同。书面形式的合同包括11大类合同。它们是：买卖合同、借款合同、融资租赁合同、租赁合同、承揽合同、建设工程合同、运输合同、技术合同、保管合同、仓储合同、财产保险合同。

2. 产权转移书据。产权转移书据包括土地使用权出让和转让书据；房屋等建筑物、构筑物所有权、股权（不包括上市和挂牌公司股票）、商标专用权、著作权、专利权、专用技术使用权转移书据。

3. 营业账簿。应税营业账簿是指记载资金的账簿。是反映生产经营单位"实收资本（股本）"和"资本公积"金额增减变化的账簿。

4. 权利、许可证照。此处的权利、许可证照包括政府部门发给的不动产权证书、营业执照、商标注册证、专利证书。

5. 证券交易。证券交易是指在依法设立的证券交易所上市交易或者在国务院批准的其他证券交易场所转让公司股票和以股票为基础发行的存托凭证。

📝 **应用提示**　印花税征税范围的特殊规定

1. 在中华人民共和国境外书立在境内使用的应税凭证，应当按规定缴纳印花税。包括以下几种情形：

（1）应税凭证的标的为不动产的，该不动产在境内；

（2）应税凭证的标的为股权的，该股权为中国居民企业的股权；

（3）应税凭证的标的为动产或者商标专用权、著作权、专利权、专有技术使用权的，其销售方或者购买方在境内，但不包括境外单位或者个人向境内单位或者个人销售完全在境外使用的动产或者商标专用权、著作权、专利权、专有技术使用权；

（4）应税凭证的标的为服务的，其提供方或者接受方在境内，但不包括境外单位或者个人向境内单位或者个人提供完全在境外发生的服务。

2. 企业之间书立的确定买卖关系、明确买卖双方权利义务的订单、要货单等单据，且未另外书立买卖合同的，应当按规定缴纳印花税。

3. 发电厂与电网之间、电网与电网之间书立的购售电合同，应当按买卖合同税目缴纳印花税。

4. 下列情形的凭证，不属于印花税征收范围：

（1）人民法院的生效法律文书，仲裁机构的仲裁文书，监察机关的监察文书。

（2）县级以上人民政府及其所属部门按照行政管理权限征收、收回或者补偿安置房地产书立的合同、协议或者行政类文书。

（3）总公司与分公司、分公司与分公司之间书立的作为执行计划使用的凭证。

【案例·分析题】

根据印花税法律制度的规定，请分析下列各项中，属于印花税征税范围的有(　　)。

A. 土地使用权出让合同　　　　B. 企业单位承包合同

C. 商品房销售合同　　　　　　D. 房屋产权证

应税分析：选项 ACD 属于印花税征税范围，书面形式的合同就税法列举的 11 类合同征税，列举合同中不包括企事业单位承包合同。

（二）印花税的纳税人

1. 纳税人基本规定。在中华人民共和国境内书立应税凭证、进行证券交易的单位和个人以及在中华人民共和国境外书立在境内使用的应税凭证的单位和个人，为印花税的纳税人，应当依法缴纳印花税。

这里所说的单位和个人，是指国内各类企业、事业单位、机关、团体、部队以及中外合资企业、合作企业、外资企业、外国公司和其他经济组织及其在华机构等单位和个人，以及在境外书立境内使用的应税凭证的单位和个人。

应用提示　理解印花税纳税人需注意的问题

1. 书立应税凭证的纳税人，为对应税凭证有直接权利义务关系的单位和个人。

2. 采用委托贷款方式书立的借款合同纳税人，为受托人和借款人，不包括委托人。

3. 按买卖合同或者产权转移书据税目缴纳印花税的拍卖成交确认书纳税人，为拍卖标的的产权人和买受人，不包括拍卖人。

4. 对应税凭证，凡由两方或两方以上当事人共同书立的，其当事人各方都是印花税的纳税人，应就其所持凭证的计税金额各自履行纳税义务。证券交易印花税对证券交易的出让方征收，不对受让方征收。

2. 扣缴义务人。

（1）纳税人为境外单位或者个人，在境内有代理人的，以其境内代理人为扣缴义务人；在境内没有代理人的，由纳税人自行申报缴纳印花税。

（2）证券登记结算机构为证券交易印花税的扣缴义务人。

（三）印花税的税目、税率

印花税税目共分 4 大类 15 个税目。印花税实行比例税率，分 5 档，分别是：0.05‰、0.25‰、0.3‰、0.5‰、1‰（见表 6-4）。

表 6-4   印花税税目税率表

税目		税率	备注
合同（指书面合同）	借款合同	借款金额的万分之零点五	指银行业金融机构、经国务院银行业监督管理机构批准设立的其他金融机构与借款人（不包括同业拆借）的借款合同
	融资租赁合同	租金的万分之零点五	
	买卖合同	支付价款的万分之三	指动产买卖合同（不包括个人书立的动产买卖合同）
	承揽合同	支付报酬的万分之三	
	建设工程合同	支付价款的万分之三	
	运输合同	运输费用的万分之三	指货运合同和多式联运合同（不包括管道运输合同）
	技术合同	支付价款、报酬或者使用费的万分之三	不包括专利权、专有技术使用权转让书据
	租赁合同	租金的千分之一	
	保管合同	保管费的千分之一	
	仓储合同	仓储费的千分之一	
	财产保险合同	保险费的千分之一	不包括再保险合同
产权转移书据	土地使用权出让书据	价款的万分之五	转让包括买卖（出售）、继承、赠与、互换、分割
	土地使用权、房屋等建筑物和构筑物所有权转让书据（不包括土地承包经营权和土地经营权转移）	价款的万分之五	
	股权转让书据（不包括应缴纳证券交易印花税的）	价款的万分之五	
	商标专用权、著作权、专利权、专用技术使用权转让书据	价款的万分之三	
营业账簿		实收资本（股本）、资本公积合计金额的万分之二点五	
证券交易		成交金额的千分之一	

注：税目与子目对应关系如下：

1. 六个税目没有子目：融资租赁合同、买卖合同、保管合同、仓储合同、财产保险合同、营业账簿。

2. 其他税目对应的子目。

（1）借款合同。银行业金融机构借款合同、其他金融机构借款合同。

（2）承揽合同。加工合同、定作合同、修理合同、复制合同、测试合同、检验合同。

（3）建设工程合同。工程勘察合同、工程设计合同、工程施工合同。

（4）运输合同。公路货物运输合同、水路货物运输合同、航空货物运输合同、铁路货物运输合同、多式联运合同。

（5）技术合同。技术开发合同、技术许可合同、技术咨询合同、技术服务合同。

（6）租赁合同。房屋租赁合同、其他租赁合同。

（7）产权转移书据。土地使用权出让书据、土地使用权转让书据、房屋等建筑物和构筑物所有权转让书据（不包括土地承包经营权和土地经营权转移）、股权转让书据（不包括应缴纳证券交易印花税的）、商标专用权转让书据、著作权转让书据、专利权转让书据、专有技术使用权转让书据。

（四）印花税的税收优惠

下列凭证免征印花税：

1. 应税凭证的副本或者抄本；

2. 依照法律规定应当予以免税的外国驻华使馆、领事馆和国际组织驻华代表机构为获得馆舍书立的应税凭证；

3. 中国人民解放军、中国人民武装警察部队书立的应税凭证；

4. 农民、家庭农场、农民专业合作社、农村集体经济组织、村民委员会购买农业生产资料或者销售农产品书立的买卖合同和农业保险合同；

5. 无息或者贴息借款合同、国际金融组织向中国提供优惠贷款书立的借款合同；

6. 财产所有权人将财产赠与政府、学校、社会福利机构、慈善组织书立的产权转移书据；

7. 非营利性医疗卫生机构采购药品或者卫生材料书立的买卖合同；

8. 个人与电子商务经营者订立的电子订单。

根据国民经济和社会发展的需要，国务院对居民住房需求保障、企业改制重组、破产、支持小型微型企业发展等情形可以规定减征或者免征印花税，报全国人民代表大会常务委员会备案。

对应税凭证适用印花税减免优惠的，书立该应税凭证的纳税人均可享受印花税减免政策，明确特定纳税人适用印花税减免优惠的除外。

纳税人享受印花税优惠政策，继续实行"自行判别、申报享受、有关资料留存备查"的办理方式。纳税人对留存备查资料的真实性、完整性和合法性承担法律责任。

[知识链接] 印花税税收优惠的执行口径，请扫描二维码。

文本：印花税税收优惠的执行口径

二、印花税应纳税额的计算

（一）印花税的计税依据

印花税的计税依据，按照下列方法确定：

1. 应税合同的计税依据，为合同列明的价款或者报酬，不包括增值税税款；合同中价款或者报酬与增值税税款未分开列明的，按照合计金额确定。

2. 应税产权转移书据的计税依据，为产权转移书据列明的价款，不包括增值税税款；产权转移书据中价款与增值税税款未分开列明的，按照合计金额确定。

3. 应税营业账簿的计税依据，为账簿记载的实收资本（股本）、资本公积合计金额。

4. 证券交易的计税依据，为成交金额。

证券交易无转让价格的，按照办理过户登记手续时该证券前一个交易日收盘价计算确定计税依据；无收盘价的，按照证券面值计算确定计税依据。

5. 应税合同、产权转移书据未列明金额的，印花税的计税依据按照实际结算的金额确定。

计税依据按照上述规定仍不能确定的，按照书立合同、产权转移书据时的市场价格确定；依法应当执行政府定价或者政府指导价的，按照国家有关规定确定。

（二）印花税应纳税额的计算

印花税的应纳税额按照计税依据乘以适用税率计算。具体计算公式为：

1. 应税合同应纳印花税＝价款或者报酬×比例税率
2. 应税产权转移书据应纳印花税＝价款×比例税率
3. 应税营业账簿应纳印花税＝实收资本（股本）、资本公积合计金额×比例税率
4. 证券交易应纳印花税＝办理过户登记手续前一个交易日收盘价或者证券面值×比例税率

【例题·计算题】

甲、乙公司签订一笔含税金额 3 390 万元的购销合同，合同中价格与增值税未分别列明，购销合同印花税税率为 0.3‰。请问应纳印花税是多少？

应纳印花税 ＝ 33 900 000 × 0.3‰ ＝ 10 170（元）

如果签订合同中分别列明价款 3 000 万元、增值税 390 万元，则只按价款计算印花税。应纳印花税为：30 000 000 × 0.3‰ ＝ 9 000（元）。

【例题·计算题】

某企业按季申报缴纳印花税，2022 年第三季度书立买卖合同 5 份，合同所列价款（不包括列明的增值税税款）共计 100 万元，书立建筑工程合同 1 份，合同所列价款（不包括列明的增值税税款）共计 1 000 万元，书立产权转移书据 1 份，合同所列价款（不包括列明的增值税税款）共计 500 万元。计算该企业应纳印花税。

（1）买卖合同应纳印花税 ＝ 1 000 000 × 0.3‰ ＝ 300（元）
（2）建筑工程合同应纳印花税 ＝ 10 000 000 × 0.3‰ ＝ 3 000（元）
（3）产权转移数据应纳印花税 ＝ 5 000 000 × 0.5‰ ＝ 2 500（元）
应纳印花税合计 ＝ 300 ＋ 3 000 ＋ 2 500 ＝ 5 800（元）

应用提示　关于计税依据、补税和退税的具体情形

1. 同一应税合同、应税产权转移书据中涉及两方以上纳税人，且未列明纳税人各自涉及金额的，以纳税人平均分摊的应税凭证所列金额（不包括列明的增值税税款）确定计税依据。

2. 应税合同、应税产权转移书据所列的金额与实际结算金额不一致，不变更应税凭证所

列金额的，以所列金额为计税依据；变更应税凭证所列金额的，以变更后的所列金额为计税依据。已缴纳印花税的应税凭证，变更后所列金额增加的，纳税人应当就增加部分的金额补缴印花税；变更后所列金额减少的，纳税人可以就减少部分的金额向税务机关申请退还或者抵缴印花税。

3. 纳税人因应税凭证列明的增值税税款计算错误导致应税凭证的计税依据减少或者增加的，纳税人应当按规定调整应税凭证列明的增值税税款，重新确定应税凭证计税依据。已缴纳印花税的应税凭证，调整后计税依据增加的，纳税人应当就增加部分的金额补缴印花税；调整后计税依据减少的，纳税人可以就减少部分的金额向税务机关申请退还或者抵缴印花税。

4. 纳税人转让股权的印花税计税依据，按照产权转移书据所列的金额（不包括列明的认缴后尚未实际出资权益部分）确定。

5. 应税凭证金额为人民币以外的货币的，应当按照凭证书立当日的人民币汇率中间价折合人民币确定计税依据。

6. 境内的货物多式联运，采用在起运地统一结算全程运费的，以全程运费作为运输合同的计税依据，由起运地运费结算双方缴纳印花税；采用分程结算运费的，以分程的运费作为计税依据，分别由办理运费结算的各方缴纳印花税。

7. 未履行的应税合同、产权转移书据，已缴纳的印花税不予退还及抵缴税款。

8. 纳税人多贴的印花税票，不予退税及抵缴税款。

9. 应税合同、产权转移书据未列明金额，在后续实际结算时确定金额的，纳税人应当于书立应税合同、产权转移书据的首个纳税申报期申报应税合同、产权转移书据书立情况，在实际结算后下一个纳税申报期，以实际结算金额计算申报缴纳印花税。

三、印花税申报与缴纳

（一）印花税纳税地点

1. 纳税人为单位的，应当向其机构所在地的主管税务机关申报缴纳印花税。

2. 纳税人为个人的，应当向应税凭证书立地或者纳税人居住地的主管税务机关申报缴纳印花税。

3. 不动产产权发生转移的，纳税人应当向不动产所在地的主管税务机关申报缴纳印花税。

4. 纳税人为境外单位或者个人。

（1）在境内有代理人的，境内代理人应当向其机构所在地（居住地）主管税务机关申报扣缴税款。

（2）在境内没有代理人的，境外单位或者个人可以向资产交付地、境内服务提供方或者接受方所在地（居住地）、书立应税凭证境内书立人所在地（居住地）主管税务机关申报缴纳；涉及不动产产权转移的，应当向不动产所在地主管税务机关申报缴纳。

5. 证券交易印花税，证券登记结算机构应当向其机构所在地的主管税务机关申报扣缴税款以及银行结算的利息。

（二）印花税纳税义务发生时间

1. 印花税纳税义务发生时间为纳税人订立、领受应税凭证或者完成证券交易的当日。

2. 证券交易印花税扣缴义务发生时间为证券交易完成的当日。

（三）印花税纳税期限

1. 印花税按季、按年或者按次计征。实行按季、按年计征的，纳税人应当于季度、年度终了之日起十五日内申报并缴纳税款。实行按次计征的，纳税人应当于纳税义务发生之日起十五日内申报并缴纳税款。

2. 证券交易印花税按周解缴。扣缴义务人应当于每周终了之日起五日内申报解缴税款及孳息。

任务七　车辆购置税计算与缴纳

车辆购置税是对中华人民共和国境内购置应税车辆的单位和个人征收的一种税。车辆购置税为中央税，专用于国道、省道干线公路建设和支持地方道路建设。车辆购置税具有以下特点：（1）征收范围单一。以特定车辆为课税对象。（2）征收环节单一。只在购置环节一次征收。（3）税率单一。只规定一个比例税率。（4）征收方法单一。从价计征。（5）负税主体单一。税款由车辆购置者负担。

一、车辆购置税基本要素

微课视频 6 – 3：车购税基本要素。观看视频，请扫描二维码。

（一）车辆购置税的征税范围

车辆购置税以列举的车辆为征税对象，未列举的车辆不征税。征收范围包括：汽车、有轨电车、汽车挂车、排气量超过 150 毫升的摩托车。

地铁、轻轨等城市轨道交通车辆，装载机、平地机、挖掘机、推土机等轮式专用机械车，以及起重机（吊车）、叉车、电动摩托车，不属于应税车辆。

（二）车辆购置税的纳税人

在中华人民共和国境内购置汽车、有轨电车、汽车挂车、排气量超过 150 毫升的摩托车的单位和个人，为车辆购置税的纳税人，应当依照《车辆购置税法》的规定缴纳车辆购置税。

《车辆购置税法》所称购置，是指以购买、进口、自产、受赠、获奖或者其他方式取得并自用应税车辆的行为。

单位，包括国有企业、集体企业、私营企业、股份制企业、外商投资企业、外国企业及其他企业、事业单位、社会团体、国家机关、部队和其他单位。

个人，包括个体工商户以及其他个人。

视频：车购税
基本要素

（三）车辆购置税的税率

车辆购置税实行单一比例税率，税率为10%。

（四）车辆购置税的税收优惠

1. 法定免税车辆。

（1）依照法律规定应当予以免税的外国驻华使馆、领事馆和国际组织驻华机构及其有关人员自用的车辆；

（2）中国人民解放军和中国人民武装警察部队列入装备订货计划的车辆；

（3）悬挂应急救援专用号牌的国家综合性消防救援车辆；

（4）设有固定装置的非运输专用作业车辆；

（5）城市公交企业购置的公共汽电车辆。

城市公交企业购置的公共汽电车辆免征车辆购置税中的城市公交企业，是指由县级以上（含县级）人民政府交通运输主管部门认定的，依法取得城市公交经营资格，为公众提供公交出行服务，并纳入《城市公共交通管理部门与城市公交企业名录》的企业；公共汽电车辆是指按规定的线路、站点票价营运，用于公共交通服务，为运输乘客设计和制造的车辆，包括公共汽车、无轨电车和有轨电车。

2. 其他免税车辆。根据国民经济和社会发展的需要，国务院规定并报全国人民代表大会常务委员会备案的其他免征车辆购置税的车辆包括：

（1）回国服务的在外留学人员用现汇购买1辆个人自用国产小汽车；

（2）长期来华定居专家进口1辆自用小汽车；

（3）防汛部门和森林消防部门用于指挥、检查、调度、报汛（警）、联络的由指定厂家生产的设有固定装置的指定型号的车辆；

（4）"母亲健康快车"项目专用车辆；

（5）北京冬奥组委新购车辆；

（6）新能源汽车；新能源汽车是指纯电动汽车、插电式混合动力（含增程式）汽车、燃料电池汽车；

（7）原公安现役部队和原武警黄金、森林、水电部队改制后换发地方机动车牌证的车辆（公安消防、武警森林部队执行灭火救援任务的车辆除外）。

二、车辆购置税应纳税额的计算

（一）车辆购置税的计税价格

1. 纳税人购买自用应税车辆的计税价格，为纳税人实际支付给销售者的全部价款，不包括增值税税款；实际支付给销售者的全部价款，依据纳税人购买应税车辆时相关凭证载明的价格确定。

2. 纳税人进口自用应税车辆的计税价格，为关税完税价格加上关税和消费税；纳税人进口自用应税车辆，是指纳税人直接从境外进口或者委托代理进口自用的应税车辆，不包括在境内购买的进口车辆。

3. 纳税人自产自用应税车辆的计税价格，按照同类应税车辆（即车辆配置序列号相同的车辆）的销售价格确定，不包括增值税税款；没有同类应税车辆销售价格的，按照组成计税价格确定。组成计税价格计算公式如下：

$$组成计税价格 = 成本 \times (1 + 成本利润率)$$

属于应征消费税的应税车辆，其组成计税价格中应加计消费税税额。

上述公式中的成本利润率，由国家税务总局各省、自治区、直辖市和计划单列市税务局确定。

4. 纳税人以受赠、获奖或者其他方式取得自用应税车辆的计税价格，按照购置应税车辆时相关凭证载明的价格确定，不包括增值税税款。

纳税人申报的应税车辆计税价格明显偏低，又无正当理由的，由税务机关依照《税收征收管理法》的规定核定其应纳税额。

（二）车辆购置税应纳税额的计算

车辆购置税实行从价定率的方法计算应纳税额，计算公式为：

$$应纳税额 = 计税价格 \times 税率$$

【案例·计算题】

2022 年 4 月张三购买一辆小轿车（排气量 3.0 升），支付含增值税的车价款 226 000 元。计算张三应纳的车辆购置税。

（1）计税价格 = 226 000 ÷ (1 + 13%) = 200 000（元）

（2）应纳车辆购置税 = 200 000 × 10% = 20 000（元）

【案例·计算题】

某企业进口 2 辆自用的小轿车，《海关进口关税专用缴款书》注明的关税完税价格为 25 万元/辆，计算该公司应纳的车辆购置税。（小轿车关税税率 28%，消费税税率 9%）

（1）车辆购置税计税价格 = 2 × (25 + 25 × 28%) ÷ (1 - 9%) = 70.33（万元）

（2）应纳车辆购置税 = 70.33 × 10% = 7.03（万元）

应用提示　减免税车辆改变用途的税务处理

已经办理免税、减税手续的车辆因转让、改变用途等原因不再属于免税、减税范围的，纳税人、纳税义务发生时间、应纳税额按以下规定执行：

1. 发生转让行为的，受让人为车辆购置税纳税人；未发生转让行为的，车辆所有人为车辆购置税纳税人。

2. 纳税义务发生时间为车辆转让或者用途改变等情形发生之日。

3. 应纳税额计算公式如下：

$$应纳税额=初次办理纳税申报时确定的计税价格×(1-使用年限×10\%)$$
$$×10\%-已纳税额$$

应纳税额不得为负数。

使用年限的计算方法是，自纳税人初次办理纳税申报之日起，至不再属于免税、减税范围的情形发生之日止。使用年限取整数计算，不满一年的不计算在内。

【案例·计算题】

乙城市公交企业 2019 年 7 月 1 日购进一辆营运公共汽车，不含增值税市场价为 20 万元，预计可使用年限为 10 年。2021 年 8 月 1 日，由于车辆更新，乙企业将已使用 2 年 1 个月的车辆卖给丙个体户。计算丙个体户应缴纳的车辆购置税。

丙个体户应缴纳的车辆购置税 $=20×(1-2×10\%)×10\%=1.6$（万元）

三、车辆购置税申报缴纳

（一）纳税义务发生时间

车辆购置税的纳税义务发生时间为纳税人购置应税车辆的当日，以纳税人购置应税车辆所取得的车辆相关凭证上注明的时间为准。按不同的购置方式，纳税义务发生时间，按照下列情形确定：

1. 购买自用应税车辆的为购买之日，即车辆相关价格凭证的开具日期；

2. 进口自用应税车辆的为进口之日，即《海关进口增值税专用缴款书》或者其他有效凭证的开具日期；

3. 自产、受赠、获奖或者以其他方式取得并自用应税车辆的为取得之日，即合同、法律文书或者其他有效凭证的生效或者开具日期。

（二）纳税期限

纳税人应当自纳税义务发生之日起六十日内申报缴纳车辆购置税。纳税人应当在向公安机关交通管理部门办理车辆注册登记前，缴纳车辆购置税。公安机关交通管理部门办理车辆注册登记，应当根据税务机关提供的应税车辆完税或者免税电子信息对纳税人申请登记的车辆信息进行核对，核对无误后依法办理车辆注册登记。

（三）纳税地点

购置应税车辆的纳税人，应当到下列地点申报纳税：

1. 需要办理车辆登记的，向车辆登记地的主管税务机关申报纳税。

2. 不需要办理车辆登记的，单位纳税人向其机构所在地的主管税务机关申报纳税，个人纳税人向其户籍所在地或者经常居住地的主管税务机关申报纳税。

（四）退税管理

纳税人将已征车辆购置税的车辆退回车辆生产企业或者销售企业的，可以向主管税务机关申请退还车辆购置税。应退税额的计算公式如下：

$$应退税额 = 已纳税额 \times (1 - 使用年限 \times 10\%)$$

应退税额不得为负数。

使用年限的计算方法是，自纳税人缴纳税款之日起，至申请退税之日止。

教学资源库

本教材的配套在线课程《税费计算与智能申报》，建立在超星学习通平台。在线课程超星学习通平台网址：

https://mooc1-gray.chaoxing.com/course-ans/ps/215910758

账号：15179294752

密码：zhouli19850315

登录网址，单击进入课程，填写账号、密码登录，进入《税费计算与智能申报》课程中，即可阅读全部课程资源——教案、章节、资料、作业、考试、讨论等，单击需要学习的内容，即可配合教材，进行在线课程学习。

财产行为税技能训练题

一、应税选择（单选题）

1. 某生产企业为增值税一般纳税人（位于市区），主要经营内销和出口业务，2022 年 4 月实际缴纳增值税 40 万元，出口货物免抵税额 4 万元。另外，进口货物缴纳增值税 17 万元，缴纳消费税 30 万元。该企业 2022 年 4 月应纳城市维护建设税及教育费附加（　　）万元。

A. 3.00　　　　B. 4.40　　　　C. 3.62　　　　D. 7.01

2. 地处市区的某公司 2022 年 6 月境内销售货物实际缴纳增值税 10 万元和消费税 15 万元，进口货物缴纳增值税 20 万元，另外本地税务机关查补增值税 5 万元，加收滞纳金 1 万元、罚款 5 万元。则该公司当月应纳城市维护建设税（　　）万元。

A. 2.1　　　　B. 3.5　　　　C. 2.17　　　　D. 2.52

3. 根据土地增值税法律制度的规定，下列各项中，属于土地增值税征税范围的是（　　）。

A. 某市房产所有人将房屋产权无偿赠送给其女儿

B. 某市房产所有人将房屋产权有偿转让给他人

C. 某市土地使用权人通过希望工程基金会将土地使用权赠与某学校

D. 某市土地使用权人将土地使用权出租给某养老院

4. 根据土地增值税法律制度的规定，下列各项中，应当缴纳土地增值税的是（   ）。

A. 因城市实施规划、国家建设的需要而搬迁，由纳税人自行转让原房地产

B. 纳税人建造高级公寓出售，增值额未超过扣除项目金额20%

C. 企事业单位转让旧房作为经济适用住房房源，且增值额未超过扣除项目金额20%

D. 因国家建设需要依法征用、收回的房地产

5. 下列有关城镇土地使用税的表述中，正确的是（   ）。

A. 土地使用权未确定或权属纠纷未解决的，由争议方分别纳税

B. 纳税人购置新建商品房，自房屋交付使用之月起，缴纳城镇土地使用税

C. 公园、名胜古迹内的营业单位使用的土地，应缴纳城镇土地使用税

D. 出租、出借房产，自交付出租、出借房产之月起计征城镇土地使用税

6. 下列选项中，符合城镇土地使用税规定的是（   ）。

A. 购置新建商品房，自房地产权属登记机关签发房屋权属证书之次月起，计征城镇土地使用税

B. 按年计算、分期缴纳，缴纳期限由省、自治区、直辖市税务机关确定

C. 纳税人新征用的土地，必须于批准新征用之日起30日内申报登记

D. 纳税人在全国范围内跨省、自治区、直辖市使用的土地，其城镇土地使用税的纳税地点由国家税务总局确定

7. 下列关于车辆购置税的政策表述，错误的是（   ）。

A. 国际组织驻华机构及其外交人员自用车辆免征车辆购置税

B. 购置列入《新能源汽车车型目录》的新能源汽车免征车辆购置税

C. 自卸式垃圾车免征车辆购置税

D. 城市公交企业购置的公共汽电车辆免征车辆购置税

8. 2022年2月，某汽车制造公司将自产小汽车3辆奖励给职工个人。2辆移送业务部门使用。小汽车生产成本为53 500元/辆。同类应税小汽车的销售价格为68 000元/辆（不含税）。该公司应纳车辆购置税（   ）元。

A. 10 700   B. 26 750   C. 34 000   D. 13 600

9. 根据房产税法律制度的规定，下列各项中，不属于房产税征税范围的是（   ）。

A. 建制镇工业企业的厂房   B. 农村的村民住宅

C. 市区商场的地下车库   D. 县城商业企业的办公楼

10. 某企业有原值为3 000万元的房产，2022年1月1日将其中的20%用于对外投资联营，投资期限为10年，承担投资风险。已知当地省政府规定的房产原值扣除比例为20%。根据房产税法律制度的规定，该企业2022年度应缴纳房产税（   ）万元。

A. 5.76   B. 24   C. 22.80   D. 23.04

11. 根据房产税法律制度的有关规定，下列说法错误的是（   ）。

A. 纳税人将原有房产用于生产经营，从生产经营之月起，缴纳房产税

B. 纳税人购置新建商品房，自房地产权属登记机关签发房屋权属证书之次月起，缴纳房产税

C. 纳税人出租、出借房产，自交付出租、出借本企业房产之次月起，缴纳房产税

D. 纳税人自行新建房屋用于生产经营，从建成之次月起，缴纳房产税

12. 根据契税法律制度的规定，下列各项中，应当征收契税的是（   ）。

A. 企业房产不等价交换   B. 房屋继承

C. 房屋典当   D. 土地使用权抵押

13. 王某将其一套价值60万元的住房与李某的一套价值80万元的住房交换，王某以现金方式补偿给李某差价；另将一套价值100万元的门面房与王某的门面房等价交换。已知当地契税适用税率为3%，则下列关于上述房产应纳契税的计算中，正确的是（   ）。（上述金额均不含增值税）

A. 王某应纳契税 = (80 - 60) × 3% = 0.6（万元）

B. 王某应纳契税 = (80 - 60) × 3% + 100 × 3% = 3.6（万元）

C. 李某应纳契税 = (80 - 60) × 3% = 0.6（万元）

D. 李某应纳契税 = 100 × 3% = 3（万元）

14. 根据印花税法律制度的规定，下列表述中，不正确的是（   ）。

A. 专利申请权转让合同应按技术合同征收印花税

B. 对发电厂与电网之间签订的购售电合同，按买卖合同征收印花税

C. 证券交易的计税依据，为成交金额

D. 纳税人出让或者转让不动产产权的，应当向纳税人居住地的税务机关申报缴纳印花税

15. 2022年12月，甲公司与乙公司签订一份承揽合同，合同载明由甲公司提供原材料200万元，支付乙公司加工费报酬30万元；又与丙公司签订了一份财产保险合同，保险金额1 000万元，支付保险费1万元。已知承揽合同印花税税率为0.3‰，财产保险合同印花税税率为1‰，则甲公司应缴纳的印花税为（   ）元。

A. 11 000   B. 11 050   C. 1 010   D. 100

二、应税选择（多选题）

1. 企业下列行为中，需要缴纳城建税的有（   ）。

A. 事业单位出租房屋行为   B. 企业购买房屋行为

C. 油田开采天然原油并销售行为   D. 外商投资企业销售货物行为

2. 关于城建税和教育费附加减免优惠政策的说法，正确的有（   ）。

A. 某企业出口服装已退增值税后，应退还城建税和教育费附加

B. 某人下岗失业后从事个体餐饮服务，当年可免征城建税和教育费附加

C. 某企业进口小汽车，海关征收了增值税和消费税，应同时征收城建税和教育费附加

D. 某企业享受增值税先征后返的税收优惠政策，城建税和教育费附加同时

先征后返

3. 根据土地增值税法律制度的规定，下列各项中，应当征收土地增值税的有（　　）。

A. 公司与公司之间互换房产

B. 房地产开发公司为客户代建房产

C. 兼并企业从被兼并企业取得房产

D. 双方合作建房按照比例分配房产后转让

4. 根据土地增值税法律制度的规定，某房地产开发公司的下列行为中，不缴纳土地增值税的有（　　）。

A. 以其建造的商品房进行投资和联营的

B. 将其开发的部分房地产转为公司自用

C. 将其开发的部分房地产用于出租

D. 代建房，开发完成后向客户收取代建收入

5. 下列各项中，可以免征城镇土地使用税的有（　　）。

A. 财政拨付事业经费的单位自用的食堂用地

B. 公园内的照相馆用地

C. 纳税单位无偿使用纳税单位的土地

D. 宗教寺庙人员的生活用地

6. 下列属于城镇土地使用税纳税人的有（　　）。

A. 位于市区拥有土地使用权的外商投资企业

B. 位于郊区的内资企业

C. 城市、县城、建制镇和工矿区外的工矿企业

D. 城市共有土地的企业

7. 车辆购置税纳税义务人的范围包括"单位和个人"，具体包括（　　）。

A. 在境内购买并自用应税车辆的国有企业

B. 在境内进口并自用应税车辆的外商投资企业

C. 在境内受赠并自用应税车辆的自然人

D. 在境内自产并自用应税车辆的私营企业

8. 关于车辆购置税的申报与缴纳，下列说法正确的有（　　）。

A. 纳税人购买自用的应税车辆，自购买之日起30天内申报纳税

B. 车辆购置税是在应税车辆上牌登记注册前的使用环节征收

C. 车辆购置税的纳税地点为应税车辆登记注册地或纳税人所在地

D. 进口自用的应税车辆，应当自进口之日起60日内申报纳税

9. 根据房产税法律制度的规定，下列有关房产税计税依据的表述中，正确的有（　　）。

A. 纳税人对原有房屋进行改建、扩建的，要相应增加房屋的原值

B. 以房屋为载体，不可随意移动的附属设备和配套设施，在会计上单独记账与核算的，可不计入房产原值

C. 对附属设备和配套设施中易损坏、需要经常更换的零配件，更新后不再

计入房产原值

D. 房屋出租的，以房屋出租取得的租金收入为计税依据，计缴房产税

10. 根据房产税法律制度的规定，下列表述中，正确的有（　　）。

A. 公园内开设的照相馆免征房产税

B. 居民委员会用于体育活动的房产，免征房产税

C. 纳税人因房屋大修导致连续停用半年以上的，在房屋大修期间免征房产税

D. 在基建工地为基建工地服务的各种工棚，在施工期间一律免征房产税

11. 下列各项中，符合房产税纳税义务发生时间规定的有（　　）。

A. 纳税人将原有房产用于生产经营，从生产经营之次月起，缴纳房产税

B. 纳税人自行新建房屋用于生产经营，从建成之次月起，缴纳房产税

C. 纳税人委托施工企业建设的房屋，从办理验收手续之次月起，缴纳房产税

D. 纳税人购置新建商品房，自房屋交付使用之次月起，缴纳房产税

12. 2022 年 10 月甲企业用自产的价值 80 万元的原材料换取乙企业的厂房，并因此用现金补给乙企业 40 万元差价；当月甲企业又将一套价值 100 万元的厂房与丙企业的办公楼交换，并用自产的价值 50 万元的商品补给丙企业差价。已知当地契税税率为 3%，则关于甲企业应缴纳契税的下列计算中，正确的有（　　）。（上述金额均不含增值税）

A. 甲企业用原材料换取乙企业厂房应纳契税 $=40 \times 3\% =1.2$（万元）

B. 甲企业用原材料换取乙企业厂房应纳契税 $=(80 +40) \times 3\% =3.6$（万元）

C. 甲企业用厂房换取丙企业办公楼应纳契税 $=50 \times 3\% =1.5$（万元）

D. 甲企业用厂房换取丙企业办公楼应纳契税 $=(100 +50) \times 3\% =4.5$（万元）

13. 根据契税法律制度的有关规定，下列说法中，正确的有（　　）。

A. 国家机关购买房产用于办公的，免征契税

B. 城镇职工按规定第一次购买公有住房的，免征契税

C. 企业承受荒山土地使用权，用于农业生产的，免征契税

D. 因不可抗力灭失住房而重新购买住房的，一律免征契税

14. 下列各项中，按"产权转移书据"计征印花税的有（　　）。

A. 商标专用权转让书据　　　　　　　　B. 著作权转让书据

C. 专利权转让书据　　　　　　　　　　D. 商品房销售合同

15. 根据印花税法律制度的规定，下列各项中，免征印花税的有（　　）。

A. 军队、武警部队订立、领受的应税凭证

B. 无息或者贴息借款合同

C. 应税凭证的副本

D. 外国企业向中国企业提供优惠贷款所书立的合同

三、判断题

1. 教育费附加的计征依据为纳税人实际缴纳的增值税、消费税税额。

（　　）

2. 海关对进口产品代征增值税和消费税的，应同时按海关所在地适用城建税税率代征城建税。　　　　　　　　　　　　　　　　　　　（　　）

3. 土地增值税采用四级超率累进税率，累进的依据为土地增值额与转让收入之比。　　　　　　　　　　　　　　　　　　　　　　　　　（　　）

4. 房产所有人将房屋赠与对其承担直接赡养义务的人，不征收土地增值税。　　　　　　　　　　　　　　　　　　　　　　　　　　　　　（　　）

5. 城镇土地使用税的纳税人，在尚未取得土地使用证书之前，不缴纳城镇土地使用税。　　　　　　　　　　　　　　　　　　　　　　　　（　　）

6. 甲企业办的学校、医院、托儿所、幼儿园，其用地能与企业其他用地明确区分，免征城镇土地使用税。　　　　　　　　　　　　　　　　　（　　）

7. 车辆购置税实行从价和从量相结合的计税方法。　　　　　　（　　）

8. 购置已征收车辆购置税的车辆，不再征收车辆购置税。　　　（　　）

9. 房地产开发企业建造的商品房，在出售前未自用、出租的，不征收房产税。　　　　　　　　　　　　　　　　　　　　　　　　　　　　　（　　）

10. 个人出租住房，房产税税率为4%。　　　　　　　　　　　（　　）

11. 契税的纳税义务发生时间为纳税人签订土地、房屋权属转移合同的当天，或者纳税人取得其他具有土地、房屋权属转移合同性质凭证的当天。　　　　　　　　　　　　　　　　　　　　　　　　　　　　（　　）

12. 已缴纳印花税的凭证所载价款或者报酬增加的，纳税人应当补缴印花税；已缴纳印花税的凭证所载价款或者报酬减少的，主管税务机关不予退还印花税税款。　　　　　　　　　　　　　　　　　　　　　　　　　（　　）

13. 一般的法律、会计、审计等方面的咨询，不属于技术咨询，其所立合同不贴印花。　　　　　　　　　　　　　　　　　　　　　　　　　（　　）

14. 对个人按市场价格出租的居民住房，用于居住的，可暂免征房产税。　　　　　　　　　　　　　　　　　　　　　　　　　　　　　（　　）

15. 房地产开发企业以其建造的商品房进行投资和联营的，应征收土地增值税。　　　　　　　　　　　　　　　　　　　　　　　　　　　　（　　）

四、计算题

1. 某市房地产开发公司为增值税一般纳税人，2022年开发一个项目，有关经营情况如下：

（1）该项目商品房全部销售，开具增值税专用发票，价款4 000万元，增值税360万元，并签订了销售合同。

（2）签订土地购买合同，支付与该项目相关的土地使用权价款600万元，相关税费50万元。

（3）发生土地拆迁补偿费200万元，前期工程费100万元，支付工程价款750万元，基础设施及公共配套设施费150万元，开发间接费用60万元。

（4）发生销售费用100万元，财务费用60万元，管理费用80万元。

（5）该房地产开发公司不能按转让项目计算分摊利息，当地政府规定的开发费用扣除比例为10%。

要求：计算该公司应纳的土地增值税。

2. 某公司 2021 年 5 月转让一栋 2016 年建造的公寓楼，当时的造价为 3 600 万元。经房地产评估机构评定，该公寓楼重置成本价为 5 000 万元，该楼房为七成新。转让前为取得土地使用权支付的地价款及有关费用为 1 500 万元（可以提供支付凭证），另支付房地产评估费用 4.5 万元。转让时取得转让收入 6 600 万元，已缴纳了转让环节的有关税金。

要求：计算该公司应纳土地增值税。

3. 某公司 2022 年 1 月 1 日各项房产原值合计 3 000 万元。4 月 1 日，公司将其中原值为 500 万元的临街门面出租给某连锁商店，每月收取租金 5 万元。为解决公司职工住宿问题，于 5 月 2 日，购入附近商品房 20 套，支付购房款 600 万元，5 月 15 日办理房屋交付手续，8 月 2 日办理产权移交手续。当地政府规定的房产原值减除比例为 20%。

要求：计算该公司 2022 年度应缴纳的房产税。

4. 某公司 2022 年初拥有 A、B 两栋自用写字楼，A 栋房产原值 5 000 万元，B 栋房产原值 6 000 万元。该公司于 2022 年 3 月 31 日将 B 栋出租给某企业用于办公，租期为 1 年，每月租金 10 万元。当地政府规定的房产原值减除比例为 30%。

要求：计算该公司 2022 年度应缴纳的房产税。

5. 某企业 2022 年 8 月开业，领受工商营业执照、房产证，商标注册证各一件；开业当年签订财产保险合同一份，投保金额 120 万元，保险费 2.4 万元；签订银行借款合同一份，借款金额 50 万元（利率 8%）；签订购货合同一份，所载金额 200 万元；与其他企业订立技术转让合同一份，金额 30 万元；与运输公司签订运输合同一份，支付运输费 5 万元，装卸费 0.4 万元；企业"实收资本""资本公积"账簿新增资金 800 万元；其他营业账簿 5 本。

要求：计算该企业 2022 年应纳印花税。

6. 甲企业 2022 年 8 月发生如下业务：

（1）与其他企业订立转移专用技术使用权书据一件，所载金额 80 万元。

（2）与 A 公司签订一项易货合同，约定用 120 万元市场价格的库存商品换取市场价格为 140 万元的原材料，支付 A 公司差价 20 万元。

（3）与银行签订一年期借款合同，借款金额 200 万元；与甲公司签订技术开发合同，合同总金额为 200 万元，其中研究开发费用 80 万元。

（4）向 B 公司出租闲置仓库，租赁合同中注明每月租金 4 万元，租期未定。

（5）接受 C 公司委托加工一批产品，签订的加工承揽合同中注明原材料由甲企业提供，金额为 200 万元，另外收取加工费 30 万元。

（6）与 D 公司签订货物运输合同，记载运费 9 万元、装卸费 1 万元、仓储保管费 8 万元、货物保价 100 万元。

要求：计算该企业 2022 年应纳印花税。

项目七

资源环境税计算与缴纳

■ 项目认知

资源环境税是现有税种中资源类和环境类税种的统称，是以自然资源为课税对象，或是以直接向环境排放应税污染物的行为为征税对象所征收的税种。我国现行资源环境税包括资源税、环境保护税、车船税、耕地占用税、烟叶税等税种。

■ 知识目标

1. 熟悉资源环境税的征税范围、纳税人、税率等基本要素规定。
2. 掌握资源环境税的计税方法。
3. 熟悉资源环境税的税收优惠。
4. 了解资源环境税的申报缴纳。

■ 能力目标

1. 能根据资料判断是否征收资源环境税。
2. 能根据资料正确计算资源环境税。
3. 能独立完成资源环境税的申报缴纳工作。
4. 能根据需要查阅相关资料。

■ 思政融合

党的二十大报告把生态环境单列一章，指出"大自然是人类赖以生存发展的基本条件。尊重自然、顺应自然、保护自然，是全面建设社会主义现代化国家的内在要求。必须牢固树立和践行绿水青山就是金山银山的理念，站在人与自然和谐共生的高度谋划发展"。保护自然资源，防治环境污染，维护生态平衡，是当今社会发展过程中一项重要任务。征收资源环境税，可以优化资源配置，为企业创造公平的竞争环境，保护和改善环境，促进经济可持续发展。

1. 优化资源配置，促进资源合理有效利用。党的二十大报告提出，实施全面节约战略，推进各类资源节约集约利用。通过征收系列资源税，可以根据资源和开发条件的优劣，确定不同的税额，把资源的开采和利用，同纳税人的切身利益结合起来，一方面有利于国家加强对自然资源的保护和管理，防止经营者乱采滥用资源，减少资源的损失浪费；另一方面也有利于经营者出于自身经济利益方面的考虑，提高资源的开发利用率，最大限度地合理、有效、节约开发利用国家资源。

2. 为企业创造公平的竞争环境。党的二十大报告提出，加强反垄断和反不正当竞争，破除地方保护和行政性垄断，依法规范和引导资本健康发展。公平竞争是市场经济的最基本法则，但是如果不建立资源环境税收制度，个别企业所造成的资源滥采、环境污染等需要用全体纳税人缴纳的税款进行治理，这显然是不公平的。

(1) 通过资源税的开征，合理确定差别税率，把因资源状况和开发条件的差异所形成的级差收入用税收的形式征收上来，才能缓解企业收益分配上的矛盾，促进资源开发企业之间以及利用资源的企业之间在较为平等的基础上开展竞争。

(2) 通过对污染、破坏环境的企业征收环境保护税，并将税款用于治理污染和保护环境，可以使这些企业所产生的外部成本内在化，利润水平合理化，同时会减轻那些合乎环境保护要求的企业的税收负担，从而可以更好地体现公平原则，有利于各类企业之间进行平等竞争。

3. 保护和改善环境，促进经济可持续发展。党的二十大报告提出，持续深入打好蓝天、碧水、净土保卫战。基本消除重污染天气，基本消除城市黑臭水体。全面实行排污许可制，健全现代环境治理体系。在市场经济条件下，由于各个经济主体完全自主决定自己的经济行为，常常只考虑追求经济利益最大化的内在要求，而那些消耗大、污染重、个别成本较低而社会成本较高的企业或产品会因能够获得较高的利润而盲目发展，从而造成资源的浪费、环境的污染、影响社会经济健康发展。征收资源环境税，不但可以为资源环境保护事业筹集专项资金，用于支持资源环境保护事业的发展，而且通过征收资源环境税加重那些污染环境的企业或产品的税收负担，因降低利润水平而直接抑制其生产的发展，或者因推动其销售价格上涨而抑制消费，最终导致生产的萎缩，以减轻或消除污染，保护环境，促进经济可持续发展。

任务一　资源税计算与缴纳

资源税是以自然资源为课税对象征收的一种税。我国资源税是对在我国境内从事开采应税矿产品及生产盐的单位和个人，就其应税产品的销售额或者销售数量所征收的一种税。

资源税具有以下特点：（1）征税范围较窄；（2）具有受益税的性质；（3）实行一次课征制。

一、资源税基本要素

微课视频 7-1：资源税基本要素。观看视频，请扫描二维码。

视频：资源税
基本要素

（一）资源税的征税范围

我国目前资源税的征税范围包括五大类，具体包括：

1. 能源矿产。包括原油、天然气、煤炭等。
2. 金属矿产。包括黑色金属、有色金属等。
3. 非金属矿产。包括矿物类、岩石类和宝玉石类。
4. 水气矿产。包括二氧化碳气、硫化氢气、矿泉水等。
5. 盐。包括钠盐、钾盐、天然卤水、海盐等。

📖**应用提示**　理解资源税征税范围需注意的问题

1. 纳税人开采或者生产应税产品，自用于连续生产应税产品的，不缴纳资源税；自用于其他方面的，视同销售，缴纳资源税。

2. 进口应税产品不征收资源税，出口不免征也不退还已纳资源税。

3. 纳税人以自采原矿（经过采矿过程采出后未进行选矿或者加工的矿石）直接销售，或者自用于应当缴纳资源税情形的，按照原矿计征资源税。纳税人以自采原矿洗选加工为选矿产品（通过破碎、切割、洗选、筛分、磨矿、分级、提纯、脱水、干燥等过程形成的产品，包括富集的精矿和研磨成粉、粒级成型、切割成型的原矿加工品）销售，或者将选矿产品自用于应当缴纳资源税情形的，按照选矿产品计征资源税，在原矿移送环节不缴纳资源税。对于无法区分原生岩石矿种的粒级成型砂石颗粒，按照砂石税目征收资源税。

（二）资源税的纳税人

资源税的纳税人是指在我国领域及管辖海域开采应税矿产品或者生产盐的单位和个人。其中，单位是指企业、行政单位、事业单位、军事单位、社会团体及其他单位。个人是指个体工商户和其他个人。

（三）资源税的税目与税率

资源税税目包括能源矿产、金属矿产、非金属矿产、水气矿产以及盐五大类164个税目，主要是根据资源税应税产品类别和纳税人开采资源的行业特点设置的。

资源税的税目、税率，依照《税目税率表》执行（见表7-1）。

表7-1   税目税率表

税目		征税对象	税率
能源矿产	原油	原矿	6%
	天然气、页岩气、天然气水合物	原矿	6%
	煤	原矿或者选矿	2%~10%
	煤成（层）气	原矿	1%~2%
	铀、钍	原矿	4%
	油页岩、油砂、天然沥青、石煤	原矿或者选矿	1%~4%
	地热	原矿	1%~20%或者每立方米1~30元
金属矿产	黑色金属 铁、锰、铬、钒、钛	原矿或者选矿	1%~9%
	有色金属 铜、铅、锌、锡、镍、锑、镁、钴、铋、汞	原矿或者选矿	2%~10%
	铝土矿	原矿或者选矿	2%~9%
	钨	选矿	6.50%
	钼	选矿	8%
	金、银	原矿或者选矿	2%~6%
	铂、钯、钌、锇、铱、铑	原矿或者选矿	5%~10%
	轻稀土	选矿	7%~12%
	中重稀土	选矿	20%
	铍、锂、锆、锶、铷、铯、铌、钽、锗、镓、铟、铊、铪、铼、镉、硒、碲	原矿或者选矿	2%~10%
非金属矿产	矿物类 高岭土	原矿或者选矿	1%~6%
	石灰岩	原矿或者选矿	1%~6%或者每吨（或者每立方米）1~10元
	磷	原矿或者选矿	3%~8%
	石墨	原矿或者选矿	3%~12%

续表

税目		征税对象	税率
非金属矿产	矿物类	萤石、硫铁矿、自然硫	原矿或者选矿	1%~8%
		天然石英砂、脉石英、粉石英、水晶、工业用金刚石、冰洲石、蓝晶石、硅线石（矽线石）、长石、滑石、刚玉、菱镁矿、颜料矿物、天然碱、芒硝、钠硝石、明矾石、砷、硼、碘、溴、膨润土、硅藻土、陶瓷土、耐火黏土、铁钒土、凹凸棒石黏土、海泡石黏土、伊利石黏土、累托石黏土	原矿或者选矿	1%~12%
		叶蜡石、硅灰石、透辉石、珍珠岩、云母、沸石、重晶石、毒重石、方解石、蛭石、透闪石、工业用电气石、白垩、石棉、蓝石棉、红柱石、石榴子石、石膏	原矿或者选矿	2%~12%
		其他黏土（铸型用黏土、砖瓦用黏土、陶粒用黏土、水泥配料用黏土、水泥配料用红土、水泥配料用黄土、水泥配料用泥岩、保温材料用黏土）	原矿或者选矿	1%~5%或者每吨（或者每立方米）0.1~5元
	岩石类	大理岩、花岗岩、白云岩、石英岩、砂岩、辉绿岩、安山岩、闪长岩、板岩、玄武岩、片麻岩、角闪岩、页岩、浮岩、凝灰岩、黑曜岩、霞石正长岩、蛇纹岩、麦饭石、泥灰岩、含钾岩石、含钾砂页岩、天然油石、橄榄岩、松脂岩、粗面岩、辉长岩、辉石岩、正长岩、火山灰、火山渣、泥炭	原矿或者选矿	1%~10%
		砂石	原矿或者选矿	1%~5%或者每吨（或者每立方米）0.1~5元
	宝玉石类	宝石、玉石、宝石级金刚石、玛瑙、黄玉、碧玺	原矿或者选矿	4%~20%
水气矿产		二氧化碳气、硫化氢气、氦气、氡气	原矿	2%~5%
		矿泉水	原矿	1%~20%或者每立方米1~30元
盐		钠盐、钾盐、镁盐、锂盐	选矿	3%~15%
		天然卤水	原矿	3%~15%或者每吨（或者每立方米）1~10元
		海盐		2%~5%

《税目税率表》中规定实行幅度税率的，其具体适用税率由省、自治区、直辖市人民政府统筹考虑该应税资源的品位、开采条件以及对生态环境的影响等情况，在《税目税率表》规定的税率幅度内提出，报同级人民代表大会常务委员会决定，并报全国人民代表大会常务委员会和国务院备案。《税目税率表》中规定征税对象为原矿或者选矿的，应当分别确定具体适用税率。

纳税人开采或者生产同一税目下适用不同税率应税产品的，应当分别核算不同税率应税产品的销售额或者销售数量；未分别核算或者不能准确提供不同税率应税产品的销售额或者销售数量的，从高适用税率。

（四）资源税的税收优惠

1. 有下列情形之一的，免征资源税：

（1）开采原油以及在油田范围内运输原油过程中用于加热的原油、天然气；

（2）煤炭开采企业因安全生产需要抽采的煤成（层）气。

2. 有下列情形之一的，减征资源税：

（1）从低丰度油气田开采的原油、天然气，减征20%资源税；

（2）高含硫天然气、三次采油和从深水油气田开采的原油、天然气，减征30%资源税；

（3）稠油、高凝油减征40%资源税；

（4）从衰竭期矿山开采的矿产品，减征30%资源税。

根据国民经济和社会发展需要，国务院对有利于促进资源节约集约利用、保护环境等情形可以规定免征或者减征资源税，报全国人民代表大会常务委员会备案。

3. 有下列情形之一的，省、自治区、直辖市可以决定免征或者减征资源税：

（1）纳税人开采或者生产应税产品过程中，因意外事故或者自然灾害等原因遭受重大损失；

（2）纳税人开采共伴生矿、低品位矿、尾矿。

上述规定的免征或者减征资源税的具体办法，由省、自治区、直辖市人民政府提出，报同级人民代表大会常务委员会决定，并报全国人民代表大会常务委员会和国务院备案。

📓 **应用提示**　理解资源税税收优惠需注意的问题

1. 纳税人的免税、减税项目，应当单独核算销售额或者销售数量；未单独核算或者不能准确提供销售额或者销售数量的，不予免税或者减税。

2. 纳税人开采或者生产同一应税产品，其中既有享受减免税政策的，又有不享受减免税政策的，按照免税、减税项目的产量占比等方法分别核算确定免税、减税项目的销售额或者销售数量。

3. 纳税人开采或者生产同一应税产品同时符合两项或者两项以上减征资源税优惠政策的，

除另有规定外，只能选择其中一项执行。"另有规定"主要指增值税小规模纳税人"六税两费"减征政策等特殊规定。

二、资源税应纳税额的计算

（一）资源税的计税依据

实行从价计征的，按照应税资源产品的销售额为计税依据。实行从量计征的，按照应税产品的销售数量为计税依据。

1. 从价计征的计税依据。

（1）销售额的基本确定。资源税应税产品（以下简称应税产品）的销售额，按照纳税人销售应税产品向购买方收取的全部价款确定，不包括增值税税款。

计入销售额中的相关运杂费用，凡取得增值税发票或者其他合法有效凭据的，准予从销售额中扣除。相关运杂费用是指应税产品从坑口或者洗选（加工）地到车站、码头或者购买方指定地点的运输费用、建设基金以及随运销产生的装卸、仓储、港杂费用。

（2）视同销售销售额的确定。

①视同销售的情形。

a. 纳税人以自采原矿直接加工为非应税产品的，视同原矿销售；

b. 纳税人以自采原矿洗选（加工）后的选矿连续生产非应税产品的，视同选矿销售；

c. 以应税产品投资、分配、抵债、赠与、以物易物等，视同应税产品销售。

②视同销售的销售额。纳税人申报的应税产品销售额明显偏低且无正当理由的，或者有自用应税产品行为而无销售额的，主管税务机关可以按下列方法和顺序确定其应税产品销售额：

a. 按纳税人最近时期同类产品的平均销售价格确定。

b. 按其他纳税人最近时期同类产品的平均销售价格确定。

c. 按后续加工非应税产品销售价格，减去后续加工环节的成本利润后确定。

d. 按应税产品组成计税价格确定。

$$组成计税价格 = 成本 \times (1 + 成本利润率) \div (1 - 资源税税率)$$

上述公式中的成本利润率由省、自治区、直辖市税务机关确定。

e. 按其他合理方法确定。

（3）其他情形销售额的确定。

①纳税人开采应税产品由其关联单位对外销售的，按其关联单位的销售额征收资源税。

②纳税人既有对外销售应税产品，又有将应税产品自用于除连续生产应税产

品以外的其他方面的，则自用的这部分应税产品，按纳税人对外销售应税产品的平均价格计算销售额征收资源税。

③纳税人将其开采的应税产品直接出口的，按其离岸价格（不含增值税）计算销售额征收资源税。

（4）已税产品扣减的处理。纳税人外购应税产品与自采应税产品混合销售或者混合加工为应税产品销售的，在计算应税产品销售额或者销售数量时，准予扣减外购应税产品的购进金额或者购进数量；当期不足扣减的，可结转下期扣减。纳税人应当准确核算外购应税产品的购进金额或者购进数量，未准确核算的，一并计算缴纳资源税。

纳税人核算并扣减当期外购应税产品购进金额、购进数量，应当依据外购应税产品的增值税发票、海关进口增值税专用缴款书或者其他合法有效凭据。

应用提示 外购应税产品扣减的计算方法

1. 直接扣减外购应税产品。纳税人以外购原矿与自采原矿混合为原矿销售，或者以外购选矿产品与自产选矿产品混合为选矿产品销售的，在计算应税产品销售额或者销售数量时，直接扣减外购原矿或者外购选矿产品的购进金额或者购进数量。

2. 计算扣减外购应税产品。纳税人以外购原矿与自采原矿混合洗选加工为选矿产品销售的，在计算应税产品销售额或者销售数量时，按照下列方法进行扣减：

$$\begin{array}{c}\text{准予扣减的外购应税}\\\text{产品购进金额（数量）}\end{array} = \begin{array}{c}\text{外购原矿购进}\\\text{金额（数量）}\end{array} \times \left(\begin{array}{c}\text{本地区原矿}\\\text{适用税率}\end{array} \div \begin{array}{c}\text{本地区选矿}\\\text{产品适用税率}\end{array}\right)$$

3. 不能按照上述方法计算扣减的，按照主管税务机关确定的其他合理方法进行扣减。

纳税人核算并扣减当期外购应税产品购进金额、购进数量，应当依据外购应税产品的增值税发票、海关进口增值税专用缴款书或者其他合法有效凭据。

【例题·计算题】

某煤炭企业将外购 100 万元原煤与自采 200 万元原煤混合洗选加工为选煤销售，选煤销售额为 450 万元。当地原煤税率为 3%，选煤税率为 2%，在计算应税产品销售额时，准予扣减的外购应税产品购进金额＝外购原煤购进金额×（本地区原煤适用税率÷本地区选煤适用税率）＝100×（3%÷2%）＝150（万元）。

2. 从量计征的计税依据。

（1）纳税人开采或者生产应税产品销售的，以实际销售数量为销售数量；

（2）纳税人开采或者生产应税产品自用的，以移送时的自用数量为销售数量（自产自用包括生产自用和非生产自用）。

（二）资源税应纳税额的计算

资源税按照《税目税率表》实行从价计征或者从量计征。

《税目税率表》中规定可以选择实行从价计征或者从量计征的，具体计征方式由省、自治区、直辖市人民政府提出，报同级人民代表大会常务委员会决定，并报全国人民代表大会常务委员会和国务院备案。

实行从价计征的，应纳税额按照应税资源产品（以下称应税产品）的销售额乘以具体适用税率计算；实行从量计征的，应纳税额按照应税产品的销售数量乘以具体适用税率计算。计算公式如下：

1. 从价定率计税的应税产品。

$$应纳资源税 = 应税产品的销售额 \times 适用的比例税率$$

2. 从量定额计税的应税产品。

$$应纳资源税 = 应税产品的销售数量 \times 适用的定额税率$$

【案例·计算题】

某石化企业为增值税一般纳税人，2022 年 4 月发生以下业务：

（1）从国外某石化公司进口原油 50 000 吨，支付不含税价款折合人民币 9 000 万元，其中包含包装费及保险费折合人民币 10 万元。

（2）开采原油 10 000 吨，并将开采的原油对外销售 6 000 吨，取得含税销售额 2 260 万元，同时向购买方收取延期付款利息 2.26 万元、包装费 1.13 万元，另外支付运输费用 7.02 万元。

（3）用开采的原油 2 000 吨加工生产汽油 1 300 吨。

其他相关资料：原油的资源税税率为 10%。

要求：计算该石化公司当月应纳的资源税。

（1）由于资源税仅对在中国境内开采或者生产应税产品的单位或个人征收，因此业务（1）中该石化公司进口原油无须缴纳资源税。

（2）业务（2）应纳资源税 $= (2\ 260 + 2.26 + 1.13) \div (1 + 13\%) \times 10\% = 200.3$（万元）

（3）业务（3）应纳资源税。

同类原油的售价（含税）$= 2\ 260 \div 6\ 000 = 0.38$（万元）

业务（3）应纳资源税 $= 0.38 \times 2\ 000 \div (1 + 13\%) \times 10\% = 67.26$（万元）

【案例·计算题】

某砂石开采企业 2021 年 3 月开采砂石 5 000 立方米，对外销售 4 000 立方米，当地砂石资源税税率为 3 元/立方米，计算该企业当月应纳的资源税。

该企业应纳资源税 $= 4\ 000 \times 3 = 12\ 000$（元）

三、资源税申报缴纳

（一）纳税义务发生时间

1. 纳税人销售应税产品，其纳税义务发生时间为：

（1）纳税人采取分期收款结算方式的，其纳税义务发生时间为销售合同规定的收款日期的当天。

（2）纳税人采取预收货款结算方式的，其纳税义务发生时间为发出应税产品的当天。

（3）纳税人采取其他结算方式的，其纳税义务发生时间为收讫销售款或者取得索取销售款凭据的当天。

2. 纳税人自产自用应税产品的纳税义务发生时间为移送使用应税产品的当天。

（二）纳税期限

资源税按月或者按季申报缴纳；不能按固定期限计算缴纳的，可以按次申报缴纳。

纳税人按月或者按季申报缴纳的，应当自月度或者季度终了之日起十五日内，向税务机关办理纳税申报并缴纳税款；按次申报缴纳的，应当自纳税义务发生之日起十五日内，向税务机关办理纳税申报并缴纳税款。

（三）纳税地点

纳税人应当向应税产品的开采地或者生产地税务机关申报缴纳资源税。

四、水资源税改革试点实施办法

为加强水资源管理和保护，促进水资源节约与合理开发利用，按照党中央、国务院决策部署，自 2017 年 12 月 1 日起在北京、天津、山西、内蒙古、山东、河南、四川、陕西、宁夏等 9 个省份扩大水资源税改革试点。具体内容，请扫描二维码。

文本：水资源
税改革试点实
施办法

任务二 环境保护税计算与缴纳

环境保护税是对在中华人民共和国领域和中华人民共和国管辖的其他海域，直接向环境排放应税污染物的企业事业单位和其他生产经营者征收的一种税。环境保护税具有以下特点：（1）征税项目为四种重点污染源：大气污染物、水污染物、固体废物、噪声。（2）纳税人主要是企业事业单位和其他生产经营者。（3）直接排放应税污染物是必要条件。（4）税率为全国统一定额税和浮动定额税结合。（5）税收收入全部归地方。

一、环境保护税的基本要素

视频：环境保
护税基本要素

微课视频 7-2：环境保护税基本要素。观看视频，请扫描二维码。

（一）环境保护税的纳税人

在中华人民共和国领域和中华人民共和国管辖的其他海域，直接向环境排放应税污染物的企业事业单位和其他生产经营者为环境保护税的纳税人。

（二）环境保护税的征税对象

直接向环境排放应税污染物的行为。应税污染物，包括大气污染物、水污染物、固体废物和噪声四类。

有下列情形之一的，不属于直接向环境排放污染物，不缴纳相应污染物的环境保护税：

1. 企业事业单位和其他生产经营者向依法设立的污水集中处理、生活垃圾集中处理场所排放应税污染物的；

2. 企业事业单位和其他生产经营者在符合国家和地方环境保护标准的设施、场所储存或者处置固体废物的。

依法设立的城乡污水集中处理、生活垃圾集中处理场所超过国家和地方规定的排放标准向环境排放应税污染物的，应当缴纳环境保护税。

企业事业单位和其他生产经营者储存或者处置固体废物不符合国家和地方环境保护标准的，应当缴纳环境保护税。

（三）环境保护税的税目和税率

环境保护税的税目、税额，依照本法所附《环境保护税税目税额表》执行。

应税大气污染物和水污染物的具体适用税额的确定和调整，由省、自治区、直辖市人民政府统筹考虑本地区环境承载能力、污染物排放现状和经济社会生态发展目标要求，在《环境保护税法》所附《环境保护税税目税额表》规定的税额幅度内提出，报同级人民代表大会常务委员会决定，并报全国人民代表大会常务委员会和国务院备案（见表7－2）。

表7－2　　　　　　　　　　环境保护税税目税额表

税目		计税单位	税额	备注
大气污染物		每污染当量	1.2~12元	
水污染物		每污染当量	1.4~14元	
固体废物	煤矸石	每吨	5元	
	尾矿	每吨	15元	
	危险废物	每吨	1 000元	
	冶炼渣、粉煤灰、炉渣、其他固体废物（含半固态、液态废物）	每吨	25元	

税目	计税单位	税额	备注
噪声 工业噪声	超标1~3分贝	每月350元	1. 一个单位边界上有多处噪声超标，根据最高一处超标升级计算应纳税额；当沿边界长度超过100米有两处以上噪声超标，按照两个单位计算应纳税额 2. 一个单位有不同地点作业场所的，应当分别计算应纳税额，合并计征 3. 昼、夜均超标的环境噪声，昼、夜分别计算应纳税额，累计计征 4. 声源一个月内超标不足15天的，减半计算应纳税额 5. 夜间频繁突发和夜间偶然突发厂界超标噪声，按等效声级和峰值噪声两种指标中超标分贝值高的一项计算应纳税额

（四）环境保护税的税收优惠

1. 暂免环境保护税。

（1）农业生产（不包括规模化养殖）排放应税污染物的；

（2）机动车、铁路机车、非道路移动机械、船舶和航空器等流动污染源排放应税污染物的；

（3）依法设立的城乡污水集中处理、生活垃圾集中处理场所排放相应应税污染物，不超过国家和地方规定的排放标准的；

（4）纳税人综合利用的固体废物，符合国家和地方环境保护标准的；

（5）国务院批准免税的其他情形。

2. 减征环境保护税。

（1）纳税人排放应税大气污染物或者水污染物的浓度值低于国家和地方规定的污染物排放标准30%的，减按75%征收环境保护税。

（2）纳税人排放应税大气污染物或者水污染物的浓度值低于国家和地方规定的污染物排放标准50%的，减按50%征收环境保护税。

二、环境保护税的计算

（一）环境保护税的计税依据

应税污染物的计税依据，按照下列方法确定：

1. 应税大气污染物按照污染物排放量折合的污染当量数确定。每一排放口或者没有排放口的应税大气污染物，按照污染当量数从大到小排序，对前三项污染物征收环境保护税。

2. 应税水污染物按照污染物排放量折合的污染当量数确定。每一排放口的应税水污染物，区分第一类水污染物和其他类水污染物。第一类水污染物按前五项征税，其他类水污染物按前三项征税。

3. 应税固体废物按照固体废物的排放量确定。固体废物的排放量 = 当期应税固体废物的产生量 − 当期应税固体废物的储存量 − 处置量 − 综合利用量。

4. 应税噪声按照超过国家规定标准的分贝数确定。

（二）环境保护税应纳税额的计算

环境保护税应纳税额按照下列方法计算：

应税大气污染物：应纳税额 = 污染当量数 × 适用税额。

应税水污染物：应纳税额 = 污染当量数 × 适用税额。

应税固体废物：应纳税额 = 固体废物排放量 × 适用税额。

应税噪声：应纳税额 = 超标的分贝数 × 适用税额。

应用提示　计算环境保护税应注意的问题

1. 应税大气污染物、水污染物计算环境保护税应注意的问题。

（1）应税大气污染物、水污染物的污染当量数 = 该污染物的排放量 ÷ 该污染物的污染当量值。

（2）纳税人有下列情形之一的，以其当期应税大气污染物、水污染物的产生量作为污染物的排放量：一是未依法安装使用污染物自动监测设备或者未将污染物自动监测设备与环境保护主管部门的监控设备联网；二是损毁或者擅自移动、改变污染物自动监测设备；三是篡改、伪造污染物监测数据；四是通过暗管、渗井、渗坑、灌注或者稀释排放以及不正常运行防治污染设施等方式违法排放应税污染物；五是进行虚假纳税申报。

2. 应税固体废物计算环境保护税应注意的问题。

（1）固体废物的排放量为当期应税固体废物的产生量减去当期应税固体废物的储存量、处置量、综合利用量的余额。固体废物的储存量、处置量，是指在符合国家和地方环境保护标准的设施、场所储存或者处置的固体废物数量；固体废物的综合利用量，是指按照国务院发展改革、工业和信息化主管部门关于资源综合利用要求以及国家和地方环境保护标准进行综合利用的固体废物数量。

（2）纳税人有下列情形之一的，以其当期应税固体废物的产生量作为固体废物的排放量：一是非法倾倒应税固体废物；二是进行虚假纳税申报。

3. 应税噪声计算环境保护税应注意的问题。

（1）应税噪声的应纳税额为超过国家规定标准分贝数对应的具体适用税额。

（2）噪声超标分贝数不是整数值的，按四舍五入取整。

（3）声源一个月内累计昼间超标不足 15 昼或者累计夜间超标不足 15 夜的，分别减半计算应纳税额。

4. 应税大气污染物、水污染物、固体废物的排放量和噪声的分贝数，按照下列方法和顺序计算：

（1）纳税人安装使用符合国家规定和监测规范的污染物自动监测设备的，按照污染物自动监测数据计算；

（2）纳税人未安装使用污染物自动监测设备的，按照监测机构出具的符合国家有关规定和监测规范的监测数据计算；

（3）因排放污染物种类多等原因不具备监测条件的，按照国务院环境保护主管部门规定的排污系数、物料衡算方法计算；

（4）不能按照第（1）～（3）项规定的方法计算的，按照省、自治区、直辖市人民政府环境保护主管部门规定的抽样测算的方法核定计算。

【案例·计算题】 水污染物环境保护税计算案例

某企业2022年8月向水体直接排放第一类水污染物总汞、总镉、总铬、总砷、总铅、总银各10千克。排放第二类水污染物悬浮物（SS）、总有机碳（TOC）、挥发酚、氨氮各10千克。假设水污染物每污染当量税额按《环境保护税税目税额表》最低标准1.4元计算，计算企业2022年8月水污染物应缴纳的环境保护税。［注：相应污染物的污染当量值分别为：0.0005、0.005、0.04、0.02、0.025、0.02（单位：千克）］

第一步，计算第一类水污染物的污染当量数。

总汞：$10/0.0005 = 20\,000$

总镉：$10/0.005 = 2\,000$

总铬：$10/0.04 = 250$

总砷：$10/0.02 = 500$

总铅：$10/0.025 = 400$

总银：$10/0.02 = 500$

第二步，对第一类水污染物污染当量数排序（每一排放口的应税水污染物按照污染当量数从大到小排序，对第一类水污染物按照前五项征收环境保护税）。

总汞（20 000）>总镉（2 000）>总砷（500）＝总银（500）>总铅（400）>总铬（250）

选取前五项污染物。

第三步，计算第一类水污染物应纳税额。

总汞：$20\,000 \times 1.4 = 28\,000$（元）

总镉：$2\,000 \times 1.4 = 2\,800$（元）

总砷：$500 \times 1.4 = 700$（元）

总银：$500 \times 1.4 = 700$（元）

总铅：$400 \times 1.4 = 560$（元）

第四步，计算第二类水污染物的污染当量数。

悬浮物（SS）：$10/4 = 2.5$

总有机碳（TOC）：$10/0.49 = 20.41$（《应税污染物和当量值表》中，对同一排放口中的化学需氧量、生化需氧量和总有机碳，只征收一项。按三者中污染当量数最高的一项收取）

挥发酚：$10/0.08 = 125$

氨氮：$10/0.8 = 12.5$

第五步，对第二类水污染物污染当量数排序（每一排放口的应税水污染物按照污染当量数从大到小排序，对其他类水污染物按照前三项征收环境保护税）。

挥发酚（125）>总有机碳（20.41）>氨氮（12.5）>悬浮物（2.5）

第六步，计算第二类水污染物应纳税额。

挥发酚：$125 \times 1.4 = 175$（元）

总有机碳：$20.41 \times 1.4 = 28.57$（元）

氨氮：$12.5 \times 1.4 = 17.5$（元）

【案例·计算题】大气污染物环境保护税计算案例

某企业2022年8月向大气直接排放二氧化硫、氟化物各10千克，一氧化碳、氯化氢各100千克，假设大气污染物每污染当量税额按《环境保护税税目税额表》最低标准1.2元计算，这家企业只有一个排放口，计算企业8月大气污染物应缴纳的环境保护税。［注：相应污染物的污染当量值分别为0.95、0.87、16.7、10.75（单位：千克）］

第一步，计算各污染物的污染当量数。

二氧化硫：$10/0.95 = 10.53$

氟化物：$10/0.87 = 11.49$

一氧化碳：$100/16.7 = 5.99$

氯化氢：$100/10.75 = 9.3$

第二步，按污染物的污染当量数排序（每一排放口或者没有排放口的应税大气污染物，对前三项污染物征收环境保护税）。

氟化物（11.49）>二氧化硫（10.53）>氯化氢（9.3）>一氧化碳（5.99）

选取前三项污染物。

第三步，计算应纳税额。

氟化物：$11.49 \times 1.2 = 13.79$（元）

二氧化硫：$10.53 \times 1.2 = 12.63$（元）

氯化氢：$9.3 \times 1.2 = 11.16$（元）

【案例·计算题】固体废物环境保护税计算案例

假设某企业2022年8月产生尾矿1 000吨，其中综合利用的尾矿300吨（符合国家和地方环境保护标准），在符合国家和地方环境保护标准的设施贮存200吨，计算这家企业2022年8月尾矿应缴纳的环境保护税。

应纳环境保护税 $= (1\,000 - 300 - 200) \times 15 = 7\,500$（元）

三、环境保护税申报缴纳

（一）纳税义务发生时间

纳税义务发生时间为纳税人排放应税污染物的当日。

（二）申报期限

环境保护税按月计算，按季申报缴纳。不能按固定期限计算缴纳的，可以按次申报缴纳。纳税人按季申报缴纳的，应当自季度终了之日起十五日内，向税务机关办理纳税申报并缴纳税款。纳税人按次申报缴纳的，应当自纳税义务发生之日起十五日内，向税务机关办理纳税申报并缴纳税款。

纳税人申报缴纳时，应当向税务机关报送所排放应税污染物的种类、数量，大气污染物、水污染物的浓度值，以及税务机关根据实际需要要求纳税人报送的其他纳税资料。

（三）纳税地点

纳税人应当向应税污染物排放地的税务机关申报缴纳环境保护税。应税污染物排放地是指：应税大气污染物、水污染物排放口所在地；应税固体废物产生地；应税噪声产生地。

（四）数据传递和比对

1. 数据传递。

（1）环保部门信息传递。环境保护主管部门应当将排污单位的排污许可、污染物排放数据、环境违法和受行政处罚情况等环境保护相关信息，定期交送税务机关。

（2）税务机关信息传递。税务机关应当将纳税人的纳税申报、税款入库、减免税额、欠缴税款以及风险疑点等环境保护税涉税信息，定期交送环境保护主管部门。

2. 数据比对。税务机关应当将纳税人的纳税申报数据资料与环境保护主管部门交送的相关数据资料进行比对。

（五）复核

税务机关发现纳税人的纳税申报数据资料异常或者纳税人未按照规定期限办理纳税申报的，可以提请环境保护主管部门进行复核，环境保护主管部门应当自收到税务机关的数据资料之日起十五日内向税务机关出具复核意见。税务机关应当按照环境保护主管部门复核的数据资料调整纳税人的应纳税额。

［知识链接］《环境保护税法》专业术语含义及环境保护税纳税申报表，请扫描二维码。

文本：《环境保护税法》专业术语含义

文本：环境保护税纳税申报表

任务三　车船税计算与缴纳

车船税是指以中华人民共和国境内的车辆、船舶为征税对象，向车辆、船舶的所有人或者管理人征收的一种税。

车船税具有以下特点：（1）涉及面广、税源流动性强；（2）促进节能环保；（3）实行从量定额征收；（4）由保险机构代收代缴。

一、车船税基本要素

（一）车船税的征税范围

车船税的征收范围是指《车船税税目税额表》规定的车辆和船舶。车辆、船舶是指：

1. 依法应当在车船登记管理部门登记的机动车辆和船舶。

2. 依法不需要在车船登记管理部门登记的在单位内部场所行驶或者作业的机动车辆和船舶。

思考：车船税与车辆购置税有哪些区别？

（二）车船税的纳税人

车船税的纳税人为车船的所有人或者管理人。车船的所有人是指在我国境内拥有车船的单位和个人，车船的管理人是指对车船具有管理权或者使用权，不具有所有权的单位。单位是指行政单位、事业单位、社会团体以及各类企业；个人是指我国境内的居民和外籍个人。

（三）车船税的扣缴义务人

1. 从事机动车第三者责任强制保险业务的保险机构为机动车车船税的扣缴义务人，应当在收取保险费时依法代收车船税，并出具代收税款凭证。

2. 在交通运输部门海事管理机构登记的应税船舶，其车船税由船籍港所在地的税务机关委托当地海事管理机构代征，海事管理机构在代征税款时，应向纳税人开具税务机关提供的完税凭证。

（四）车船税的税目与税率

车船税实行幅度定额税率，即对征税的车船规定单位幅度税额。车船税税目税率见表7-3。车辆的具体适用税额由省、自治区、直辖市人民政府依照《车船税税目税额表》规定的税额幅度和国务院的规定确定。船舶的具体适用税额由国务院在《车船税税目税额表》规定的税额幅度内确定。

表 7-3　　　　　　　　　　车船税税目税额表

税目		计税单位	年基准税额	备注
乘用车［按发动机气缸容量（排气量）分档］	1.0升（含）以下的	每辆	60～360 元	核定载客人数9人（含）以下
	1.0～1.6升（含）的		300～540 元	
	1.6～2.0升（含）的		360～660 元	
	2.0～2.5升（含）的		660～1 200 元	
	2.5～3.0升（含）的		1 200～2 400 元	
	3.0～4.0升（含）的		2 400～3 600 元	
	4.0升以上的		3 600～5 400 元	

税目		计税单位	年基准税额	备注
商用车	客车	每辆	480～1 440 元	核定载客人数 9 人以上，包括电车
	货车	整备质量每吨	16～120 元	包括半挂牵引车、三轮汽车和低速载货汽车等
挂车		整备质量每吨	按照货车税额的 50% 计算	
其他车辆	专用作业车	整备质量每吨	16～120 元	不包括拖拉机
	轮式专用机械车		16～120 元	
摩托车		每辆	36～180 元	
船舶	机动船舶	净吨位每吨	3～6 元	拖船、非机动驳船分别按照机动船舶税额的 50% 计算
	游艇	挺身长度每米	600～2 000 元	

注：

1. 机动船舶具体适用税额为：

（1）净吨位不超过 200 吨的，每吨 3 元；

（2）净吨位超过 200 吨但不超过 2 000 吨的，每吨 4 元；

（3）净吨位超过 2 000 吨但不超过 10 000 吨的，每吨 5 元；

（4）净吨位超过 10 000 吨的，每吨 6 元。

拖船按照发动机功率每 1 千瓦折合净吨位 0.67 吨计算征收车船税。

2. 游艇具体适用税额为：

（1）艇身长度不超过 10 米的，每米 600 元；

（2）艇身长度超过 10 米但不超过 18 米的，每米 900 元；

（3）艇身长度超过 18 米但不超过 30 米的，每米 1 300 元；

（4）艇身长度超过 30 米的，每米 2 000 元；

（5）辅助动力帆艇，每米 600 元。

（五）车船税的税收优惠

1. 法定免税车船。下列车船免征车船税：

（1）捕捞、养殖渔船。是指在渔业船舶登记管理部门登记为捕捞船或者养殖船的船舶。

（2）军队、武装警察部队专用的车船。是指按照规定在军队、武装警察部队车船登记管理部门登记，并领取军队、武警牌照的车船。

（3）警用车船。是指公安机关、国家安全机关、监狱等管理机关和人民法院、人民检察院领取警用牌照的车辆和执行警务的专用船舶。

（4）依照法律规定应当予以免税的外国驻华使领馆、国际组织驻华代表机构及其有关人员的车船。

2. 其他减免税车船。

（1）对节能汽车，减半征收车船税。

（2）对新能源车船，免征车船税。

（3）缴纳船舶吨税的机动船舶，自车船税法实施之日起 5 年内免征车船税。

（4）依法不需要在车船登记管理部门登记的机场、港口、铁路站场内部行驶或者作业的车船，自车船税法实施之日起 5 年内免征车船税。

（5）省、自治区、直辖市人民政府根据当地实际情况，可以对公共交通车船，农村居民拥有并主要在农村地区使用的摩托车、三轮汽车和低速载货汽车定期减征或者免征车船税。

（6）对受地震、洪涝等严重自然灾害影响纳税困难以及其他特殊原因确需减免税的车船，可以在一定期限内减征或者免征车船税。具体减免期限和数额由省、自治区、直辖市人民政府确定，报国务院备案。

二、车船税应纳税额的计算

（一）车船税的计税价格

车船税的计税价格，按车船的种类和性能，分别确定为辆、整备质量吨、净吨位和挺身长度米四种：

1. 乘用车、商用车客车、摩托车，以"辆"为计税价格。

2. 商用车、货车、挂车、其他车辆，以"整备质量吨"为计税价格。

3. 机动船舶、非机动驳船、拖船，以"净吨位"为计税价格。

4. 游艇以"挺身长度米"为计税价格。

（二）车船税应纳税额的计算

车船税实行从量定额计税方法。其应纳税额根据不同类型的车船及其适用的计税标准分别计算。具体的计算方法如下：

1. 乘用车、商用车客车、摩托车应纳税额 = 车辆数×适用单位税额

2. 商用车、货车、挂车、其他车辆应纳税额 = 整备质量吨数×适用单位税额

3. 机动船舶应纳税额 = 净吨位数×适用单位税额

4. 游艇应纳税额 = 挺身长度米数×适用单位税额

应当说明的是，购置的新车船，购置当年的应纳税额自纳税义务发生的当月起按月计算。应纳税额为年应纳税额除以 12 再乘以应纳税月份数。计算公式为：应纳税额 = （年应纳税额÷12）×应纳税月份数。

【案例·计算题】

某公司 2022 年拥有乘用车 3 辆（气缸容量为 2.0 升）；另有货车 12 辆，其中整备质量吨数为 10 吨的有 9 辆，整备质量吨数为 8 吨的有 3 辆。当地政府规

定：乘用车每辆年税额为 400 元；货车整备质量每吨年税额为 80 元。计算该公司 2022 年应纳车船税。

（1）乘用车应纳税额 $= 3 \times 400 = 1\,200$ （元）

（2）货车应纳税额 $= (10 \times 9 + 8 \times 3) \times 80 = 9\,120$ （元）

（3）当年应纳车船税额合计 $= 1\,200 + 9\,120 = 10\,320$ （元）

三、车船税申报缴纳

（一）纳税义务发生时间

车船税纳税义务发生时间为取得车船所有权或者管理权的当月，即以购买车船的发票或者其他证明文件所载日期的当月为准。

（二）纳税期限

车船税按年申报，分月计算，一次性缴纳。

（三）纳税地点

1. 扣缴义务人代收代缴车船税的，纳税地点为扣缴义务人所在地。

2. 纳税人自行申报缴纳车船税的，纳税地点为车船登记地的主管税务机关所在地。

3. 依法不需要办理登记的车船，纳税地点为车船的所有人或者管理人所在地。

（四）退税管理

1. 在一个纳税年度内，已完税的车船被盗抢、报废、灭失的，纳税人可以凭有关管理机关出具的证明和完税凭证，向纳税所在地的主管税务机关申请退还自被盗抢、报废、灭失月份起至该纳税年度终了期间的税款。

2. 已办理退税的被盗抢车船失而复得的，纳税人应当从公安机关出具相关证明的当月起计算缴纳车船税。

任务四　耕地占用税计算与缴纳

耕地占用税是对占用耕地建房或者从事非农业建设的单位和个人，按其实际占用的耕地面积征收的一种税。

耕地占用税具有以下特点：（1）税收负担的一次性；（2）征收对象的特定性；（3）税收用途的补偿性；（4）征收标准的灵活性。

一、耕地占用税基本要素

（一）耕地占用税的征税范围

占用耕地、园地、林地、草地、农田水利用地、养殖水面、渔业水域滩涂以及其他农用地建设建筑物、构筑物或者从事非农业建设。

因挖损、采矿塌陷、压占、污染等损毁耕地属于税法所称的非农业建设。

> **应用提示** 不缴纳耕地占用税的情形
>
> 1. 占用耕地建设农田水利设施的；
> 2. 占用园地、林地、草地、农田水利用地、养殖水面、渔业水域滩涂以及其他农用地建设直接为农业生产服务的生产设施的。

（二）耕地占用税的纳税人

耕地占用税的纳税人为在我国境内占用耕地建设建筑物、构筑物或者从事非农业建设的单位和个人。

（三）耕地占用税的税率

耕地占用税实行地区差别幅度定额税率，即根据人均耕地面积多少划分四类地区，分别按占用耕地的平方米规定有幅度的税额。耕地占用税税额见表 7-4。

表 7-4　　　　　　　　　　　耕地占用税税额表

地区（以县级区域为单位）	每平方米幅度税额
人均耕地 ≤1 亩的地区	10~50 元
1 亩＜人均耕地 ≤2 亩的地区	8~40 元
2 亩＜人均耕地 ≤3 亩的地区	6~30 元
人均耕地＞3 亩的地区	5~25 元

注：1. 在人均耕地低于 0.5 亩的地区，省、自治区、直辖市可以根据当地经济发展情况，适当提高耕地占用税的适用税额，但提高的部分不得超过当地适用税额的 50%。

2. 占用基本农田的，应当地适用税额，加按 150% 征收。加按 150% 征收耕地占用税的计算公式为：应纳税额 = 应纳土地面积×适用税额×150%。

3. 占用农用地的，适用税额可以适当降低，但降低的部分不得超过 50%。

（四）耕地占用税的税收优惠

1. 免征耕地占用税。

（1）军事设施占用耕地；

（2）学校、幼儿园、社会福利机构、医疗机构占用耕地。

2. 减征耕地占用税。

（1）铁路线路、公路线路、飞机场跑道、停机坪、港口、航道、水利工程占用耕地，减按每平方米 2 元的税额征收耕地占用税。

（2）农村居民在规定用地标准以内占用耕地新建自用住宅，按照当地适用税额减半征收耕地占用税。其中农村居民经批准搬迁，新建自用住宅占用耕地不超过原宅基地面积的部分，免征耕地占用税。

（3）农村烈士遗属、因公牺牲军人遗属、残疾军人以及符合农村最低生活保障条件的农村居民，在规定用地标准以内新建自用住宅，免征耕地占用税。

（4）省、自治区、直辖市人民政府对增值税小规模纳税人可以在 50% 的税额幅度内减征耕地占用税。

依照上述规定免征或者减征耕地占用税后，纳税人改变原占地用途，不再属于免征或者减征耕地占用税情形的，应当按照当地适用税额补缴耕地占用税。

纳税人改变原占地用途，不再属于免征或减征情形的，应自改变用途之日起 30 日内申报补缴税款，补缴税款按改变用途的实际占用耕地面积和改变用途时当地适用税额计算。

［知识链接］免征、减征耕地占用税的部分项目执行口径，请扫描二维码。

文本：免征、减征耕地占用税的部分项目执行口径

二、耕地占用税应纳税额的计算

（一）耕地占用税的计税依据

耕地占用税的计税依据为纳税人实际占用的应税耕地面积（平方米）。实际占用的耕地面积，包括经批准占用的耕地面积和未经批准占用的耕地面积；实际占地面积与批准占地面积不一致的，从高确定计税依据。

（二）耕地占用税应纳税额的计算

耕地占用税以纳税人实际占用的应税土地面积为计税依据，按应税土地当地适用税额计税，实行一次性征收。耕地占用税计算公式为：

$$应纳税额 = 应税土地面积 \times 适用税额$$

当地适用税额是指省、自治区、直辖市人民代表大会常务委员会决定的应税土地所在地县级行政区的现行适用税额。

【案例·计算题】

某商业企业经批准占用 2 000 平方米耕地用于建造仓库，本地区耕地占用税的单位税额为每平方米 30 元。计算该企业应纳的耕地占用税。

应纳耕地占用税 $= 2\,000 \times 30 = 60\,000$（元）

三、耕地占用税申报缴纳

（一）纳税义务发生时间

1. 耕地占用税的纳税义务发生时间为纳税人收到自然资源主管部门办理占用耕地手续的书面通知的当日。

2. 未经批准占用应税土地的纳税人，其纳税义务发生时间为自然资源主管部门认定其实际占地的当日。

3. 因挖损、采矿塌陷、压占、污染等损毁耕地的纳税义务发生时间为自然资源、农业农村等相关部门认定损毁耕地的当日。

4. 改变原占地用途补缴耕地占用税的纳税义务发生时间为改变用途当日。经批准改变用途的，纳税义务发生时间为纳税人收到批准文件的当日；未经批准改变用途的，纳税义务发生时间为自然资源主管部门认定纳税人改变原占地用途的当日。

（二）纳税期限

纳税人应当自纳税义务发生之日起 30 日内申报缴纳耕地占用税。

自然资源主管部门凭耕地占用税完税凭证或者免税凭证和其他有关文件发放建设用地批准书。

（三）纳税地点

纳税人占用耕地，应当在耕地所在地申报纳税。

（四）耕地占用税的退还

耕地占用税的退还包括两种情形：

1. 临时占用耕地复垦退税。临时占用耕地，是指经自然资源主管部门批准，在一般不超过 2 年内临时使用耕地并且没有修建永久性建筑物的行为。纳税人因建设项目施工或者地质勘查临时占用耕地，应当依法缴纳耕地占用税。纳税人在批准临时占用耕地期满之日起一年内依法复垦，恢复种植条件的，全额退还已经缴纳的耕地占用税。

2. 损毁耕地复垦退税。因挖损、采矿塌陷、压占、污染等损毁耕地属于税法所称的非农业建设，应依照税法规定缴纳耕地占用税；自自然资源、农业农村等相关部门认定损毁耕地之日起 3 年内依法复垦或修复，恢复种植条件的，全额退还已经缴纳的耕地占用税。

（五）部门协同管理

税务机关应当与相关部门建立耕地占用税涉税信息共享机制和工作配合机制。县级以上地方人民政府自然资源、农业农村、水利等相关部门应当定期向税务机关提供农用地转用、临时占地等信息，协助税务机关加强耕地占用税征收管理。

税务机关发现纳税人的纳税申报数据资料异常或者纳税人未按照规定期限申报纳税的，可以提请相关部门进行复核，相关部门应当自收到税务机关复核申请之日起三十日内向税务机关出具复核意见。

任务五　烟叶税计算与缴纳

烟叶税是对在我国境内收购烟叶的单位，就其收购金额和规定的税率计算征收的一种税。烟叶税具有以下特点：（1）税制简明；（2）征管简便；（3）收入稳定。

一、烟叶税的基本要素

1. 烟叶税的征税范围包括烤烟叶和晾晒烟叶。

2. 烟叶税的纳税人。在中华人民共和国境内，依照《中华人民共和国烟草专卖法》的规定收购烟叶的单位为烟叶税的纳税人。

3. 烟叶税实行比例税率，税率为 20%。

二、烟叶税应纳税额的计算

1. 烟叶税的计税依据。烟叶税的计税依据为纳税人收购烟叶实际支付的价款总额。

纳税人收购烟叶实际支付的价款总额包括纳税人支付给烟叶生产销售单位和个人的烟叶收购价款和价外补贴。其中，价外补贴统一按烟叶收购价款的 10% 计算。

2. 烟叶税应纳税额的计算。

$$应纳税额 = 收购烟叶实际支付的价款总额 \times 税率$$

【案例·计算题】

某卷烟厂 2022 年 10 月收购烟叶生产卷烟，收购凭证上注明价款 60 万元。计算烟厂应缴纳的烟叶税。

应纳烟叶税 = 60 × 20% = 12（万元）

三、烟叶税申报缴纳

1. 烟叶税的纳税义务发生时间为纳税人收购烟叶的当日。

2. 纳税期限。烟叶税按月计征，纳税人应当于纳税义务发生月终了之日起十五日内申报并缴纳税款。

3. 纳税地点。纳税人应当向烟叶收购地的主管税务机关申报缴纳烟叶税。

任务六　财产行为税、资源环境税综合计税报税实务

一、公司基本情况

公司注册名称：成都来青花服饰有限公司；注册地址：成都市武侯区濯锦路12号；电话：028－84642044；纳税人识别号：330100165586134；开户银行：中国工商银行成都分行；账号：33222012040333028；公司注册资本：300万元；公司法定代表人：萧景琰；总经理：林殊。

公司经营范围：主要从事服装的生产和销售。

纳税登记资料：成都市税务局武侯区分局，纳税登记号：330100165586134，缴款账户：国家金库成都市武侯区支库（代理），账号：33002999129607。

其他信息：公司需申报缴纳和代扣代缴的地方税种包括个人所得税、车船税、房产税、城镇土地使用税、印花税等。公司各税种均按税法规定计算，按时足额申报纳税。

二、实训目的

通过该项目实训，使学生了解企业在实际工作过程中的财产行为税、资源环境税的相关涉税事宜，掌握财产行为税、资源环境税的税法依据及税务处理方法和技巧，熟悉财产行为税、资源环境税应纳税额的计算方法及纳税申报表的填制方法。

三、实训要求

1. 根据资料计算编制并填写《财产税计算表》《代扣代缴个人所得税计算表》《印花税计算表》，并进行相关会计核算。

2. 填写2022年度财产行为税纳税申报表。

四、具体业务

成都来青花服饰有限公司2022年有关财产数据资料如表7－5所示。

（一）公司房产及土地情况

公司年初拥有房产原值总额34 906 000元，其中出租房产原值12 000 000元，本年1～11月无增减变动，房产余值扣除比例为30%；1～12月房屋租金收入792 000元；以房产原值计税的房产的地产原值为9 216 000元，土地使用面积3 200平方米，地价2 880元/平方米，城镇土地使用税10元/平方米（见表7－5）。

注意：公司本年度的房产、土地使用情况以及车辆情况无增减变动。

表 7 - 5　　　　　　　　　公司房地产情况

2022 年 12 月 31 日　　　　　　　　　　　　　　　　　金额单位：元

序号	房地产项目	坐落地点	占用土地面积（平方米）	地产原值	房产原值
1	办公楼	成都市武侯区濯锦路 12 号	460	1 396 000	4 500 000
2	综合楼	成都市武侯区濯锦路 12 号	540	2 120 000	5 406 000
3	生产车间	成都市武侯区濯锦路 12 号	850	2 300 000	7 000 000
4	仓库	成都市武侯区濯锦路 12 号	150	1 100 000	6 000 000
5	厂区道路	成都市武侯区濯锦路 12 号	350	—	—
6	出租房产	成都市武侯区濯锦路 12 号	850	2 300 000	12 000 000
	合计		3 200	9 216 000	34 906 000

注：1 ~ 12 月房屋租金收入 792 000 元。

（二）公司车船税税目税额及车辆情况（见表 7 - 6 和表 7 - 7）

表 7 - 6　　　　　公司车船税 2022 年税目税额及企业车辆情况

2022 年 12 月 31 日

税目		计量单位	单位税额（元）	数量
乘用车	1.0 升以上至 1.6 升（含）	辆	360	3
商用车	货车	吨	96	10

表 7 - 7　　　　　　　　　应交财产税计算表

2022 年 12 月 31 日　　　　　　　　　　　　　　　　　金额单位：元

税种	应纳税额计算								房产税合计
房产税	征收方式	从价计征				从租计征			
	项目	房产原值	房产余值	税率	应纳税额	租金收入	税率	应纳税额	
	金额								
车船税	税目	计税单位		单位税额		数量	税额		车船税合计
	乘用车								
	商用车	货车							
城镇土地使用税	应税面积（平方米）			税率（元/平方米）					城镇土地使用税合计
应交财产税总额									

审核：张征宇　　　　　　　　　　　　　　　　　　　制单：林火夕

（三）公司书立领受经济凭证印花税计算表（见表 7 - 8）

表 7 - 8　　　　　　　　　应交印花税计算表

2022 年 12 月 31 日　　　　　　　　　　　金额单位：元

应税凭证	凭证件数	计税金额	适用税率（‰）	本期应纳税额
买卖合同	1 份	320 000	0.3	
租赁合同	1 份	50 000	1	
借款合同	1 份	3 000 000	0.05	
产权转移书据	1 份	10 000 000	0.5	
营业账簿	2 本	1 000 000	0.25	
合计	—		—	

自 2018 年 5 月 1 日起，对按 0.5‰税率贴花的资金账簿减半征收印花税，对按件贴花 5 元的其他账簿免征印花税。

要求：

（1）计算并填写应交财产税计算表、应交印花税计算表，并填制 3 张记账凭证。

（2）填写财产和行为税税源明细表、纳税申报表。申报表请扫描二维码。

财产和行为税税源明细表填写说明：首次进行纳税申报的纳税人，需要填写全部土地、房产、车船等的相关信息。此后办理纳税申报时，纳税人的土地、房产、车船及相关信息未发生变化的，可仅对已填报的信息进行确认；发生变化的，仅就变化的内容进行填写。

文本：财产和行为税纳税申报表

文本：财产和行为税税源明细表

五、计税实务处理

（一）计算应纳房产税、车船税、城镇土地使用税

房产税的计算方法分为从价计征和从租计征两种。从价计征的计税依据为房产余值，房产余值 = 房产原值×（1 - 扣除率 30%）。房产原值应包括以房产原值计税的房产的地产原值，再扣除出租房产原值；出租房产直接以租金收入为依据计算房产税。

城镇土地使用税的计税依据为实际占地面积，包括厂区道路和未使用的土地面积。

应纳房产税 =（34 906 000 - 12 000 000 + 9 216 000）× 1.2% + 792 000 × 1.2% = 269 824.8（元）

应纳车船税 = 360 × 3 + 96 × 10 = 2 040（元）

应纳城镇土地使用税 = 3 200 × 10 = 32 000（元）

应交财产税计算表见表 7 - 9。

表7-9　　　　　　　　　　　应交财产税计算表

2022 年 12 月 31 日　　　　　　　　　　　金额单位：元

税种	应纳税额计算								
房产税	征收方式	从价计征				从租计征			房产税合计
	项目	房产原值	房产余值	税率（%）	应纳税额	租金收入	税率（%）	应纳税额	
	金额	32 122 000	22 485 400	1.2	269 824.80	792 000	12	95 040	364 864.80
车船税	税　目			计税单位	单位税额	数量	税额		车船税合计
	乘用车	1.0 升以上至 1.6 升（含）		辆	360	3	1 080		2 040
	商用车	货车		吨	96	10	960		
城镇土地使用税	应税面积（平方米）				税率（元/平方米）				城镇土地使用税合计
	3 200				10				32 000
应交财产税总额									398 904.80

审核：张征宇　　　　　　　　　　　　　　　　制单：林火夕

（二）计算本月应缴纳印花税（见表7-10）

表7-10　　　　　　　　　　　应交印花税计算表

2022 年 12 月 31 日　　　　　　　　　　　金额单位：元

应税凭证	凭证件数	计税金额	适用税率	本期应纳税额
买卖合同	1 份	320 000	0.3‰	96
租赁合同	1 份	50 000	1‰	50
借款合同	1 份	3 000 000	0.05‰	150
产权转移书据	1 份	10 000 000	0.5‰	5 000
资金账簿	2 本	1 000 000	0.5‰减半	250
其他营业账簿	7 本		5 元/本	免税
合计	—		—	5 546

借：税金及附加　　　　　　　　　　　　　404 450.8
　　贷：应交税费——应交房产税　　　　　　364 864.8
　　　　　　　　——应交车船税　　　　　　2 040
　　　　　　　　——应交城镇土地使用税　　32 000
　　　　　　　　——应交印花税　　　　　　5 546

（三）填写财产和行为税纳税申报表（申报表请扫描二维码）

注意：纳税人本年度的土地、房产、车船及相关信息未发生变化，仅对已填报的信息进行确认即可。无须填写财产和行为税税源明细表。

教学资源库

本教材的配套在线课程《税费计算与智能申报》，建立在超星学习通平台。在线课程超星学习通平台网址：

https：//mooc1-gray.chaoxing.com/course-ans/ps/215910758

账号：15179294752

密码：zhouli19850315

登录网址，单击进入课程，填写账号、密码登录，进入《税费计算与智能申报》课程中，即可阅读全部课程资源——教案、章节、资料、作业、考试、讨论等，单击需要学习的内容，即可配合教材，进行在线课程学习。

资源环境税种技能训练题

一、应税选择（单选题）

1. 以下征收资源税的是（　　　）。

A. 柴油　　　　　B. 卤水　　　　　C. 汽油　　　　　D. 煤制品

2. 下列关于资源税的表述中，不正确的是（　　　）。

A. 资源税是价内税

B. 所有矿产品的资源税与增值税计税依据一致

C. 凡缴纳资源税的产品，也是缴纳增值税的货物

D. 除开采的原油、天然气之外，资源税实行从量定额征收

3. 下列各项中，属于耕地占用税征税范围的是（　　　）。

A. 占用菜地开发花圃　　　　　B. 飞机场跑道占用耕地

C. 占用耕地开发经济林　　　　D. 占用耕地开发茶园

4. 下列关于耕地占用税征收管理的说法中，不正确的是（　　　）。

A. 耕地占用税由税务机关负责征收

B. 占用基本农田的，应当按照确定的当地适用税额，加按150%征收

C. 纳税人因建设项目施工临时占用耕地，应当依照规定缴纳耕地占用税

D. 纳税人在批准临时占用耕地期满之日起一年内依法复垦，恢复种植条件的，退还50%已缴纳的耕地占用税

5. 根据车船税法律制度的规定，下列各项中，免于缴纳车船税的是（　　　）。

A. 载客汽车　　　B. 银行运钞车　　　C. 机关公务车　　　D. 养殖渔船

6. 下列关于车船税的说法中，不正确的是（　　　）。

A. 境内单位租入外国籍的船舶，不缴纳车船税

B. 境内单位将船舶出租到境外，照章缴纳车船税

C. 插电式混合动力汽车免征车船税

D. 车船税按年申报，分月计算，分期缴纳

7. 以下有关环境保护税的说法，正确的是（　　　）。

A. 凡是排放应税污染物的企业事业单位，均应缴纳环境保护税

B. 机动车辆排放应税污染物的，不需要缴纳环境保护税

C. 纳税人排放应税大气污染物的浓度值低于国家和地方规定的污染物排放标准30%的，减按50%征收环境保护税

D. 应税水污染物的应纳税额为水污染物排放量乘以适用税额

8. 下列关于环境保护税计税依据的说法，错误的是（　　　）。

A. 应税大气污染物的污染当量数，以该污染物的排放量除以该污染物的污染当量值计算

B. 每一排放口或者没有排放口的应税大气污染物，按照污染当量数从大到小排序，对前五项污染物征收环境保护税

C. 固体废物的排放量为当期应税固体废物的产生量减去当期应税固体废物的贮存量、处置量、综合利用量的余额

D. 应税噪声按照超过国家规定标准的分贝数确定

9. 某烟草公司2022年10月向烟叶生产者收购烟叶一批，支付不含价外补贴的收购价款50 000元，已知价外补贴为烟叶收购价款的10%，烟叶税税率为20%，则该烟草公司应缴纳烟叶税（　　　）元。

A. 10 000　　　　B. 1 000　　　　C. 55 000　　　　D. 11 000

二、应税选择（多选题）

1. 下列各项中，属于资源税应税产品的有（　　　）。

A. 进口原油　　　B. 固体盐　　　C. 蜂窝煤　　　D. 有色金属矿原矿

2. 根据资源税法律制度的规定，下列各项中，应计入资源税销售额的有（　　　）。

A. 收取的价款　　　　　　　　B. 收取的包装费

C. 收取的增值税销项税额　　　　D. 收取的优质费

3. 下列关于耕地占用税申报缴纳的表述中，正确的有（　　　）。

A. 建设直接为农业生产服务的生产设施占用农用地，不征收耕地占用税

B. 税务机关发现纳税人的纳税申报数据资料异常或者纳税人未按照规定期限申报纳税的，可以提请相关部门进行复核

C. 耕地占用税的纳税义务发生时间为纳税人收到自然资源主管部门办理占用耕地手续的书面通知的当日

D. 纳税人因地质勘查临时占用耕地，应当依照规定缴纳耕地占用税

4. 下列关于耕地占用税的税收优惠表述正确的有（　　　）。

A. 军事设施占用耕地免征耕地占用税

B. 养老院占用耕地减半征收耕地占用税

C. 农村居民占用耕地新建住宅，按照当地适用税额减半征收耕地占用税

D. 免征或者减征耕地占用税后，纳税人改变原占地用途，不再属于免征或者减征耕地占用税情形的，应当按照当地适用税额补缴耕地占用税

5. 下列纳税主体中，属于车船税纳税人的有（　　　）。

A. 在中国境内拥有并使用船舶的国有企业

B. 在中国境内拥有并使用车船的外籍个人

C. 在中国境内拥有并使用船舶的内地居民

D. 在中国境内拥有并使用车辆的外国企业

6. 以下关于我国车船税税目税率的表述中正确的有（　　）。

A. 车船税实行定额税率

B. 客货两用汽车按照货车征税

C. 货车包括半挂牵引车和挂车

D. 拖船和非机动驳船分别按机动船舶税额的70%计算

7. 下列关于环境保护税税收优惠的表述，正确的有（　　）。

A. 农业生产（不包括规模化养殖）排放应税污染物的，暂予免征环境保护税

B. 纳税人综合利用的固体废物，符合国家和地方环境保护标准的，暂予免征环境保护税

C. 机动车、铁路机车等流动污染源排放应税污染物的，暂予免征环境保护税

D. 纳税人排放应税大气污染物或者水污染物的浓度值低于国家和地方规定的污染物排放标准30%的，减按50%征收环境保护税

8. 下列各项中，属于环境保护税征税范围，应缴纳环境保护税的有（　　）。

A. 噪声　　　　　B. 大气污染物　　C. 水污染物　　　　D. 固体废物

9. 根据烟叶税法律制度的有关规定，下列说法正确的有（　　）。

A. 在境外收购晾晒烟叶的单位为烟叶税的纳税人

B. 在境内收购晾晒烟叶的单位为烟叶税的纳税人

C. 烟叶税实行定额税率

D. 纳税人应当于纳税义务发生月终了之日起15日内申报并缴纳税款

三、判断题

1. 纳税人开采或生产资源税应税产品，自用于连续生产应税产品的，视同销售，应缴纳资源税。（　　）

2. 资源税纳税人销售应税产品采取分期收款结算方式的，其纳税义务发生时间为发出应税产品的当天。（　　）

3. 耕地占用税税额标准实行的是地区差别定额税额。（　　）

4. 车船税的纳税义务发生时间，为取得车船所有权或者管理权的当月。（　　）

5. 根据车船税法律制度的规定，商用货车计税依据是整备质量每吨。（　　）

6. 纳税人排放应税大气污染物或者水污染物的浓度值低于国家和地方规定的污染物排放标准50%的，减按75%征收环境保护税。（　　）

7. 环境保护税纳税人不包括家庭和个人。（　　）

8. 建设直接为农业生产服务的生产设施占用税法规定的农用地的，减半征

收耕地占用税。 （　　）

9. 耕地占用税以纳税人实际占用的耕地面积为计税依据，包括批准占用耕地面积和未经批准占用耕地面积。 （　　）

四、计算题

1. 某煤矿为增值税一般纳税人，8月发生下列业务：

（1）对外销售原煤60 000吨，每吨售价500元（不含税）；

（2）本月矿区生活用煤90吨；

（3）使用本矿生产的原煤2 000吨生产洗煤，洗煤销售量1 000吨，每吨售价800元（不含税）；

（4）使用本矿生产的原煤6 000吨生产其他煤制品。其他煤制品销售量3 000吨，每吨售价1 100元（不含税）。

已知该地区煤炭资源税税率5%，洗煤的折算率90%。

要求：计算该煤矿8月应纳的资源税税额。

2. 某盐场3月生产液体盐500吨，其中对外销售100吨。当月生产固体盐800吨（本月已全部对外销售），共耗用液体盐1 200吨，其中500吨是本企业自产的液体盐，另700吨液体盐全部从另一盐场购进，已知液体盐单位税额为每吨3元，固体盐单位税额为每吨25元。

要求：计算该盐场应纳资源税。

3. 某企业3月向大气直接排放二氧化硫、氟化物各100千克，一氧化碳200千克、氯化氢80千克，假设当地大气污染物每污染当量税额1.2元，该企业只有一个排放口。

要求：计算该企业应纳的环境保护税。

4. 某餐饮公司，通过安装水流量计测得2月排放污水量为80吨，已知饮食娱乐服务业污染当量值为0.5吨。

要求：计算该公司当月应纳环境保护税，假设当地水污染物适用税额为每污染当量2.8元。

附录 《税费计算与缴纳》教材 教学资源库

1. 《税费计算与缴纳》教材的配套在线课程《税费计算与智能申报》，建立在超星学习通平台。在线课程超星学习通平台网址：

https：//mooc1-gray. chaoxing. com/course-ans/ps/215910758

账号：15179294752

密码：zhouli19850315

打开方法：登录网址，单击进入课程，填写账号、密码登录，进入《税费计算与智能申报》课程中，即可阅读全部课程资源。

2. 教学资源库内容：包括习题试题库及答案、教案、课件、微课视频、思维导图及知识图谱等。

（1）课程分项目总课件以及按项目任务点设计的课程分课件。

（2）课程分项目教案：6 个。

（3）课程分项目设计章节内容，本章思维导图—本章案例导入及概述—项目各任务点内容—本章教案—本章习题—章节测验——思政融合—相关税收政策等，采用课件、微课视频和案例等方式，帮助学生导读。

（4）课程资料：20 多个微课视频，6 个分项目教案，课程总课件和任务点课件若干，课程思维导图及知识图谱等。

（5）课程题库、试卷库：包括全部税种，将近 800 道试题，16 套试卷，帮助学生检测学习效果。

（6）课程讨论平台，老师分税种设计多个讨论题，发布在平台上，让学生参与讨论，自主答题，师生互动。

参考文献

［1］全国注册税务师执业资格考试教材编写组．税法（Ⅰ）［M］．北京：中国税务出版社，2022.

［2］全国注册税务师执业资格考试教材编写组．税法（Ⅱ）［M］．北京：中国税务出版社，2022.

［3］中国注册会计师协会．税法［M］．北京：经济科学出版社，2022.

［4］财政部会计资格评价中心．经济法基础［M］．北京：经济科学出版社，2022.

［5］熊瑛．税费计算与缴纳［M］．北京：经济科学出版社，2021.

［6］国家税务总局网站最新文件。

［7］国家税务总局、中国税务报、中国会计报等微信公众号发布的最新信息。

［8］陈素粧．纳税实务［M］．北京：中国建材工业出版社，2017.

［9］刘晓英．税费计算与申报［M］．上海：同济大学出版社，2018.